妙前大塚古墳（飯田市）から出土した金銅装眉庇《まびさし》付冑《かぶと》（飯田市美術博物館蔵）

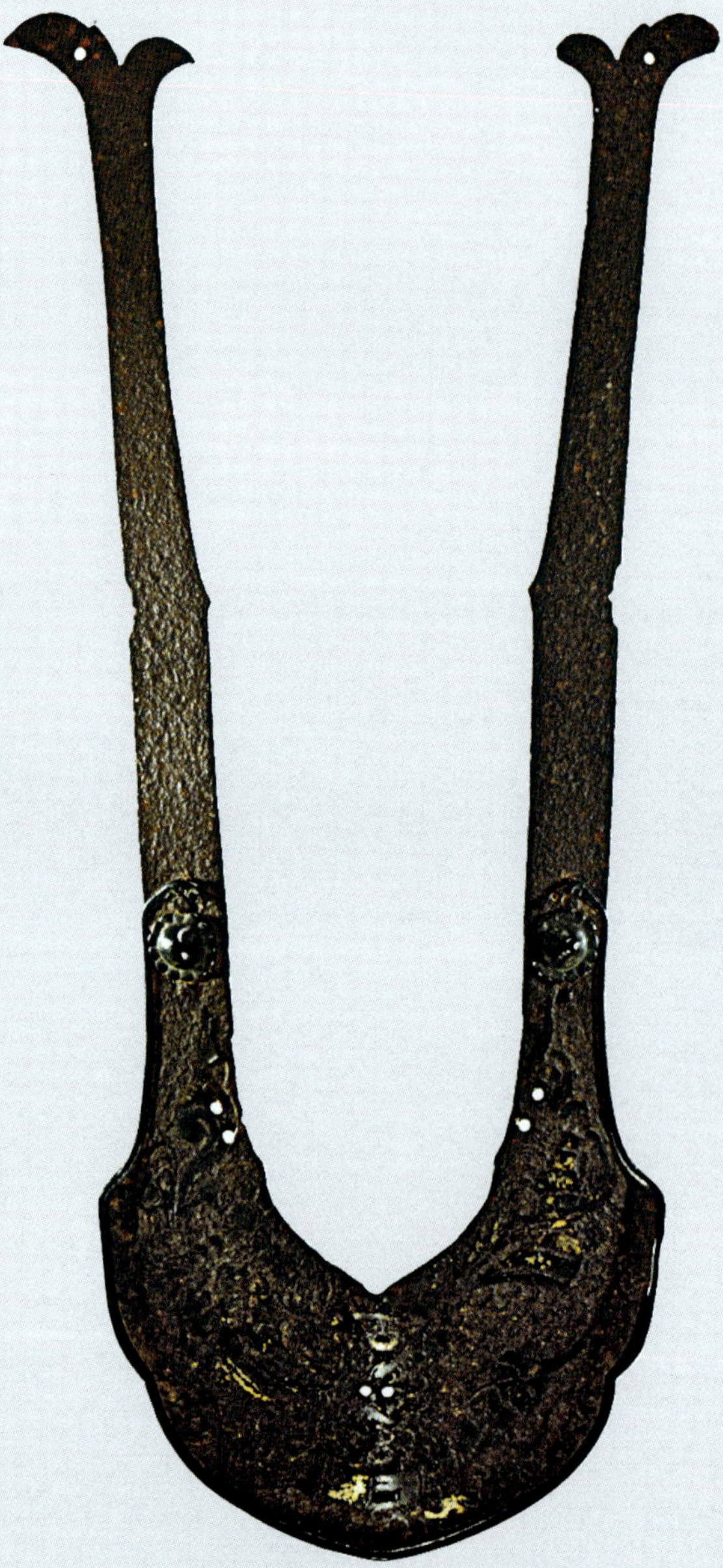

重文 雲竜象嵌《ぞうがん》鉄鍬形《くわがた》(長野市・清水寺蔵)

国宝 赤木忠長（筑摩郡 赤木郷の武士）所用 赤韋威《あかがわおどし》大鎧（岡山県立博物館蔵）

大 袖（裏面）

大 袖

逆 板

蝙蝠付《こうもりづけ》

裏 側

鍍金菊唐草透三鍬形台（阿智村・長岳寺蔵）

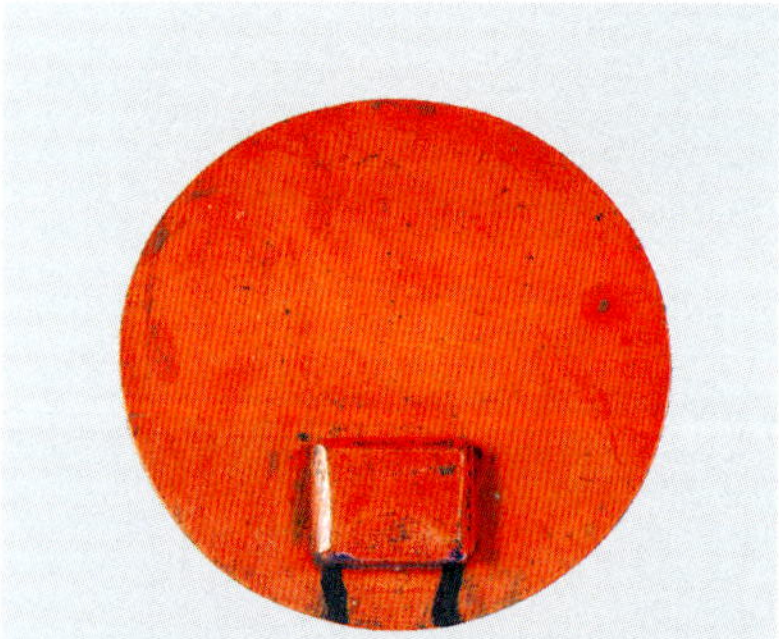

裏 面

朱塗大日の丸前立（阿智村・長岳寺蔵）

裏 面

真 上

鍬形台

鉄黒漆十六間阿《あ》古《こ》陀《だ》形《なり》筋兜（松本市・正行寺蔵）

裏 面

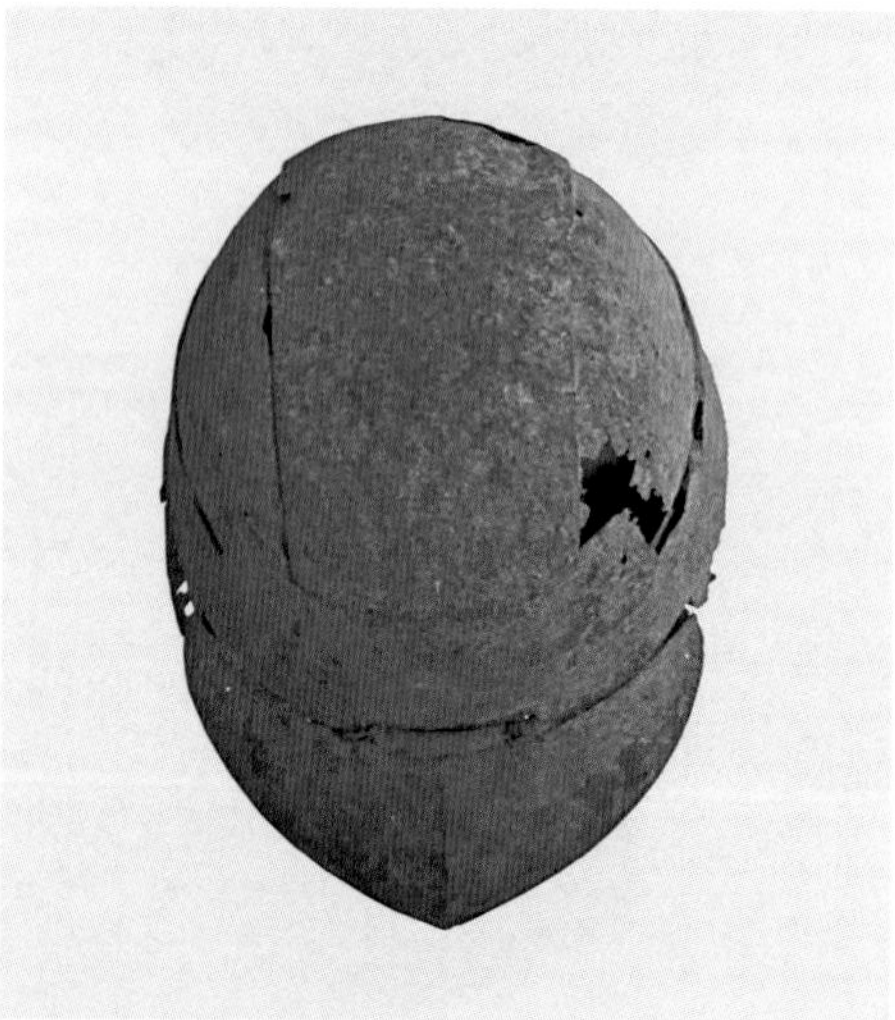

真 上

桃井氏所用と推測される鉄黒漆塗古頭形《ずなり》兜鉢（松本市・牛伏寺蔵）

真田昌幸（小県郡の国人）所用 韋包仏胴具足（真田宝物館蔵）

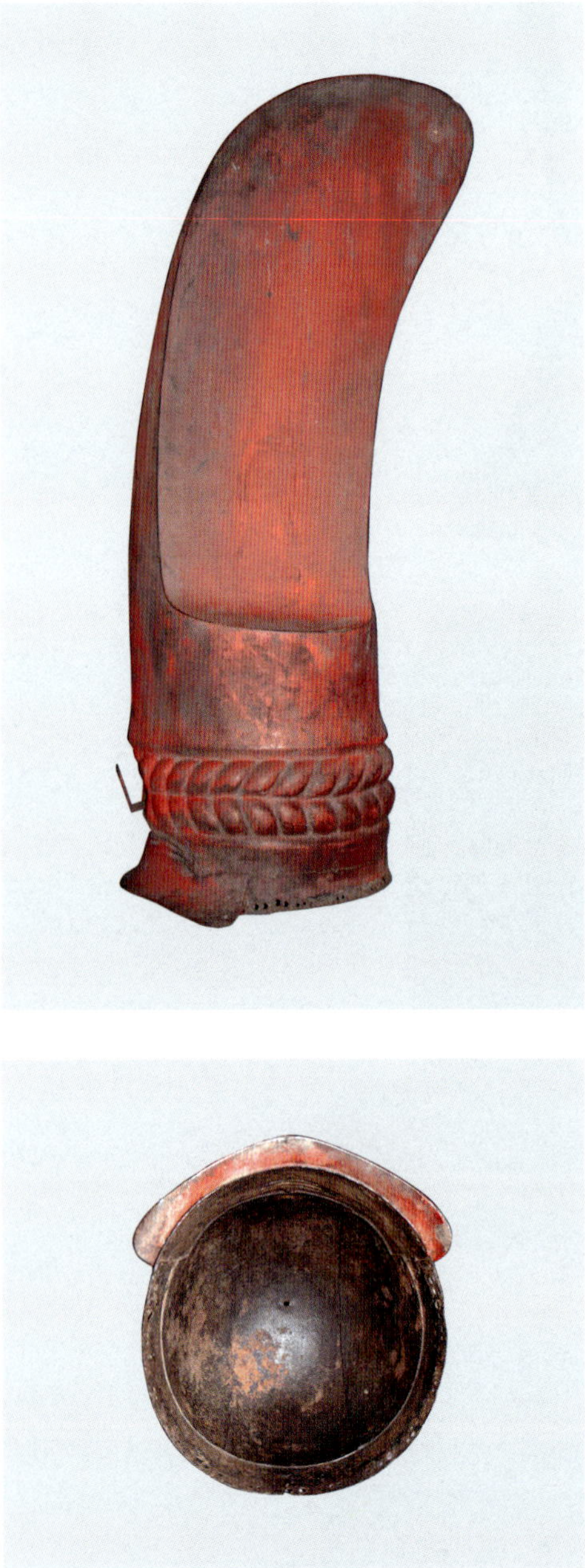

裏 面

朱塗烏帽子形兜鉢（長野市・善光寺蔵）

伝福島正則家中所用
朱塗伊予札紺糸素懸威二枚胴具足
（小諸市立郷土博物館蔵）

伝相木昌朝（佐久郡の土豪）所用
金箔押練革軍配団扇（南相木村・常源寺蔵）

裏 面

金箔押冠形兜鉢（長野市・善光寺蔵）

座光寺為時（伊那山吹領主）**所用 緋威韋包胸取仏胴具足**（高森町・白髭神社蔵）

側　面

押付板《おしつけいた》

側 面

目下頬

背 面

鹿角脇立兜 正面

兜背面

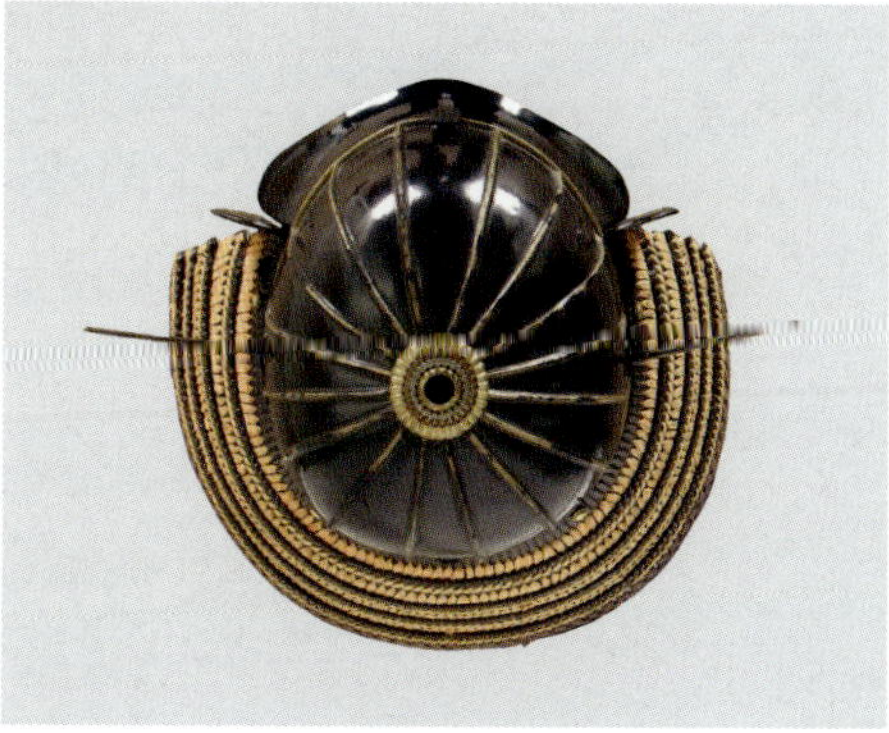

真 上

伝 諏方頼忠（小太郎）所用 本小札紅糸威胴丸（諏訪市博物館蔵）

押付板

脇 板

背 面

一枚梶の葉紋の蒔絵

背面の総角付鐶

袖の笄金物

押付板・肩上

右側面

左側面

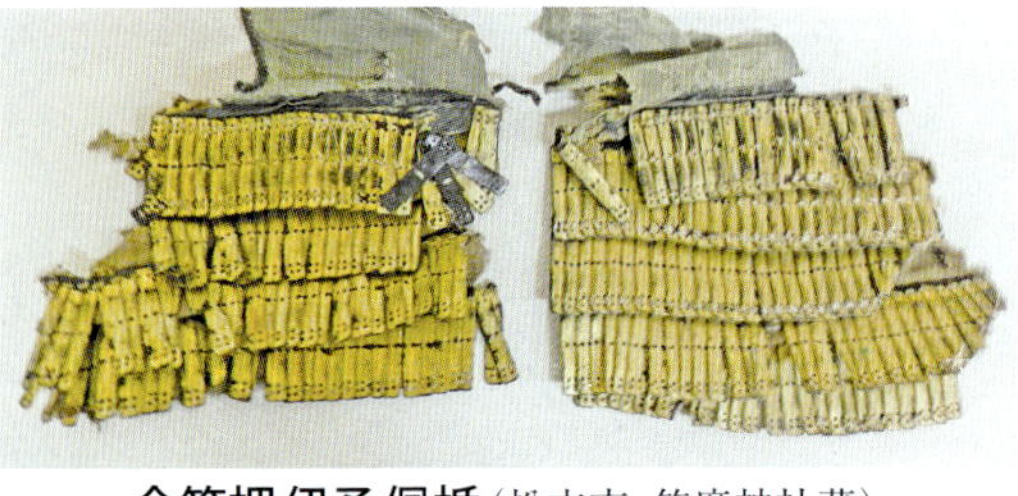

金箔押伊予佩楯（松本市・筑摩神社蔵）

本縫延日ノ丸ニ題目丸胴

（松本市・筑摩神社蔵）

仙石秀久所用 本小札紺糸威二枚胴具足（上田市立博物館蔵）

松平信一所用 本小札三葵紋柄威丸胴具足（上田市立博物館蔵）

真田幸貫所用 緋威大鎧（真田宝物館蔵）

斜正面

真田家伝来 采配（真田宝物館蔵）

真田信之所用 軍配団扇（真田宝物館蔵）

真田信政所用 吉光短刀合口拵（真田宝物館蔵）

篠籠手（松本市・筑摩神社蔵）

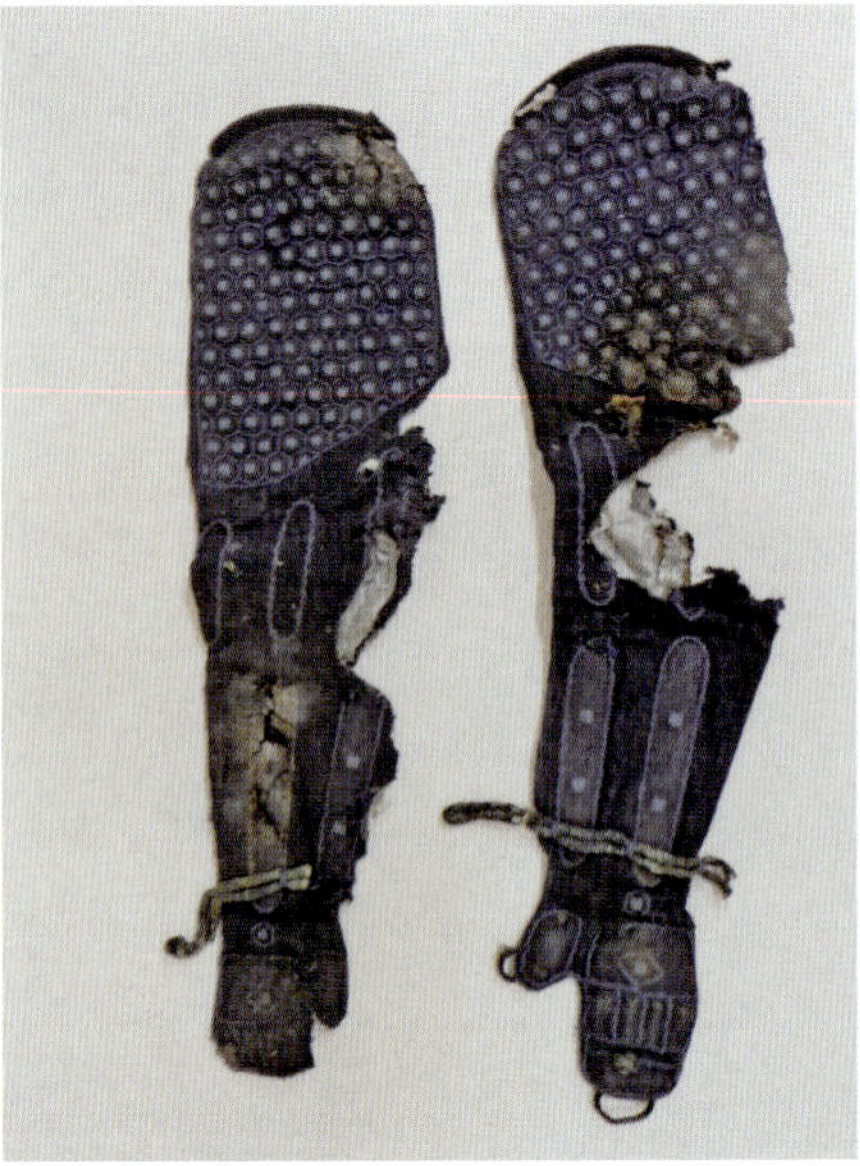

産籠手（松本市・筑摩神社蔵）

萌黄威腰取仏胴（喬木村歴史民俗資料館蔵）

産佩楯（松本市・筑摩神社蔵）

諏訪忠恕《ただみち》所用 紺糸威 大鎧（諏訪市博物館蔵）

兜上部

大袖

伝上杉謙信所用
日月文軍配団扇（佐久市蔵）

伝上杉謙信所用
黒地朱日輪扇形馬標

島津家伝来 二十六間星兜鉢（佐久市蔵）

白綾包腹巻（佐久市蔵）

黒韋威胸紫腹巻（佐久市蔵）

伝上杉氏当主所用 金小札日の丸威童具足（佐久市蔵）

黒漆獅子牡丹蒔絵仏胴具足（佐久市蔵）

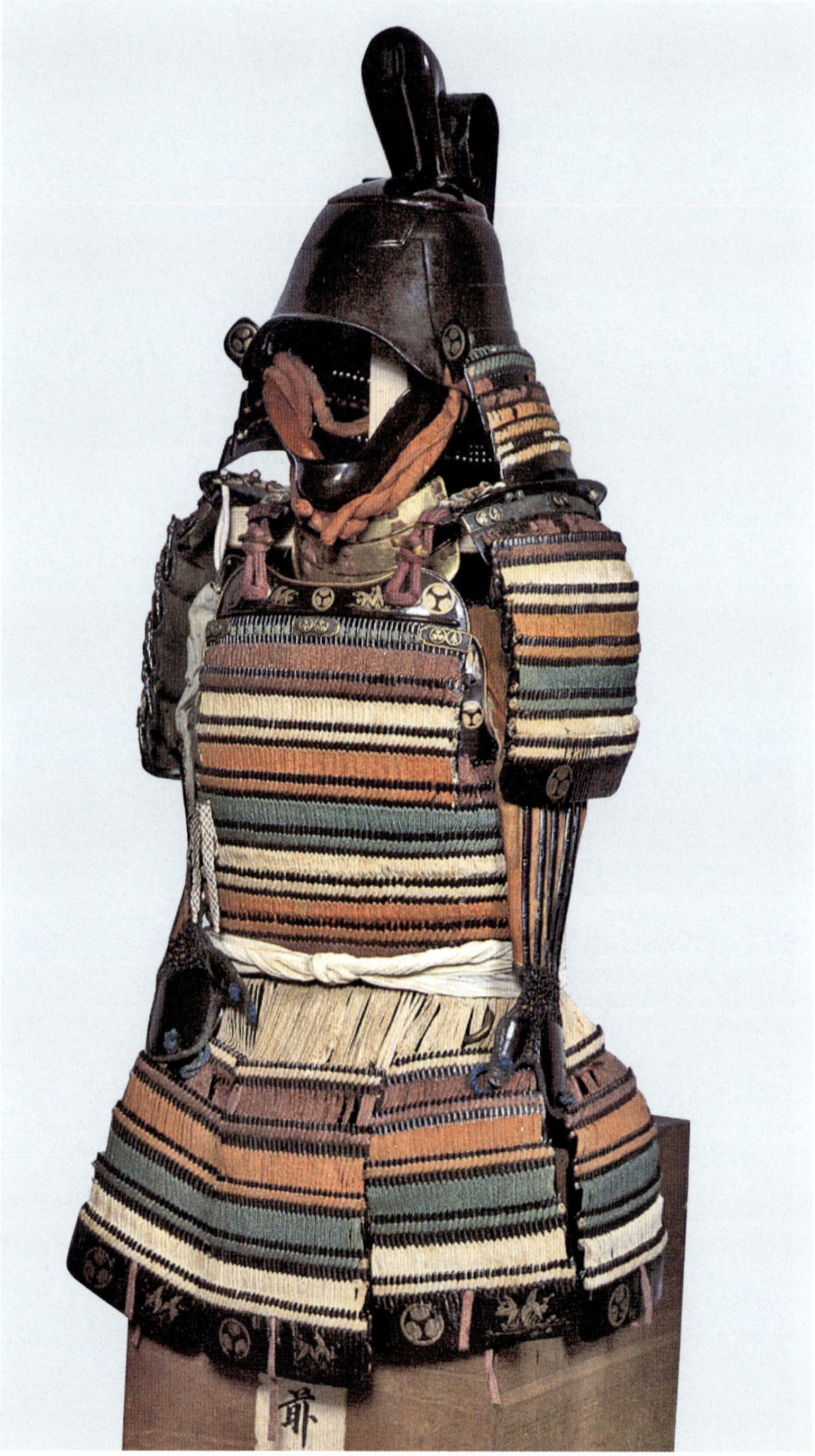

本多家（信濃飯山藩）当主所用 本小札色々威丸胴具足（佐久市蔵）

青山左京大夫（美濃郡上八幡藩主）所用 本小札紫裾濃胴丸（佐久市蔵）

徳川家伝来萌黄白段威大鎧(佐久市蔵)

信濃の甲冑と刀剣

三浦一郎

序

信濃国は、室町・戦国期を研究する者にとっては特別なところである。木曽谷・伊那谷などの谷、諏訪平・善光寺平・佐久平といった平地が、それぞれ小宇宙を作り、在地領主の群雄割拠といった様相を呈し、個性豊かな、そして魅力あふれた武将が何人も輩出している。

そうした武将たちの甲冑と刀剣は、それぞれ、御子孫のお宅とか、博物館や寺社の宝物館などで見ることができ、単品としての解説はあった。しかし、全体として概観し、体系づけられた研究はなかったように思う。

今回、三浦一郎氏によって平安・鎌倉から江戸初期にかけての信濃の武具甲冑の遺品がまとめられた意義は大きい。

また、本書は、そうした甲冑・刀剣の解説というだけでなく、それら武具甲冑にまつわるエピソードにも論及されていて読んでいて、知らず知らずのうちに、信濃の中世から近世への歴史に引きずりこまれていった印象がある。

これからの信濃史研究に欠かせない一書になると思われる。

静岡大学名誉教授　小和田 哲男

目次

古代信濃国の兵《つわもの》

信濃国は、東山道《とうさんどう》(1)に位置する令制国《りょうせいこく》の一つである。大化の改新（六四五）の後に令制が制定され、その領域は、水内《みのち》・高井《たかい》・更級《さらしな》・埴科《はにしな》・安曇《あずみ》・筑摩《ちくま》・佐久《さく》・小県《ちいさがた》・諏方《すわ》（諏訪）・伊奈《いな》（伊那）の十郡を以って成立し、現在の長野県のうち木曽地方と下伊那地方の一部地域を除くほぼ全域である。

また水内・高井・更級・埴科の四郡を北信濃の意味から北信《ほくしん》と呼び、同じく安曇・筑摩の二郡を中信濃の意味から中信《ちゅうしん》、佐久・小県の二郡を東信濃の意味から東信《とうしん》、諏方・伊奈の二郡を南信濃の意味から南信《なんしん》と呼ぶ。

古くは「科野国」と書いたが、大宝律令(2)の制定において「信濃国」と表記が改められた。現在、長野県下で最古の「信濃国」の文字は、管見の限り平成六年（一九九四）に屋代遺跡群から出土した八世紀前半の木簡《もっかん》（七四号）である。(3)

1　武器が語る弥生時代

長野県下の各地から弥生時代の武器が出土している。柳沢遺跡（中野市柳沢）から出土した銅戈《どうか》、佐良志奈《さらしな》神社（千曲市戸倉）の細形銅剣《ささらがたどうけん》、浅川扇状地遺跡（長野市吉田）・西一里塚遺跡（佐久市岩村田）・滝沢井尻遺跡（飯田市大瀬木）から出土した鉄剣は、この地が有史以前に金属の武器をもって栄えていたことを示している。

柳沢遺跡の銅戈は、刃長二一センチから二二センチのものが七点と破片一点が出土し、このうち一点は九州型と呼ばれる形式である。(4)戈は、もともと古代中国の長柄武器に垂直に取り付ける穂先であるが、我が国では主に祭礼の道具として使われた。また佐良志奈神社の銅剣は、刃長一三・四センチで江戸時代に同地若宮地籍から出土した

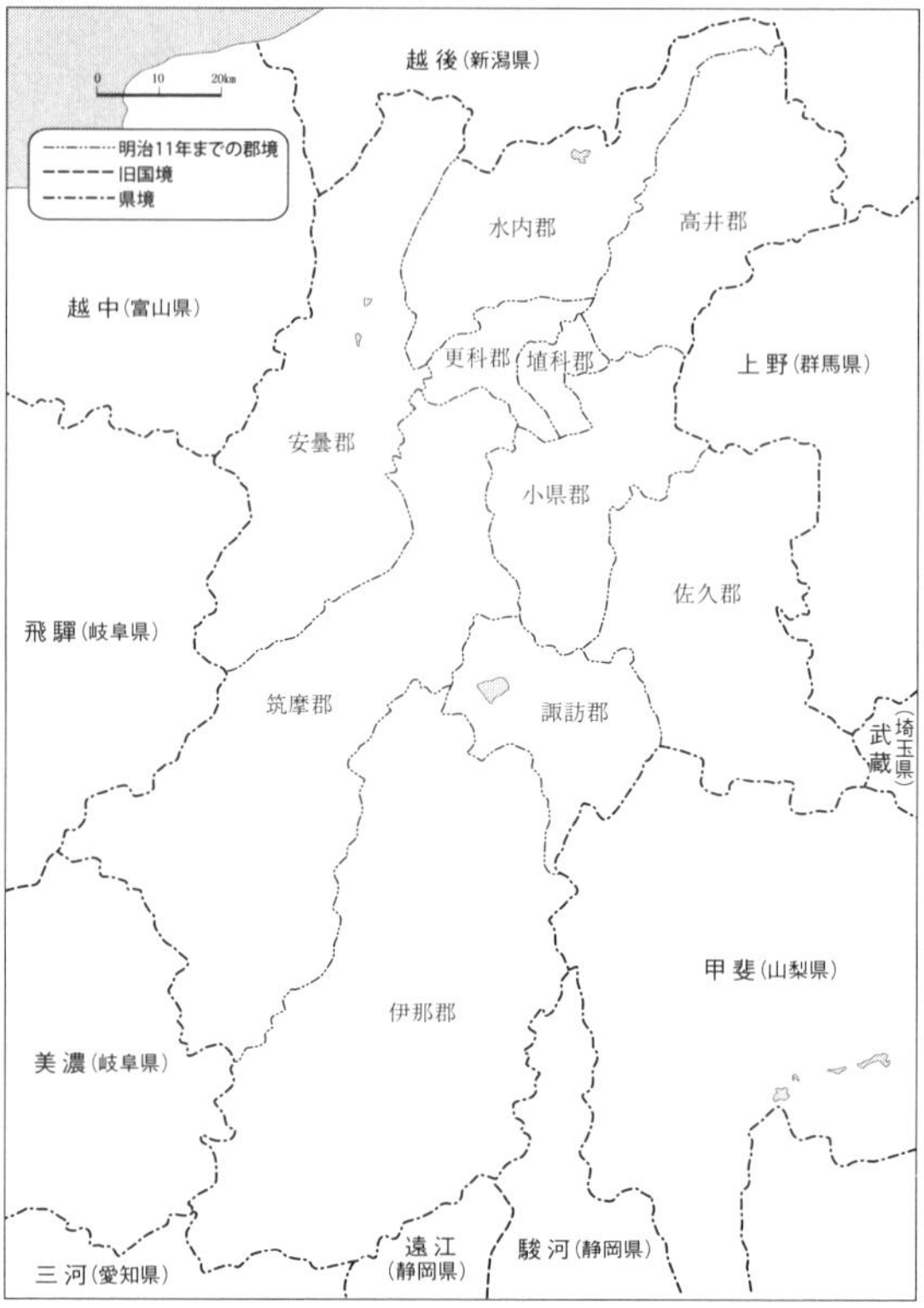

信濃国の郡割図

（左）県宝 佐良志奈神社の細形銅剣（さらしなの里歴史資料館蔵）・（右）柳沢遺跡から出土した銅戈（長野県立歴史館蔵）

と伝えられる。その中央を背骨状に高く作って両側に血溝をきり、本来は外側に翼状の刃が付いていたと思われる。そして浅川扇状地遺跡・西一里塚遺跡・滝沢井尻遺跡の鉄剣は、現存長一三・五センチから三三・三センチで、いずれも弥生時代後期のものと推定され、信濃国の古代を知る貴重な遺物である。（5）

また伊場遺跡（静岡県浜松市）あるいは柳町遺跡（熊本県玉名市）から、この時代の木製の甲《よろい》が出土し、すでに戦いで身を守る防具が発達していたことが分かる。

伊場遺跡の木製甲は、全面に彫刻を施して黒と赤に塗り分けられ、背に天使の羽のような飾りがあるので、実際の戦いに使う甲ではなく、何かの儀式に使われたと想像される。また柳町遺跡の木製甲は、細長い木の板を紐で綴じて作られ、背の部分と肩の部分が一つに作られているので、これが古墳時代の短甲《たんこう》の原形と考えられる。長野県下においては、管見の限り木製甲と確認されたものはみられないが、用途不分明の木片が数多く出土しているので、もしかすると木製甲の一部かもしれない。

これらの武器は、平和な農耕社会と考えられてきた弥生時代のイメージを覆す証拠であり、おそらく農作物の蓄えをめぐって戦いが行われるようになったのであろう。そこで集落の周りに堀を廻らす環濠集落が発達した。長野県下においては篠ノ井遺跡（長野市篠ノ井）が、その代表的な遺跡といえよう。

2　古墳時代の刀剣と甲冑

古墳時代は、我が国において古墳《こふん》の築造が盛んに行われた時代を指す考古学上の時代区分であり、長野県下にも大小さまざまな古墳がみられる。その中でも千曲市大字森字大穴山にある森将軍塚古墳《もりしょうぐんづかこふん》は、全長一〇〇メートルにも及ぶ巨大な前方後円墳であり、隣接する三基（有明山将軍塚古墳《ありあけやましょうぐんづかこふん》・倉科将軍塚古墳《くらしなしょうぐんづかこふん》・土口将軍塚古墳《どぐちしょうぐんづかこふん》）と共に埴科《はにしな》古墳群《こふんぐん》と呼ばれ、一括して国の史跡に指定されている。さらにその北方（長野市の南部）にも川柳将軍塚古墳《せんりゅうしょうぐんづかこふん》・姫《ひめ》塚古墳《づかこふん》がある。いずれも四世紀後半から五世紀前半に造られたと考えられ、出土した三角縁神獣鏡片からヤマト王権が認めた科野王の存在を示すものとして注目される。[6]

これらの古墳から古代の武器・武具が出土している。この時代の両刃《もろは》の刀剣を「剣《つるぎ》」と呼び、片刃《かたば》の刀剣を中世の「太刀《たち》」に対して「大刀《たち》」と書く。さらに長柄武器に用いる幅広の穂先を「鉾《ほこ》」と呼ぶ。東筑摩郡筑北村の安坂将《あざかしょう》軍塚《ぐんづか》一号古墳（五世紀後半の方墳）から出土した剣・大刀・鉾は、千数百年もの時を経て、いまだ神々しい輝きを放ち、長野県宝（県指定文化財・以下県宝とする）にふさわしい名品である。同時に手入れに使ったと思われる長さ一五センチほどの砥石が出土したのは興味をそそる。

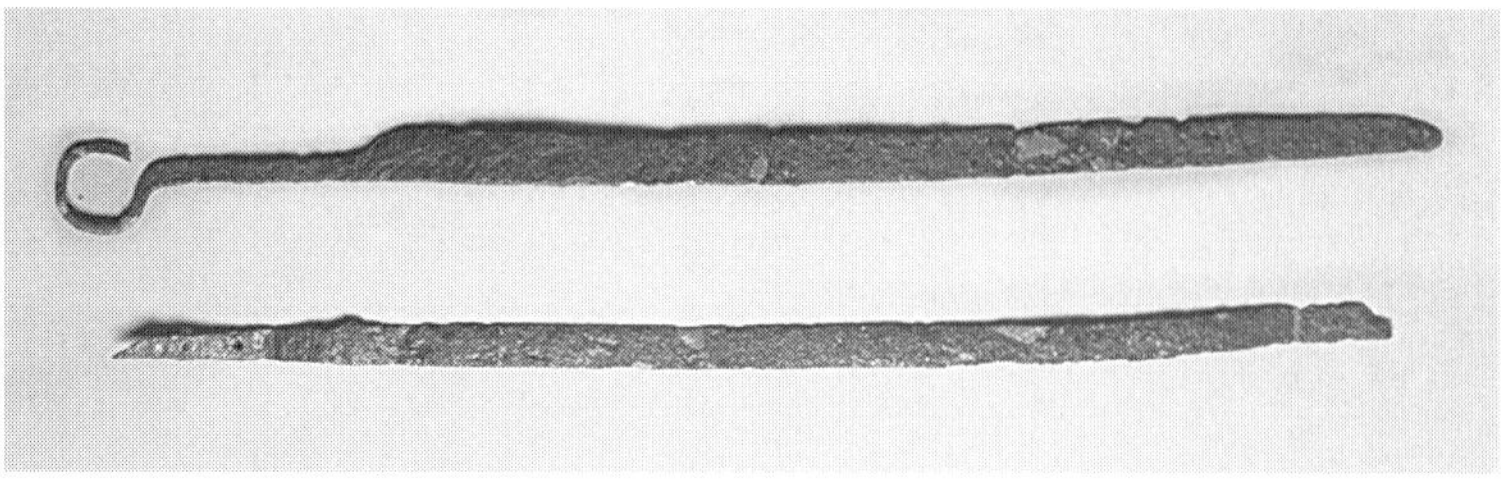

長野市若穂保科から出土した素環頭大刀・内反大刀
（長野市立博物館蔵・長野市教育委員会提供）

森将軍塚古墳

さらに長野市若穂保科から出土した素環頭大刀《すかんがしらだち》・内反大刀《うちぞりだち》は、四世紀後半から五世紀前半のものと推定され、古代の刀剣の形姿をよく示している。この時期、我が国は鉄材を求めて朝鮮半島へも進出し、半島諸国との関係にも介入するようになった。

そして中野市長丘田麦の林畔古墳群《はやしあぜこふんぐん》（五世紀の円墳）から剣・鉾・馬具と共に短甲《たんこう》が出土し、諏訪市豊田有賀の小丸山古墳《こまるやまこふん》（六世紀後半の円墳）から鍔《つば》・馬具と共に挂甲《けいこう》片が出土している。

短甲は、考古学上の板甲《いたよろい》の仮称であり、挂甲は、同じく札甲《さねよろい》の仮称である。板甲は、鉄あるいは革の板を紐《ひも》あるいは鋲《びょう》で留めて作った甲《よろい》であり、札甲は、札《さね》と呼ぶ鉄あるいは革の小片を紐で縦横に繋いで作った甲である。その構造あるいは機能を考えると、板甲は立胴《たちどう》[7]なので徒歩《かち》に適し、札甲は揺胴《ゆるぎどう》[8]なので騎乗に適していたと思われる。[9] さらに札甲には、胴丸式《どうまるしき》と両当式《りょうとうしき》と呼ぶ二つの形式がある。胴丸式は、胴身を札で丸く包み、前に引合《ひきあわせ》[10]がある形式であり、両当式は、前胴と後胴を肩で繋ぎ、両脇にできる透き間を脇楯《わいだて》と呼ぶ小具足《こぐそく》[11]で塞ぐ形式である。

また飯田市上郷別府の溝口ノ塚古墳《みぞぐちのづかこふん》（五世紀後半の前方後円墳）から衝角付冑《しょうかくつきかぶと》が出土し、同市松尾の妙前大塚古墳《みょうぜんおおづかこふん》（六世紀前半の円墳）から眉庇付冑《まびさしつきかぶと》が出土している。衝角付冑は、前方に衝角と呼ぶ三角の突起がある冑であり、眉庇付冑は、円鉢《まるばち》[12]に棚状の眉庇[13]がある冑である。そして六世紀になると板甲は廃れて札甲が主流となる。同時に衝角付冑の衝角が小さくなり、次第に円鉢が主流になったと考えられる。[14]

こうした武具甲冑を副葬した古墳の数は、畿内に匹敵するものであり、信濃国に軍事的性格の強い豪族が集中していたことを示している。(15) そして伊奈地方では、高森町下市田の秋葉塔《あきはとう》の塚《つか》（六世紀前半の円墳）あるいは飯田市竜丘の御猿堂古墳《おさるどうこふん》（六世紀前半の前方後円墳）等のように轡《くつわ》・鐙《あぶみ》等の鉄製の馬具が多く出土している。これと共に乗馬の技術が諏訪に伝わり、さらに東信・北信・甲府盆地へと拡大していったことが想像される。

また須坂市日滝の本郷大塚古墳《ほんごうおおつかこふん》（六世紀後半の円墳）から馬具と共に銀象嵌《ぞうがん》(16)を施す鍔・金物《かなもの》の大刀が出土している。おそらく畿内で作られたものが、この地に持ち込まれたのであろう。(17) そして茅野市宮川の蛇塚古墳《へびづかこふん》（七世紀後半の円墳）から金銅装頭椎《こんどうそうかぶつちの》大刀《たち》が出土し、本体部はほとんど朽ち果てているが、金銅部は金色をよく残している。(18)

ゆえに五世紀の前半は、徒立戦《かちだちせん》による打物《うちもの》(19)が主体であったと考えられる。これが、五世紀の中頃になると大陸の影響を受けて、騎馬戦に変わっていったのであろう。そして正倉院の「天平神護三年（七六七）一月四日」の年紀をきる御物「銀壺」にみられるように騎射（馬弓とも書く）が行われるようになったのであろう。

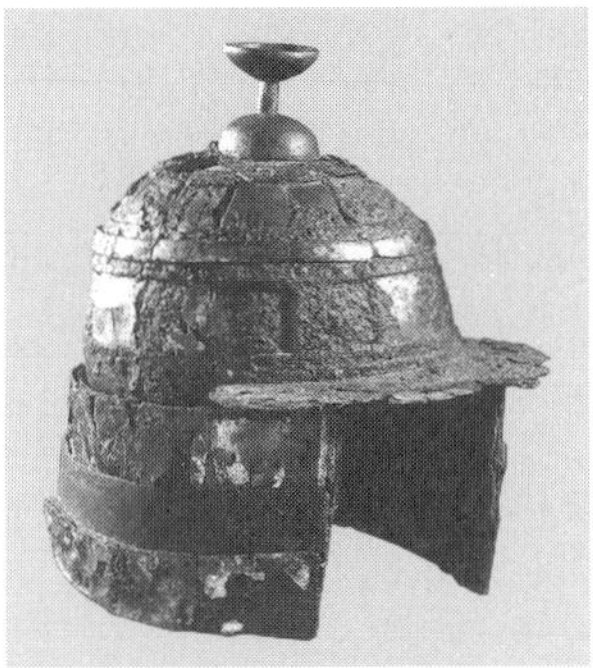

妙前大塚古墳から出土した眉庇付冑（飯田市美術博物館蔵）

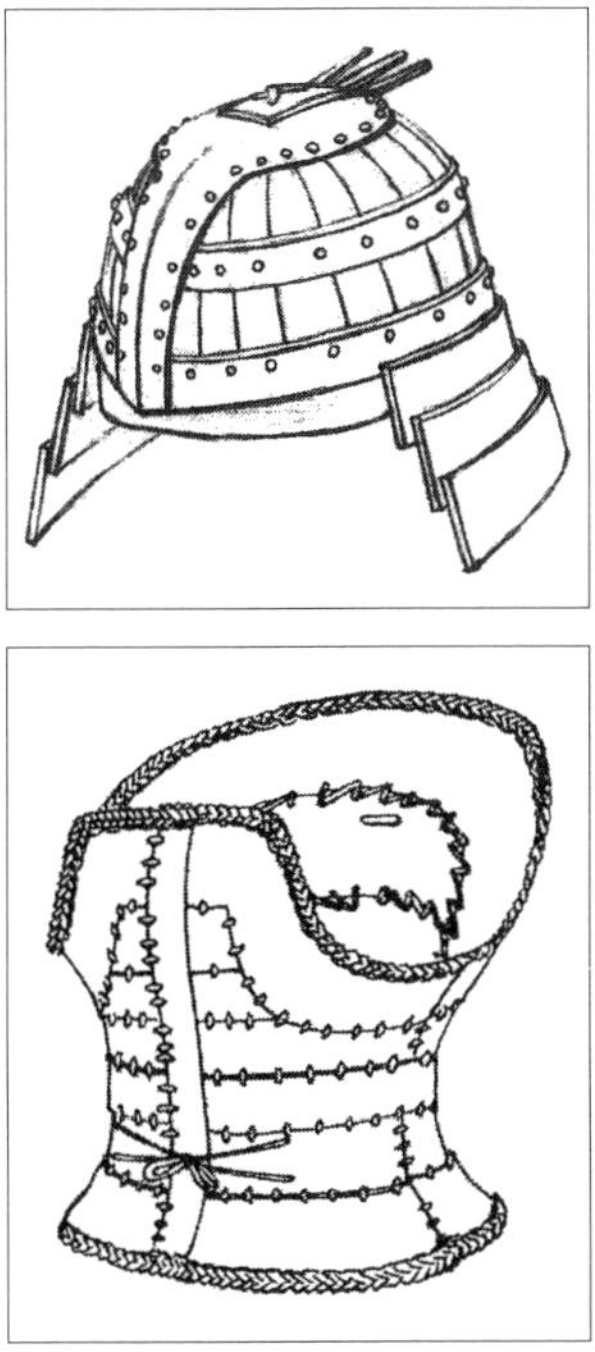

（上）衝角付冑・（下）板甲
（三浦一郎・永都康之『日本甲冑図鑑』転載）

3　蝦夷征討と信濃国

奈良時代末期から平安時代初期にかけて、信濃国で高句麗《こうくり》人の姓（後部・前部・下部等）が、過去に帰化していることを根拠として日本人の姓（篠ノ井・村上・安坂・須々岐・豊岡・玉川・清岡・御井等）に改められた。そこから朝廷の権威が浸透し、信濃の諸氏が帰属していった様子が読み取れる。さらに延暦十六年（七九七）に坂上田村麻呂が征夷大将軍に任ぜられ、蝦夷征討《えみしせいとう》がいっそう推進される。

　蝦夷とは、現在でいう山形県から宮城県中部以北を指し、その征討は七世紀の中頃から行われ、東北地方の各地に軍事施設である城柵《じょうさく》が造られた。信濃には、坂上にまつわる伝説が数多く残されているので、おそらく都と蝦夷の中間拠点になったのであろう。また信濃には朝廷の貢馬を育てる御牧《みまき》(20)が点在しているので、軍馬の調達という面でも重視されたのであろう。

　そして東北地方では三十八年戦争と呼ばれる激しい戦いが行われ、その中で古代の武装形式が中世の武装形式に変わっていった。(21)これを示す物的資料が秋田城(22)から出土した札甲である。この甲は、九世紀前半のものと推定され、塗籠札《ぬりごめざね》(23)による両当式の札甲と考えられる。つまり札を漆で塗り固めることにより、甲冑の強度を増していったことが想像される。(24)

　また朝廷に帰服した蝦夷集団を俘囚《ふしゅう》と呼び、さらに隷属の度合いが低いものを夷俘《いふ》と呼んだ。そして八世紀のおわりから十世紀のはじめにかけて夷俘・俘囚が反乱を起こした。それは、同じ本州の一部であるものの、当時は民族あるいは言語の違いも考えられ、さらに宗教あるいは文化においては大きな違いがあったと思われる。そして俘囚の多くは、遠くは九州にまで全国各地に強制移住させられた。この中で行われた戦いは、現代人の我々が想像する以上に壮絶であったと思われる。

　これを象徴するのが蝦夷の首長アテルイ（阿弖流為あるいは阿弖利為と書く）である。アテルイは、征討に際して朝廷軍に抵抗したが、延暦二十一年（八〇二）に坂上の要請に応じて投降した。その後、京に連行されて、坂上が朝廷に助命を願い出るものの、「野性獣心」と扱われ、その血で都を汚すことすら許されず、河内国（大阪府東部）で処刑されたと伝えられる。(25)かくて奥州は、前九年の役・後三年の役を経て治められ、藤原氏が栄華を極めることとなる。

そして貞観十年（八六八）、清和天皇の末裔《まつえい》である滋野《しげの》氏が信濃介に任ぜられ、さらに同十二年（八七〇）には信濃守に任ぜられた。以降、信濃国と滋野氏の関係が生じたと考えられる。その後、滋野氏は小県郡に土着し、後に滋野三家と呼ばれる信濃の名族海野《うんの》氏・望月《もちづき》氏・禰《ね》津《づ》氏等へと分脈する。[26] また仁和四年（八八八）には、千曲川《ちくまがわ》が仁和大水《にんなのおおみず》と呼ばれる大洪水を起こし、その流域に大きな被害をもたらした。[27]

なお信濃国府の場所については、小県郡とする説と筑摩郡とする説の二つの説があるが、現状において文献資料あるいは遺構と共に明確なものは発見されていない。このため奈良時代のおわりから平安時代のはじめ頃に国府が上田から松本に移転したともいわれている。

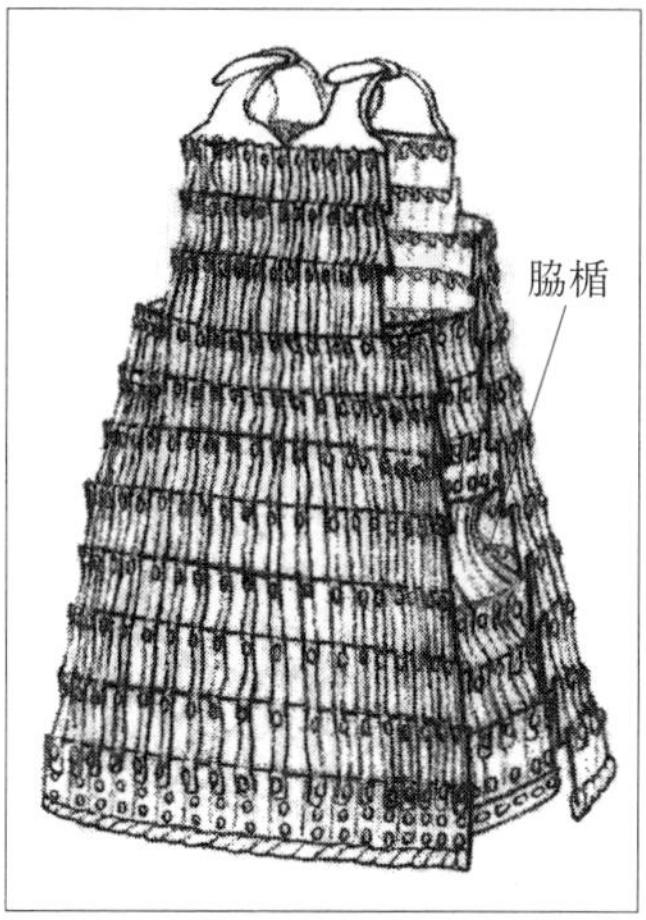

両当式の礼甲
（三浦一郎・永都康之『日本甲冑図鑑』転載）

註
（1）本州内陸部を近江国から陸奥国に貫く部分を指す行政区分。
（2）大宝元年（七〇一）に制定された古代日本の法典。
（3）『長野県屋代遺跡群出土木簡』（長野県埋蔵文化財センター　一九九六年）
（4）『信州の遺跡』第1号（長野県教育委員会　二〇一二年）
（5）特別展図録『刃が語る信濃』（長野県立歴史館　二〇一三年）
（6）『角川日本地名大辞典』20長野県（角川書店　一九九〇年）
（7）立胴＝鋲や韋で留めて上下の伸縮を止めた胴。
（8）揺胴＝上下に伸縮自在の胴。
（9）末永雅雄『日本上代の甲冑』（創元社　一九四四年）
（10）引合＝胴の合わせ目。
（11）小具足＝甲冑の防御性・機能性を高めるための付属品。
（12）円鉢＝前後・左右の径が等しいほぼ半球形の鉢。

(13)眉庇＝兜鉢の正面に付く庇の金具。
(14)特別展図録『ヤマトとアヅマ』(横浜市歴史博物館　二〇〇四年)
(15)古川貞雄等『長野県の歴史』(山川出版社　一九九七年)
(16)象嵌＝金属や木材に金や銀等の細かく切った板を打ち込んで、様々な図案や模様を描く工芸技術。
(17)本郷大塚古墳発掘調査団『本郷大塚古墳』(須坂市教育委員会　一九九二年)
(18)註(5)と同じ。
(19)刀剣・長柄武器を使う戦い。
(20)朝廷の直轄牧場。
(21)高橋昌明『武士の成立　武士像の創出』(東京大学出版会　一九九九年)
(22)秋田県秋田市大町にあった城柵。
(23)塗籠札＝小札を漆で塗り固めた板。「小札板」と呼ぶ。
(24)三浦一郎「空白の時代」(『甲冑武具研究』179号　二〇一二年)
(25)新野直吉『田村麻呂と阿弖流為』(吉川弘文館　一九九四年)
(26)『長野県姓氏歴史人物大辞典』(角川書店　一九九六年)
(27)『新訂増補国史大系』25「類聚三代格」(吉川弘文館　一九三六年)

畠山家伝来の短刀

国道一四一号線(佐久甲州街道)を北上し、松原湖入口の信号を左折して、坂道を登った高地に松原諏方《すわ》神社(南佐久郡小海町豊里松原)が鎮座する。この社は上社《かみしゃ》と呼ばれ、周囲およそ二キロの松原湖(猪名湖)の対岸には下社《しもしゃ》も鎮座する。

松原湖は、仁和四年(八八八)に八ヶ岳連峰天狗岳の水蒸気爆発によって発生した土石流が、窪地を流れる大月川を塞《せ》き止《と》めて大月湖・長湖と共にできた。この土石流は、佐久平の村々を押し流し、その被害は佐久・小県・埴

松原諏方神社社殿

弘安二年の年紀をきる梵鐘

科・更級・高井・水内の六郡に及んだ。これが、『類聚三代格』に「信濃国山頽河溢、唐突六群、城盧払地而流漂」とある仁和大水である。

松原諏方神社は、諏訪社を崇敬していた地頭の伴野《ともの》氏が、室町時代前期に松原湖を諏訪湖に見立てて創建した末社である。(1)その境内には、武田信昌（信玄の曽祖父）が佐久侵攻に際して、延徳三年（一四九一）に奉納したと伝えられる弘安二年（一二七九）の年紀をきる梵鐘《ぼんしょう》（重文、かつて佐久市落合の新善光寺にあった）があり、歴史の重みを感じさせる。

この社は、坂東武士の鑑《かがみ》と称えられた畠山重忠の子孫と伝えられる畠山家が代々神官を務めてきた。昭和四十四年（一九六九）、東京銀座松坂屋で開催された「風雪一〇〇〇年にみる武将と名刀展」（読売新聞社・日本美術刀剣保存協会共催）に「畠山重忠の三寅剣」と題して、小海町豊里松原の畠山家に伝来した一口の短刀(2)が出品された。

1　短刀　銘　三寅剣《さんいんけん》

刃長八寸三分八厘（二五・四センチ）で、刀身《とうしん》(3)がやや内側に反っている。これは、古代の刀剣の特徴の一つであり、安坂将軍塚一号古墳から出土した大刀、あるいは長野市若穂保科から出土した素環頭大刀・内反大刀等にみられるとおりである。刃は、両面から斜めに削いだ切刃造《きりばづくり》(4)で、刃文《はもん》(5)らしきものはみられない。現在、茎《なかご》(6)の長さは三寸（九・一センチ）であり、先が細く尖って目釘穴《めくぎあな》(7)はみられない。しかし、先端近くに丸くくびれた部分があるので、おそらくこれが目釘穴であったと思われる。また刀身には、火入れによる鍛錬《たんれん》の様子がみられない。その形姿は、中

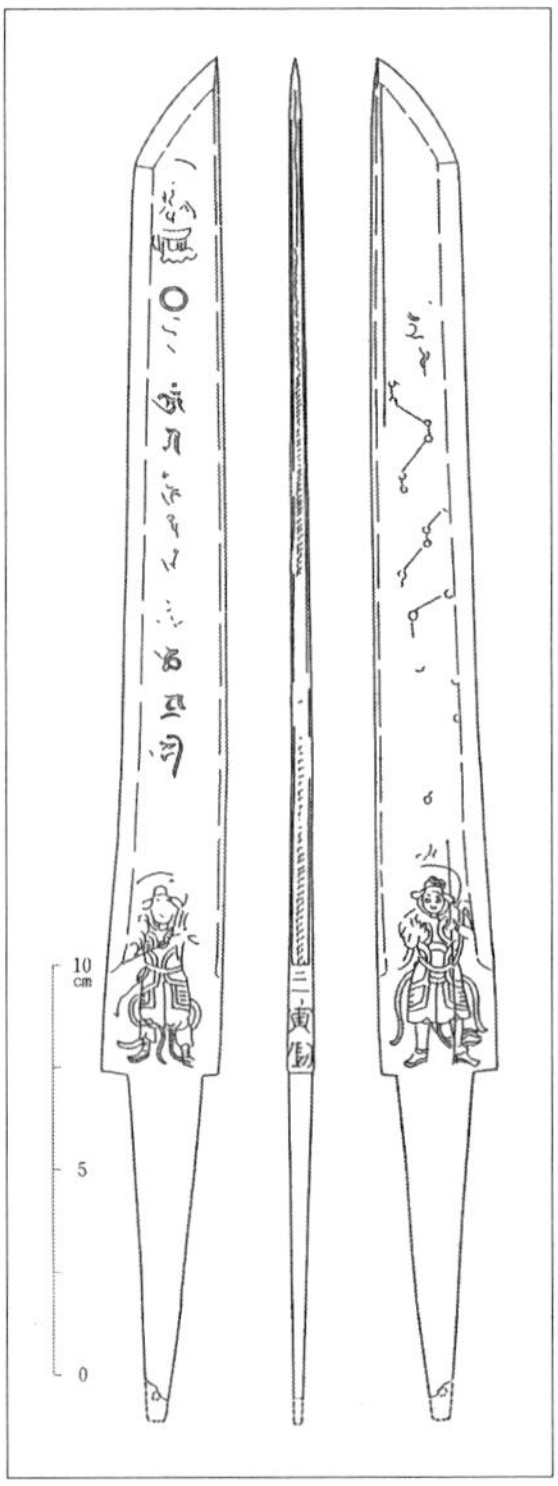

三寅剣に施された象嵌文様
（長野県南佐久郡誌刊行会『南佐久郡誌』転載）

世以降の短刀と大きく異なる。

刀身の両面には、金・銀による象嵌が施されている。その一面には、中国でいう三公・三台と北斗七星の三つの重要な星座と戟《げき》(8)を持つ多聞天像が描かれている。いま一面には、毘沙門（多聞）天を示す梵字と長い矢を構える持国天像が描かれている。また多聞天像あるいは持国天像の上にも仏像らしきものがみられる。これは、広目天・増長天と考えられ、合わせて四《し》天王像《てんのうぞう》(9)の装飾を施していたと想像される。

その棟《むね》(10)は丸く、先から緩やかに蛇行する曲線・直線・波状線・鋸刃状線・逆S字線と連続する銀象嵌が連なっている。そして根元の二・七センチのところを平らにして「三寅剣」の文字が銀象嵌できられている。鍔・金物に象嵌を施す刀剣は、本郷大塚古墳から出土しているが、刀身そのものに象嵌を施すのは、管見の限り県下で唯一であろう。

2　三寅剣の作刀年代

こうした象嵌を施す刀剣は、東大寺山古墳（奈良県天理市）から出土した大刀（重文）①をはじめ石上《いそのかみ》神宮（同市）に伝来した七支刀《しちしとう》（国宝）②・稲荷山古墳（埼玉県行田市）から出土した剣《つるぎ》（国宝）③・岡田山一号墳（島根県松江市）から出土した大刀（重文）④等、古書に記されたものを含めて十五点ほどが知られている。

①は、「中平□年五月」の年紀がきられているので中国（後漢）で二世紀の後半に作られたことが分かる。また②は、「泰和四年五月」の年紀と「百済王」の銘がきられているので韓国で四世紀後半に作られたことが分かる。さらに③

は、「辛亥年七月」の年紀がきられており、元号のない時代・地域のものと考えられるので、我が国で五世紀後半に作られたことが分かる。そして④は、銘に「額田部臣囹」ときられているので『出雲国風土記』にみられる豪族のものと思われ、山陰地方で六世紀に作られたと考えられる。

また③は、江田船山古墳（熊本県和水町）から出土した大刀（国宝）と共に、『宋書』[11]倭国伝にみられる武《ぶ》、すなわち大王「ワカタケル」に奉事する銘文が認められる。両者は、おそらく畿内で作られ、ヤマト王権の勢力が地方にまで及んでいたことを示している。さらに『日本書紀』の雄略天皇の巻と一致する記述がみられるので、ワカタケルは雄略天皇と同一人物と考えられる。[12]

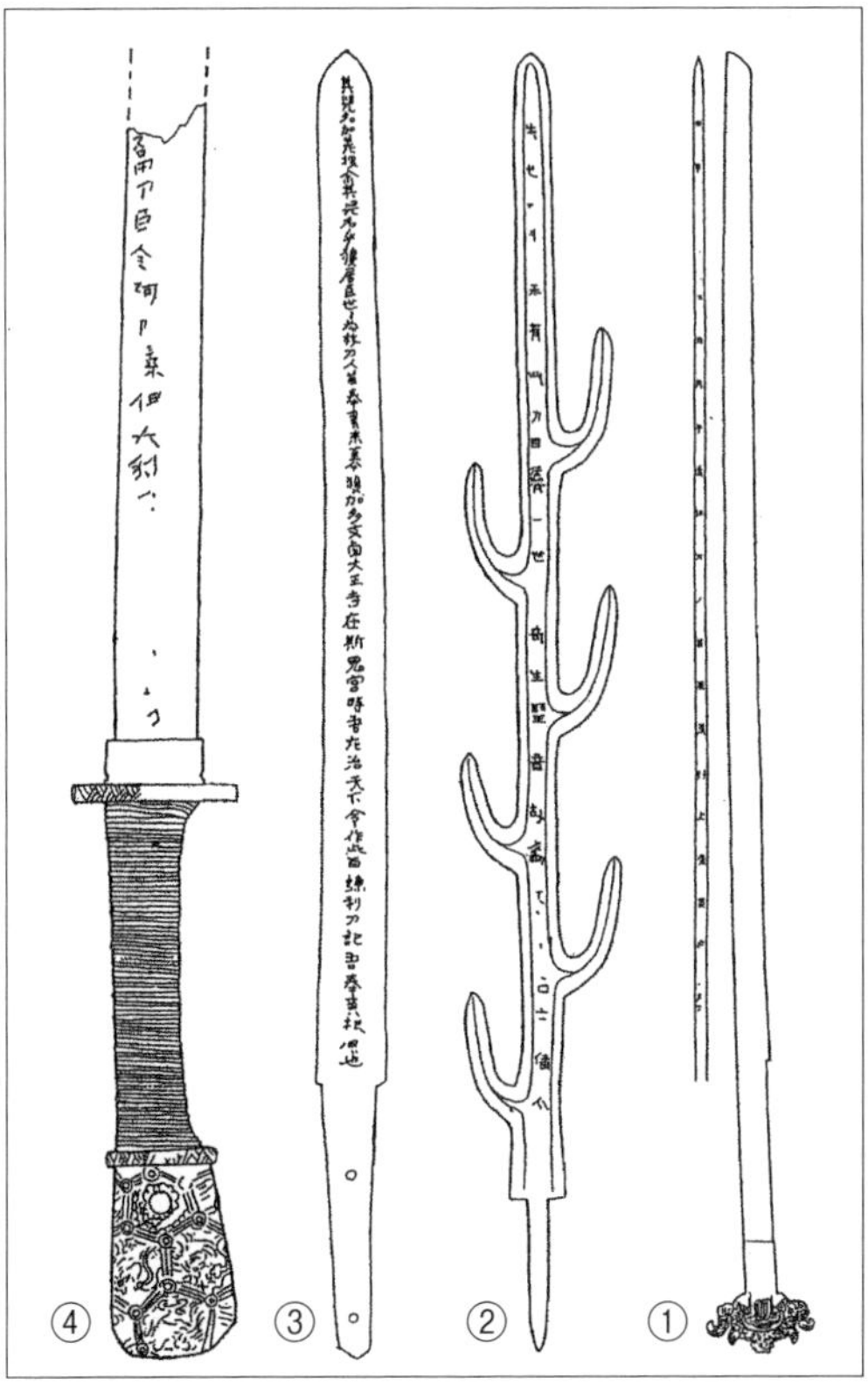

①東大寺山古墳の大刀 ②石上神宮の七支刀
③稲荷山古墳の剣 ④岡田山一号墳の大刀
（長野県南佐久郡誌刊行会『南佐久郡誌』転載）

そして三寅剣の剣名については、災いから身を守るため、寅年、寅月の寅の日に作られた護身剣の意味があると考えられ、中国ではめでたいときに刀を作る風習があるとされる。おそらく三寅剣は、こうした中国で生まれた思想（道教）が背景にあると考えられ、さらに朝鮮半島にも伝えられていることが調査によって判明した。[13]ゆえに実用のための刀剣ではなく、儀礼あるいは儀式に用いる宗教的なものと考えられる。その作刀年代については詳細は不明であるが、「寅」「剣」の書体あるいは星座・四天王像の表現から七、八世紀頃のものと推定される。[14]また元来の目釘穴が低い位置にあるのも古代の刀剣の特徴の一つである。そして剣名を記したのは、②と三寅剣のみであり、東アジア全体の中でも意義あるいは価値が問われる貴重なものといえる。

3　畠山重忠と松原畠山家

ところで畠山重忠は、鎌倉幕府の有力御家人の一人であり、源範頼・義経に従って平氏追討で活躍したことが知られている。また鵯越《ひよどりごえ》の逆落としでは、大力の重忠が馬を背負って坂を駆け下ったと伝えられる。その後、奥州合戦の功により、陸奥国葛岡郡（宮城県栗原市・大崎市の一部）の地頭に任ぜられた。さらに建久元年（一一九〇）の源頼朝の上洛に際して、行列の先陣をきる御家人最大の名誉を与えられた。しかし、頼朝が死去すると、執権北条氏と不仲になり、元久二年（一二〇五）に陰謀が渦巻く中で北条軍と武蔵国二俣川（横浜市旭区）で戦って討死する。これに伴い一族郎党も自害し、ここに畠山氏は滅亡する。[15]

畠山重忠と松原畠山家との繋がりについてであるが、重忠の次女の松尾姫が信州浦湖の辺の神官に嫁ぎ、その孫娘の松寄姫が松原の神官畠山家に嫁いだと伝えられる。また重忠の弟重清は、長野重清と称して奥州合戦に参戦し、重忠と共に功を挙げたと伝えられる。さらに重忠の母にまつわる伝説がある。それは、頼朝が重い病にかかったとき、松原湖で龍になった母を重忠が討ち取り、その肝を飲んで快復したというものである。[16] しかし、こうした伝承を踏まえたとしても、松原畠山家に伝えられた短刀は、畠山重忠の年代より古いということになる。

このため『南佐久郡誌』では三寅剣と畠山重忠との関連については、ほとんど触れられていない。[17] 三寅剣は、同書刊行の年に町の文化財に指定され、高い評価がなされた。そして同書の中で伴野氏が霜月騒動によって、佐久郡伴野荘の領地を北条氏に没収され、これを取り戻すために足利尊氏に与《くみ》したことが挙げられている。また尊氏が後《ご》醍醐《だいご》天皇の菩提《ぼだい》を弔うために建立した天龍寺（京都市右京区）の落慶法要の随兵に伴野出羽守（長房）の名がみられる。

これは、伴野氏が幕臣として重要な位置にあることを示している。その文責をされた島田恵子氏は、伴野氏が京の公家との関係を深め、遠く離れた山里に三寅剣をもたらしたと推測され、古代へのロマンを感じさせると締めておられる。

大正十三年（一九二四）、軍人の山越富三郎氏が三寅剣を実見され、東京で研いだ際に作った鞘《さや》に「奈良時代の刀」と記されている。その後、昭和十三年（一九三八）に金工師の香取秀真氏が手に取られ、「国宝になるかもしれない」と言われたとのことである。三寅剣は、長野県下はもとより我が国を代表する古代の宝刀の一つであり、今後さらなる評価が期待される。

註

（1）『長野県姓氏歴史人物大辞典』（角川書店　一九九六年）
（2）短刀＝刃長一尺（三〇・三センチ）未満の刀。刀＝刃を上にして腰に巻く紐あるいは帯に差す刀剣。
（3）刀身＝刀剣の鞘に収める部分。日本刀においては、刀剣から鞘や柄等の付属品を外した状態。
（4）切刃造＝鎬《しのぎ》の筋が刃寄りにある刀身。鎬＝刃と棟との間にある刀身を貫いて走る稜線。
（5）刃文＝刃の模様。
（6）茎＝刀身のうち柄に収める部分。
（7）目釘穴＝目釘を差す穴。目釘＝柄に刀身を固定するための留め具。
（8）戟＝古代中国で使われた長柄武器の一種。
（9）天に住む仏教における四人の守護神。
（10）棟＝刀身の刃と反対側の背にあたる部分。
（11）中国の南北朝時代の南朝の宋について書かれた歴史書。
（12）特別展図録『ヤマトとアヅマ』（横浜市歴史博物館　二〇〇四年）
（13）小海町教育委員会「眠りからさめた三寅剣」（小海町　一九九四年）
（14）『南佐久郡誌』考古編（長野県南佐久郡誌刊行会　一九九八年）
（15）貫達人『畠山重忠』（吉川弘文館　一九八七年）
（16）大谷秀志『信濃の名刀探訪』（ながの二葉書房　一九八一年）

（17）北条時宗の死後、執権に就いた貞時を奉じて内管領平頼綱が、有力御家人で貞時の外祖父にあたる安達泰盛を攻め滅ぼした政変。このとき伴野氏は安達方に与していた。

源平の争乱と信濃国

平安時代中期、承平八年（天慶元・九三八）、坂東平氏の抗争の末、平将門は京に向かう平貞盛（将門の従兄弟《いとこ》）を追撃し、小県郡国分寺（上田市国分）付近で戦いが行われた。これは、郡司である他田《おさだ》氏あるいは滋野氏等を巻き込み、信濃国は平氏内紛の舞台となる（信濃千曲川の戦い）。

天慶二年（九三九）、将門は京の朝廷に対抗して自ら新皇を名乗り、東国の独立を宣言した。しかし、翌三年（九四〇）に下総国幸島郡北山（茨城県坂東市）で貞盛・藤原秀郷（俵藤太）等の討伐軍と戦って討死する（承平・天慶の乱）[1]。

平安時代後期、応徳三年（一〇八六）、院政[2]が始まると信濃国は院分国として白河法皇・鳥羽法皇の知行国となり、その後も公卿《くぎょう》[3]が引き継いだ[4]。そして保元の乱・平治の乱を経て、平清盛は太政大臣にまで上り詰め、武士である平氏がしばし栄華を極めた。

平安時代末期、安元三年（治承元・一一七七）、平氏打倒をもくろむ鹿ケ谷《ししがたに》の陰謀の発覚により、清盛と後白河法皇（鳥羽法皇の皇子）の関係が悪化する。治承三年（一一七九）、清盛は、関白松殿基房以下を追放して院政を停止させ、後白河法皇を幽閉した（治承三年の政変）。これに激怒した以仁王《もちひとおう》（後白河法皇の第三皇子）は、翌四年（一一八〇）に平氏追討の令旨《りょうじ》を発した。これは、直ちに平氏方に発覚し、清盛が派遣した軍勢により、以仁王は宇治（京都府宇治市）で討たれる（以仁王の乱）。

しかし、すでに令旨は各地の源氏に届き、これを受けた源頼朝が伊豆（静岡県伊豆の国市）で挙兵し、続いて源義仲（木曽次郎・頼朝の従兄弟）が木曽（木曽郡木曽町）で挙兵した。そこで、義仲討伐を掲げた平氏方の笠原頼直と源氏方の村山氏・栗田氏が戦い、これに滋野一族の支援を受けた義仲も参戦する（市原合戦）。この戦いに勝利した義仲は、小県郡・佐久郡を制し、さらに父義賢《よしかた》の旧領であった上野国多胡郡（群馬県高崎市・藤岡市の一部）にかけて勢力を拡大した。

信濃国分寺阯

横田河原古戦場

治承五年（一一八一）、清盛が死去すると、源氏の攻勢はいっそう増すこととなる。そして義仲は、笠原頼直に加勢して信濃に侵攻した城長茂（助職ともある）を横田河原（長野市篠ノ井横田）で破り、そのまま越後（新潟県）を制圧した。

治承六年（寿永元・一一八二）、北陸宮（以仁王の第一皇子）を擁護した義仲は、平氏追討令を継承し、頼朝に与して南信に進出した甲斐の武田信光の動向を見定めながら、北陸で勢力を拡大していった。これに対抗して平氏も越前（福井県嶺北地方）に軍勢を派遣する。

寿永二年（一一八三）、義仲が頼朝と対立する源義広・同行家（頼朝・義仲の叔父）を匿《かくま》ったことにより両者の関係が悪化する。そこで義仲は、嫡男義高を頼朝の長女（大姫）と婚約させ、人質として鎌倉に差し出すことにより戦いを回避した。

その後、沿道の武士を吸収し、平氏との般若野の戦い・倶利伽羅峠の戦い・篠原の戦いに連勝し、京を目指して進撃した。しかし、上洛した義仲は、京の治安回復に失敗し、さらに西国の平氏にも苦戦する。その中で後白河法皇は、頼朝に東海道・東山道の諸国の事実上の支配権を認めた（寿永の宣旨）。義仲は、頼朝が派遣した軍勢が不破の関（岐阜県関ケ原町）を越えたことを知ると、院御所である法住寺殿を襲い、法皇を捕らえて幽閉した（法住寺合戦）。

寿永三年（元暦元・一一八四）、義仲は、頼朝の弟である範頼・義経と宇治川で戦い、近江国粟津（滋賀県大津市）で討死する。[5] さらに頼朝は、範頼・義経が平氏と対峙《たいじ》する一方で、乳母の比企尼《ひきのあま》の一族である比企能員《よしかず》を義仲の残党が潜む信濃に派遣し、その影響下にある東信・北信の武士を一掃すると共に積極的に御家人に登用した。

元暦二年（文治元・一一八五）、さらなる軍勢を派遣して平氏を攻め滅ぼした頼朝は、鎌倉に武家政権（幕府）を樹立する。そして文治三年（一一八七）、善光寺（長野市元善町）の再興を命じて信濃武士を随従させ、同五年（一一八九）には平泉（岩手県平泉町）の奥州藤原氏を攻め滅ぼした（奥州合戦）。翌六年（建久元・一一九〇）、頼朝は上洛を果たし、

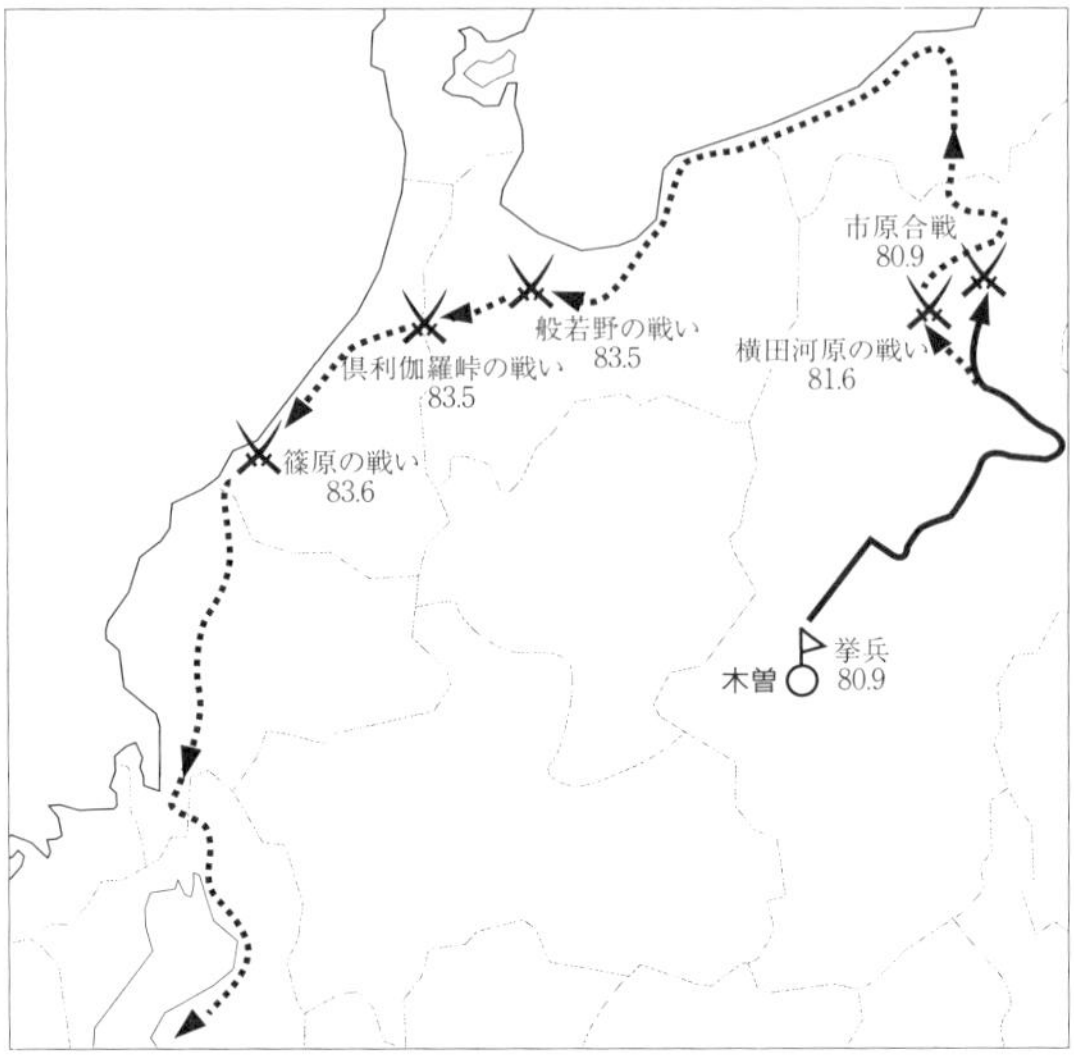

源義仲の信濃・北陸道の進撃図

これに伴い比企能員は右衛門尉に任ぜられ、さらに上野国・信濃国の守護をも務めた。そして建久三年（一一九二）に頼朝は、坂上田村麻呂の任官の吉例に倣って征夷大将軍に任ぜられた。

また平氏追討あるいは奥州合戦の功により、甲斐源氏の一党である加賀美遠光の次男長清が信濃守に任ぜられ、所領の甲斐国巨《こ》摩《ま》郡小笠原牧あるいは山小笠原荘（山梨県北杜市）を姓として信濃に土着した。これが小笠原氏の祖であり、霜月騒動で領地を没収された伴野氏は、長清の六男時長が佐久郡伴野荘の地頭に任ぜられたことにはじまる。[6] さらに承久の乱[7]の功により、長清は阿波国（徳島県）の守護に任ぜられた。

このように鎌倉幕府の成立後に信濃に入部した者もいたが、多くは従前の体制を継承する者であった。そして建久六年（一一九五）の頼朝の二度目となる上洛に、多くの信濃武士が御家人として

従った。これは、信濃武士の幕府への随従の度合いの高さを示している[8]。
しかし、建久十年(一一九九)に頼朝が死去すると、二代将軍になった頼家の妻妾である若狭局は、父比企能員と共に北条時政(頼朝の義父)を排除しようとしたが、逆に北条氏に謀殺され、これと同時に比企一族も滅亡する(比企の乱)。以降、信濃国は執権となった北条一門が直接統治することになる。

註

(1)川尻秋生『平将門の乱』(吉川弘文館　二〇〇七年)
(2)上皇が天皇に代わって政務を直接行う政治。
(3)日本の律令の規定に基づく太政官の最高幹部として国政を担う職位。
(4)元木泰雄『院政期政治史研究』(思文閣出版　一九九六年)
(5)鈴木彰等編『木曾義仲のすべて』(新人物往来社　二〇〇八年)
(6)『長野県姓氏歴史人物大辞典』(角川書店　一九九六年)
(7)承久三年(一二二一)、鎌倉幕府と後鳥羽上皇との間に起きた内乱。
(8)宮下玄覇『信濃武士～鎌倉幕府を創った人々～』(宮帯出版社　二〇一二年)

平安時代中期から鎌倉時代の武装形式

平安時代中期、承平・天慶の乱頃から剣あるいは大刀と呼ぶ直刀が、次第に御物「小烏丸《こがらすまる》」にみられるように彎刀《わんとう》[1]へと変わり、同時に東北地方で多く出土する蕨手刀《わらびでとう》[2]が毛抜形太刀《けぬきがたたち》[3]へと変わっていった。そして塩尻市宗賀で出土した毛抜形太刀は、十世紀のものと推定される最古の遺物である。また蕨手刀は、荒神山古墳(諏訪市湖南)・蛇

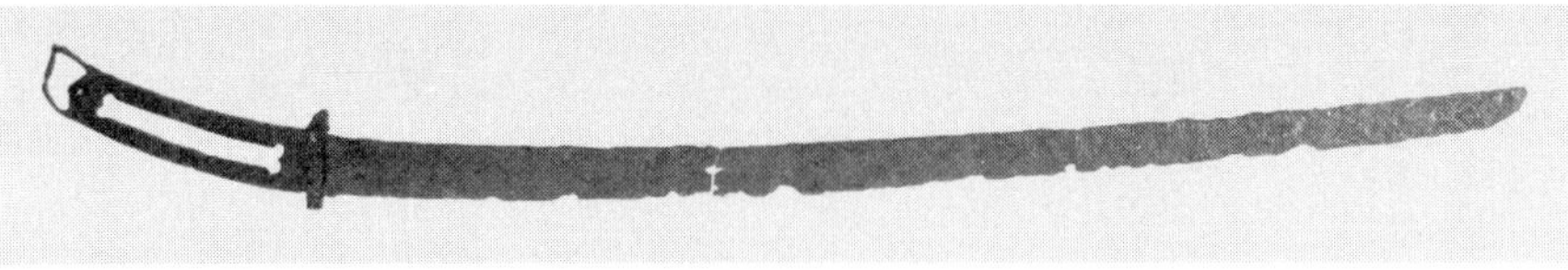

塩尻市宗賀で出土した毛抜太刀（横浜市歴史博物館『兵の時代』転載）

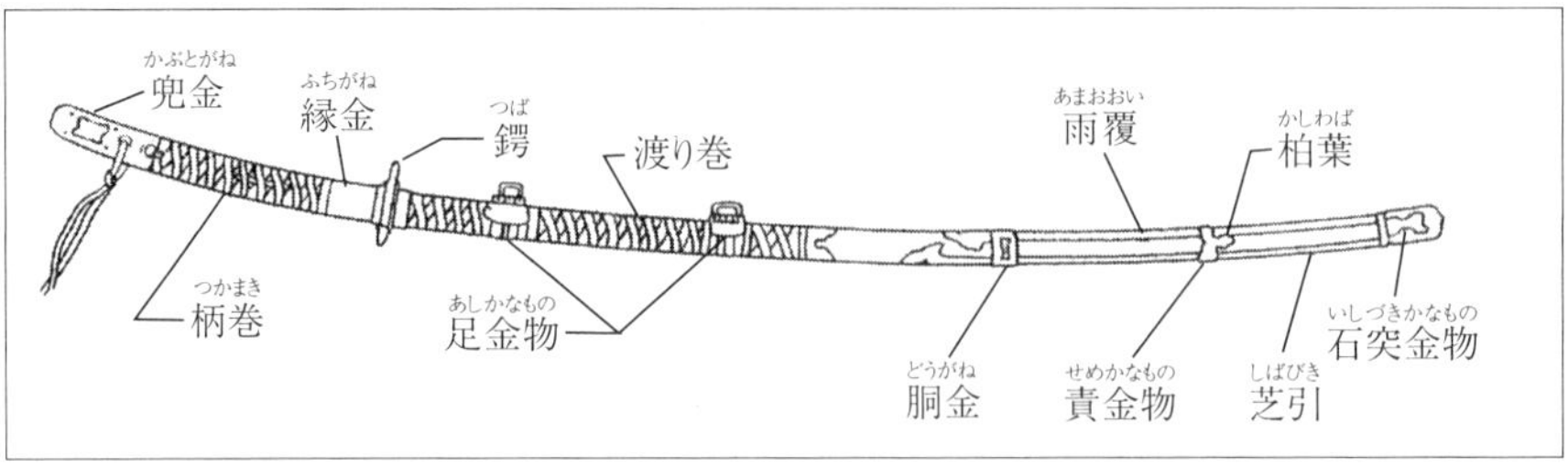

太刀の名称図

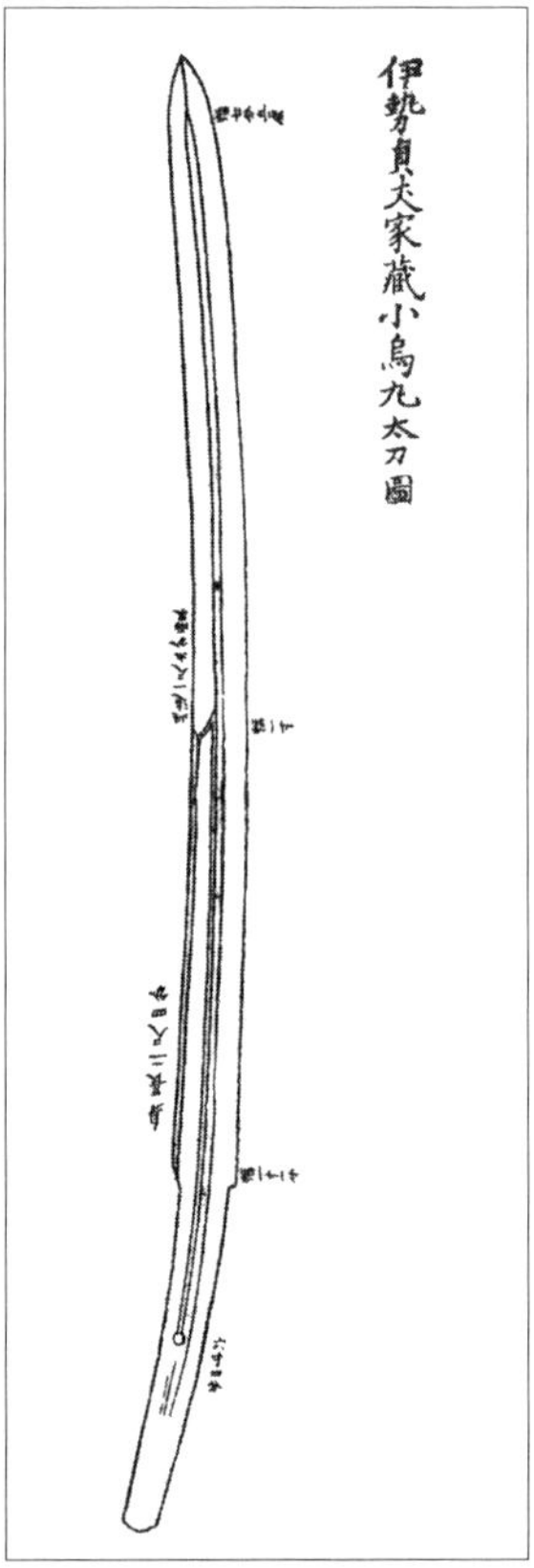

伊勢貞丈家蔵小烏丸太刀図
（『集古十種』刀剣一）

塚古墳（佐久市臼田）あるいは小県郡長和町大門等、県下の各地からも出土している(4)。

太刀は、基本的に騎乗の者が用い、刃を下にして鞘に収め、左腰に紐あるいは鎖《くさり》で吊り下げて持ち運び、戦うときは柄《つか》を右手で持って使う。おおむね刃長が二尺（六〇・六センチ）以上あり、騎乗で振り回すことから反りが高いものが多い。

しかし、この時期の太刀は、あくまでも補助武器であり、主戦武器は弓であった。弓は、もともと自然木の細い幹を使った丸木弓《まるきゆみ》であったが、平安時代の中頃に伏竹弓《ふせたけゆみ》、あるいは三枚打弓《さんまいうちゆみ》と呼ぶ合わせ弓が生まれ、威力と耐久性を増すこととなる。さらに矢羽《やばね》が二枚羽から三枚羽に変わり、旋回させて飛ばすことにより飛距離を延ばし、殺傷性を高めた(5)。

これと同時に鉄製の甲冑が廃れ、革製の甲冑が主流となり、上級武士は騎乗に適した大鎧《おおよろい》を装着して騎射《きしゃ》を行った。これに対して下級士卒は、徒歩に適した胴丸《どうまる》を装着して歩射《ほしゃ》も行うが(6)、出光美術館(東京都千代田区)が収蔵する『伴大納言絵詞』(国宝)、あるいはボストン美術館(米国ボストン市)が収蔵する『平治物語絵詞』にみられるように、薙刀《なぎなた》・長巻《ながまき》と呼ぶ長柄武器を使う打物も行った。この薙刀と長巻の違いについて、刀身には大差はないが、拵《こしらえ》(7)に鍔がないものを薙刀と呼び、鍔があるものを長巻と呼ぶとされる(七一頁参照)。

大鎧は、古墳時代の両当式の札甲が変化し、発展した形式と考えられる。胴身を塗籠札で覆い、射向《いむけ》(8)から前後を

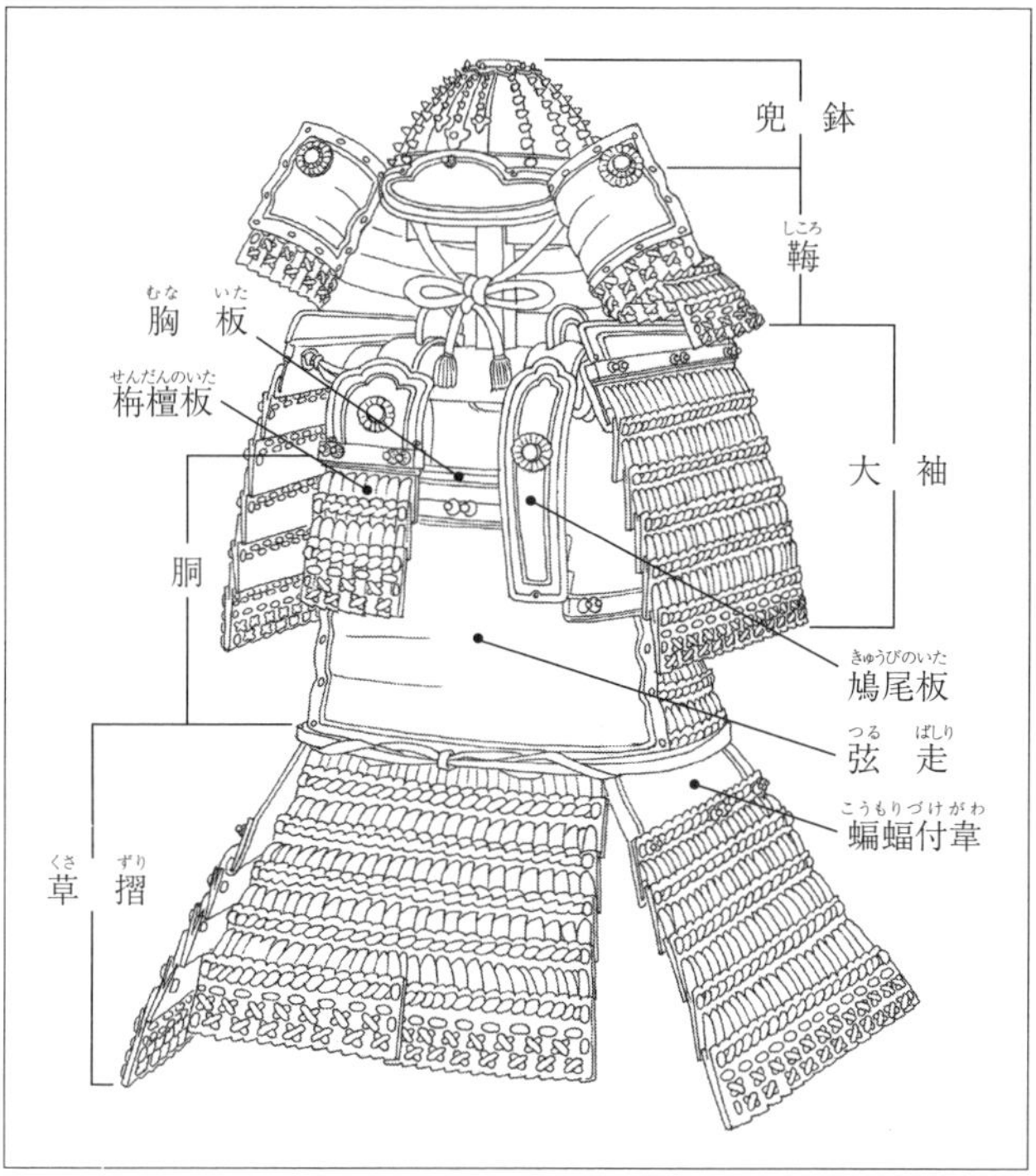

大鎧の名称図

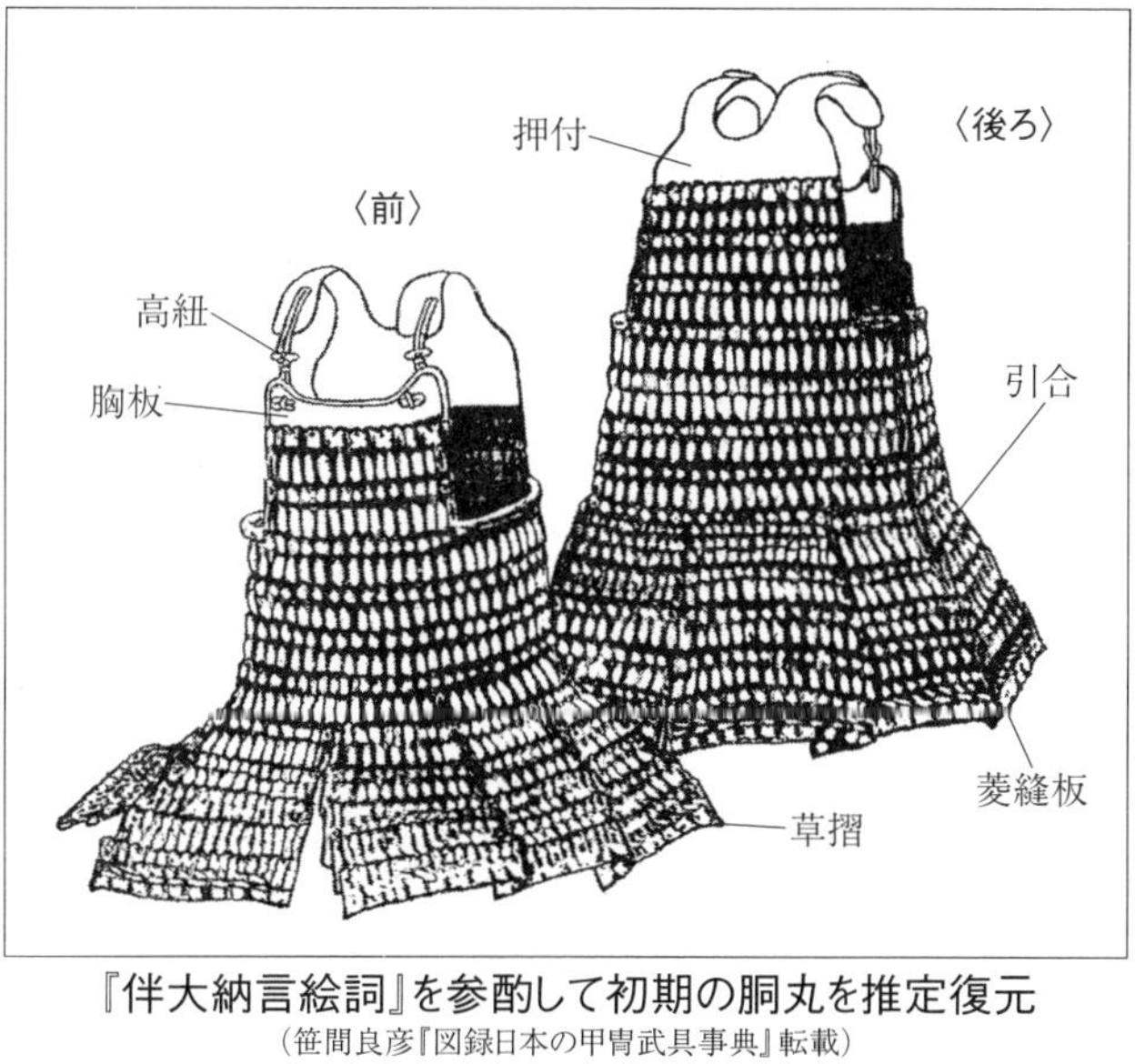

『伴大納言絵詞』を参酌して初期の胴丸を推定復元
(笹間良彦『図録日本の甲冑武具事典』転載)

逆「コ」の字形に包み、馬手《めて》[9]にできる透き間を脇楯で塞ぐ。そして腰まわりを草摺《くさずり》[10]と呼ぶ前後左右の四間の垂《たれ》で覆い、胸にできる透き間を栴檀板《せんだんのいた》・鳩尾板《きゅうびのいた》と呼ぶ異なる形の板で塞ぐ。

この栴檀板・鳩尾板の形の違いは、防御機能と騎射のための腕の運動機能を考慮した結果であり、つまり敵に向ける側を一枚の鉄板とし、箙《えびら》[11]から矢を抜いて弓につがえる右手を動き易くするため垂にした。さらに弓の弦が小札に引っ掛かるのを防ぐため、胴の前面を弦走《つるばしり》[12]と呼ぶ韋《かわ》[13]で覆う。また大鎧は、兜《かぶと》[14]と袖《そで》[15]が付き、三物皆具《みつものかいぐ》を原則とした。[16]

そして胴丸（中世は腹巻と呼ぶ）は、古墳時代の胴丸式の札甲が変化し、発展した形式と考えられる。[17]胴身を小札で丸く包み、右脇に引合がある胴である。肩先を杏葉《ぎょうよう》と呼ぶ掌大の木の葉状の金具で守り、草摺を八間とする。これは、足さばきをよくするため、大鎧の四間の草摺を半分に割った結果である。

さらに令制において武器・武具は、国家が管理していたが、武士の台頭により次第に私有へと変わる。そこで武士は、甲冑武具・刀装の装飾を競うようになった。[18]そして大鎧を装着した上級武士は、敵味方の双方が互いに名乗り合い、一つのルールに則った矢合《やあわせ》と呼ぶ戦いを行った。[19]

註
（1）彎刀＝反りのある刀身。
（2）蕨手刀＝柄の先がワラビの形になった鉄剣。
（3）毛抜形太刀＝茎に毛抜の形の透かしがあり、刀身と柄が一体になった太刀。
（4）特別展図録『刃が語る信濃』（長野県立歴史館　二〇一三年）
（5）鈴木敬三編『有識故実大辞典』（吉川弘文館　一九九六年）
（6）徒歩で弓を射ること。
（7）拵＝刀剣の外装。
（8）射向＝武家用語の一種。左を指す語。
（9）馬手＝武家用語の一種。右を指す語。
（10）草摺＝胴の下部に下がる垂。

（11）箙＝右腰に縛り付けて矢を持ち運ぶ箱。
（12）弦走＝大鎧あるいは胴丸鎧の胴の前面を包む韋。
（13）韋＝鹿のなめし革。
（14）兜＝主に頭部を守るために被る防具。
（15）袖＝肩先から上腕部にかけて守る小札板。
（16）山岸素夫・宮崎眞澄『日本甲冑の基礎知識』（雄山閣　一九九〇年）
（17）宮崎隆旨『奈良甲冑師の研究』（吉川弘文館　二〇一〇年）
（18）註（5）と同じ。
（19）高橋昌明『武士の成立　武士像の創出』（東京大学出版会　一九九九年）

清水寺の鍬形

長野市の南東、保科温泉に向かう県道三四号線沿いにある阿弥陀山清水寺《あみださんせいすいじ》は、信濃三十三観音の第十六番札所に数えられる北信の名刹《めいさつ》である。地元では、保科観音《ほしなかんのん》と呼ばれ、秋は紅葉の名所として知られ、また春は牡丹《ぼたん》の名所として「ぼたんのお寺」と呼ばれて親しまれている。

その創建は古く、寺伝によると天平十四年（七四二）に奈良東大寺の「四聖」の一人である行基が、仏像を納めた草堂を建立したことにはじまるという。延暦二十年（八〇一）、征夷大将軍である坂上田村麻呂が、蝦夷征討の途中に立ち寄り、直刀を奉納したと伝えられる。そして大同元年（八〇六）、坂上が観音像

清水寺 山門

清水寺 奥ノ院

の脇侍として地蔵菩薩《じぞうぼさつ》像・毘沙門天像を造り、祀った京都清水寺の号を賜り、建立されたと伝えられる。

しかし、大正五年（一九一六）に大火に遭い、三重塔はじめ大日堂・仁王門等往年の伽藍《がらん》を焼失したものの、幸い両界曼陀羅《りょうかいまんだら》図・千手観音等の寺宝は難を逃れた。この中に、坂上田村麻呂が所用したと伝えられる鍬形がある。

これは、『集古十種』(1)甲冑四に認められ、清水寺内の八将権現社に納められていた八枚の内の一枚という。最古の鍬形として大正三年（一九一四）に「鉄鍬形・金銅雲竜文象嵌」の名目で国宝に指定され、昭和二十五年（一九五〇）に重文に指定された。

1　雲竜文象嵌鉄鍬形《うんりゅうもんぞうがんてつくわがた》

鍬形《くわがた》は、兜の正面に掲げる立物《たてもの》(2)の一種である。ふつう左右に立てる角状の部分を鍬形と呼び、これを支える土台を鍬形台《くわがただい》と呼ぶ。清水寺の鍬形は、鍬形と鍬形台が共に鉄で作られていることから、鉄鍬形と呼ぶ形式である。鉄鍬形は、『伴大納言絵詞』、あるいは『年中行事絵巻』等にみられることから、中世初頭（平安・鎌倉時代）に用いられたと考えられる(3)。

清水寺の鍬形は、全体を花先形《はなさきがた》(4)に見立てて作り、鍬形と鍬形台を花状に作った鋲《びょう》を中心に各々上下三本の鋲で留めている。現在、鉄錆《てつさび》のため焦げ茶色にみえるが、元来は銀白色に磨き上げられていたと思われる。

鍬形台は、兜鉢に馴染《なじ》むように中央縦に鎬《しのぎ》（角）を立て、上部に篠垂《しのだれ》(5)の花先を受ける切り込みがある。その周縁に覆輪《ふくりん》(6)を廻らしていたが、上部を欠損し、下部だけを残している。また正面と左右の三ヵ所に二孔一組の小さな孔があるが、これについては後で述べることにする。そこには、正面に顔を向け、左右に体をくねらせた龍と雲をあしらう象嵌が施されている。しかし、そのほとんどが抜け落ち、わずかに金色がみられる程度である。

鍬形は、鍬形台よりやや薄い材で作られ、ほぼ垂直に立ち上げ、中ほどに節目のようにみえる部分がある。先端

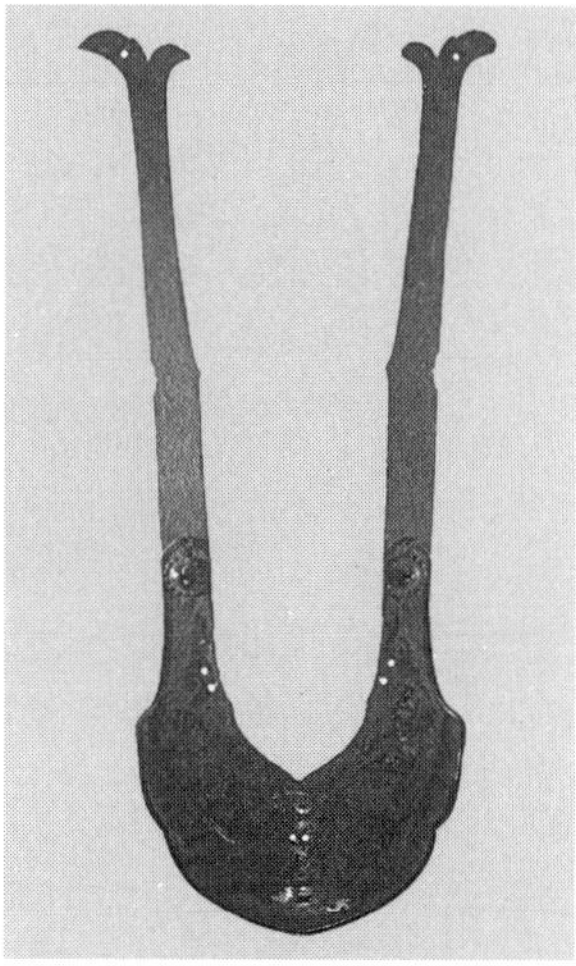

重文 雲竜文象嵌 鉄鍬形
（清水寺蔵）

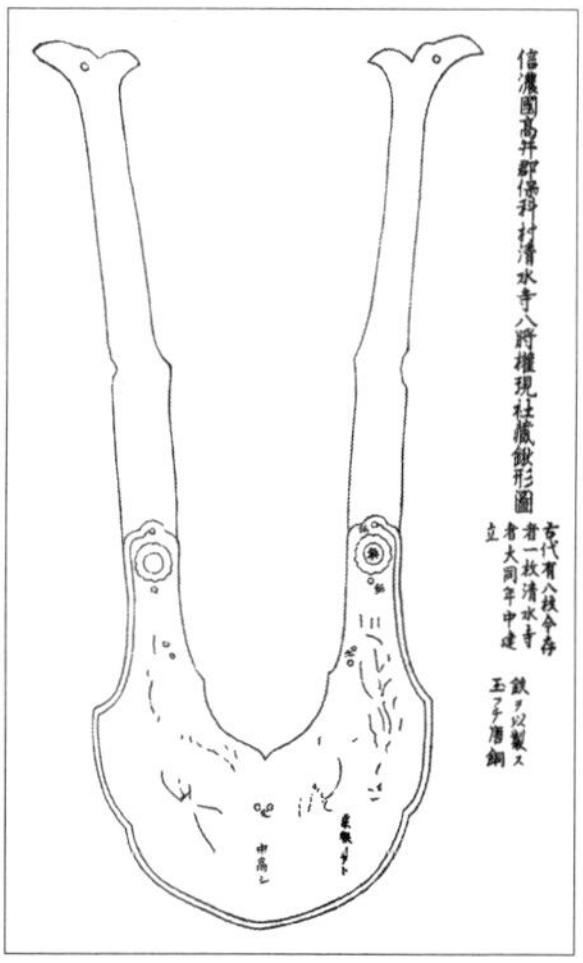

鍬形図（『集古十種』甲冑四）

は左右に開いて八双に切り込み、その外側にも小さな切り込みがみられる。そして八双の中心から少し外側にずれたところに小さな鳩《はと》目《め》(7)を透かしている。

2　鉄鍬形の比較とその語源

鉄鍬形は、清水寺の他に二つある。その一つが木下美術館（滋賀県大津市）に収蔵されている。これは、昭和五十三年（一九七八）に京都東山の法住寺殿跡から鏡轡・甲冑群と共に出土した。ほぼ垂直に立ち上がる鍬形と鍬形台を一体に作り、周縁に継ぎ目のない鍍金《ときん》の覆輪を廻らしている。先端は左右に小さく開いて八双に切り込むが、鳩目あるいは猪目《いのめ》(8)等の透かしはみられない。鍬形と鍬形台の区別なく、一面に向き合う二頭の龍と取り巻く雲の象嵌が施されている。

今一つは、八代神社（三重県鳥羽市神島町）にある。これは、清水寺の鍬形と同じく、鍬形と鍬形台を別に作り、鋲で留めている。しかし、鍬形の部分が根元で折れているので、正しくは鉄鍬形台と呼ぶべきである。おそらく清水寺あるいは木下美術館のような鍬形であったと思われる。これには獅子の頭部を模様化した獅噛文《しがみもん》の象嵌が施されている。

鍬形の語源については、近世以降さまざまなことがいわれてきた。しかし、近年の研究によると、古代の鍬先と

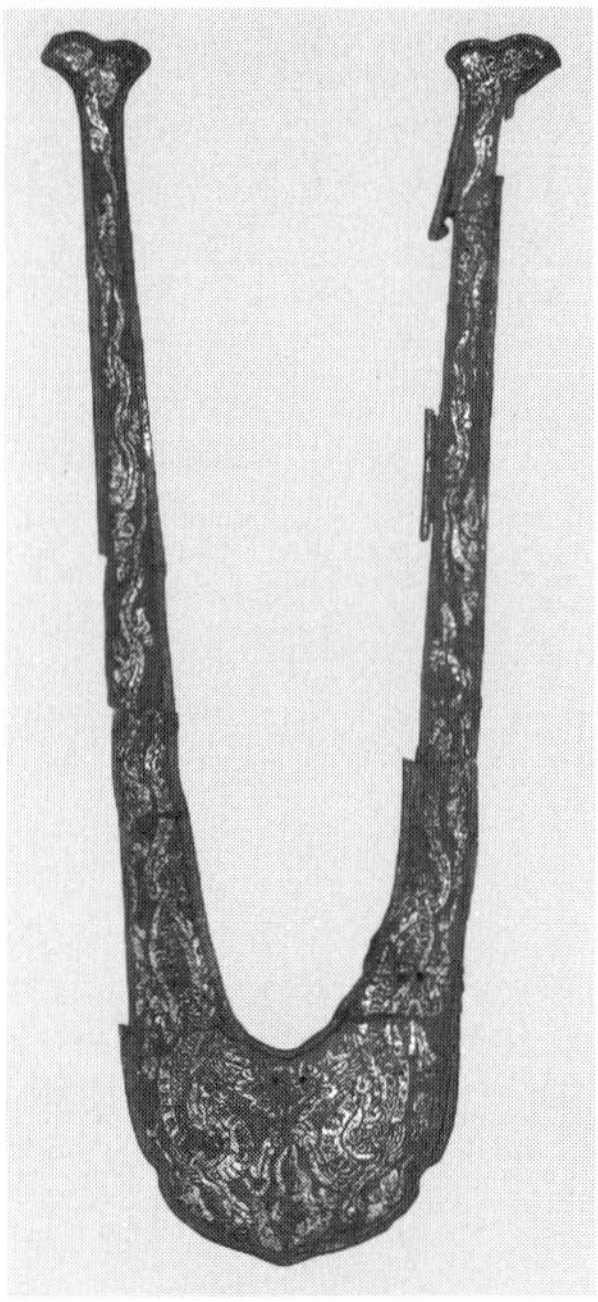

雲竜文象嵌鉄鍬形
（木下美術館蔵）

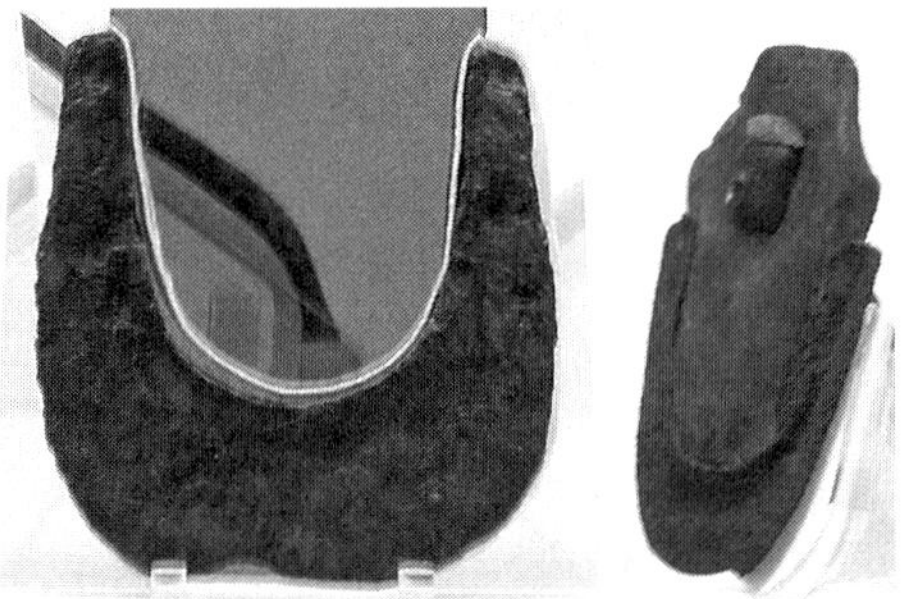

（左）五輪堂遺跡から出土した鍬先
（右）本誓寺遺跡から出土した鍬

する説が有力である。つまり農具の鍬の先に付ける鉄で作った「U」形の金具が原形であり、本誓寺遺跡（千曲市生萱）から出土した九世紀の鍬、あるいは五輪堂遺跡（同市屋代）から出土した同期の鍬（あるいは鋤《すき》）先は、これを彷彿させるものといえる。ゆえに、古代の狩猟時代に鹿・牛等の角《つの》を権威の象徴として掲げていたが、農耕へと時代が変わり、その名残として鍬先を掲げるようになったのではないかと考えられる。[9] この点において、木下美術館の鉄鍬形は材および形状共に原型をよく示している。

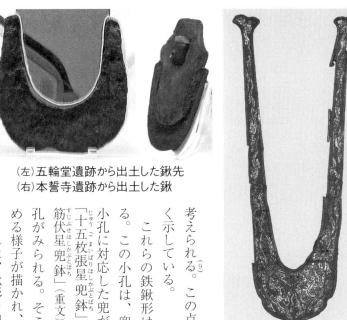

これらの鉄鍬形は、いずれも前述のように三ヵ所に二孔一組の小孔がみられる。この小孔は、兜に装着するために使うものと想像される。つまり鉄鍬形の小孔に対応した兜がみられるからである。それは、唐沢山神社（栃木県佐野市）の「十五枚張星兜鉢《じゅうごまいばりほしかぶとばち》」（重文）、あるいは石清水八幡宮《いわしみずはちまんぐう》（京都府八幡市）旧蔵の「一枚張《いちまいばり》筋伏星兜鉢《すじぶせほしかぶとばち》」（重文）であり、いずれも兜鉢の正面と左右の三ヵ所に二孔一組の小孔がみられる。そこで『伴大納言絵詞』をみると、鉄鍬形を赤い紐で兜に結び留める様子が描かれ、当時の鍬形の装着法を示している。

これは、鍬形を兜に固定するのではなく、いつでも取り付け取り外しが自在であることを示している。つまり鍬形を掲げる者は一軍の将のみであり、これを持ち回るという習慣から生じた装着法と考えられる。しかし、その権威がいかなるものか、大いに疑問が残る。なぜならば、『平治物語絵詞』をみる限り、決して身分の高い者だけが鍬形を掲げているとは限らないからである。

また、鉄鍬形に施された象嵌には、いずれも銅象嵌と呼ぶ特殊な技法が用いられている。これは、地鉄《じがね》に図案を彫って銅板を打ち込み、その上に鍍金《ときん》・鍍銀《とぎん》による彩色を施す技法である。この技法は、平安時代後期の一時期（十一世紀半ばから十二世紀後半）にのみみられ、同じものが平等院鳳凰堂（京都府宇治市）の扉閉金具の他に数点認められる。(10)

3　清水寺の鉄鍬形の所用者

木下美術館の鉄鍬形は、出土した場所から後白河法皇の周辺のものと考えられる。おそらく寿永二年（一一八三）に源義仲が院御所を襲った法住寺合戦のときに埋もれたのであろう。そして清水寺の鉄鍬形も、象嵌の技法、あるいは装着方から坂上田村麻呂の年代とするのは難しいように思われる。むしろ木下美術館の鉄鍬形と同じく十二世紀後半とするのが妥当ではなかろうか。

『伴大納言絵詞』部分
（國學院高等学校『古典参考資料図集』転載）

そして八代神社の鉄鍬形台を伊勢平氏に関わるものとし、清水寺の鍬形を信濃源氏に関わるものとする説(11)がある。しかし、どこからどこまでを信濃源氏とするのか、判断に苦しむところである。そこで著者は、平氏追討に活躍した保科（星名ともある）氏を候補として挙げたい。

保科氏は、高井郡保科（長野市若穂保科）を根拠とする清和源氏井上氏の一族と伝えられる。彼らは、北信において井上光盛と共に源義仲に従い、長門本『平家物語』巻第十三に「ほしな三百余騎」が横田河原の戦いで城長茂の後方を攪乱《かくらん》して、これを打ち破ったとある。また井上光盛が謀反を企てたとされ、駿河で殺害された際に捕らえられた家人に「保科太郎」の名がみられ、後に許されて御家人に取り立てられた。[12] 清水寺がある若穂保科は、まさに保科氏発祥の地ということになる。つまり清水寺の鍬形は、横田河原の戦いに大勝をもたらした保科氏に関わるものとして伝えられたのではなかろうか。

清水寺の鍬形は、長野県下はもとより全国に誇る名品であり、まさに信濃国を代表する重宝といえよう。

註

（1）寛政十二年（一八〇〇）に松平定信が編纂した古物を模写し収録した図録。
（2）立物＝兜に掲げる装飾。
（3）山上八郎『日本甲冑の新研究』（山上淑子　一九二八年）
（4）花先形＝花弁に見立てて一旦膨らみを持たせてから先端を尖らせる図案。
（5）篠垂＝八幡座から垂れ下がる剣の形の細長い金物。
（6）覆輪＝主体の周縁に保護と装飾を兼ねて廻らす金物。
（7）鳩目＝鳩の目に例えた丸い形。
（8）猪目＝猪の目に例えたハートの形。
（9）山上八郎『日本甲冑一〇〇選』（秋田書店　一九七四年）
（10）特別展図録『金色のかざり』（京都国立博物館　二〇〇三年）
（11）註（9）と同じ。
（12）『長野県姓氏歴史人物大辞典』（角川書店　一九九六年）

赤木家伝来の大鎧

赤木氏は、桓武平氏流秩父《ちちぶ》氏の一族である秩父忠兼が、筑摩郡白川郷（松本市寿豊丘白川）に移り住んで白河氏と称し、その次男である親忠が、同赤木郷（同市寿小赤赤木）に分家して赤木氏と称したことにはじまる。鎌倉時代前期、承久の乱の功により、親忠の子忠長が備中国川上郡穴田郷（岡山県高梁市宇治町穴田）を賜り、新補地頭として移

岡山県高梁市宇治町穴田の風景

蓮華寺の五輪塔

り住んだ。(1)

その後、赤木氏は備中を中心に活動したと考えられ、穴田の極楽寺跡・本郷（同市落合町）の蓮華寺・宇治（同市宇治町）の養福寺、さらに赤木氏が築いたと伝えられる滝谷城(2)の山麓《さんろく》には、南北朝時代から室町時代にかけての数百基にも及ぶ五輪塔があり、一族の繁栄ぶりを偲ばせる。

そして室町時代後期になると、赤木氏は三村氏・毛利氏に帰属し、また羽柴秀吉による高松城(3)の水攻めに際して、毛利軍の援兵に赤木丹後守が名を連ねている。しかし、関ヶ原の戦いの後、毛利氏が周防・長門二国に移封され、これに従う者と土着する者に一族が分かれた。そして備中で帰農した一族が塩田村（同県和気町）の庄屋を務め、赤木蔵人の子孫にあたる赤木家に一領の大鎧が伝えられた。

昭和四十三年（一九六八）、地元倉敷の美術愛好家である藤田始氏が発見され、日本甲冑武具研究保存会（以下日甲研とする）の専務理事であった久山峻氏によって平安時代の大鎧と確認された。(4)翌四十四年（一九六九）に「赤韋威鎧　兜・大袖付」の名目で重文に指定され、さらに平成十一年（一九九九）に「赤韋威鎧　兜・大袖付　附唐櫃」の名目で国宝に指定された。現在、この大鎧は、岡山市の後楽園内にある岡山県立博物館に収蔵されているが、信濃国にまつわる重宝として紹介することにする。

1　赤韋威大鎧《あかがわおどしおおよろい》

赤木家に伝来した大鎧は、赤く染めた鹿のなめし革（韋と書く）で威《おど》し、菱縫《ひしぬい》(5)は赤革を用いる革菱であり、耳糸《みみいと》(6)・

国宝 赤韋威大鎧（岡山県立博物館蔵）

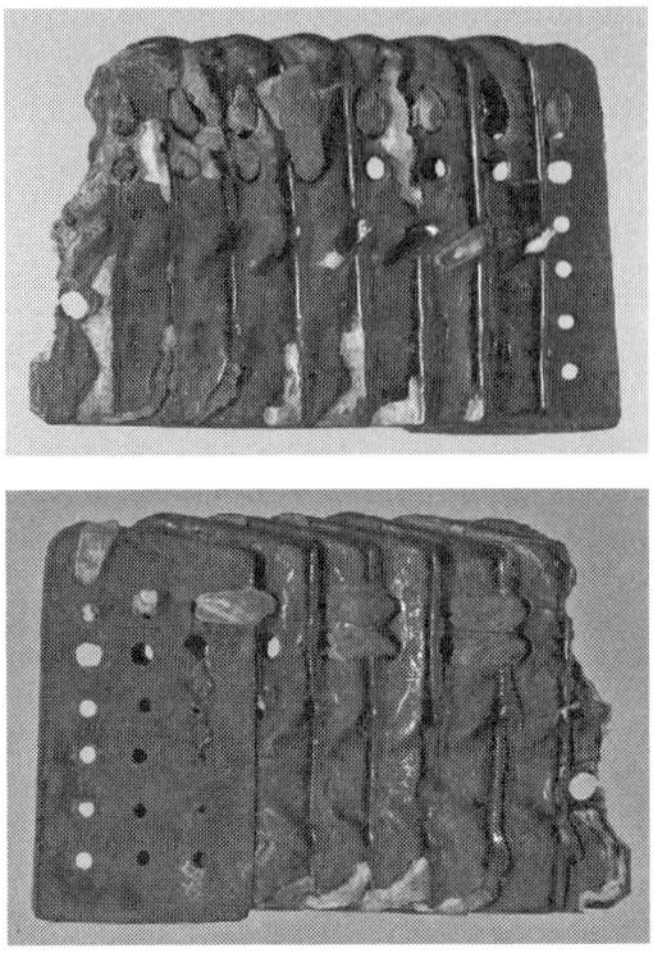
三目札（上：表・下：裏）
（国立歴史民俗博物館蔵）

畦目《うなめ》(7)は、変色して茶色っぽく、組紐であることは間違いないが、色目は不分明である。長門本『平家物語』巻第十三「横田河原合戦」に「赤革威の鎧」、あるいは『吾妻鏡』建保元年（一二一三）五月四日甲辰の項に「赤皮威鎧」と散見されるように、「赤韋威」は平安時代以降に多用した威毛《おどしげ》の一種と考えられる。総体に重厚な三目札《みつめざね》で形成され、胴の正面から射向にかけて革札《かわざね》(8)に鉄札《てつざね》(9)を交ぜる、いわゆる鉄交《かなまぜ》の鎧である。また三目札は、穴が三列あるので、これを重ねると革・鉄・革の三重の小札板になる。

この大鎧は、胴・兜・袖、脇楯と栴檀板・鳩尾板がすべて揃う、極めて貴重な例である。これに匹敵する遺物は、管見の限り厳島《いつくしま》神社（広島県廿日市市）の「紺糸威大鎧《こんいとおどしおおよろい》」（国宝）・大山《おおやま》祇《づみ》神社（愛媛県今治市）の「紺糸威大鎧」（国宝）・御岳《みたけ》神社（東京都青梅市）の「赤糸威大鎧《あかいとおどしおおよろい》」（国宝）の三領のみである。さらに大鎧を収める唐櫃《からびつ》を残すのは、赤木家伝来の大鎧だけである。

ふつう唐櫃は、前後に二本、左右に一本、計六本の脚《あし》がある。しかし、この唐櫃の脚は、前後左右に一本、計四本である。猿投《さなげ》神社（愛知県豊田市）には、甲冑を収めたものではないが、蓋の裏に貞治三年（一三六四）の年紀の墨書がある四本脚の唐櫃があり、こうした櫃は後世にみられないので、おそらく古式を示す特徴の一つと考えられる。

2　胴

胴は、前立挙《まえたてあげ》(10)二段、後立挙《うしろたてあげ》(11)三段（二段目は逆板）、長側《ながかわ》(12)四段とする仕立であり、腰が太くて堂々とした風格を示している。草摺は、前後四段・左右五段であり、同じ段数のものに厳島神社の「小桜威大鎧《こざくらおどしおおよろい》」（国宝）と甘南備寺《かんなびじ》（島根県江津市）の「黄櫨匂大鎧《はじにおいおおよろい》」（重文）がある。これらは、おそらく同年代のものと考えられ、その製作年代は平安時代後期頃と推定される。

国宝 小桜威大鎧（厳島神社蔵）模写（加藤一冑作）
（國學院高等学校『古典参考資料図集』転載）

胸板《むないた》(13)・障子板《しょうじいた》(14)・壺板《つぼいた》(15)・栴檀板・鳩尾板のラインは緩やかで、この時代らしい優雅さを醸《かも》し出《だ》し、各々に鍍金を施す太い覆輪を廻らしている。また菊丸《きくまる》(16)の八双鋲《はっそうびょう》(17)も、この時代の特徴の一つである。

弦走は、胸板の化粧板《けしょういた》(18)の下に撫子《なでしこ》の襷文《たすきもん》(19)がみられるが、射向側には異なる襷文に獅子の盤絵文《ばんえもん》(20)の絵韋《えがわ》を残している。弦走下(21)は、威毛の赤韋の縄目縅《なわめがらみ》(22)に対して、洗《あらい》韋《かわ》(23)の縦取縅《たてとりがらみ》(24)である。さらに逆板《さかいた》(25)の小札が二十五枚の奇数であるのは興味深い。ふつう逆板は、畦目あるいは菱縫の処理を考慮して偶数にする。これを奇数にするのは、甘南備寺の「黄櫨匂大鎧」も同じであり、この時代の大らかさと理解するべきであろう。その中央に菊重《きくがさね》の座金《ざがね》に丸頭《まるがしら》(26)の鐶台《かんだい》の総角鐶《あげまきかん》(27)がみられるが、この時代の鐶台はふつう切子頭《きりこがしら》(28)である。

3 兜

この時代の兜は星兜《ほしかぶと》である。兜の鉢は、ふつう台形の鉄板を横に矧《は》ぎ合《あ》わせて鋲《びょう》で留めて作られる。この鋲の頭《かしら》を、夜空の星に例えて「星《ほし》」と呼ぶ。つまり星がある兜が星兜である。

また平安時代のおわりに、兜に威厳を持たせるために星を大きくすることが好まれた。そこで、重量を軽減するために、鉄板を打ち出して中を空洞にした空星《からぼし》が用いられた。これに対して鉄のかたまりを削って作った星を無垢《むく》星《ぼし》と呼ぶ。

この兜には、無垢星が用いられているので、他の同時代の兜に比べて星が小さくみえる。また兜鉢に筋がなく、直接十枚の鉄板を五点の星で留め、腰巻《こしまき》(29)を一点の星で留めている。正面に一条の共鉄《ともがね》の篠垂《しのだれ》を構えるものの、他に装飾らしいものはみられず、非常に簡素な作りである。後部に菊の座金に丸頭の後勝鐶《こうしょうかん》(30)がみられ、八幡座《はちまんざ》(31)は、葵座《あおいざ》(32)に裏《うら》菊座《ぎくざ》(33)・二重の小刻座《こきざみざ》(34)を重ね、玉縁《たまぶち》(35)で押さえて留めている。

赤韋威大鎧 兜鉢部分

(岡山県立博物館蔵)

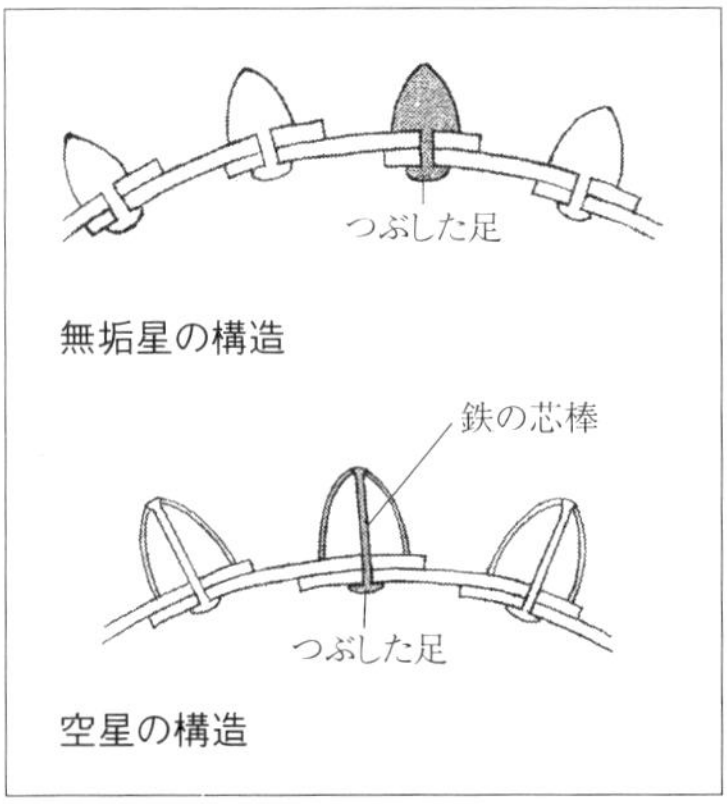

無垢星・空星の構造

(三浦一郎・永都康之『日本甲冑図鑑』転載)

𩊱《しころ》(36)は、厳島神社の「小桜威大鎧」・御岳神社の「赤糸威大鎧」の兜に比べて横に開いている。さらに日御碕《ひのみさき》神社(島根県出雲市)の「白糸威大鎧《しろいとおどしおおよろい》」(国宝)・櫛引八幡宮(青森県八戸市)の「白糸妻取大鎧《しろいとつまどりおおよろい》」(国宝)の兜は、吹返《ふきかえし》(37)を強く折り返している。そこで、これに近い𩊱を求めると厳島神社の「浅葱綾威大鎧《あさぎあやおどしおおよろい》」(国宝)の兜の𩊱がある。これは、鎌倉時代後期頃のものであり、𩊱の形が戦闘様式の変化によって変わったことを示している。

前述のように平安時代は主に射戦が行われ、上級武士は騎射に適した大鎧を装着して戦いに臨んだ。大鎧の左右が不対称なのはこのためである。ところが元寇《げんこう》以降、こうした伝統的な戦闘法は一変する。襲来した蒙古軍の戦闘法に、日本軍は苦戦を強いられたからである。したがって戦闘法が射戦から打物へと変わり、ゆえに腕を動き易くするために、䩊を持ち上げて大きく開き、吹返を強く折り返すようになったのである。

また元寇以前にみられる直線を描いて開く䩊を、樹木の杉に例えて杉形䩊《すぎなりじころ》と呼ぶ。これに対して大きく開いた䩊を、雨・雪あるいは日差しを避ける笠に例えて笠䩊《かさじころ》と呼ぶ。この䩊は、両者の中間的な形状を示すものといえよう。

4　大袖

大鎧に付く袖は、平面的で大きく作られ、その形姿から大袖《おおそで》と呼ぶ。もともと射戦において楯《たて》として付けられていたが、南北朝時代以降になると、次第に実用を離れて、威儀具へと形式化していく。(38)

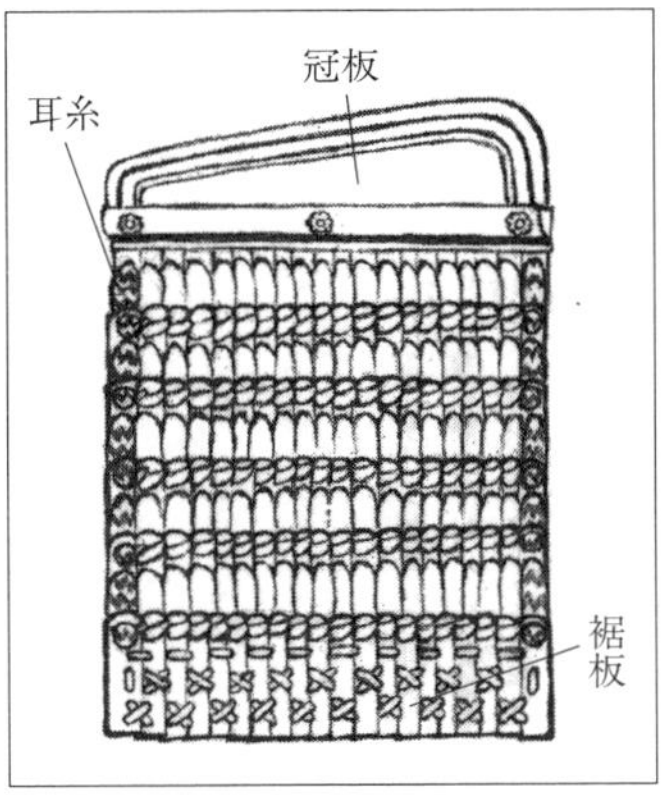

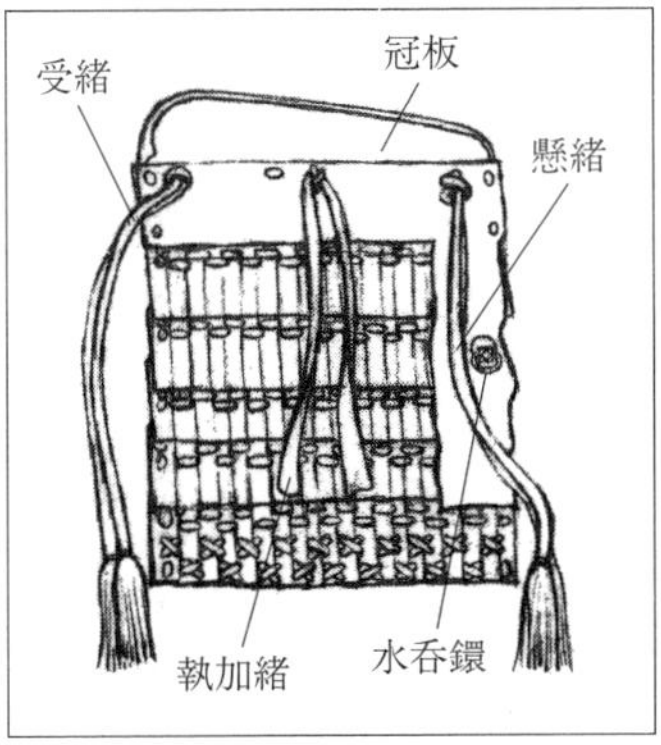

大袖（馬手）の名称図
（三浦一郎・永都康之『日本甲冑図鑑』転載）

この大袖は、一段に二十八枚の小札を用いる六段下がりである。これは、厳島神社の「小桜威大鎧」・御岳神社の「赤糸威大鎧」等の同時代の大袖に共通する段数である。(39)それが、鎌倉時代後期以降になると、厳島神社の「浅葱綾威大鎧」・日御碕神社の「白糸威大鎧」にみられるように七段下がりになり、全体に少し大きくなる。(40)

その冠板《かむりいた》(41)は、射向側の鉄板を欠損し、表面を包む韋だけを残している。この時代の冠板は、鐶を打つ場所を欠いた切欠《きりかけ》と呼ぶ形式であるため、小札に直接打つ前中後の鐶は残されている。

この鐶から受緒《うけお》(42)・執加緒《しっかのお》(43)・懸緒《かけお》(44)を取り、上から三段目あるいは四段目の小札板の後にある水呑鐶《みずのみかん》(45)から水呑緒《みずのみのお》(46)を取る。そして受緒・執加緒は肩上《わだかみ》にある綰《わな》(47)に結び、懸緒・水呑緒は背の総角に結んで取り付ける。この四本の緒を総称して「袖の緒」と呼ぶ。この大袖には、上から三段目の内側に切子頭の水呑鐶がみられる。

5 兜に関する疑義

では、どうして平安時代後期の大鎧に鎌倉時代後期の兜が付いているのであろう。さらに吹返を包む絵韋も襷文ではなく、藻獅子文《もじしもん》(48)であり、威毛は、同じ赤韋であるものの、胴・袖は漬染《つけぞめ》(49)なのに対して𩊱は引染《ひきぞめ》(50)である。このため胴・袖と兜は別物とする説(51)がある。

つまり赤木家には、もともと平安時代後期と鎌倉時代後期に作られた赤韋威の大鎧が二領あり、それぞれが入れ替わったと推測するのである。しかし、腑《ふ》に落ちないのは、威毛の染色手法が異なるものの、同じ赤韋威ということである。「毛々の鎧」という言葉があるように、当時の人々は美意識が繊細であるため、同家に同毛の大鎧が二領あるのは不自然に思えてならない。

ゆえに注目するのが、無垢星を用いる十枚張りの兜鉢である。これと同じ兜鉢が菅田天神社（山梨県甲州市）の「小桜黄返大鎧《こざくらきがえしおおよろい》」（国宝）にみられるが、空星なので少し年代差があるように思われる。兜鉢は、最も原初的な構造であり、比較的古い星兜の部類に属するものと考えられる。したがって胴・袖に匹敵する年代と思われ、もともと一体のものであったのではなかろうか。

さらに天辺の穴が縮小され、眉庇の材も異なることから、元来の兜を鎌倉時代後期に改造したのではなかろうか。

これは、ちょうど元寇の時期と重なり、その苦い経験から相伝の大鎧に改造を余儀なくされ、ゆえに現状どおり年代が異なる部位が混ざる複雑な構造になったと考えられるのである。そして吹返の据文《すえもん》[52]あるいは真向金物《まっこうかなもの》[53]が総角鐶の座金と同作なのは、おそらく改造のときに合わせたのであろう。

6　赤木家伝来の大鎧の意義

赤木家の大鎧の発見は、これまでの甲冑研究に衝撃をもたらした。つまり同時代の遺物のほとんどが寺社の伝来品であり、近世以降に大きな修補が施されている。これに対して、赤木家の大鎧は実用時代のまま生《うぶ》の状態で発見されたからである。

そこで赤木氏の系譜をたどると、この大鎧は親忠・忠長父子の時代、あるいはそれ以前のものといえるのではなかろうか。ゆえに信濃国筑摩郡に在住していた時代に作られ、所持していたということになろう。これが、鎌倉時代前期に忠長を通じて備中国穴田郷に移り、その子孫によって相伝されたのであろう。これ以降も現役として使われ、必要に応じて改造されたと想像するのである。

ゆえに「赤韋威大鎧」（国宝）は、信濃国にまつわる重宝と言っても過言ではないのである。なお本文の作成にあたり豊田勝彦氏より多くをご教示いただいた。ここに謹んでお礼を申し上げると共に、氏の今後の活躍を大いに期待している。

註

（1）『長野県姓氏歴史人物大辞典』（角川書店　一九九六年）

（2）岡山県高梁市宇治町にあった山城。

（3）岡山市北区高松にあった平城。

（4）久山峻「岡山の奥に温存されていた赤韋威の冑付大鎧について」（『甲冑武具研究』18号　一九六九年）
（5）菱縫＝裾板・逆板に施す、連続する二段の菱形（×字形）の綴じ付け。
（6）耳糸＝小札板の両端に通す紐。
（7）畦目＝紐を横一線上に刺縫すること。
（8）革札＝革で作った小札。
（9）鉄札＝鉄で作った小札。
（10）前立挙＝前の立挙。立挙＝胴の胸と背にあたる前後に分かれた小札板。
（11）後立挙＝後の立挙。
（12）長側＝前胴から後胴にかけて一続きになった小札板。
（13）胸板＝前胴の最上部にある金具。
（14）障子板＝肩上に垂直に立つ半円形の金具。肩上＝左右の肩にあたる部分。
（15）壺板＝脇楯の上部にある主要金具。
（16）菊丸＝菊座を重ねた丸い形の座金。座金＝主となる金物・鋲・星等の下に敷く座となる金具。
（17）八双鋲＝金具付の札頭や化粧板に打つ鋲。
（18）化粧板＝金具と小札の接続部分に敷く韋あるいは布帛で包んだ板。
（19）襷文＝斜格子状に幾何学的な模様や牡丹・唐花・鷹の羽等を連続して交叉させた文様。
（20）盤絵文＝鳥・獣・花・草等を丸く描いた図柄。
（21）弦走下＝弦走の内側。
（22）縄目縅＝縅の穴を一つずつずらしながら斜めに威す縅。縅の穴＝小札の上から一段目と二段目の穴。
（23）洗韋＝白くなめした鹿の革（韋）。
（24）縦取縅＝縅の穴を縦に威す縅。
（25）逆板＝後立挙の二段目の重なりが逆さになった小札板。
（26）丸頭＝丸い無地の頭。
（27）総角鐶＝胴の背にある総角を結ぶ鐶。総角＝中央を石畳に組み、蜻蛉十文字に結んだ紐。
（28）切子頭＝切子の頭。切子＝立方体の八つの隅を三角に切り落とした形。
（29）腰巻＝兜鉢の下縁に帯のように巻いて鋲で留めた板。

(30)後勝鐶＝兜鉢の後部にある鐶。総角あるいは笠標を結ぶのに使う。
(31)八幡座＝天辺の穴の周囲を飾る金物。天辺＝兜鉢の頂上部。
(32)葵座＝縁を葵の葉の凹凸のように作った座金。
(33)裏菊座＝菊座の花弁の中央に窪みがある座金。
(34)小刻座＝無数の微小な刻みを入れた座金。
(35)玉縁＝八幡座を押さえて留める最上部の筒状の金具。
(36)鞠＝兜の側面から後部にかけて威し下げた小札板。
(37)吹返＝鞠の左右の両端を正面に向けて折り返した部分。
(38)笹間良彦『図説日本合戦武具事典』(柏書房　二〇〇四年)
(39)鈴木敬三編『有識故実大辞典』(吉川弘文館　一九九六年)
(40)山岸素夫・宮崎眞澄『日本甲冑の基礎知識』(雄山閣　一九九〇年)
(41)冠板＝袖・籠手・栴檀板の最上部の金具。
(42)受緒＝袖の上部の前から取る紐。
(43)執加緒＝袖の上部の中から取る紐。
(44)懸緒＝袖の上部の後から取る紐。
(45)水呑鐶＝袖の三段目あるいは四段目にある水呑緒を取る鐶。
(46)水呑緒＝前に屈んだとき袖が前に落ちないように総角に結ぶ紐。
(47)綰＝紐を結ぶ輪。
(48)藻獅子文＝水草の中に唐獅子と牡丹を描いた模様。
(49)漬染＝染料に漬け込んで染める染色方法。
(50)引染＝ハケを使って染める染色方法。
(51)山上八郎『日本甲冑一〇〇選』(秋田書店　一九七四年)
(52)据文＝小札・金具廻・小具足等に打つ菊重や各種の紋等をあしらう飾金物。
(53)真向金物＝眉庇の中央に打つ金物。

諏訪大社の刀剣

諏訪大社は、建御名方神命《たけみなかたのかみのみこと》と八坂刀売神命《やさかとめのかみのみこと》を祭神とする社である。信濃国一之宮として栄え、全国各地にある諏訪神社の本社である。その起源は定かではないが、国内にある最も古い神社の一つとされ、古代から信仰の中心であったと考えられる。

もともと諏訪社あるいは諏訪明神と称したが、明治二十九年（一八九六）に官幣中社、大正五年（一九一六）に官幣大社となり、終戦後は神社本庁の別表神社の一社として昭和二十三年（一九四八）に「諏訪大社」と称するようになった。

諏訪社には上社と下社がある。そして上社には本宮（諏訪市中洲宮山）と前宮（茅野市宮川）があり、下社には秋宮（下諏訪町武居）と春宮（同町大門）がある。これらは、諏訪湖を囲むように配置され、元来はこの全域が諏訪社の神域であった。

また両社の現人神《あらひとがみ》を大祝《おおほうり》と呼ぶ。そして上社の大祝には諏方《すわ》氏が就き、下社の大祝には金刺《かなさし》氏が就いていた。さらに祭礼・儀式を執り行うのが、神長官《じんちょうかん》を筆頭に禰宜《ね ぎ》大夫《だゆう》・権祝《ごんのほうり》・擬祝《ぎほうり》・副祝《そえのほうり》と呼ぶ五官祝《ごかんのほうり》である。こうした社人は、次第に武力をもって武士化し、諏訪神党と呼ぶ有力な武士団へと成長していった。

そして各々の社殿の四方に建てる御柱（神木）の更新にあたり、寅年と申年に行われる御柱祭《おんばしらまつり》（元来は式年造営）は天下の奇祭として知られている。また『古事記』によると、出雲の大国主命《おおくにぬしのみこと》が高天原《たかまがはら》から下ってきた天津神《あまつかみ》に従い国譲りを受諾した際、唯一反対した建御名方が、軍神の武甕槌《たけみかづち》に追われて諏訪に逃れ、この地から出ないことを誓って許されたとある。そして御柱は、四隅を結界として仕切ることにはじまるとされる。

しかし、神長官の守矢家の伝承によると、建御名方は土着の洩矢神《もりやしん》を降して諏訪の祭神になったという。そして御柱は、古来の神であるミシャグジの依代《よりしろ》（神域）であり、もともとヤマト王権とは別の先住民の信仰とされる。以

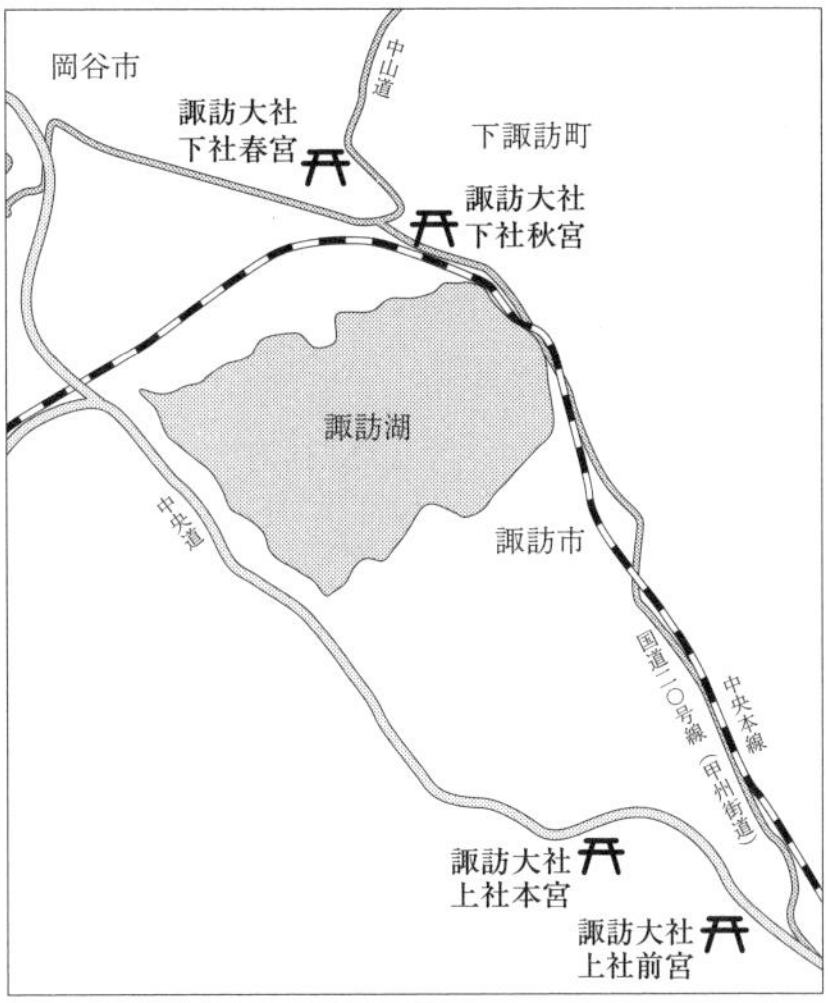

諏訪大社の位置を示す諏訪湖の略地図

降、諏訪明神は、風・水の守護神として五穀豊穣を祈る神、神功《じんぐう》皇后の三韓出兵あるいは坂上田村麻呂の蝦夷征討に際して神助を与えた神と伝えられ、東国第一の軍神、武家の守護神として広く崇められた[1]。

時代は下って天正十年（一五八二）、織田信長による甲州征伐に際して、諏方家当主である頼豊が、これに対抗したため諏訪社は戦火に遭い焼失した。しかし、新たに領主となった日根野高吉、諏方頼忠・頼水・忠恒等の尽力により次第に復興する。

その繁栄ぶりを描いたのが「諏訪社遊楽図」（六曲二隻）である。これは、上社周辺と下社周辺をそれぞれ六曲の屏風に描いたもので、狩野派に学んだ絵師によるものと考えられる。この屏風は、上社隻に一〇二人、下社隻に一一三（一一四か）人が描かれ、活気ある賑わいをみせている。この屏風絵は、江戸時代前期についての歴史的・民俗的・美術史的観点からみても貴重であり、平成十六年（二〇〇四）に県宝に指定された。その景観から建物の新築・修築・改築年代を絞り込み、他の資料と比較検討することによる新事実の解明が期待される。

1　下社旧蔵の神刀

昭和三十五年（一九六〇）六月二日、諏訪下社秋宮の宝物殿から二口の神刀が拵と共に盗まれた。翌日、各新聞社がトップの大見出しで、この盗難事件を掲載した。届け出た諏訪署の懸命な捜査により、同十二月十七日に容疑者の逮捕に至った。その自供によると、転売目的で盗み出したものの、報道が著しいので売却を諦め、自宅でヤスリ

諏訪下社秋宮

とノコギリを使って刀身と拵を切断し、諏訪湖に捨てたという。その後の大掛かりな湖底探査にもかかわらず、刀片すら見付かることはなかった(2)。

著者は、この事件に言い知れぬ憤りを感じる。真の愚か者が、目先の欲にかられて、郷土の貴重な文化財に手をかけたのである。それも、古代から信仰されてきた諏訪社の神宝にである。崇敬やまない地元の人々にとって、いかに大きな衝撃であったか、察するに余りあるものがある。ゆえに「旧蔵の神刀」として紹介するのが口惜しい限りである。

Ⅰ　太刀　無銘（糸巻太刀拵付）

この太刀は、社伝によると「綱切」と号し、佐々木高綱が宇治川の先陣に際して川底の張綱を切ったことに由来するとされる。明治四十四年（一九一一）に国宝に指定され、昭和二十五年（一九五〇）に重文に指定された。

平成四年（一九九二）に刊行された『長野県史』美術建築資料編によると次のようにある。刃長二尺三寸五分（七一・三センチ）、身幅《みはば》(3)は、元《もと》九分八厘（二・九センチ）、先《さき》六分五厘（二・〇センチ）、反り五分（一・五センチ）。重《かさね》(4)は、元二分六厘（〇・七八センチ）、先一分八厘（〇・五四センチ）である。鎬造《しのぎづくり》(5)に棒樋《ぼうひ》(6)をきり、刃文は直刃《すぐは》(7)に小丁子《こちょうじ》(8)が乱れる。生茎《うぶなかご》(9)に目釘穴《めくぎあな》が一つあり、栗尻《くりじり》(10)とする。

拵は、糸巻太刀《いとまきだち》(11)であるものの、柄の部分の破損が著しく、下麻のみを残している。兜金《かぶとがね》(12)は、磨《と》ぎ上《あ》げた無垢の山銅《やまがね》(13)であり、鍔は、木瓜形の革鍔《かわつば》(14)で周縁に同じ覆輪を廻らしている。鞘は、先端まで革を巻き上げ、兜金と同作の足金物《あしかなもの》(15)と石突金物《いしづきかなもの》(16)がみられる。

この太刀は無銘であるが、「正恒」の作刀と伝えられる。正恒は、備中国青江派あるいは九州の筑紫、さらに古備

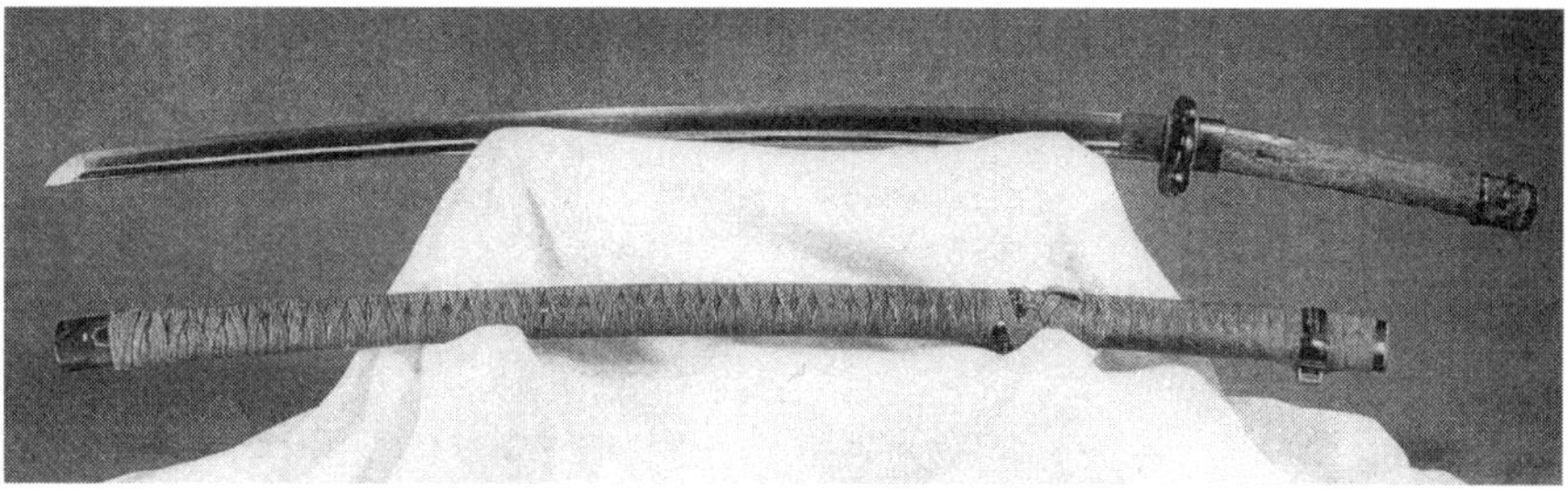

糸巻太刀（諏訪下社旧蔵・『長野県史』美術建築資料編転載）

前に同銘の刀匠が五人いたとされる。[17] その作柄にみられる特徴から、備前国（岡山県東南部）の正恒がふさわしいとする説が有力である。[18]

この太刀の所用者として伝えられる佐々木氏は、もともと近江国蒲生郡佐々木荘（滋賀県近江八幡市）を領した宇多源氏の一流である。平治の乱の後、一族は関東に下ったものの、幼い高綱は吉田（京都市左京区）の叔母のもとで育てられたと伝えられる。治承四年（一一八〇）、頼朝の挙兵に際して高綱も参陣し、名馬と伝えられる生唼《いけづき》を賜り、義仲との宇治川の戦いで梶原景季と先陣争いをしたことが知られている。この太刀の伝承は、『平家物語』巻第九「宇治川先陣」に由来するものである。

Ⅱ　太刀　銘　忠吉（糸巻太刀拵付）

この太刀は、寛文七年（一六六七）に松平忠輝（家康の六男）が奉納したと伝えられる。明治四十四年（一九一一）に国宝に指定され、昭和二十五年（一九五〇）に重文に指定された。

『長野県史』美術建築資料編によると次のようにある。刃長二尺四寸六分（七四・六センチ）、身幅は、元九分五厘（二・九センチ）、先六分（一・八センチ）、反り八分（二・四センチ）。重は、元二分三厘（〇・六九センチ）、先一分五厘（〇・四五センチ）である。板目肌《いためはだ》[19]の鎬造。刃文は、直刃に丁子が乱れる。茎は、磨上《すりあげ》[20]で目釘穴が二つあり、鑢目《やすりめ》[21]は勝手下りで尻切とする。

拵は、柄を赤地の金襴で包み、茶糸を巻いた糸巻太刀拵である。鞘は、金梨子地《きんなしじ》[22]に桐

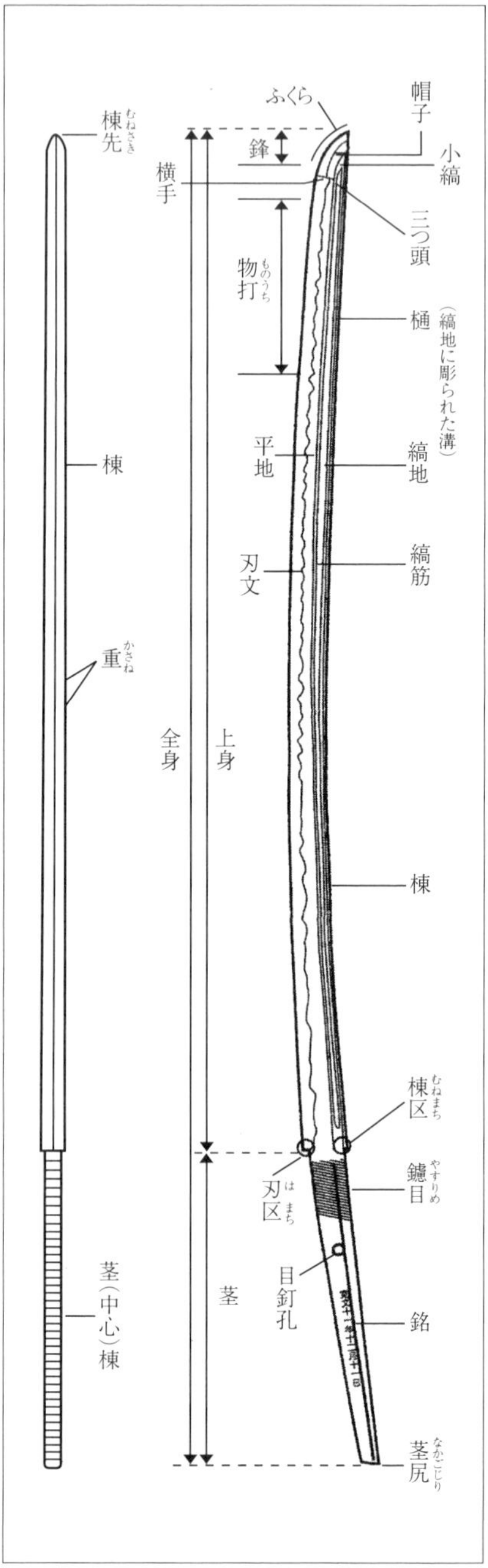

刀身の名称図

紋の蒔絵《まきえ》[23]が施され、同紋の彫金を施す鍍金に墨入りの兜金・責金物《せめかなもの》[24]・石突金物、さらに亀甲打《きっこううち》[25]の太刀緒《たちお》[26]がみられる。

作銘にみる忠吉は、五ヶ伝[27]の山城伝の刀匠として知られている。山城伝は、平安時代中期に現れた三条小鍛冶宗近が祖と伝えられる。これ以降、朝廷を中心とした勢力に支えられ、三条派をはじめ五条・綾小路・粟田口・来等の諸派を輩出し、日本刀の一つの大きな流れを構築した[28]。主な活動地が京とその郊外であるため、近年では、山城伝を京伝とも呼ぶ。

忠吉は、油小路忠家の父と伝えられ、その作刀例は、管見の限り諏訪社旧蔵の太刀のみであり、この意味からも失われたことが惜しまれる。ちなみに油小路は、西洞院《にしのとういん》通の西、醒《さめ》ヶ井《い》通の東である[29]。

これを奉納した松平忠輝は不遇な人生を歩んだ。『徳川諸家系譜』によると、文禄元年（一五九二）に家康の六男として江戸城で生まれたが、生母の身分が低いので捨て子として、側近の本多正信に拾わせ、下野長沼城[30]の皆川広照

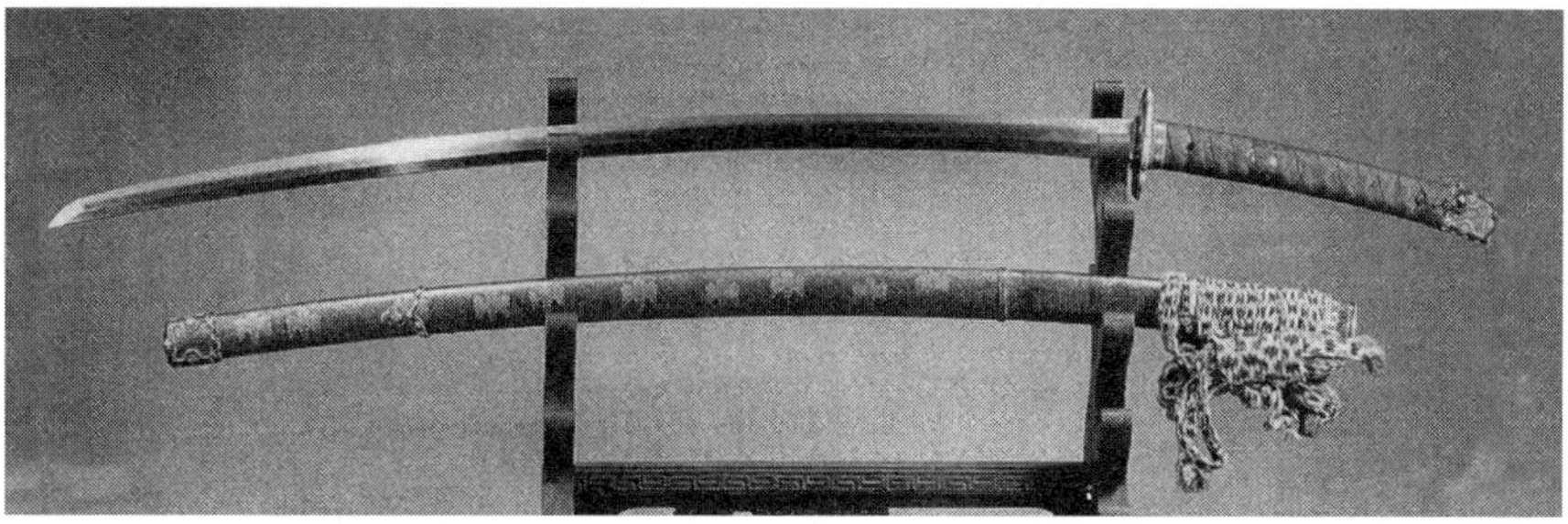

糸巻太刀（諏訪下社旧蔵・『長野県史』美術建築資料編転載）

に預けて育てられた。

慶長八年（一六〇三）に信州川中島四十万石を与えられ、同十五年（一六一〇）には越後高田藩六十万石の太守となる。しかし、元和二年（一六一六）四月に家康が死去すると、わずか三ヵ月後に兄であり、将軍でもある秀忠に改易を命じられ、伊勢国朝熊（三重県伊勢市）に蟄居《ちっきょ》となり、さらに飛騨国高山（岐阜県高山市）を経て寛永三年（一六二六）に諏訪に幽閉された。そして天和三年（一六八三）に高島城[21]で九十二年の生涯を閉じた。この太刀は、寛文七年（一六六七）に奉納されたと伝えられるので、諏訪に幽閉されてから四十一年後のことである。諏訪社は、忠輝が絶頂期に領した信濃の一之宮であり、その崇敬の念を感じさせる。

2　上社の刀剣

上社本宮の本殿の右にある宝物殿には、諏訪社にまつわる多くの宝物が収蔵されている。本著では、これらの中で昭和二十四年（一九四九）に奉納された刀、天正十八年（一五九〇）に奉納された薙鎌《なぎかま》、そして平成二十年（二〇〇八）に奉納された太刀を紹介する。

Ⅰ　刀　無銘

この刀は、「梨割西蓮」と号し、寛文七年（一六六七）に松平忠輝が「忠吉」の糸巻太刀

諏訪上社本宮

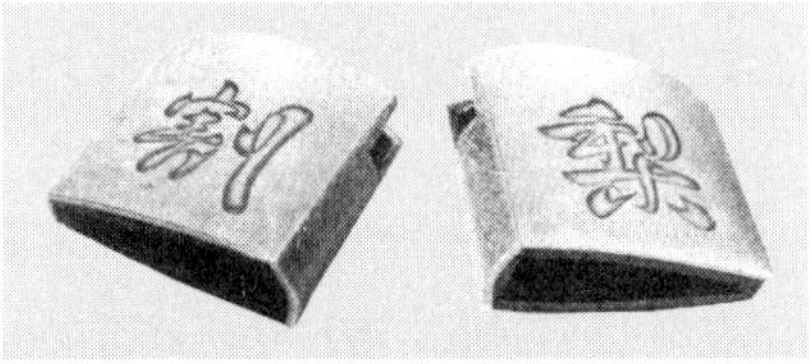

「梨」「割」の刻字の鎺（諏訪上社蔵・『信濃の名刀探訪』〈ながの二葉書房、1981〉転載）

と共に諏訪社に奉納したと伝えられる。

延宝年間（一六七三～八一）に甲府藩主であった徳川綱豊（後の六代将軍家宣）に下げられ、以降徳川家が密蔵して歴代将軍が相伝したという。明治二十三年（一八九〇）に徳川家から侯爵佐々木家に贈られ、さらに佐々木家から陸軍大将乃木希典《のぎまれすけ》に贈られた。そして乃木自害の後、遺志により杉山茂丸に贈られたが、大正八年（一九一九）に徳川宗家十六代家達《いえさと》に返納された。一橋家に由緒があるので、昭和十八年（一九四三）に宗家より侯爵徳川慶光に贈られ、その譲渡を受けて、同二十四年（一九四九）に諏訪社ゆかりの刀として上社に奉納された。

刃長二尺二寸九分（六九・五センチ）で反り五分（一・五センチ）の菖蒲造《しょうぶづくり》[32]である。茎に目釘穴が二つあり、大磨上《おおすりあげ》[33]である。身幅は、元と先がほぼ同じで、太刀のような鋒《きっさき》[34]ではないことから薙刀直《なぎなたなお》し[35]であることが分かる。黒味がかった地鉄に大きな板目の肌模様がよく練られ、地と刃の境があまりはっきりしていない。柾心《まさごころ》[36]の直刃には砂流《すなが》し[37]と刃こぼれがみられる。その鎺《はばき》[38]の両面に分けて「梨」「割」ときる。

この刀の記録は、諏訪大社の宝物帳にみられず、浜浩哉氏が昭和三十六年（一九六一）に記された「西蓮刀之記」によると、「筑前国談議所西蓮刀之記」とあり、次のように故事来歴が記されている[39]。先に述べた刀身の概要と重複する部分もあるが、大略は次のとおりである。

これは、元は薙刀であり、和泉守兼定が磨ぎ上げた[40]。その磨ぎ上げは巧妙であり、真の名工といえる。菖蒲造で茎は無銘で目釘穴が二つある。長さ二尺二寸九分半強（六九・四センチ）、反り五分（一・五センチ）。腰元《こしもと》[41]においては表と裏に棒樋と添樋《そえひ》[42]をきる。差表《さしおもて》[43]は、腰《こし》[44]から上は双樋《そうひ》であり、物打《ものうち》[45]から上は棒樋である。差裏《さしうら》[46]は、腰から上は

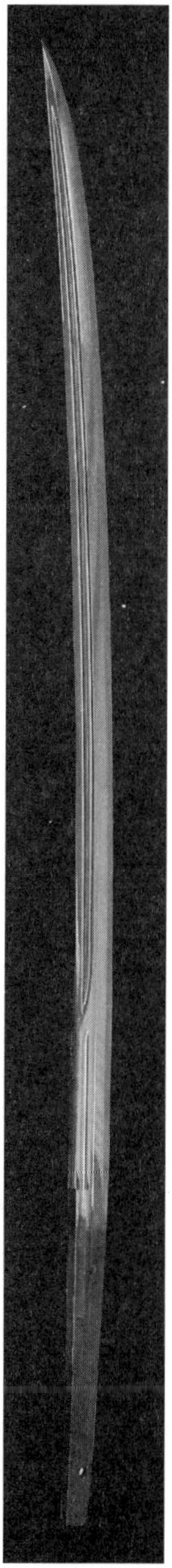

刀
（諏訪上社 蔵）

三本樋《さんぼんひ》である。中直刃《ちゅうすぐは》で沸《にえ》(47)が細かく、匂《におい》(48)は深く、鍛えは板目である。肌が細かく美麗であり、真に千種鉄《ちぐさてつ》(49)の最上をもって鍛えたと思われる。

鞘は黒塗り、鎺元《はばきもと》五寸くらいは千段巻《せんだんまき》(50)、上は段々巻きであり、鎺は金着《きんぎせ》(51)で梨割の彫りがある。鍔は、鉄鍔であり、老松の透彫《すかしぼ》(52)りは正常の作である。縁頭《ふちがしら》(53)は、赤銅《しゃくどう》(54)で老松を高彫《たかぼ》(55)りにして叟寿良生《そうじゅりょうせい》(56)の図。小柄《こづか》(57)・笄《こうがい》(58)は、金作で牡丹・菊花等の花束の浮彫《うきぼ》(59)りである。目貫《めぬき》(60)は、赤銅と金で小柄・笄は同作と思われる。小柄刀は若州冬広(61)の作。察するにこの拵は綱豊（徳川家宣）が改装したものであろう。

Ⅱ　梨割西蓮之刀歴の考察

昭和三十六年（一九六一）、浜浩哉氏は「西蓮刀之記」と共に「梨割西蓮之刀歴」を記しておられる。これによると、「筑前博多談議所住人国吉法師西蓮之作」とあり、文永十一年（一二七四）の蒙古軍襲来（文永の役）のとき、伊予国今治（愛媛県今治市）の河野通有が、この薙刀を使って蒙古の将の冑（兜）を梨割にしたことから、「梨割西蓮」と号するようになったとある。

その後、正平年間（一三四六～七〇）に近江国滋賀郡穴太《あのう》（滋賀県大津市穴太）の村上彦四郎（義光）が吉野において討死したとき、この薙刀を所持して足利将軍家に伝えた。これを武田信玄が拝領し、和泉守兼定に命じて磨ぎ上げ、川中島の戦いに所持し、後に刀は勝頼を通じて近江の六角承禎《しょうてい》（義賢）の所用となった。そして六角が織田軍に敗れると、浅井長政の所用となり、さらに小谷城[62]落城の後は信長の所用となった。これを、明智秀満（光秀の重臣）が拝領し、坂本城[63]落城の後は秀吉の所用となり、小牧・長久手の戦いの後に家康に贈られた。後に六男の松平忠輝が拝領し、諏訪高島城に幽閉されたときに諏訪社に奉納したとある。

ここにみる記述は、まさに元寇以降の我が国の歴史をみるようであり、登場人物の顔ぶれも豪華を極めている。しかし、これらの伝承について、浜浩哉氏が出典をあいまいにしておられるのが腑に落ちない。また、これを作刀したとされる西蓮が住んだ筑前博多（福岡市博多区）は、玄界灘《げんかいなだ》を隔てて朝鮮半島・中国と隣り合っているので、古代から我が国の防衛上重視されてきた。そして大宰府《だざいふ》（福岡県太宰府市）には、鎮西府《ちんぜいふ》が置かれ、中央から勇猛な武人が防人《さきもり》として派遣された。

鎌倉時代後期、蒙古軍が襲来した文永・弘安の役の頃、この地で良西・西蓮、さらに三池元真（典太光世）といった刀匠が活躍した。しかし、九州鍛冶の歴史は古く、大和系の鍛冶が防人に従って九州に下ったことにより、刀匠群が形成されたと伝えられる。この中で筑前左文字派は、相州伝の影響のためか、豪壮な作柄が多くみられる。[64]

そして、諏訪上社の刀を鍛えた西蓮は、筑前左文字派の良西の子入西の兄にあたる国吉であり、後に僧侶となって法名を西蓮と号したと伝えられる。[65]つまり善導寺（福岡市博多区）に僧籍がある僧匠といわれている。しかし、入西は良西と同一人物とする説もあり、実際の系譜は分からないのが現状である。[66]そして善導寺に置かれた鎮西談議所（鎮西探題）は、蒙古軍の襲来に備える前線基地と伝えられる。

このあたりを考えると、これが日露戦争で旅順要塞[67]の攻略を指揮した乃木希典の手にあったことも頷けよう。しかし、弘安の役以降、蒙古軍が再来しないことを幕府も十分知っていた。ゆえに実際の鎮西探題の役目は、蒙古再来を逆手に取って置かれた、九州支配を強化するための幕府の出先機関であったと考えられる。[68]

Ⅲ　薙鎌《なぎがま》

諏訪社から祭神を勧請《かんじょう》する際、神霊を薙鎌に移し、これを末社ではご神体として崇めた。その一つである北安曇郡小谷村の大宮諏訪神社は、現在でも諏訪大社の宮司が参向して、神木に薙鎌を打ち込む式年薙鎌打ち神事が行われている。これと同時に狩猟神事が執り行われたことから、狩猟・漁業の守護神としても崇められている。これらは、諏訪社の山神としての性格を示すものとして注目される(69)。

薙鎌は、もともと木で作られた柄《え》の先に、刃を手前にした短い刀身を直角に取り付けた武器であり、長柄鎌あるいは八重鎌とも呼ばれている。これを、薙刀・長巻・槍等と同じく長柄武器として用い、敵を薙ぎ倒す、あるいは足に引っ掛けて倒すという攻撃に使われた(70)。また舟に絡まった藻を切るための藻刈り鎌を転用したとも伝えられ、元来は舟戦《ふないくさ》に使われたとも考えられる。

現在、薙鎌を使う古武道の流派として武田流八重鎌が知られている。これは、幕末の武術家であり、拳骨和尚《げんこつおしょう》のあだ名で知られる武田物外《もつがい》を創始とする不遷流が柔術・杖術・鎖鎌術・十手術・剣術・薙刀術等と共に伝えている。

上社宝物殿の薙鎌は、長さ五尺三寸五分（一六二・一センチ）の柄に「天正十八年六月八日」の年紀と、この年の御柱祭に諏方新六郎が奉納したことが墨書されている。これは、実戦用の武器ではなく、文字どおり諏訪社の祭礼に用いられたものであろう。また新六郎は、諏方家当主である頼豊の通称であるが、天正十年（一五八二）の甲州征伐に際して織田軍に捕らえられ、処刑されたと伝えられる。しかし、頼豊の次子であり、寛永二十一年（一六四四）に死去した頼辰も新六郎と名乗っているので、その可能性が高いように思われる。

薙鎌（諏訪上社蔵）

Ⅳ　太刀《たち》　銘　利恒（糸巻太刀拵付）

この太刀は、もともと善光寺の関係者である個人の所蔵であったが、諏訪にゆかりがあるということから、平成二十年（二〇〇八）に上社に奉納された。その箱書によると、高島藩四代藩主である諏訪忠虎の所用とある。

刃長二尺二寸三分（六七・五センチ）、反り六分（一・八センチ）、鎬造の庵棟《いおりむね》[71]で元幅《もとはば》[72]より先幅《さきはば》[73]がやや狭く、小鋒《こきっさき》[74]である。地肌《じはだ》[75]は、よくつんだ板目肌で、刃文は、中直刃《ちゅうすぐは》[76]を基調に小丁子あるいは小乱《こみだれ》[77]を交えて華やかに仕上げている。茎の長さは、五寸二分（一五・八センチ）で、磨上で目釘穴が二つあり、尻は一文字である。

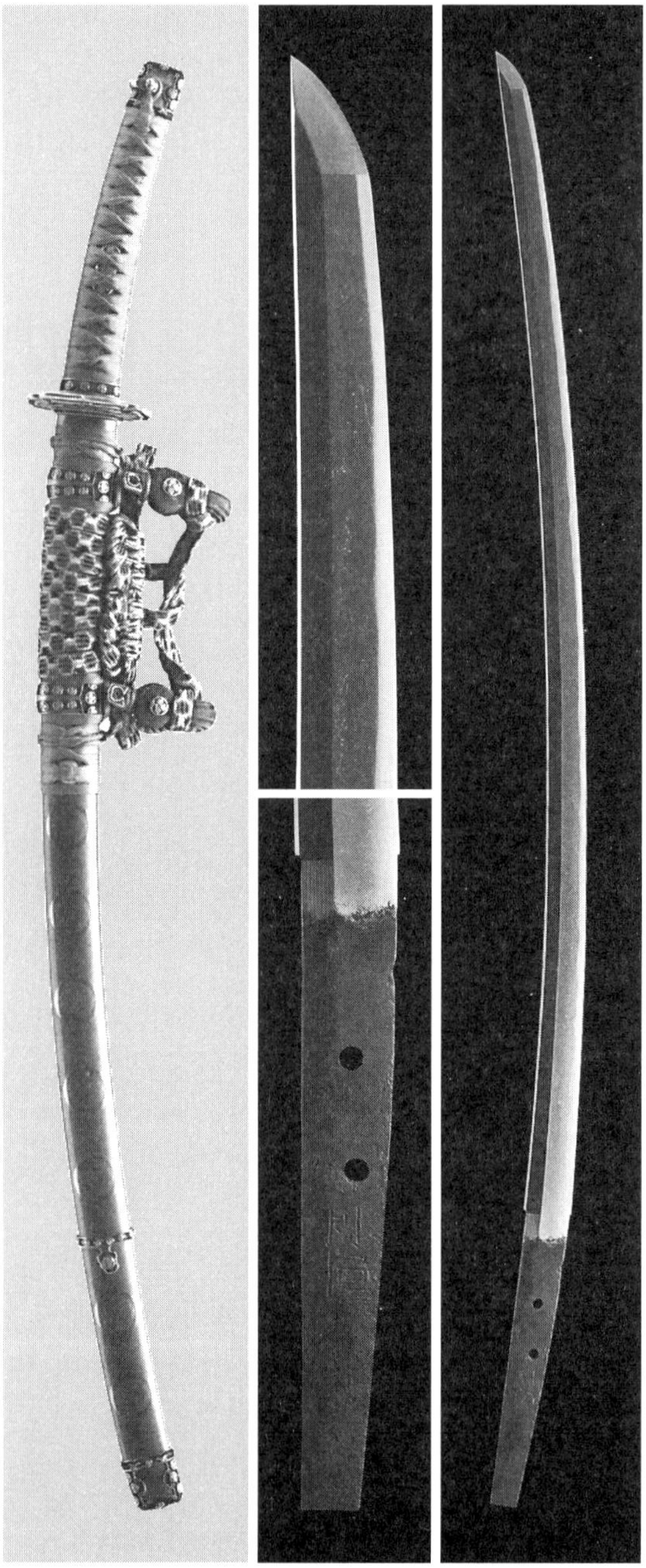

（右）太刀・（左）糸巻太刀拵
（諏訪上社蔵・長野県立歴史館『刃が語る信濃』転載）

利恒は、古備前を代表する刀匠で、帽子《ぼうし》[78]の形から正恒系統の光恒の子とも伝えられる。[79]その代表的遺物として京都国立博物館（京都市東山区）が収蔵する刃長二尺八寸八分（八七・二センチ）の太刀（重文）がある。拵は、柄を鮫革《さめがわ》[80]で包み、渡り巻と共に茶糸を巻いた糸巻太刀拵である。鞘は、金梨子地に丸に梶の葉紋の蒔絵が施され、同紋の彫金を施す鍍金に墨入りの兜金・責金物・石突金物がみられる。葵形の鐔は、同紋の彫金を施す大切羽《おおせっぱ》[81]に切羽《せっぱ》[82]を重ねて縁《ふち》で押さえている。太刀緒は亀甲打で、拵全体がいかにも真新しくみえる。しかし、そこにみられる梶の葉紋の葉あるいは茎の形は、諏訪家歴代の墓碑をみる限り定型化しておらず、忠虎所用というのも頷けよう。[83]

また上社宝物殿には、他にも古代のものと思われる壺鐙半双・大刀あるいは中世のものと思われる腰反太刀が収蔵されている。これらの詳細は不明であるが、古代諏方王権の存在を立証する遺物として今後の研究が期待される。

腰反太刀
（諏訪上社 蔵）

註
（1）金井典美『諏訪信仰史』（名著出版　一九八二年）
（2）大谷秀志『信濃の名刀探訪』（ながの二葉書房　一九八一年）
（3）身幅＝刀身の幅。
（4）重＝刀身の厚み。
（5）鎬造＝刀身の造の一種。両側面に鎬を立てた刀身。
（6）棒樋＝刀身に沿って彫った丸くて細長い溝。
（7）直刃＝同じ幅で続く直線的な刃文。
（8）小丁子＝刃文の一種。小さな丁子。丁子＝沈丁花の蕾が重なり合った形にみえる刃文。

（9）生茎＝製作当初のままの茎。
（10）栗尻＝栗の尻のように丸い茎の先端。
（11）糸巻太刀＝柄あるいは鞘に組紐を巻いた太刀拵。
（12）兜金＝柄の先端に保護と装飾を兼ねて付ける金具。「冑金」とも書く。
（13）山銅＝山から採掘したままの不純物が多く深い緑味がある銅。
（14）革鍔＝革で作った鍔。
（15）足金物＝太刀を腰に吊る紐あるいは鎖をとる金具。
（16）石突金物＝太刀の鞘の先端の保護と装飾を兼ねて付ける金具。
（17）藤代義雄・藤代松雄『日本刀工辞典』（藤代商店　一九八二年）
（18）註（2）と同じ。
（19）板目肌＝木の板目のような模様にみえる地肌。
（20）磨上＝茎を切って刀身を短くすること。
（21）鑢目＝茎が柄から抜けないように鑢をかけた痕。
（22）金梨子地＝漆の塗り色の一種。漆を薄く敷き、金粉を蒔いて梨の実の肌のようにみせた塗り色。
（23）蒔絵＝漆芸の一種。生乾きの漆の上から金・銀の粉を蒔いて様々な情景や文様等を描く漆芸。
（24）責金物＝鞘の中ほどに保護と装飾を兼ねて付ける金具。
（25）亀甲打＝二色以上の色糸で亀甲模様を連続して編み出した紐。
（26）太刀緒＝太刀を佩く際に腰に巻く紐。
（27）五ヶ伝＝日本刀の五つの主産地の伝法。大和伝・山城伝・備前伝・相州伝・美濃伝。
（28）田中清房『古刀銘集録』（博省堂　一九四四年）
（29）註（17）と同じ。
（30）栃木県真岡市長沼にあった平山城。
（31）諏訪市高島にあった平城。
（32）菖蒲造＝断面が菖蒲の葉に似た形状の造。
（33）大磨上＝大きな磨上。
（34）鋒＝刀身の先端の部分。
（35）薙刀直し＝長柄武器の薙刀を改造した刀。

(36)柾心＝わずかに柾目の地肌がみえること。
(37)砂流し＝刃の中の沸が線状に連なっていること。
(38)鎺＝刃区《はまち》部分の保護あるいは刀身を鞘内に固定するために付ける金具。
(39)大谷秀志『信濃の名刀探訪』（ながの二葉書房　一九八一年）
(40)室町時代に美濃国関（岐阜県関市）で活躍した刀匠。
(41)腰元＝刀身の茎に近い根元の部分。
(42)添樋＝薙刀樋あるいは棒樋の横に添えられた樋。
(43)差表＝腰に刀を差したとき身体に接しない側。
(44)腰＝刀身の下から三分の一ほどの部分。
(45)物打＝横手筋から二、三寸の部分。横手筋＝鋒と地の境目の筋。
(46)差裏＝腰に刀を差したとき身体に接する側。
(47)沸＝刃中の動きの一種。砂粒のようにみえる大きな粒子の組織。
(48)匂＝刃中の働きの一種。霧状の小さな粒子の組織。
(49)千種鉄＝日本古来の製鉄法によって作られた鉄。兵庫県宍粟市千種町の製鉄に由来する。
(50)千段巻＝長柄武器の柄の茎が入った部分の補強のために巻き上げた緒や籐。
(51)金着＝金で地を包むこと。
(52)透彫り＝図案の部分を残して他を透かし取る彫金手法。
(53)縁頭＝柄の先の部分。
(54)赤銅＝銅に金・銀をわずかに混ぜた黒味がかった光沢のある合金。
(55)高彫り＝地の部分をすき出して文様を高く残す彫金手法。
(56)良き人生と長寿を祝う図柄。
(57)小柄＝細工用の小刀。刀の鞘の裏側にある箱に収める。
(58)笄＝整髪などの身だしなみに使う小道具。刀の鞘の表側にある箱に収める。
(59)浮彫り＝高彫りの別称。
(60)目貫＝柄の飾金物。本来は目釘の頭。
(61)室町時代中期の若狭国小浜（福井県小浜市）の刀匠。
(62)滋賀県長浜市湖北町伊部にあった山城。近江浅井氏の居城。

(63)滋賀県大津市下阪本にあった平城。明智光秀の居城。
(64)註(8)と同じ。
(65)清水治『刀匠全集』(美術倶楽部　一九八八年)
(66)本阿弥光博『日本刀鑑定法』上(雄山閣　一九七三年)
(67)日露戦争に際してロシア軍が遼東半島の旅順(中国遼寧省大連市)に築いた要塞。
(68)上横手雅敬『鎌倉時代—その光と影』(吉川弘文館　一九九四年)
(69)金井典美『諏訪信仰史』(名著出版　一九八二年)
(70)笹間良彦『図録日本の甲冑武具事典』(柏書房　一九八一年)
(71)庵棟=中央に鎬を立てた三角の棟。
(72)元幅=刀身の元の幅。
(73)先幅=刀身の先の幅。
(74)小鋒=小さい鋒。
(75)地肌=刀身の鍛えによって生じる表面の模様。
(76)中直刃=広直刃と細直刃の中間の直刃。
(77)小乱=直刃の中にみられる小さく乱れた刃文。
(78)帽子=鋒の刃文。
(79)藤代義雄・藤代松雄『日本刀工辞典』(藤代商店　一九八二年)
(80)鮫革=大きい粒がある赤エイの革。
(81)大切羽=太刀の鍔を直接挟む大きな切羽。
(82)切羽=鍔を挟むように取り付ける板金。
(83)諏訪市博物館学芸員の中島透氏のご教示による。

懐古神社崇敬会徴古館の鐔

懐古神社崇敬会徴古館は、小諸市丁にある小諸城址懐古園内にある。この小諸城は、佐久郡岩村田の国人領主である大井光忠が、長享元年（一五五四）に鍋蓋城として築いたことにはじまる。それは、千曲川の右岸にある浅間山の火山灰でできた谷と岡を利用した堅固な要害であった。

しかし、天文二十三年（一五五四）に武田軍の攻撃に晒《さら》され、近隣の九つの城と共に自落（降伏）した。信玄は、これを取り込んで大要塞を築き上げ、東信経営の一大拠点にした。この縄張をしたのが山本勘助と伝えられる。[1]城下より低い位置に城があるので穴城と呼ばれ、さらに白鶴城あるいは酔月城とも呼ばれている。

近世（江戸時代）において小諸藩は、初代藩主である仙石家の上田移封に伴い、一時は廃藩状態になっていたが、後に藩主が松平憲良・青山宗俊・酒井忠能・西尾忠成・大給《おぎゅう》松平家[2]と目まぐるしく入れ替わり、元禄十五年（一七〇二）に越後国与板藩より牧野家が入封し、十代を経て幕末に至る。明治維新により廃城となり、本丸跡に懐古神社が創建され、小諸城址は「懐古園」と名付けられた。現在「三の門」に掲げられる扁額《へんがく》は徳川宗家十六代当主である徳川家達の筆によるものである。

小諸城三の門

懐古神社

同館は、小諸藩士の子孫による懐古神社崇敬会によって運営され、小諸城あるいは藩士ゆかりの甲冑武具・刀剣をはじめ藩政に関わる文書・調度品・書画・典籍類等が収蔵展示されている。この中に注目すべき二つの轡がある。著者は、平成二十五年（二〇一三）に懐古園を訪れた際、これを偶然目にし、古式であることを直感した。この轡について述べる前に、日本馬具の概要について少し述べることにしたい。

1　馬具の概要とその歴史

騎乗において馬具は必要不可欠である。馬具がなければ、馬を乗りこなすことはできないからである。それは、

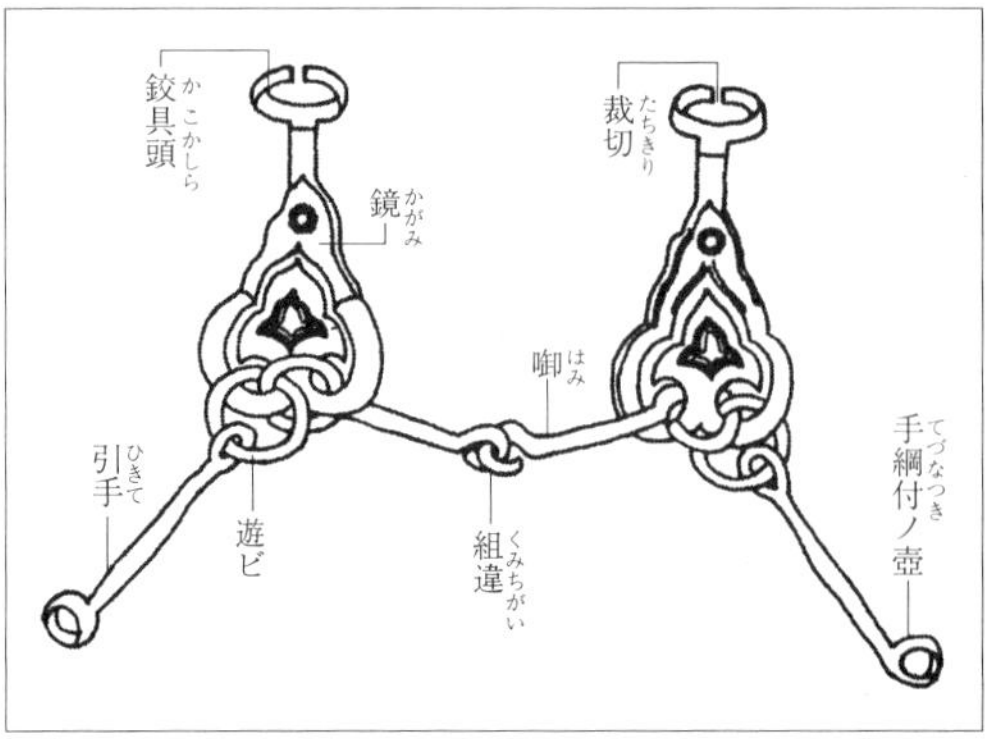

轡の名称図（國學院高等学校『古典参考資料図集』転載）

（上）円形に近い逆ハート形の杏葉轡①（下）やや長い逆ハート形の杏葉轡②（懐古神社崇敬会徴古館蔵）

主に鞍《くら》[3]・鐙《あぶみ》[4]・轡《くつわ》[5]を繋ぐ緒（紐）と、これらから馬体を保護する革具によって構成されている。こうした構造は、基本的に古代から近世まであまり変わることはなかった。

古墳時代から奈良時代にかけて、出土品あるいは正倉院御物にみられるように、大陸の影響を受けたものがほとんどであった。それが、平安時代になると国風文化の影響から、甲冑・刀剣と共に馬具も次第に我が国特有の形姿に変わる。以降、各時代によって個々の部位の形姿に多少の違いがみられるものの、近世（江戸時代）においては以下の部位を必要とした。

鞍を馬の背に固定するために馬の腹に巻く腹帯《はるび》。鞍が前後左右にずれないように胸と尾に結ぶ胸掛《むながい》と尻掛《しりがい》。手綱を取る轡を固定する面掛《おもがい》。轡と面掛を繋ぐ立聞《たちぎき》の緒。鞍から馬の背を守る切付《きっつけ》と肌付《はだつき》。馬の腹を鐙から守る泥障《あおり》。鞍に泥障を結ぶ八房《やつぶさ》。鞍の上に敷く馬氈《ばせん》。鐙を鞍から吊る力革《ちからがわ》。胸掛・尻掛と八房を結ぶために鞍の四方に付ける四緒手《しおで》。そして馬を操る鞭《むち》である。これらは、飾り馬の装飾のように思われているが、すべて騎乗のために必要な部位である。

また『源平盛衰記』巻第二十一「大沼三浦に遇ふ附小坪合戦の事」に、「近年は敵の透間なければ、まず馬の太腹を射て」とみられ、戦いで故意に敵の馬を傷

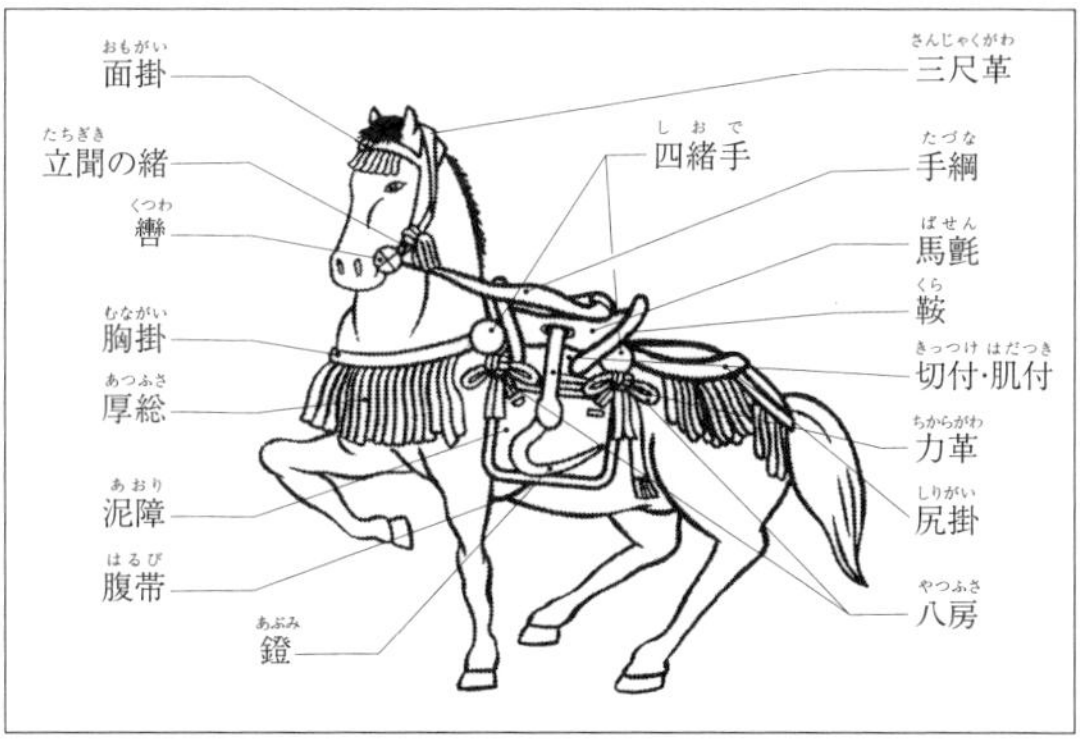

馬具の名称図

付けることもあったようである。(6)ゆえに馬甲（馬鎧とも書く）と呼ぶものが用いられた。これは、主に馬面・胸甲・尻甲と呼ぶ部位から構成されている。

馬甲は、もともと大陸で生まれ、古いものは五世紀後半の大谷古墳（和歌山市大谷）から出土した鉄製の馬面がある。(7)中世になって打物が盛んになると、再びみられるようになり、『二人武者絵』に胸甲・尻甲を装着した騎馬が描かれている。(8)

また小田原北条氏が宮城四郎兵衛尉（泰業）に発給した元亀三年（一五七二）の軍役定書に(9)「一騎　自身、具足・甲大立物・手蓋・面肪・馬鎧金」とみられ、金の馬甲の装着を義務付けていることが分かる。また武田氏が発給した天正三年（一五七五）の軍役定書（宛名を欠く）(10)にも「近年者諸手共、馬介不足之様ニ見及候」とみられ、馬介《めがい》（馬甲）が不足していると同時に、それを必要としていることが読み取れる。こうした遺物と思われる胸甲・尻甲の一部が、武蔵国の騎西城(11)から出土している。これは、布帛（麻布か）に無数の三、四センチ角の金箔を押した革片（馬甲札と呼ぶ）を縫い付けて作られている。(12)

しかし、現存する馬甲のほとんどが近世のものであり、馬面は獅子・龍等の顔を誇張した木彫が多く、また胸甲・尻甲の多くは、騎西城の出土品とほとんど同じである。

このように中世以前の馬具の伝世品は、わずかに正倉院御物・手向山八幡宮（奈良市雑司町）等に残るものの、遺物の多くが出土品である。同館の轡も立科（北佐久郡立科町）から出土したと伝えられるが、その場所あるいは時期等についての詳細は不明である。

2　杏葉轡《ぎょうようぐつわ》

懐古神社崇敬会徴古館には、二つの杏葉轡が収蔵されている。杏葉轡は、鏡《かがみ》[13]が杏葉（木の葉）の形の轡である。その一つ①は、鏡の形が円形に近い逆ハート形であり、これに似た轡が『集古十種』馬具二「大和国東大寺若宮八幡宮蔵鞍幷皆具図」にみられ、また奈良市埋蔵文化財調査センターにも同形のものが収蔵されている[14]。これらの出土場所である杏町《からもも》所在遺跡・佐保田庄遺跡が平安時代後期から鎌倉時代前期の有力者（興福寺の荘園領主等）の居宅跡と推定されるので、同館の轡も同時期のものと考えられる。

これらの轡には、手綱を取る引手がみられない。引手がなければ手綱を取ることができないので、はじめはあったが欠損したか、あるいは半製品、さらに育成する馬に用いる調教用の轡とも考えられる。

今一つ②は、鏡の形がやや長い逆ハート形であり、同形のものが宮久保遺跡（神奈川県綾瀬市）から出土している。これは、平安時代後期から鎌倉時代前期の遺構と推定され、相模国高座郡渋谷荘を根拠とする渋谷氏の居館跡と考えられる[15]。こうした轡は、主に馬寮の官馬が用いる移鞍《うつしぐら》にみられ、その様子が『伴大納言絵詞』『平治物語絵詞』にも描かれ、代表的遺物として手向山八幡宮の移鞍（重文）に付随する轡がある[16]。同館の轡は、これらに比べて地鉄が細くて鋭くみえ、引手が長く作られている。その洗練された形姿から、鎌倉時代のものと推定される。

他にも同時期のものと思われる壺鐙半双が収蔵され、共に立科から出土したと伝えられる。これらは、東信地方における極めて貴重な資料であり、同時に出土した場所が官牧であった可能性が示唆《しさ》される[17]。

本文の作成にあたり、日甲研常務理事である菅野茂雄氏のご意見を参考にさせていただいた。ここに謹んでお礼を申し上げる次第である。

註（1）湯本軍一等編『日本城郭大系』第8巻（新人物往来社　一九八〇年）

(2)三河国加茂郡大給（愛知県豊田市）を発祥の地とする松平氏。
(3)鞍＝馬の背に固定して人あるいは物を乗せるための木製の具。
(4)鐙＝鞍の左右に吊り、乗馬に際して足をかける具。
(5)轡＝馬の口にくわえさせて手綱を取る金具。
(6)高橋昌明『武士の成立　武士像の創出』（東京大学出版会　一九九九年）
(7)特別展図録『日本の甲冑』（京都国立博物館　一九八七年）
(8)笹間良彦『図録日本の甲冑武具事典』（柏書房　一九八一年）
(9)杉山博等編『戦国遺文』後北条氏編第二巻（東京堂出版　一九九〇年）一五七〇号
(10)柴辻俊六等編『戦国遺文』武田氏編第三巻（東京堂出版　二〇〇二年）二五五五号
(11)埼玉県加須市根古屋にあった平城。
(12)竹村雅夫『上杉謙信・景勝と家中の武装』（宮帯出版社　二〇一〇年）
(13)鏡＝轡の装着に際して馬の両頬にあたる部分。
(14)奈良市埋蔵文化財調査センター編『南都の繁栄』（奈良市教育委員会　二〇一一年）
(15)特別展図録『畠山重忠』（横浜市歴史博物館　二〇一二年）
(16)日本馬具大鑑編集委員会編『日本馬具大鑑』3中世（吉川弘文館　一九九二年）
(17)甲冑師・豊田勝彦氏のご教示による。

水無神社の太刀

国道一九号線木曽町伊谷の交差点を東に入り、県道二六九号線をしばらく進むと左の山手に水無《すいむ》神社（木曽町福島伊谷）が鎮座する。社伝によると、文永二年（一二六五）に飛騨国一之宮水無神社（岐阜県高山市）をこの地に勧請し、水無天王社と称して奉ったことにはじまるという。その際、ご分神を往古宗助・幸助兄弟が神輿に奉じて移したと伝えられる。祭神は、大己貴命《おおなむちのみこと》（大国主命）の娘である高照姫命《たかてるひめのみこと》であり、農耕・治水の祖神、衣・食・住の守護神

水無神社

として崇められた。

その社殿は、荘厳な木立に囲まれ、古くから木曽総鎮守として木曽谷の人々に崇敬されてきた。そして毎年七月に行われる「神輿まくり」の祭礼は、往古兄弟の伝説に由来するものである。

また同社には、本殿の修造に関わる至徳二年（一三八五）と記された棟札があり、そこに「伊与守藤原家信」とある。[1] さらに白山神社（木曽郡大桑村）の正長元年（一四二八）の棟札には「当地頭藤原家友」とある。[2]

水無神社の棟札が示すとおり、至徳二年に藤原家信が本殿を修造する財力を持っていたことが想像される。すなわち正長元年にこの地の地頭であった藤原家友は、藤原家信の子あるいは孫にあたるのではなかろうか。同時に至徳二年の時点で藤原家信も地頭である可能性が高いように思われる。また至徳は、南北朝時代の北朝の元号であり、藤原氏もこれに与していたと考えられる。ちなみに至徳二年は、南朝の元中二年にあたる。

南北朝時代から室町時代にかけて、この地を国人領主の木曽氏が治め、後に甲斐武田氏に帰属したことが知られている。そして武田氏滅亡後は、織田氏・豊臣氏に帰属し、天正十八年（一五九〇）の小田原の陣の後、木曽氏は徳川氏と共に関東に移封され、下総国海上郡阿知戸（千葉県旭市網戸）に領地を与えられた。

近世（江戸時代）になると、木曽谷は尾州徳川家の所領となり、代々山村氏が代官を務めていた。山村氏は、もともと木曽氏の筆頭家老であり、武田氏に帰属した後も美濃国恵那郡に知行を与えられていた。武田氏滅亡後も木曽氏に仕え、共に阿知戸に移ったものの、木曽氏が改易されると家康に仕えるようになった。そして関ヶ原の戦いの功により、美濃国可児《かに》郡・恵那郡に知行を与えられた。元和元年（一六一五）に尾州徳川家の配下となり、木曽福島関所の代官を務めるようになった。

山村氏も木曽氏と同じく水無神社を崇敬し、社殿の修築・神領の寄進を行った。その社宝に一口の太刀がある。これは、早くから名刀として知られ、昭和四十四年（一九六九）に県宝に指定された。

1　太刀　銘　正恒

刃長二尺五寸七分（七七・九センチ）、反り一寸九厘（三・三センチ）。鎬造の庵棟で元幅が広く、腰反《こしぞ》り(3)も高い。先幅はふつうで中鋒《ちゅうきっさき》(4)である。地肌の木目はよくつんで、大きく板目が流れて、肌は腰元で交わり、全面に地の沸が大きく映る。刃文は、小沸出来《こにえでき》(5)で、やや湾《のた》れ(6)がかった中直刃に小乱が交ざり、小足《こあし》が入る。横手筋《よこてすじ》の下は、刃が細くなって少し崩れている。生茎《うぶなかご》には、目釘穴が一つあり、銘は細いタガネで「正恒」ときる。この太刀は、作刀当時の形姿をそのまま残し、申し分のないところであるが、物打から五、六寸のところに小さな刃切《はぎれ》(7)があるのが残念である。(8)

昭和四十七年（一九七二）の「信濃が誇る名刀展」（長野県信濃美術館）に出品され、ついで翌四十八年（一九七三）の「歴史に輝く信濃の名刀展」（日本民俗資料館）に出品された。さらに同五十一年（一九七六）の「長野県の名宝展」（日本

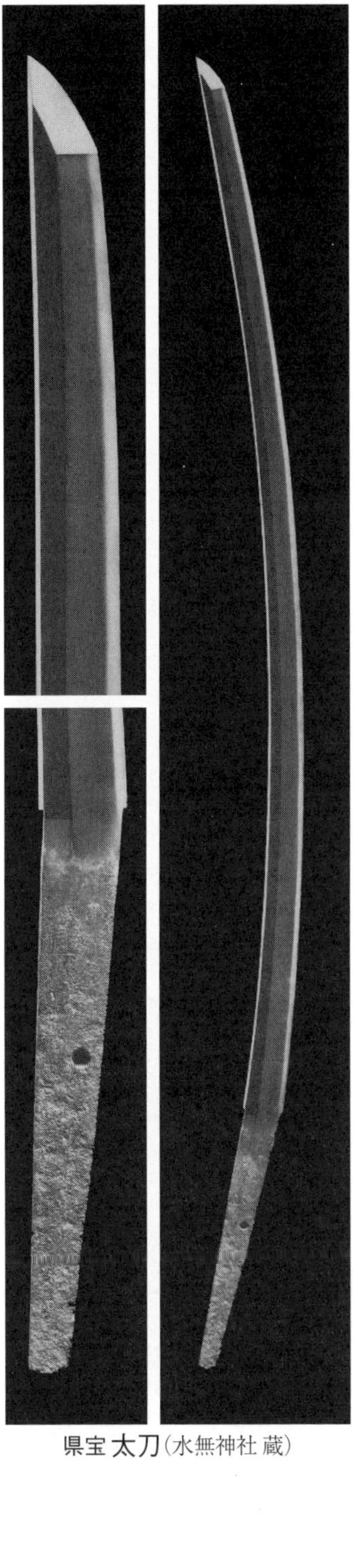

県宝 太刀（水無神社 蔵）

民俗資料館）、平成二十五年（二〇一三）の「刃が語る信濃」（長野県立歴史館）に出品され、これらの図録に「備中国・鎌倉中期青江派の作」とある。

備中国の青江派《あおえは》は、平安時代末期に現れた刀匠の一派であり、鎌倉時代後期まで活躍したと伝えられる[9]。その銘にある「正恒」も一派の名匠として知られている。ゆえに水無神社の太刀は、正恒の年代とその優美な形姿から鎌倉時代の作刀と考えられる。

このように水無神社の太刀は名刀であるにもかかわらず、これにまつわる伝承は管見の限りほとんどみられない。その作刀の時期を考えると、水無神社を修造した時期よりやや古いように思われる。そこで、この太刀を修造に合わせて奉納したとも考えられる。しかし、これについては少し幅を持たせ、文永二年（一二六五）の創建に合わせた奉納、あるいは至徳二年の藤原家信による修造以降、後世の奉納という可能性も視野に入れるべきではなかろうか。

2　木曽氏系譜の疑義

木曽氏の祖とされる源義仲の父義賢は、兄である義朝（義平・頼朝・範頼・義経の父）と関東の覇権をめぐって対立し、大蔵合戦《おおくらかっせん》[10]で甥の義平に討たれる。その後、義仲（当時は駒王丸）は斎藤実盛等の助勢により信濃に逃れ、木曽谷の中原兼遠のもとで育てられたと伝えられる。このため木曽次郎あるいは木曽冠者《かじゃ》と呼ばれ、木曽義仲と通称されている。

長福寺（一一五頁参照）に伝わる木曽氏の系譜によると、義仲の三男義基（二代）が木曽氏を継承し、子の義茂（三代）、孫の基家（四代）を経て、南北朝時代から室町時代にかけて国人領主になったと伝えている[11]。しかし、水無神社・白山神社に棟札を納めた家信・家友は、いずれも藤原姓を名乗っている。もし伝承どおりであるなら、地頭である家信・家友は源姓を名乗るはずである。そこに、木曽氏の系譜の疑義があるように思われる。

義仲は、頼朝が派遣した範頼・義経の軍勢と戦って近江国粟津で討死する。その後、嫡男義高も一旦鎌倉を脱出するものの、追手に捕らえられて殺害される。さらに頼朝は、比企能員を信濃に派遣し、義仲の残党を掃討したと考えられる。つまり、この時点で義仲の系譜は途絶えたのではなかろうか。

その後、藤原姓を名乗る一族が地頭となり、南北朝の争乱で北朝に与して国人領主となり、木曽氏を名乗るようになったのではなかろうか。それが、義仲を意識して源姓を名乗るのは、文正元年（一四六六）に興禅寺（木曽郡木曽町福島）に寄進した「住持比丘大檀那源之朝臣家豊」の梵鐘銘（現在この梵鐘はない）が初見とされ[12]、ここでも藤原家信・家友の通字の「家」を使っている。

この点、『木曽考』[13]によると、義基が外祖父にあたる上野国沼田（群馬県沼田市）の藤原伊予守（家国）を頼り、以降は沼田姓を名乗ったとある。そして義基から数えて六代目にあたる家村が、足利尊氏に与して中先代《なかせんだい》の乱の鎮圧に活躍し、暦応元／延元三年[14]（一三三八）に大吉祖郷（木曽郡木曽町日義）を賜ったとある。これについては、不明な点も多々あるが、「家」の通字と北朝に与したことは一致する。

水無神社の太刀は、長野県下はもとより全国に誇る名刀であり、これにまつわる史料の発見が期待される。なお本文の作成にあたり、木曽町教育委員会の千村稔氏・渡辺徹氏にお世話になり、多くをご教示いただいた。ここに謹んでお礼を申し上げる次第である。

註
（1）木曽福島町教育委員会編『木曽福島町史』第1巻歴史編（木曽福島町　一九八二年）
（2）大桑村編『大桑村誌』上巻（大桑村　一九八八年）
（3）腰反り＝刀身の茎に近い部分の反り。
（4）中鋒＝ふつうにみられる大きさの鋒。
（5）小沸＝小さな沸。
（6）湾れ＝刃文の一種。浅く波打った刃文。
（7）刃切＝刀身に入った亀裂。

（8）大谷秀志『信濃の名刀探訪』（ながの二葉書房　一九八一年）
（9）藤代義雄・藤代松雄『日本刀工辞典』（藤代商店　一九八二年）
（10）久寿二年（一一五五）、武蔵国大蔵（埼玉県嵐山町）にあった源義賢の館を源義平が襲った戦い。翌年の保元の乱の前哨戦とされる。
（11）『長野県姓氏歴史人物大辞典』（角川書店　一九九六年）
（12）註（1）と同じ。
（13）宝永三年（一七〇六）に木曽代官山村良景が編纂した地誌。
（14）遺物の残存状況から以下元号を北朝／南朝とする。

佐久市の兜鉢（佐藤忠彦コレクションⅠ）

平成二十年（二〇〇八）、中野市の佐藤里子氏が亡き夫佐藤忠彦氏のコレクションを佐久市に一括寄贈された。これに合わせて佐久市近代美術館で「甲冑の美と宝」と題する特別展が開催された[1]。

中野市上今井の佐藤病院の初代院長であった佐藤忠彦氏は、熱心な甲冑武具の愛好家であり、その研究と収集に生涯を捧げられた。昭和五十三年（一九七八）、氏の念願であった甲冑武具専門の佐藤博物館を病院に隣接して創設された。しかし、開館からわずか二年ほどで病に倒れられ、五十代半ばという若さで惜しまれながら他界された。その後、里子夫人が「主人の冥福を祈り、戦国の武将達の供養の意味も込めて、多くの人に博物館を訪れてほしい」と、同館を守り続けてこられた。

著者も氏を同好の士と仰ぎ、信州旅行の際には何度も訪れた。平成十一年（一九九九）には、明珍三作（信家・高義・義通）の兜が一堂に展示され、偶然にも『明珍信家』に取り組む著者にとって忘れられない思い出となった。その折、「高義」の兜の古風な鞠が印象

佐久市近代美術館

的であった。

本著は、信濃にまつわる甲冑武具と刀剣の集録を目的とするが、長野県下の愛好家のコレクションは、個人情報という理由から掲載を避けた。しかし、この度の寄贈により、佐藤忠彦コレクションとして佐久市の所蔵となった。これらは、信濃国の伝来品ではないが、その歴史の空白を埋める資料として貴重である。ゆえに通史としての体裁を整えるために順次紹介することにする。

1　二十六間星兜鉢

この兜鉢は、薩摩藩島津家に伝来し、江戸時代後期から明治にかけての藩主である斉興《なりあき》・斉彬《なりあきら》・忠義《ただよし》の三代が所用した甲冑に付いていたとされる。ところが、明治十年（一八七七）に勃発した西南戦争の戦火で焼失し、兜鉢のみになってしまった。佐藤氏の入手に至る経緯については不詳であるものの、昭和四十五年（一九七〇）に東京上野松坂屋で開催された「日本のよろい展」（日本甲冑武具研究保存会主催・毎日新聞社後援）が初見である。その箱書によると、江戸の三田（東京都港区芝）にあった薩摩藩中屋敷に商人が持ち込み、十代藩主斉興が入手したとある。

これは、二十八枚の台形の鉄板を一行に十一点、腰巻の一点を加えて十二点の星で留めて作られている。やや膨らみがある半球形で、鍍金の地板《じいた》[2]に前三行・後二行の篠垂を構える二方白《にほうじろ》である。また矧板《はぎいた》[3]の片方を捻り返して筋を立て、鉄板自体の強度を増している。これは、赤木家伝来の兜にみられない手法であり、御岳神社の「赤糸威大鎧」（国宝）の兜が示すように平安時代末期頃から始められたと思われる。この点、佐久市の兜鉢は、前の地板が三枚の矧板にかかるので、表に出る筋の数は二十六間であり、鉢裏の全面に金箔を押している。

八幡座は、葵座に裏菊座・小刻座を重ねて玉縁で押さえて留め、後勝鐶は、切子頭の鐶台でやや楕円形《だえんけい》にみえ

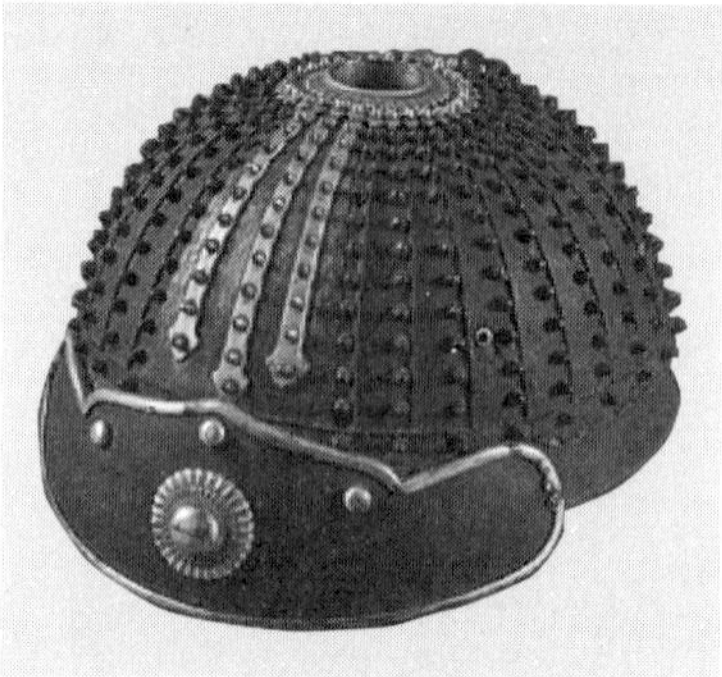
二十六間星兜鉢（佐久市蔵）

る。鍍金に修補の痕が認められるものの、おおむね生の状態で残され、鑑賞にも十分耐え得る名品である。

眉庇は近年の後補であるが、周縁に太い覆輪を廻らし、鍍金の三光鋲《さんこうびょう》（4）と菊重の真向金物がみられる。もともと兜鉢自体は、鎌倉時代後期頃の作と推定され、江戸復古調（5）に合わせて仕返物《しかえしもの》（6）として用いたのであろう。このとき鉢裏に金箔を押したと思われ、その効果として頭が冷えて冷静になれるという伝承がある（7）。また「島津家三代の甲冑」とあるが、それがどのような形式であったかは不明である。

平安時代後期から鎌倉時代前期にかけて、星を大きくして威厳を見せることが好まれた。ゆえに兜自体を軽くするため無垢星は廃れ、空星を用いるようになる。この兜鉢は無垢星であるが、赤木家伝来の兜に比べて星が小さい。鎌倉時代中期を過ぎると、御岳神社の「紫裾濃《むらさきすそご》大鎧《おおよろい》」（重文）あるいは厳島神社の「浅葱綾威大鎧」（国宝）等の兜のように、より精巧に作られた兜が好まれるようになる。おそらく、この兜鉢も元来は同等の大鎧に付いていたと思われる。

ちなみに島津（惟宗）氏と信濃の縁は深く、その祖とされる忠久は、比企能員と行動を共にしたと考えられ、文治元年（一一八五）に小県郡塩田荘（上田市西部）の地頭に任ぜられた。さらに建久八年（一一九七）に大隅・薩摩二国の守護に任ぜられ、九州に移り住むものの、比企の乱によって解任される。しかし、間もなく御家人として復帰し、薩摩の守護に返り咲いた。そして承久三年（一二二一）に水内郡太田荘（長野市豊野町）の地頭職に補任され、一族が土着して南北朝時代から室町時代にかけて国人領主となる。以降、長沼城（8）を拠点として村上氏・高梨氏等と行動を共にし、甲斐武田氏との抗争の末、上杉家に仕えて会津に移り、さらに米沢に移った（9）。

2　星兜から筋兜へ

平安時代から鎌倉時代にかけて、赤木家伝来の兜あるいは佐久市の兜鉢にみられるように星兜が主流であった。そして鎌倉時代の中期以降になると次第に星が小さくなり、矧板の幅が狭くなって枚数が増える。これと同時に矧ぎ合わせの手法にも変化がみられる。

つまり鎌倉時代の前期頃までは、おおむね張出《はりだし》(10)が左右にあり、前後に矧ぎ合わせて前正中板と後工中板を張留《はりどめ》(11)とした。それが、鎌倉時代中期になると張出が後になり、左右対称に前向きに矧ぎ合わせて前正中板を張留とするようになる。この矧ぎ合わせの手法が以降も主流となる。また装飾性を増すために四方白《しほうじろ》が主流となり、さらに六方白《ろっぽうじろ》あるいは八方白《はっぽうじろ》もみられるようになる。

筋兜(加藤鞆美作)

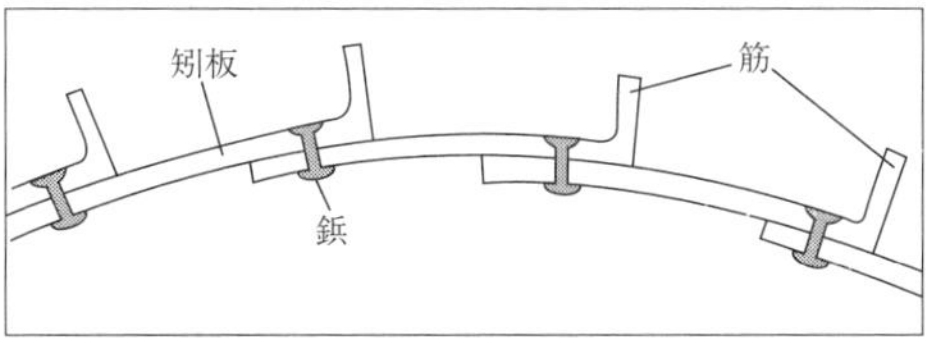

筋兜の構造(三浦一郎・永都康之『日本甲冑図鑑』転載)

そして打物が盛んになると、太刀あるいは薙刀・長巻を振り回すことから、腕の運動を考慮して笠𩊱になる。そこに、星が小さくなる原因の一つがあるように思われる。すなわち打物による攻撃に対して、星を小さくすることにより、太刀あるいは薙刀・長巻が引っ掛かることを防ぐのである。その結果として生じたのが筋兜《すじかぶと》である。

これは、矧板に皿状の穴をあけて鋲を埋めて留め、表面に鋲の頭(星)が出ないようにした筋だけの兜である。その発生年代は、鎌倉時代末期から南北朝時代と考えられ、初期的遺物としてメトロポリタン美術館(米国ニューヨーク市)が収蔵する「黒韋威中白二十二間《くろかわおどしなかじろにじゅうにけん》筋兜《すじかぶと》」が挙げられる。これには、足利尊氏が篠村八幡宮(京都府亀岡市）に奉納したという伝承があり、桧垣総覆輪《ひがきそうふくりん》[12]と呼ぶ装飾が施されている。桧垣は、兜鉢の裾に廻らす八双に猪目《いのめ》を透かした金物であり、この覆輪を天辺まで延ばしたのが総覆輪である。

以降、桧垣総覆輪は伝統的な装飾として、主に筋兜の高級品に施された。さらに室町時代になると星兜が廃れて筋兜が主流になる。そして年代が下ると、打物による衝撃を緩和するため、兜鉢全体が膨らんで大きくなる。この形が、渡来した阿古陀瓜《あこだうり》（金冬瓜）に似ているので阿古陀形《あこだなり》と呼ぶ。そして桧垣総覆輪を施す阿古陀形筋兜は、室町時代中期から末期にかけて上級武士に好まれた。

その代表的遺物として鹿児島神宮（鹿児島県霧島市）の島津貴久奉納と伝えられる「色々威胴丸《いろいろおどしどうまる》」（重文）の兜、あるいは毛利博物館（山口県防府市）の毛利元就所用と伝えられる「色々威腹巻《いろいろおどしはらまき》」（重文）の兜等が挙げられる。また永青文庫（東京都文京区）が収蔵する「細川澄元像」（重文）、あるいは浄真寺（東京都世田谷区）の「伝吉良頼康像」（武田信玄像と推定される）にも同様の兜が描かれている。

なお本文の作成にあたり、執筆中に亡くなられた日甲研名誉顧問の藤本巖氏に大いなるご教示をいただいた。本著の刊行に際して、直接手渡せなかったことが唯一の悔いである。ここに、謹んで氏のご冥福を祈る次第である。

註

（1）藤本鞍斎「佐藤忠彦コレクション受納記念特別展」（『甲冑武具研究』161号　二〇〇八年）
（2）地板＝篠垂の下に敷く鍍金・鍍銀を施した板。
（3）矧板＝兜の矧ぎ合わせに使う板。
（4）三光鋲＝眉庇を兜鉢に取り付けるために腰巻に打つ三つの鋲。
（5）江戸中期以降に起こった中世の再認識と評価・国学の興隆による復古思想。
（6）仕返物＝古物を利用して新たに作った甲冑。
（7）山上八郎『日本甲冑の新研究』（歴史図書社　一九二八年）
（8）長野市穂保にあった平城。
（9）『長野県姓氏歴史人物大辞典』（角川書店　一九九六年）

（10）張出＝矧ぎ合わせの基礎となる部分。
（11）張留＝矧板を重ねて最後に押さえ留める部分。
（12）桧垣総覆輪＝兜の筋に桧垣と覆輪を共に施す装飾。

南北朝時代から室町時代の信濃国

我が国の戦闘様式は、元寇を境に射戦から打物に変わる。この変化は、赤木家伝来の兜が示すとおりである。そして攻城戦《こうじょうせん》の増加と激化に伴い、より堅固な防御機能を備えた城郭が築かれるようになる。この点、信濃は山国という立地条件もあり、守護・国人・土豪・地侍等が防御あるいは居住のために築いた城館等の遺構を数多く残している。[1] そこで、南北朝時代から室町時代にかけての中央政権の動きと、この時期における信濃国の情勢について少し述べることにしたい。

元弘元年（一三三一）、度重なる倒幕計画の発覚により、身の危険を感じた後醍醐天皇は三種の神器を掲げて挙兵し、笠置山（京都府笠置町）に立て籠もる（元弘の乱勃発）。しかし、幕府軍に鎮圧され、後醍醐天皇は捕らえられて隠岐島（島根県隠岐の島町）に流された。

ところが、その後も護良親王（後醍醐天皇の皇子）や河内国の楠木正成等が、幕府軍に抵抗し続ける中で倒幕の気運が高まる。そして正慶二／元弘三年（一三三三）、播磨国（兵庫県南西部）の赤松則村（円心）の挙兵に乗じて後醍醐天皇は隠岐島から脱出し、伯耆国船上山（鳥取県琴浦町）で倒幕の綸旨《りんじ》を発した。

これを追討するために派遣された足利高氏（後の尊氏）は、後醍醐天皇方にねがえり、逆に幕府の拠点である六波羅探題[2]を襲った。間もなく東国で挙兵した新田義貞が相模国（神奈川県）に攻め込み、ここに源頼朝以来百四十余年続いた鎌倉幕府は滅亡する（元弘の乱終結）。これにより伴野氏は霜月騒動で失った信濃の領地を取り戻し、鎌倉攻めの功により宗家の小笠原貞宗が信濃守護に任ぜられた。

しかし、後醍醐天皇が立ち上げた建武政権は、時代錯誤ともいうべき公家中心の政治であり、これに武士あるいは庶民の不満が募ることとなる。そこで建武二年（一三三五）、鎌倉幕府の御内人《みうちびと》[3]であった諏方頼重（盛高ともある）が、海野氏・望月氏・禰津氏等滋野一族等と共に十四代執権北条高時の次男時行を奉じて挙兵し、また北信では保科氏・四宮氏等が、守護小笠原氏と千曲川に沿って戦った（青沼合戦）。この間に諏方氏・滋野氏等は、信濃国衙《こくが》を襲って国司を自害に追い込んだ。その後、武蔵国（埼玉県）へ侵攻して鎌倉府執権である足利直義（尊氏の弟）を追い払って鎌倉を占拠するなど、朝廷方と旧幕府方の激しい戦いが繰り広げられた（中先代の乱）。この乱は、救援に駆け付けた尊氏によって鎮圧されたものの、武士の不満は収まらず、結果的に尊氏自身も建武政権を離反することになる。

建武三／延元元年（一三三六）、尊氏は新田義貞を箱根・竹ノ下の戦いで破って上洛するものの、逆に北畠顕家・楠木正成等の反撃に遭い、赤松則村の助勢のもとで西海に逃れる。そして長門（山口県）で少弐《しょうに》頼尚に迎えられ、筑前（福岡県西部）の宗像《むなかた》氏範の支援を受けて、天皇方の菊池武敏を破る。そこで勢力を盛り返した尊氏は、後醍醐天皇（大覚寺統）と対立する光厳上皇（持明院統）の院宣を賜り、西国の勢力を吸収して、摂津国湊川《みなとがわ》（兵庫県神戸市）で新田・楠木軍を破り、再び上洛を果たす（延元の乱・建武の乱とも呼ぶ）。

尊氏は、比叡山に逃れた後醍醐天皇と和解を図り、光明天皇（北朝・光厳上皇の弟）を擁立して即位させた。そして建武式目を制定し、京室町に幕府を開いた。その直後に後醍醐天皇は、吉野（奈良県吉野町）に下って独自の朝廷（南朝）を樹立し、ここに南北朝の争乱が始まる。

暦応元／延元三年（一三三八）、尊氏は征夷大将軍に任ぜられるものの、幕府内において執事の高師直《こうのもろなお》と直義の対立が深まる。そして高一族の滅亡後は、尊氏・直義兄弟の対立が激化した。この戦いは、南朝を巻き込む複雑な抗争へと発展し、最終的に直義が降伏し、毒殺されることにより終結する（観応《かんのう》の擾乱《じょうらん》）。このとき南北両朝は一時的に合致（正平一統）し、尊氏は征夷大将軍を解任され、代わって宗良親王（信濃の宮・後醍醐天皇の皇子）が就いた。しかし、尊氏の鎌倉奪取を契機に両朝は再び対立することになる（武蔵野合戦）。

信濃においても南朝方の諏方氏・仁科氏・香坂氏等と北朝方の小笠原氏・村上氏等の間で抗争が繰り広げられた。そこで南朝方は、武蔵野合戦で敗れ、信濃に退去していた宗良親王を奉じて一大拠点を築こうとした。しかし、文和四／正平十年（一三五五）に桔梗ヶ原《ききょうがはら》の戦いで、甲斐の武田氏あるいは関東の上杉氏の支援を受けた小笠原軍に敗れる[4]。これにより諏方氏・仁科氏等も北朝方に帰順することとなり、信濃における南朝方の勢力は弱体化していった。

貞治四／正平二十年（一三六五）、信濃が鎌倉府の支配下に置かれたことにより、守護が小笠原長基（貞宗の孫）から関東管領の上杉朝房に代わり、さらに至徳元／元中元年（一三八四）に幕府の有力武将の斯波《しば》義種に代わる。しかし、その後も小笠原氏は信濃において勢力を保持していたと考えられ、嘉慶元／元中四年（一三八七）に村上氏・高梨氏・長沼氏等と共に守護斯波氏に対抗し、平柴（長野市平柴）にあった守護所を襲っている（漆田原の戦い）。

宗良親王を奉った信濃宮

そして明徳三／元中九年（一三九二）の南北朝の合一（明徳の和約）の後、応永七年（一四〇〇）に斯波義重（義種の甥）に代わって再び小笠原長秀（長基の次男）が守護に返り咲き、下向して国人衆をまとめようとしたが、激しい抵抗に遭い、京へ逃げ帰った（大塔《おおとう》合戦《がっせん》）。

その後、斯波義将（義重の父・義種の兄）が守護になり、また幕府の直轄地となり、上杉禅秀の乱[5]の鎮圧後、応永三十二年（一四二五）に三度小笠原政康（長秀の弟）が守護に返り咲いた。

そして政康は、六代将軍義教の時代に有力武将として権勢を振るい、永享の乱[6]、さらに結城合戦で信濃の国人衆を従えて活躍した。[7]しかし、政康が死去すると小笠原氏は分裂して再び衰退する。その後も信濃国内では守護を巻き込む国人・土豪の対立関係が続き、そのまま甲斐武田氏の侵攻を受けることになる。

註
（1）湯本軍一等編『日本城郭大系』第8巻（新人物往来社　一九八〇年）
（2）京都六波羅（賀茂川左岸の五条から七条の一帯）の南北に設置した鎌倉幕府の出先機関。
（3）鎌倉時代に執権北条氏に仕えた武士。
（4）塩尻市付近で行われたとされるが詳細は不明。
（5）応永二十三年（一四一六）、関東管領だった上杉禅秀が鎌倉公方足利持氏に対して起こした反乱。
（6）永享十年（一四三八）、鎌倉公方足利持氏と関東管領上杉憲実の対立に始まり、将軍足利義教が持氏討伐を命じた戦い。
（7）永享十二年（一四四〇）、下総（茨城県）の結城氏等が永享の乱で自害した持氏の遺児を擁して起こした反乱。

南北朝時代から室町時代の武装形式

長野県下において、鎌倉時代から室町時代中期までの甲冑武具の伝来品は、管見の限りほとんどみられない。そこで、この時代の代表的な甲冑として挙げられるのが櫛引八幡宮の「白糸妻取大鎧」（国宝）である。これは、甲斐源氏の一党である南部氏が奉納したと伝えられ、また後村上天皇（後醍醐天皇の皇子）が南部信光に授けたとも伝えられる。これとほぼ同じ大鎧（県文）が美和神社（山梨県笛吹市）にあり、おそらく甲斐国の守護武田信成、あるいは子の信春あたりが所用者と思われる。[1]

これと同時に、攻城戦の増加と激化に伴い、騎乗に適した大鎧は次第に威儀化し、実戦から姿を消していった。

城館等に立て籠もる敵に対して騎馬は何の効果も見出せないからである。ゆえに徒歩《かち》に適した胴丸《どうまる》・腹巻《はらまき》・腹当《はらあて》を多用するようになる。

胴丸（中世は腹巻と呼ぶ）は、先述のとおり平安時代に下級士卒の甲冑として生まれた。これに対して腹巻（中世は胴丸と呼ぶ）は、基本的に胴丸より簡易に作られ、背に引合がある胴である。そして腹当は、腹巻よりさらに簡易に作られ、主に腹を覆う胴である。これらは、もともと胴だけで使うことを基本としたが、南北朝時代以降になると胴丸・腹巻も大鎧と同じように兜・袖を付けて使うこともあった。さらに防御機能を高めるために、額当《ひたいあて》(2)・籠手《こて》(3)・佩楯《はいだて》(4)・臑当《すねあて》(5)・喉輪《のどわ》(6)・曲輪《ぐるわ》(7)・頬当《ほほあて》(8)・脇当《わきあて》(9)と呼ぶ小具足を付けて使うこともあった。

この時代の上級武士は、主に太刀を佩いていたが、打刀《うちがたな》（刀）も多用していた。太刀は、騎乗の者が用いるのに対して、打刀は、徒歩の者が用い、刃を上にして鞘に収め、腰に巻く紐あるいは帯に差して持ち運び、戦うときは柄《つか》を両手で持って使う。このため太刀に比べて反りが低いものが多い。また太刀を短く切って改造し、打刀として使うこともあった。

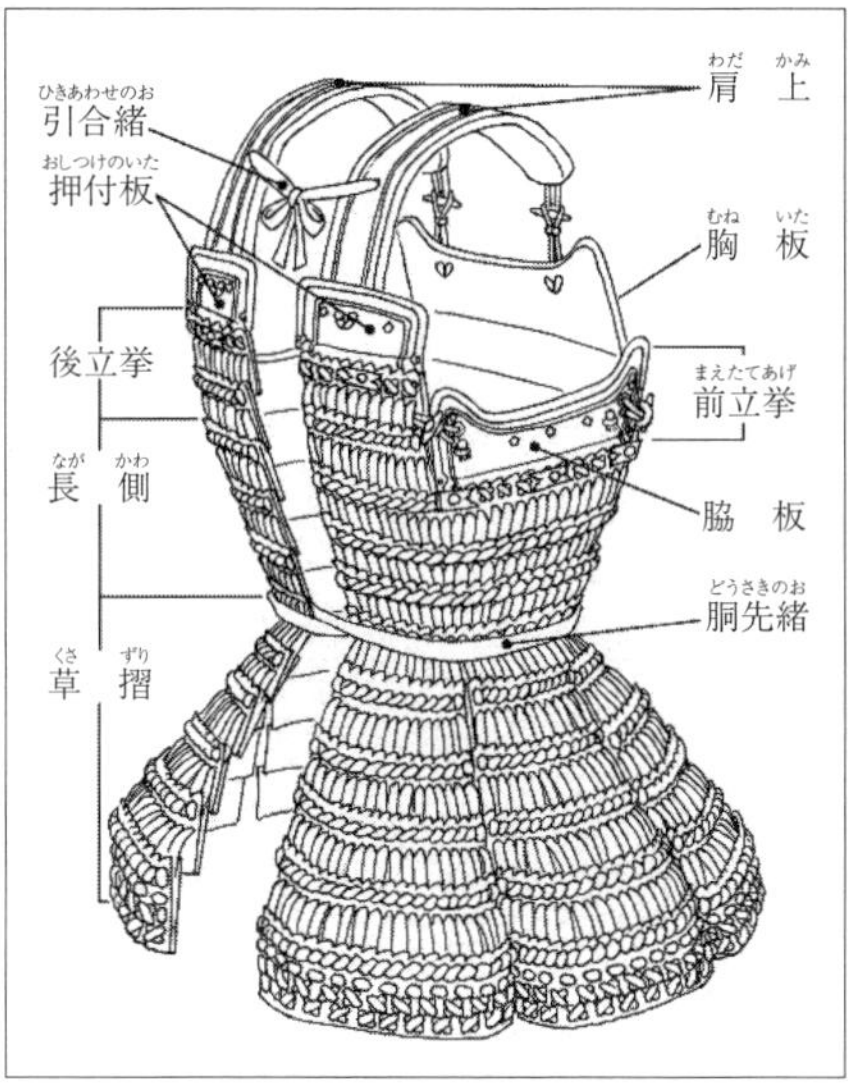

腹巻（背面）の名称図

さらに大太刀《おおだち》・野太刀《のだち》と呼ぶものがある。大太刀は、長太刀《ながだち》とも呼び、刃長が三尺（九〇・九センチ）以上ある大きな太刀のことであり、騎乗から一撃で敵をたおすのに使われた。また身の丈が六尺（一八一・八センチ）という長身の者であれば、これを打刀のように腰に差して持ち運び、野戦あるいは攻城戦で使うこともあった。(10) そして野太刀は、もともと公家が兵仗として使う太刀の総称であったが、室町時代になると下緒《さげお》(11)を輪にして背負う刀を指すようになる。(12) 平時は従者が担いで持ち運び、攻城戦で断崖・土塁あるいは石垣をよじ登り、敵と一戦するのに使われた。

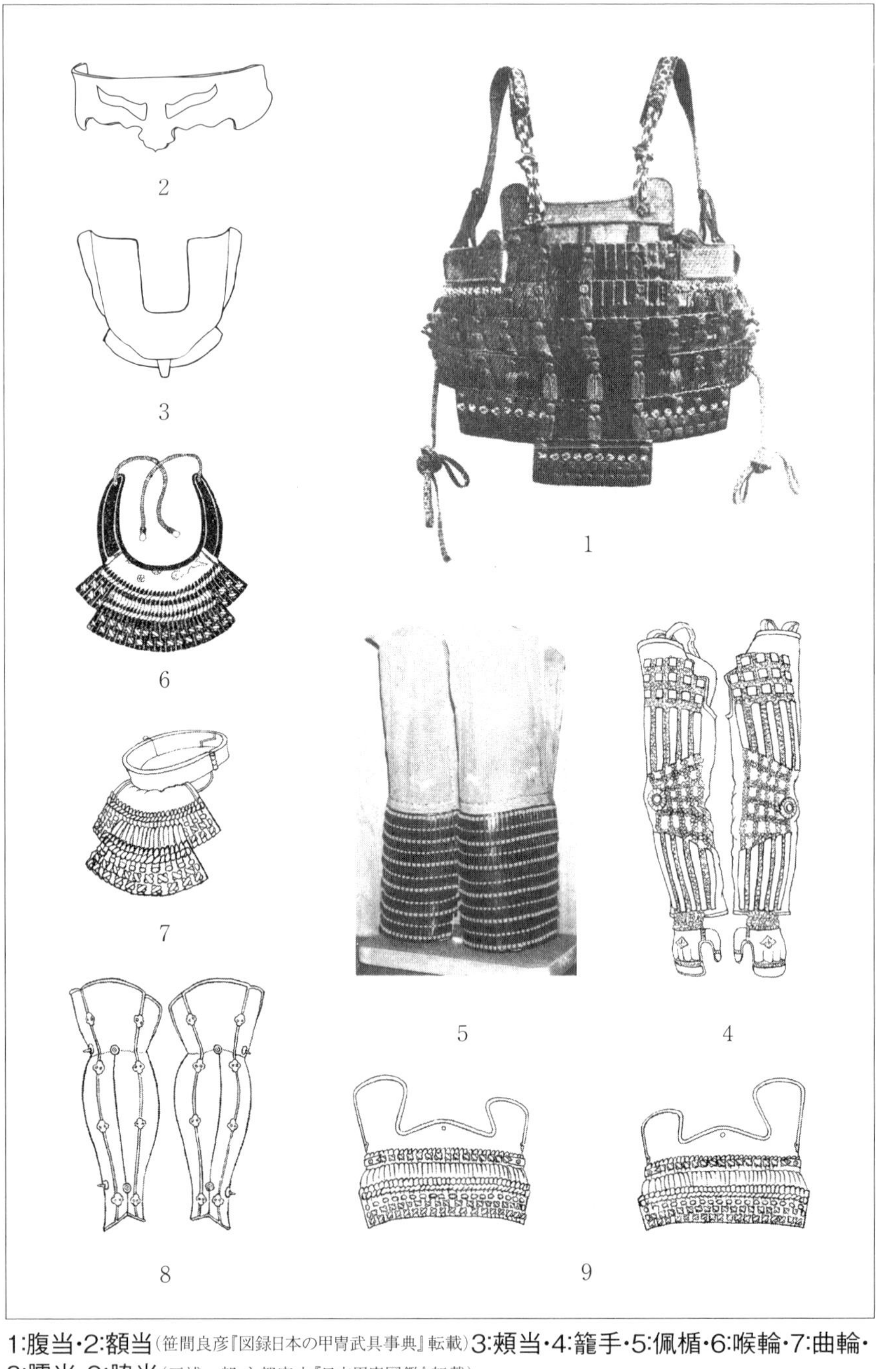

1:腹当・2:額当（笹間良彦『図録日本の甲冑武具事典』転載）3:頬当・4:籠手・5:佩楯・6:喉輪・7:曲輪・8:臑当・9:脇当（三浦一郎・永都康之『日本甲冑図鑑』転載）

こうした戦いの中で最も威力を発揮したのは、やはり飛び道具の弓であり、負傷の多くは矢傷であった。室町時代になると、一部で騎射《きしゃ》も行われたが、東京国立博物館（東京都台東区）が収蔵する『十二類合戦絵詞』（重文）、あるいは国立歴史民俗博物館（千葉県佐倉市）が収蔵する『結城合戦絵詞』（重文）等にみられるように、多くは歩射《ほしゃ》であった。

騎射の場合は、敵の寸前まで駆け寄って矢を射るので殺傷性が高いと思われる。その点、歩射の多くは遠矢《とおや》(13)であり、敵と数十メートルも離れてしまえば殺傷性は低いと考えられる。しかし、弓は鉄炮伝来以前の最強の飛び道具であり、近くに迫って射れば威力を発揮したと思われる。そして野戦においても、敵味方の双方が木あるいは竹束の楯《たて》を構えて、遠矢をすることによって始まり、その合間を縫って騎馬による攻撃が行われた(14)。これは攻城戦も同じであり、遠矢の合間を縫って徒歩による打物が行われた。

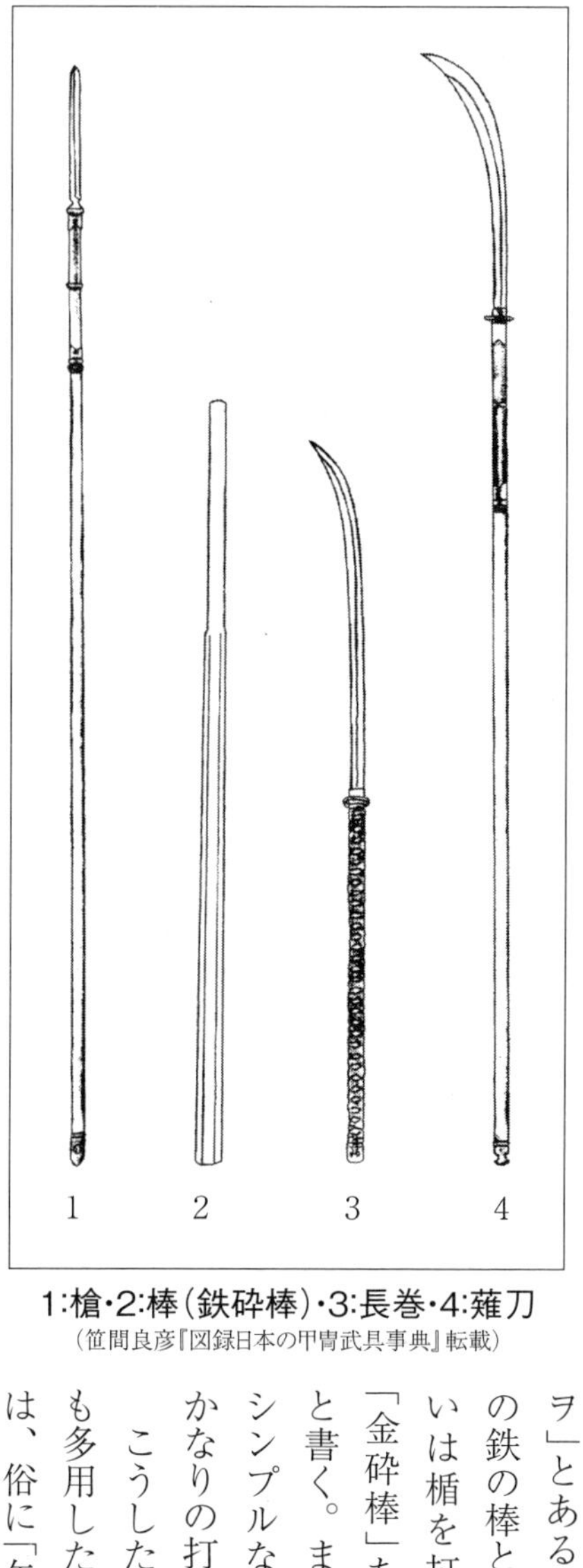

1:槍・2:棒（鉄砕棒）・3:長巻・4:薙刀
（笹間良彦『図録日本の甲冑武具事典』転載）

そこで、薙刀・長巻が用いられ、さらに『太平記』巻第八「四月三日合戦事」に「八尺餘ノカナサイ棒ノ八角ナルヲ」とある。これは、八角形の鉄の棒と考えられ、敵あるいは楯を打ち砕くことから「金砕棒」あるいは「鉄撮棒」と書く。また木の棒は、最もシンプルな武器であり、共にかなりの打撃が想像される(15)。

こうした長柄武器の中で最も多用したのが槍である。槍は、俗に「矢利」とも書き、南北朝時代に菊池武重が、柄《え》の先に短刀を縛り付けて使ったと伝えられる菊池槍《きくちやり》が知られている。[16]

槍には、長柄槍《ながえやり》と持槍《もちやり》がある。武田氏が市河新六郎（信房）に発給した永禄十二年（一五六九）の軍役定書[17]は、長柄槍の長さを三間（五・四メートル）と定め、また葛山衆に発給した元亀三年（一五七六）の軍役定書[18]は、持槍の長さを二間（三・六メートル）以下と定めている。

さらに長柄槍には、竹柄《たけえ》と打柄《うちえ》がある。竹柄は、そのままの竹を使った柄と考えられ、打柄は、裂いた竹を花弁のように組み合わせ、革・布帛あるいは紙で包んで補強し、漆で塗り固めて作った柄である。打柄は、軽くて丈夫なことから、槍だけでなく薙刀・長巻の柄にも多用した。[19]そして長柄槍は、もともと敵を叩いて攻撃するものであり、その原点は棒にあるように思われる。これが、戦闘の激化に伴い、次第に両刃あるいは片刃の穂先で敵を突くという攻撃へと変わっていったのであろう。

そして鉄炮が伝来し、さらに戦闘様式が変わると、伝統的な甲冑の製法に大きな変化がみられる。槍・鉄炮による一点集中型の攻撃に対して、小片（小札）の集まりである小札物《こざねもの》[20]の甲冑は不利になったからである。そこで生まれたのが、延べ板を使う板物《いたもの》[21]の甲冑である。また小札物の甲冑は、着脱に際して小札の足掻《あが》きによって胴を開閉する。しかし、板物には足掻きがないので、蝶番《ちょうつがい》によって開閉する。これを、発生地から最上形式《もがみけいしき》と呼び、板物の胴丸・腹巻を最上胴丸《もがみどうまる》・最上腹巻《もがみはらまき》と呼ぶ。

註

（1）三浦一郎『武田信玄・勝頼の甲冑と刀剣』（宮帯出版社　二〇一一年）

（2）額当＝額を守るために付ける小具足。

（3）籠手＝上腕から前腕、手の甲までを守るために付ける小具足。

（4）佩楯＝大腿部を守るために付ける小具足。

（5）臑当＝臑を守るために付ける小具足。

（6）喉輪＝首まわりから胸元までを守るために付ける小具足。

（7）曲輪＝喉まわりから胸元までを守るために付ける小具足。

（8）頬当＝両頬から顎までを守るために付ける小具足。
（9）脇当＝胴丸・腹巻の装着に際して両脇にできる透き間を覆う小具足。「脇引《わきびき》」とも呼ぶ。
（10）高橋昌明『武士の成立　武士像の創出』（東京大学出版会　一九九九年）
（11）下緒＝鞘から取る紐。
（12）鈴木敬三編『有識故実大辞典』（吉川弘文館　一九九六年）
（13）遠くの的を狙って射る矢。
（14）註（10）と同じ。
（15）笹間良彦『図説日本合戦武具事典』（柏書房　二〇〇四年）
（16）註（12）と同じ。
（17）柴辻俊六等編『戦国遺文』武田氏編第二巻（東京堂出版　二〇〇二年）一四六一号
（18）柴辻俊六等編『戦国遺文』武田氏編第三巻（東京堂出版　二〇〇三年）一九三九号
（19）末永雅雄『法隆寺西円堂奉納武器』（日本古文化研究所　一九三八年）
（20）小札物＝小札で作った甲冑。
（21）板物＝延べ板で作った甲冑。

両羽神社の太刀

両羽神社

両羽《もろは》神社（東御市下之城）は、天照大神《あまてらすおおみかみ》・天児屋命《あめのこやねのみこと》・太玉命《ふとだまのみこと》を祭神とする社であり、千曲川の支流である鹿曲川《かくまがわ》をさかのぼる県道一六六号線沿いの左の山手に鎮座する。この社は、古代より御牧《みまき》の惣社として望月氏が勧請したと伝えられ、大宮社と呼ばれていた[1]。

昭和五十四年（一九七九）三月、小林宮司および氏子等関係者一同に明治大学の渡辺隆喜氏を加えて両羽神社の調査が行われた。その際、ご神体を奉る本殿から粗末な白木鞘《しらきざや》に収められた錆身の刀身が発見された。同二十四日に望月警察署に発見届けが提出され、翌月四日に北佐久地方事務所で長野県教育委員会係官の審査を受け、登録記号番号「長野県第六九〇五〇号」の「銃砲刀剣類登録証」を受領することになった(2)。その後の調査により鎌倉時代の作刀と判明し、平成十七年(二〇〇五)に希少価値が認められて市の文化財に指定された。現在、この太刀は、鹿曲川の対岸の芸術むら公園内にある梅野記念絵画館・ふれあい館に保管されている。

1 太刀 銘 光弘作□

刃長二尺四寸一分(七三・一センチ)、反り四分五厘(一・四センチ)。鎬造に棒樋をきり、庵棟で先幅はやや狭く小鋒《こきっさき》である。地肌《じはだ》は、板目とみられるが不分明であり、同じく刃文も中直刃調に小乱がみえるが今一つ判然としない。茎には、目釘穴が二つあり、尻は栗尻とする。銘は「光弘作」ときるが、最後の一字が不分明であり、もしかすると花押かもしれない。

このように地肌あるいは刃文が判然としない上、ところどころ黒いへこみがみられる。また茎には火で焼けたと思われる痕があるので、太刀は火中品と考えられる。中世において火中品を神前に奉納することはあり得ない。ゆえに太刀が納められてから火災に遭ったと考えるべきであろう。つまり火中品となった刀身に再刃を施したということになる。

この棟には、三ヵ所切り込まれた疵がある。その中でも棟区《むねまち》から(3)十数センチのところにある疵は、特に鋭利な刃でやや斜めに切り込まれた痕がはっきり残されている。これは、戦場における敵の攻撃を受け止めた痕跡と考えられる。

2 刀匠光弘

そこで、「光弘」と名乗る刀匠を探すと、備前国の小反《こぞり》派にみられる。この一派は、系統不明あるいは一代鍛冶の集団であり、古備前から応永（一三九四〜一四二八）以降に活躍する刀匠への過渡期的な存在であったと考えられる。主に二尺（六〇・六センチ）前後の刀が多く、実用刀として鍛えられたものがほとんどである。

それは、戦闘様式の変化がもたらした時勢の要求によって生まれ、また長光《ながみつ》・景光《かげみつ》・兼光《かねみつ》等の備前相伝の名声にあやかって集まったのではなかろうか。これらは後に小反物と呼ばれ、『本朝鍛冶考』によると長船《おさふね》小反系として挙げた刀匠は三百五十六工とある。[4] 小反派の「光弘」は、貞治から永和（一三六二〜七九）頃に活躍したと伝えられる。

両羽神社の太刀は、備前相伝に比べて反りが低い。一応太刀銘《たちめい》[5]ではあるが、騎乗の一騎打ちに使うというより、徒立戦に使う打刀の形姿にみえる。しかし、小反派の作刀に比べて古様なので、これよりやや古いようにみえ、作刀年代は少なくとも南北朝時代以前という見解である。[6]

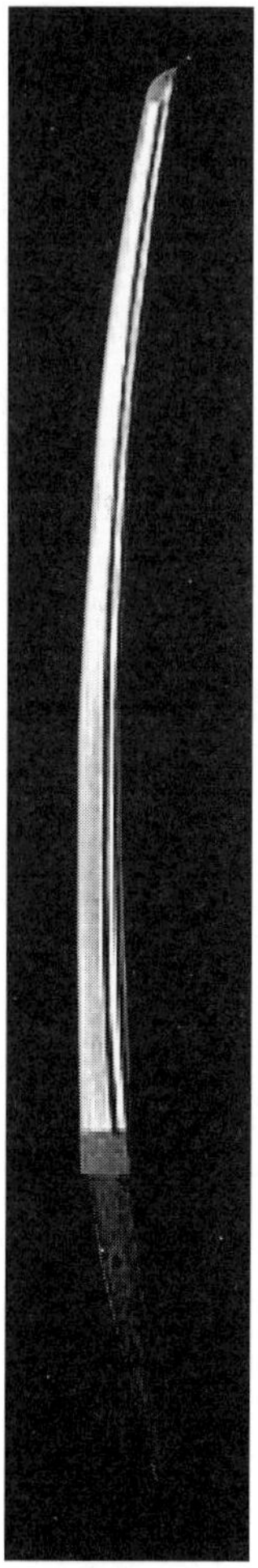

太刀
（両羽神社蔵・東御市教育委員会提供）

3　太刀が歩んだ経緯

この太刀がいつ両羽神社に納められたかは不明であり、発見されたときも真っ暗な中で白木鞘に収めた状態で本殿の板塀に立て掛けられていた。つまり数百年もの間、このままの状態で置かれていたことになる。

そして、火災についての史料として、天保五年（一八三四）に脱稿された『信濃奇勝録』の「北佐久郡下之条古物」の項が挙げられる。これによると慶長年間（一五九六〜一六一五）に神祠《しんし》が野火で焼失したと伝わっている。ただし、

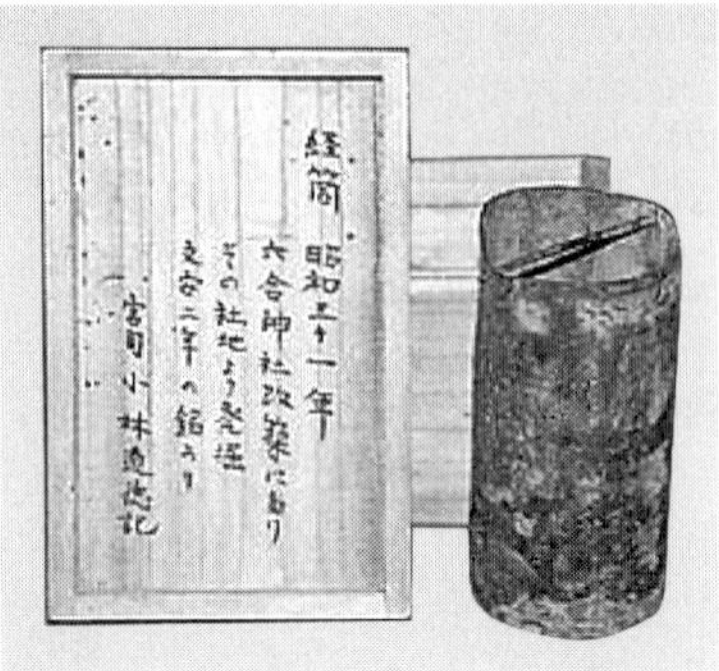
両羽神社から出土した経筒

延焼したのは、現在の両羽神社の位置にあった本宮ではなく、別宮で原の宮の八葉明神の祠とあり、後に望月氏の先祖貞保親王（清和天皇の第四皇子）の像を本宮に移したとある。ところが原の宮あるいは八葉（大）明神の名は、江戸時代中期以降にみられるものの、『大宮社等神領指出帳』[7]にはみられないのである。このことから、八葉明神は除外しても差し支えないのではなかろうか。

そして正慶二年（一三三三）の石龕《せきがん》あるいは文安二年（一四四五）の経筒が両羽神社の境内から出土しているので、本宮の存在も太刀の年代と同じく、南北朝時代を下らないとみるべきであろう。繰り返すが、火中品を神前に奉納することはあり得ない。ゆえに『信濃奇勝録』の記述にある慶長以前にも本宮で火災があったということになろう。

これらのことを整理すると次のようになる。この太刀は、鎌倉時代後期に刀匠光弘によって鍛えられ、とある武将の佩刀として戦いに使われ、敵の刃を何度も受けた。おそらく武将は帰還し、その加護に感謝して奉納したのではなかろうか。この後、火災に遭い、火中品となった太刀は、由緒を知る人によって再刃が施され、再び両羽神社に奉納された。そして数百年の時を経て世に出現した。そこに、この太刀が歩んだ数奇な運命を感じる。

4　太刀の所用者

両羽神社の太刀に関する史料は、管見の限り皆無である。この太刀が実用のために鍛えられたことは、その痕跡をみても明らかである。そこで、二尺四寸余もの太刀をどのような武将が、どのような戦いに使ったのか、興味をそそるところである。

太刀が発見された両羽神社（大宮）は、望月御牧の惣社として最大の信仰を集め、鹿曲川に沿って築かれた望月氏の居館であった下之城《しものじょう》の上手にある。ゆえに所用者あるいは奉納者は、滋野三家の望月氏の宗家以外に考えられないのである。望月氏は、朝廷の貢馬の数が最も多い信濃御牧を司る一族であり、その活躍は治承四年（一一八〇）の源義仲の挙兵にもみられる。そこで、作刀年代から想像される望月氏が関与した戦いは次のとおりである。

まずは、後醍醐天皇の挙兵に始まる元弘の乱である。このとき望月氏は、鎌倉幕府の催促を受け、畿内に出向いて活躍したと考えられる。次に朝廷方と旧幕府方が戦った中先代の乱である。その後、望月氏は南朝方に与したので勢力が衰える。また大塔合戦では、上島（長野市篠ノ井横田）に布陣した七百余騎の佐久の国人衆に伴野氏・平賀氏・桜井氏等と共に名を連ねている。次に甲斐武田氏による侵攻である。天文十二年（一五四三）の戦いで望月氏は居城を追われるので、その後に太刀を奉納したとは考えにくい。

これらのことを考慮すると、望月氏が最も危機的な状況に晒された中先代の乱が有力候補として挙げられる。

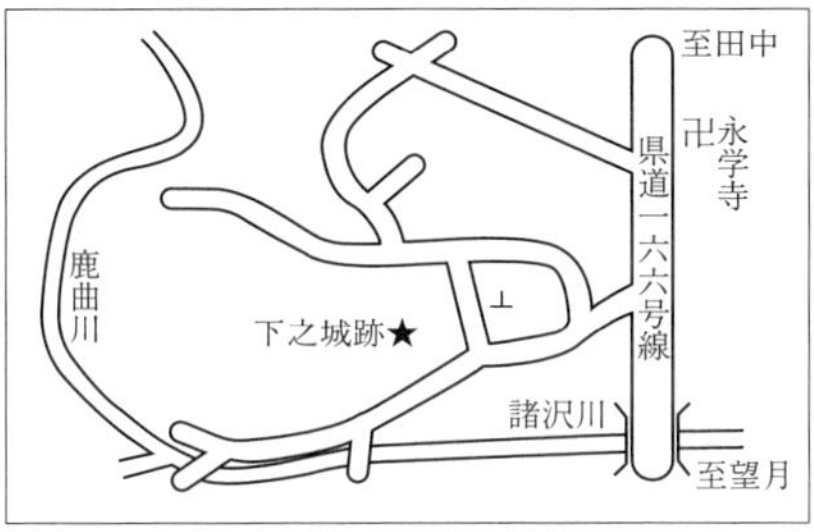

下之城跡周辺要図

このとき望月氏はじめ海野氏・禰津氏等滋野一族は、諏方頼重と共に鎌倉から逃れた北条時行（亀寿丸）を奉じて信濃府中に攻め込み、国衙を焼き払って国司（清原真人某）を自害に追い込んだ。これと同時に守護小笠原貞宗に対して、保科氏・四宮氏等が決起して埴科郡船山郷（千曲市小船山）にあった守護所を襲い、青沼（千曲市杭瀬下）で戦いになった。これらは、もともと北条氏が直轄統治する信濃の国人領主が、後醍醐天皇の建武政権に不満を抱いて蜂起した戦いである。(8)

その後、滋野一族・諏方氏等は関東に進撃し、鎌倉府執権であった足利直義を打ち破り、鎌倉を占拠した。しかし、直義の救援に駆け付けた尊氏の反撃に遭い、わずか二十日で鎌倉は陥落する。そして信濃においても小笠原氏の攻勢が強まり、望月氏も一時は本拠を失うものの、間もなく再起して辛うじて勢力を維持した。

おそらく、この敗北の記憶と自領回復への安堵の思いがあったのではなかろうか。その激戦に使い、疵付いた太刀に一族の繁栄と武運長久の祈りを込めて奉納したとする説(9)には大いに共感できる。ちなみに、時の当主は望月重信である。いずれにせよ、両羽神社の太刀についての史料は皆無であり、想像の域を脱し得ないのが現状である。

なお本文の作成にあたり、東御市教育委員会の堀田雄二氏に資料を提供していただいた。ここに謹んでお礼を申し上げる次第である。

註
(1)『日本歴史地名大系』20長野県の地名(平凡社　一九七九年)
(2)北御牧村誌編纂委員会編『北御牧村誌』歴史編1(北御牧村誌刊行会　一九九七年)
(3)棟区＝棟側の刀身と茎の境の部分。
(4)岡崎譲『日本刀備前伝大観』(福武書店　一九七五年)
(5)太刀銘＝太刀にきる銘。左腰に刃を下にして佩いたとき表側になる銘。
(6)註(2)と同じ。
(7)望月氏が治めていた神領を天正十七年(一五八九)に奉行に報告した記録の写し。
(8)佐藤博信編『関東足利氏と東国社会』中世東国論5(岩田書院　二〇一二年)
(9)註(2)と同じ。

池生神社の刀

諏訪から甲府に向かう国道二〇号線の上蔦木の交差点を左折して、登り坂を進むとＪＲ中央線の信濃境駅がある。その線路に沿って右に折れ、南東に一キロほど下った斜面に池生神社《いけのう》(諏訪郡富士見町境池袋)が鎮座する。この社の祭神は、諏訪社の祭神である建御名方命の御子池生命であり、その創建は平安時代と伝えられる。池生命

池生神社

は、このあたり一帯を開拓して農耕を広めた産土社《うぶすなしゃ》として崇められ、かつては神池や諏訪三辻（諏訪地方の三ヵ所に存在する、祭礼の際に相撲《すもう》を行う土俵）の一つである高辻もあった。

この社に一口の宝刀が伝えられた。『池之袋村誌』（池之袋村誌編纂委員会一九七〇年）によると、明治二十八年（一八九五）の「古社取調書」に「一、宝物刀壱振　上古ヨリ伝来ス其年代詳ナラズ」とある。(1) 現在、この刀は、町内に伝えられた甲冑武具・刀剣等と共に富士見町歴史民俗資料館に展示されている。また隣接する井戸尻考古館には、町内各地から出土した多くの縄文式土器が展示され、この地が古代から栄えてきたことを示している。

1　刀　無銘

刃長一尺八寸五分（五六・〇センチ）、菖蒲造でわずかに反りがあり、重は薄くて元幅より先幅がわずかに広い。腰から上は薙刀樋をきり、やや延びたところまで添樋をきる。茎の長さは、四寸二分（一二・七センチ）で目釘穴が二つあり、大磨上である。

地肌は、大きな板目に綾杉《あやすぎ》(2)が渦を巻いてみえる。刃文は、直刃調に湾れを主にして互《ぐ》の目《め》(3)・小乱を交えて、匂が深く、焼刃がさまざまな働きをみせている。

これは、諏訪上社の刀と同じく、薙刀を短く切って改造した刀であることが分かる。また刀身の区分でいうと、刃長が一尺以上二尺未満なので脇指《わきざし》ということになる。おそらく実用のために鍛えられ、改造して繰り返し使われたのであろう。さらに無銘であり、実用刀であることから、はっきりとした作柄は分からないが、日本美術刀剣保存協会に「貴重刀剣波平作」と認定され、昭和五十七年（一九八二）に町の文化財に指定された。

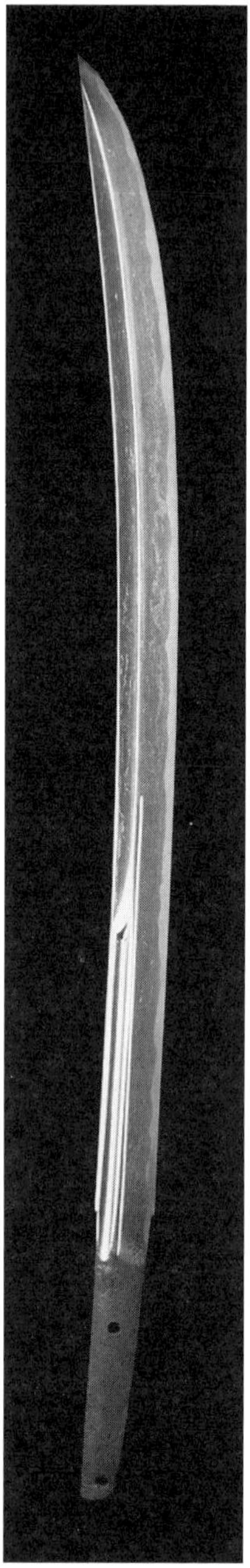

池生神社宝刀
（池袋自治会蔵・富士見町歴史民俗資料館 提供）

2 刀匠波平

波平《なみのひら》派は、平安時代以降、薩摩国波平（鹿児島市南部）で活躍した刀匠であり、もともと大和国から移住したと伝えられる。その祖は、正国《まさくに》とされるものの、管見の限り作刀例が認められず、事実上は行安《ゆきやす》が波平派の祖とされている。その後、代々同名を襲名して明治に至る。[4] 波平派の作刀は、実用のために鍛えられたものがほとんどであり、美術工芸面での評価は決して高いとはいえない。

その初期の行安が鍛えた数少ない一口が京都国立博物館に収蔵されている。この太刀（重文）は、「笹貫《ささぬき》」と号して地元薩摩に伝来した名刀である。地肌の板目模様が柾目のようにみえて沸が深く、刃文を直刃とするなど、大和伝の作風を彷彿させる。これには、室町時代前期頃の黒塗りの太刀拵が添えられ、その金物には島津家の家紋である丸二十文字紋がみられる。

池生神社の刀は、形姿あるいは地鉄・鍛肌《きたえはだ》から鎌倉時代の作刀と推定され、もともと長柄武器の薙刀あるいは長巻として使われていたものを、途中で刀に改造したものと思われる。

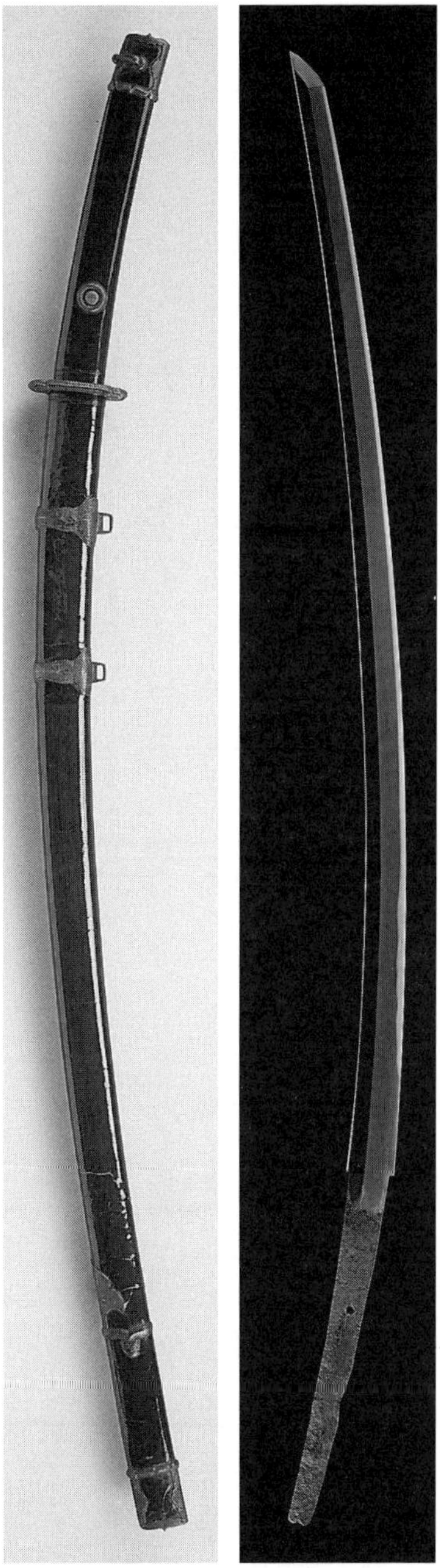
（左）笹貫拵・（右）重文太刀
（京都国立博物館蔵）

3　刀の奉納者

諏訪社の祭礼・儀式を執り行う五官祝の一つに権祝《ごんのほうり》がある。上社の権祝には、古代から中世にかけて矢島氏が就いていた。『矢嶋家系図』は矢島氏を池生命の子孫と伝えている。つまり池生神社は、矢島氏の祖神を祀っているのである。また同系図は、清和天皇の皇子貞秀親王の後胤海野弥平四郎（幸恒）の曽孫が権祝職を相続し、海野を改めて矢島と名乗ったとする滋野一族説を唱えている。

ゆえに池生神社と矢島氏との関係が想像される。すなわち「上古」より伝来したこの刀は、作刀年代が鎌倉時代と推定されるので、これ以降の戦いで薙刀あるいは長巻として使われ、後に刀に改造して奉納されたのではなかろうか。中先代の乱では、諏方頼重が中心人物として活躍しているので、矢島氏の関与も十分に考えられる。

さらに諏方氏・仁科氏・香坂氏等は、武蔵野合戦で敗れて信濃に退去していた宗良親王を奉じて、南朝方の一大拠点を築こうとした。しかし、文和四／正平十年（一三五五）に北朝方の小笠原氏との戦いに敗れる。これが、桔

権祝邸

桔梗ヶ原遠望

桔梗ヶ原神社

梗ヶ原の戦いである。『沙弥道念覚書』（権祝矢島家文書）によると、このとき池生命から数えて二十七代目にあたる矢島正忠が討死したとある。

そして大塔合戦では、海野幸義を筆頭とする軍勢の中に「矢島」とみられるが、これは権祝の矢島氏ではなく、佐久市矢嶋の矢島氏と思われる。しかし、有賀美濃入道はじめ上原・矢崎・古田等諏方衆の三百余騎が大塔古城攻めに参戦したと伝えられるので、権祝の矢島氏の関与も十分に考えられる。この諏方衆は、上社の諏方氏の一軍であり、先に北朝に帰順した下社の金刺氏は守護方に与していたようである。

ゆえに池生神社の刀を用いたのは、中先代の乱・桔梗ヶ原の戦い、さらに大塔合戦あたりも視野に入れておく必要があるように思われる。そこであえて絞り込んで言えば、当主の討死という悲劇をもたらした桔梗ヶ原の戦いを挙げたい。ただし、この戦いに関する史料は、『沙弥道念覚書』等ごく限られたものであり、不明な点が多いことも事実である。しかし、これを境に信濃の南朝方は衰退し、勢力図を大きく塗り替えることになる。

そして貞治五／正平二十一年（一三六五）に信濃守護が上杉氏に代わり、さらに至徳元／元中元年（一三八四）に斯波氏に代わる。この流れ行く時世を思うに、もしかすると池生神社に奉納された刀には、亡き当主正忠への弔いの念が込められているのかもしれない。

その後、正忠から数えて七代目にあたる政満の代に権祝家と武家に分かれたとされる。以降、武家となった矢島氏は、海野氏と同じ州浜紋《すはまもん》を家紋に用い、さらに真田氏と同じ六連銭紋《ろくれんせんもん》（六文銭紋とも呼ぶ）も用いた。そこには諏方氏と同じ祭政分離がみられる。[5] そして天文年間（一五三二〜五五）に高部村（茅野市宮川高部）から神宮寺（諏訪市中洲）に居を移したと伝えられる。

いずれにせよ、池生神社の刀については、「古社取調書」以外に伝えられるものがみられない。しかし、これが諏訪上社の刀と同じ九州鍛冶による作刀であり、さらに同じ薙刀直しであることは興味をそそる。どちらも実用という理由から、鍛冶場に捉われることなく刀剣が流通していたこと、戦乱の世の常として改造され、繰り返し使われたであろうことを示す。また近世（江戸時代）になると戦道具《いくさどうぐ》とみなされた大太刀・大薙刀を持ち歩くことが禁じられ、ゆえに多くを磨り上げたという話も耳にする。

なお本文の作成にあたり、諏訪市博物館の中島透氏にご教示いただいた。ここに謹んでお礼を申し上げる次第である。

（左）州浜紋・（右）六連銭紋

註
（1）『富士見町の文化財』（富士見町教育委員会　一九九九年）
（2）綾杉＝柾目が大きく波打って綾杉の木地のようにみえる地肌。
（3）互の目＝刃文の出入りが互い違いになってみえること。
（4）清水治『刀匠全集』（美術倶楽部　一九八八年）
（5）『長野県姓氏歴史人物大辞典』（角川書店　一九九六年）

山ノ内町の大太刀

長野電鉄長野線の終着駅である湯田中は、県下屈指の温泉地である。その開湯は千三百年前余と伝えられ、俳人小林一茶がこよなく愛したことでも知られている。この長閑な温泉町に一口の豪壮な太刀が伝えられた。

これは、もともと戸狩村（下高井郡山ノ内町戸狩）某が所持していたが、佐野村（同町佐野）の春日家が譲り受けた。その後、宮崎通知氏が所蔵していたが、「血を見なければ鞘に収まらない」という伝承があるので、明治二十三年（一八九〇）に湯田中新地（同町平穏）の守護神として創建された三社神社（名は、安芸宮島から弁財天・京都伏見から稲荷神・出雲大社から大黒天を勧請したことによる）の遷宮に際して同氏より奉納された[1]。

三社神社

当初は、三社神社社殿に保管されていたが、現在は山ノ内町の果亭美術文庫に保管されている。昭和五十五年（一九八〇）、その希少価値が認められ、町の文化財に指定された。

1 大太刀《おおだち》 銘 備州長船師光 永和三年□月

刃長三尺二寸四分（九八・二センチ）、反り一寸九分（五・八センチ）、元幅一寸（三・〇センチ）、先幅六分六厘（二・〇センチ）の鎬造の庵棟に棒樋をきる。中鋒《ちゅうきっさき》で帽子《ぼうし》が乱れ込む。その形姿は、反りが高くて踏張《ふんばり》があり、幾分磨がれて痩せた感もみられるが、いかにも豪壮である。

地肌は、小板目をよくつんで、刃文は、中直刃に互の目・丁子《ちょうじ》を交えて沸が明るく流れ、ところどころ乱れに匂足が青味をもっている。

茎は、生で栗尻《くりじり》。長さ七寸四分三厘（二二・五センチ）で鑢目をきり、目釘穴が二つある。表に「備州長船師光」と作銘をきり、裏に「永和三年□月」と年紀をきる。

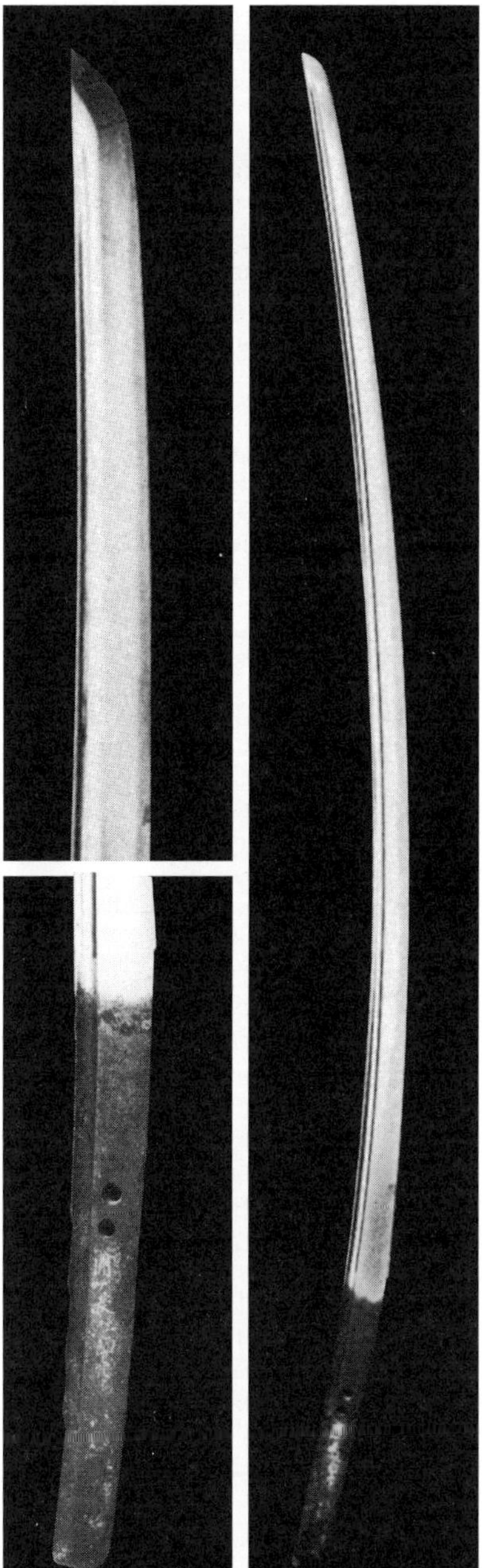

大太刀
（山ノ内町蔵・山ノ内町教育委員会提供）

2　刀匠師光

師光《もろみつ》は、備前長船派光忠一門の系譜にみられ、長光・景光・兼光の直系にあたる倫光《ともみつ》の子と伝えられる。[2] それは、鎌倉時代の優美な太刀姿から一転して、身幅が広くて重が厚い、南北朝時代の姿へと変貌した。その作刀は豪壮な造の太刀が多く、打物主体の戦いに対応したと思われる。山ノ内町の大太刀は、その代表作といえる。

また永和三年（一三七七）ときる年紀は、北朝の元号であり、おそらく北朝方の武将が所持していたと思われる。ちなみに南朝の元号は天授三年であり、この時代の武将は、敵対する勢力の元号をきる刀剣は好まない。むろん戦利品であれば別であろうが、基本的に南朝方の武将は南朝の元号をきる刀剣を好み、北朝方の武将は北朝の元号をきる刀剣を好んだ。

これらのことを考えると、山ノ内町の大太刀は、名匠である備前長船師光の作刀であり、その刃長あるいは出来栄えからみても特注品と思われる。さらに生茎であり、磨上等の改造された形跡もみられない。

3　大太刀の所用者と大塔合戦

これが、戸狩村に伝えられたのであれば、すぐに浮かぶのが高梨氏である。高梨氏は、信濃源氏井上氏流を名乗る、高井郡高梨を発祥の地とする国人領主であり、南北朝の争乱期には埴科郡の村上氏と共に北朝に与して南朝方と戦った[3]。そして建武三／延元元年（一三三六）の南朝方の香坂氏との戦いに高梨五郎・同太郎時綱の名がみられる。さらに観応の擾乱に際して、小笠原氏・高梨氏等尊氏派と諏方氏・禰津氏等直義派の対立構造を生み、信濃の国人衆を二分する激しい戦いが行われた。

そこで、この大太刀の作刀年と北信の戦いを重ねて考えると、まず浮かぶのが漆田原の戦いである。これは、嘉慶元／元中四年（一三八七）に高梨氏・村上氏・小笠原氏・長沼氏等が善光寺で挙兵し、守護斯波氏に対抗して平柴の守護所を襲った戦いである。その後、一軍は守護代である二宮氏泰が立て籠もる横山城を攻略し[4]、さらに敗走する守護方の市河氏等を追って生仁城《なまにじょう》[5]を攻めた。

高梨小館址

次に浮かぶのが大塔合戦である。応永六年（一三九九）、斯波義重に代わって小笠原長秀が信濃守護に就任した。翌七年（一四〇〇）七月、信濃に下向した長秀は、佐久の国人で小笠原氏の一族である守護代の大井光矩のもとを経由し、九月に善光寺にて、村上満信を筆頭とする、諏訪両社等国人衆の前で施政方針演説を行った。この高圧的な言動に国人衆は怒り、連合して軍事行動を起こした。この戦いを記した『大塔物語』[6]によると、井上氏・須田氏・島津氏等北信の一軍に高梨薩摩守（友尊、朝高ともある）と嫡男櫟原《くぬぎはら》次郎・次男上条介四郎の名がみられる。

このとき長秀率いる小笠原軍は、坂西長国・知久頼昭・飯田入道はじめ南信と府中の軍勢を中心に八百余騎と伝えられ、善光寺から横田城(7)に向かって行軍した。

これに対して村上満信等五百余騎が篠井岡（長野市篠ノ井）、望月氏・伴野氏・平賀氏等佐久の七百余騎が上島（同篠ノ井横田）、海野幸義等三百余騎が山王堂（同篠ノ井塩崎）、高梨友尊等五百余騎が二柳（同篠ノ井二ッ柳）、井上光頼等五百余騎が千曲川沿いにそれぞれ布陣した。そして、これらの中核をなしたのが、方田先石川（同篠ノ井石川）に布陣した、大文字一揆と呼ばれる禰津遠光はじめ香坂氏・仁科氏・春日氏・宮高氏等八百余騎である。このように国人衆は三倍以上の軍勢で小笠原軍を取り囲むように布陣した。

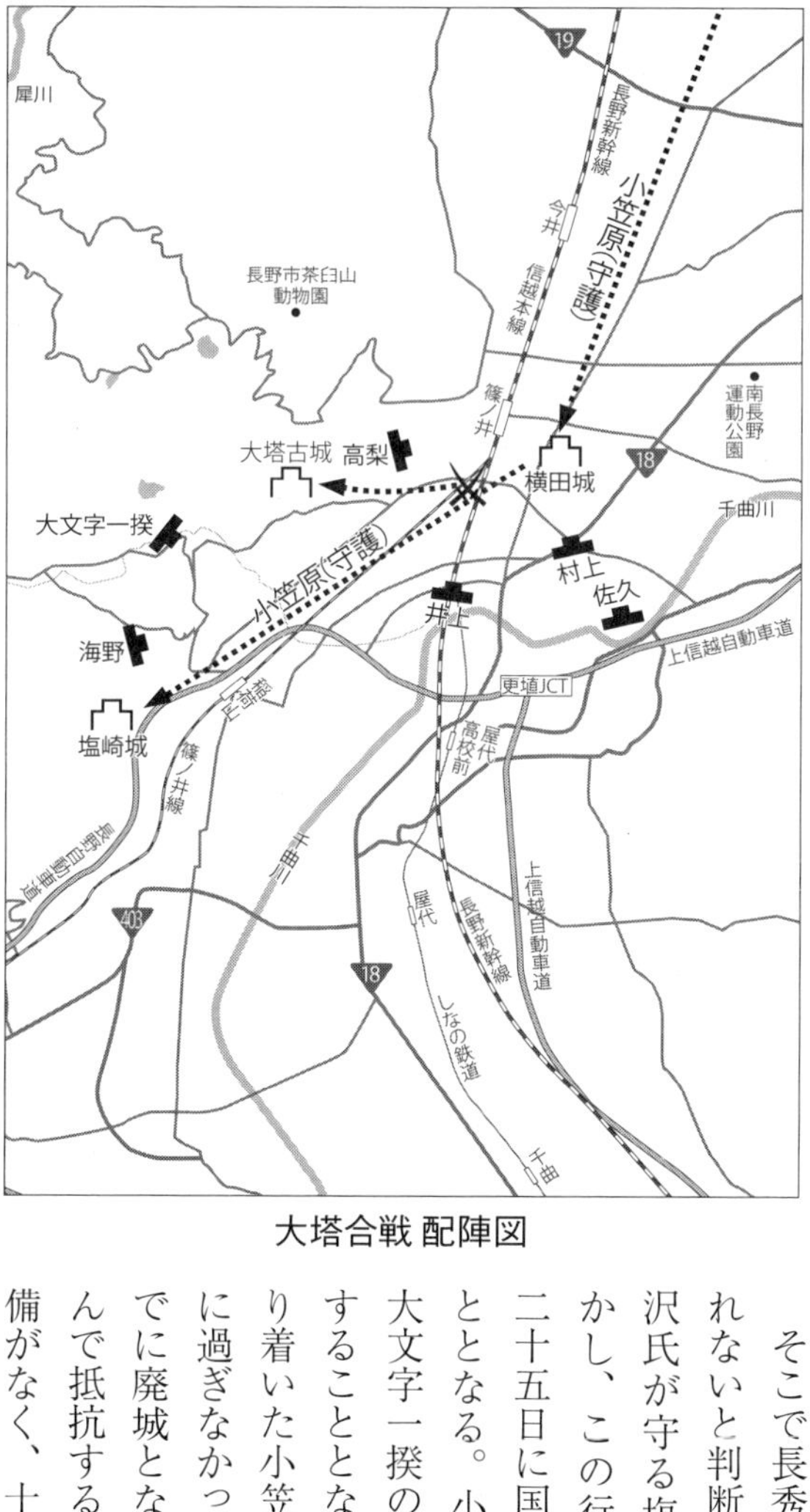

大塔合戦 配陣図

そこで長秀は、横田城だけでは守りきれないと判断し、秘かに軍勢を一族の赤沢氏が守る塩崎城(8)に移そうとした。しかし、この行動は直ちに察知され、同二十五日に国人衆の猛攻撃に晒されることとなる。小笠原軍も奮戦するものの、大文字一揆の参戦により、四散して敗走することとなる。そして無事塩崎城に辿り着いた小笠原軍は、長秀以下百五十騎に過ぎなかった。さらに三百余騎が、すでに廃城となっていた大塔古城(9)に逃げ込んで抵抗するものの、武器・兵糧等の準備がなく、十月下旬には全員が自害あるいは討死したと伝えられる。その後、塩崎城も国人衆に包囲されたが、大井光矩の仲介により講和が成立し、長秀は領国を捨てて命からがら京へ逃げ帰った。

この戦いの直接の原因は、村上氏はじめ国人領主が有する押領地(10)に守護が介入したことにある。ちょうど収穫の時期を迎えた北信で、守護の権威のもとに年貢の徴収が始められたのである。つまり国人が統治する地を守護の一存で左右されることに反発したのである。

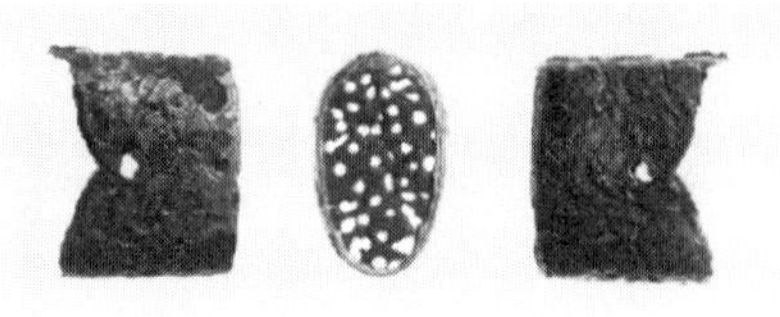

見山砦から出土した鐺

山ノ内町の大太刀は、このあたりの戦いで使われた可能性が高いように思われる。しかし、戸狩村某の所持ということ以外、何も伝えられていないので、これ以上のことは想像の域を脱し得ないのが現状である。この大太刀は、長野県下はもとより全国に誇る名刀であり、今後さらなる評価が期待される。

また塩崎城の北東側にある見山砦から唐草の高彫りを施す金銅製の鐺《こじり》(11)が出土した。八双の切り込みに猪目を透かし、先の平坦部には小孔を幾つも透かしている。さらに同地から鉄炮の玉も出土しているので、室町時代のおわり頃に埋もれたのであろう。これらの遺物は、見山砦の性格を知る上で貴重である(12)。

なお本文の作成にあたり、山ノ内町教育委員会の新井孝宣氏にご教示いただいた。ここに謹んでお礼を申し上げる次第である。

註

(1)山ノ内町文化財保護審議会編『山ノ内町の文化財』(山ノ内町　一九八三年)
(2)岡崎譲『日本刀備前伝大観』(福武書店　一九七五年)
(3)『長野県姓氏歴史人物大辞典』(角川書店　一九九六年)
(4)長野市箱清水にあった山城。
(5)千曲市生萱にあった山城。

（6）『新編信濃史料叢書』第2巻（信濃史料刊行会　一九七二年）
（7）長野市篠ノ井横田にあった平城。
（8）長野市篠ノ井塩崎にあった山城。
（9）長野市篠ノ井二ツ柳大当にあった平城。
（10）実力をもって田畑あるいは年貢を直接支配する地。
（11）鐺＝刀の鞘の先端の保護と装飾を兼ねて付ける金具。
（12）『中央自動車道長野線埋蔵文化財発掘調査報告書13』（長野県埋蔵文化財センター　一九九四年）

大日方家伝来の旌旗

上水内郡小川村の大日方《おびなた》家は、室町時代から続く旧家である。その祖である長政は守護小笠原長棟の弟であり、兄である長棟は子がなかったため、弟長政（当時は長利）を養子に迎えて跡目を継がせようとしていた。しかし、永正十一年（一五一四）に長男長時が生まれると、長政は安曇郡広津村大日方（東筑摩郡生坂村）に移り住んで大日方氏を名乗り、牧之島（長野市信州新町）の香坂安房守（忠宗）の客将となった。そして天文五年（一五三六）に小笠原氏と敵対関係にある村上氏と図り、小川氏の居城である古山城[1]を攻略し、この地を支配するようになった。

その後、甲斐武田氏の侵攻により一族に内紛が起きるものの、結果的に帰属することにより存亡の危機を免れた。近世になって帰農したが、一部は武士として松代藩真田家に仕えた[2]。この大日方家に一流の旌旗《せいき》が伝えられた。平成四年（一九九二）、同家より長野県教育委員会に寄贈され、現在は長野県立歴史館に収蔵されている。

長野県立歴史館

1　大文字の旗

これは、平絹による平織の三巾継で、幅三尺七寸（一一二・一センチ）で下部が丸まっているものの、丈は五尺三寸（一六〇・六センチ）程度であったと推定される。(3) その上寄りに「大」の一字が墨で黒く描かれ、上部に横竿があるので、手《て》長旗《ながばた》として用いられたと思われる。

また東京国立博物館が収蔵する『後三年合戦絵詞』（重文）をみると、二巾継あるいは三巾継の手長旗は、途中まで縫い合わせて、下部をそのまま垂らす様子が描かれている。しかし、この旗は下まで縫い合わせていたようである。さらに手長旗には、掛軸のように風帯がみられるが、これには最初からなかったようである。

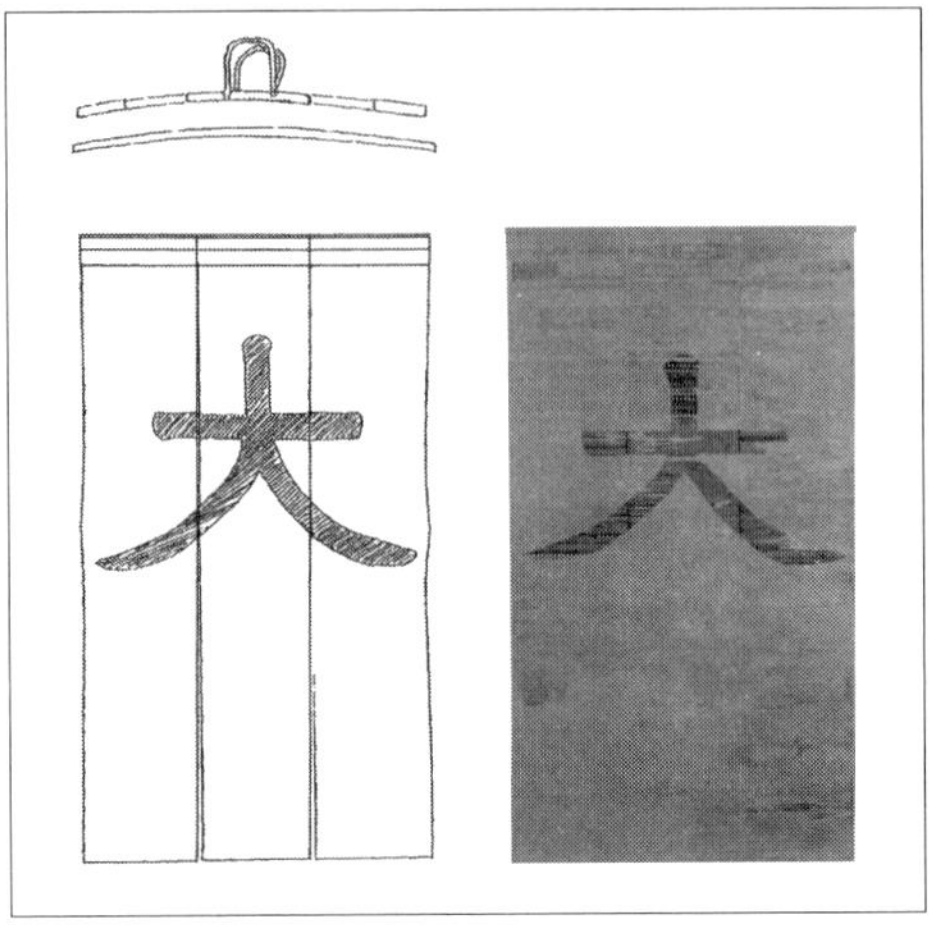

（左）大文字トレース・（右）大文字の旗のレプリカ
（長野県立歴史館蔵）

そして墨で描かれた「大」は、擦れた部分が認められないので、筆で書いたものではなく、型染めによるものと想像される。その横竿は、やや湾曲して、中寄りの二ヵ所から紐をとっていたようである。この旗には、大塔合戦で大文字一揆が用いたという伝承がある。

その損傷が著しいので、館内に展示してあるのは、幅一一二・一センチ×丈二一六・六センチのレプリカである。中世の旌旗資料は、極めて稀であり、他に雲峰寺（山梨県甲州市）の武田氏の旌旗群をはじめ、堀家（奈良県五條市）に伝えられた日の丸の旗・大山祇神社（愛媛県今治市）の袖印《そでじるし》等、(4) 古書に記されたものを含めて十数点が知られている。これは、管見の限り県下唯一の中世の旌旗資料であり、その希少価値から平成九年（一九九七）に県宝に指定された。

2　手長旗と乳付旗

手長旗は、縦に細長く、最上部に横竿を入れて、それを立てる竿に垂直に取り付ける形式である。その取り付け方は紐を使うものの、特別な決まりはなかったようである。平素は、これを横竿に巻き上げて風帯で縛って持ち運ぶ。源平の戦いに象徴されるように、戦場で風にひらめく幾筋もの手長旗を見るのは実に壮観である。また手長旗は風に流されてひらめくことから「流し旗」とも呼ばれている。

鎌倉時代の中頃まで、源氏の白標・平氏の赤標というように、その多くは無地であった。これが、鎌倉時代後期になると宮内庁が収蔵する『蒙古襲来絵詞』にみるように、家紋・図案等を染めたもの、あるいは上下に染め分けたものがみられるようになる。これ以降、「八幡大菩薩」に代表される神号、あるいは「南無阿弥陀仏」に代表される経文、さらには楠木正成が掲げたとされる「非理法権天」のように、自らの哲学を記したものなど、様々なものがみられるようになる。

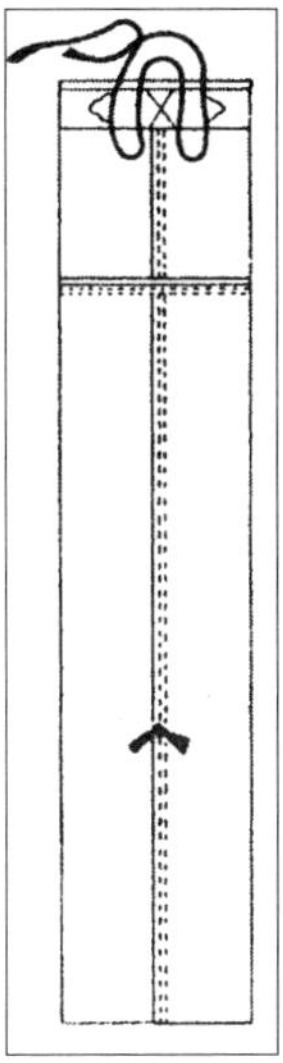
手長旗図

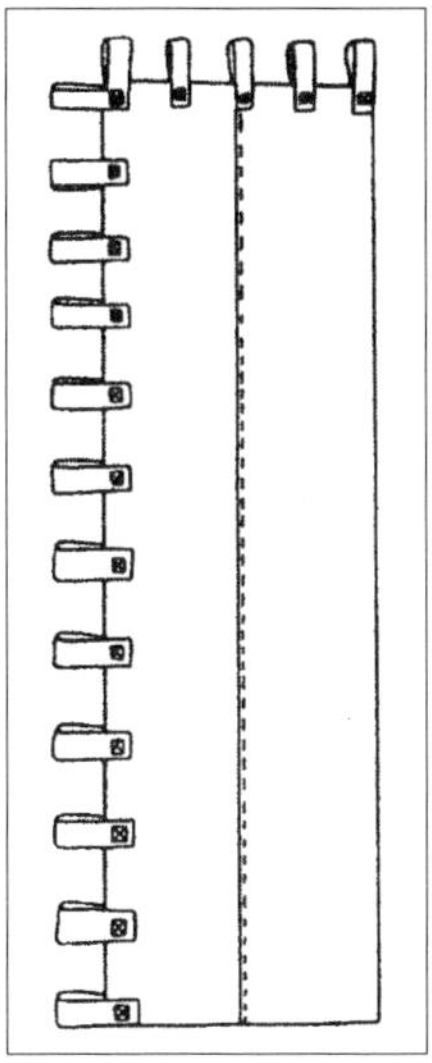
乳付旗（幟旗）図

旗には、手長旗の他に乳付旗《ちつけばた》と呼ぶ形式がある。これは、「冂」型に作った竿に、旗の上部と片側に作った輪を通して、旗そのものの形のまま掲げる形式である。この輪が、犬の乳首のように行儀よく並んでいるので「乳《ちち》」と呼ぶ。つまり乳が付いた旗が乳付旗である。また旗が乳を伝って竿の上へ上へと押し上がることを形容して幟《のぼり》（昇とも書く）とも呼び、近世（安土桃山時代以降）にみられる特に大きなものを大幟《おおのぼり》と呼ぶ。乳付旗は、室町時代後期の応仁の乱頃に用いるようになったと伝えられる。[5]

また武将個人を示す旗あるいは作り物を馬印《うまじるし》（馬標・馬験とも

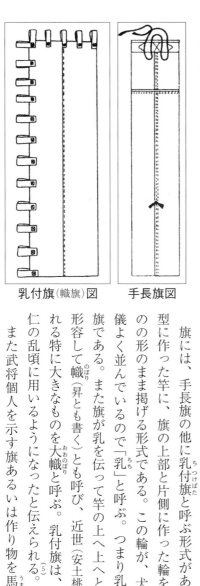

書く[6]と呼び、織田信長の唐傘・豊臣秀吉の瓢簞・徳川家康の日の丸扇等は最も著名であり、代表的なものといえよう。さらに当世具足（近世甲冑）の背に立てる小旗を旗指物《はたさしもの》と呼ぶ。

3　大文字の旗についての異説

大日方家に伝えられた大文字の旗が、大塔合戦に用いられたとする説には異論もある。その一つが、大日方氏が守護小笠原氏の一族であるということである。つまり敵対する一軍の旗が、なぜ大日方家に伝えられたのか、という問題がある。異説によると、この旗を武田軍が出陣に際して本陣に掲げたという。[7]また『甲陽軍鑑』[8]品第十七「武田法性院信玄公御代惣人数之事」の「信州先方衆」に「小びなた　百十騎」とあるように、大日方氏が先方衆百十騎を従えて、川中島の戦いあるいは長篠・設楽原《したらがはら》の戦いに参戦したとも伝えられる。

そして同書に「勝頼公　旗白地に大文字　二百騎」とあり、大日方家に伝えられた旗の図案と一致する。さらに犬山城白帝文庫（愛知県犬山市）が収蔵する「長篠合戦図屏風」にも勝頼が大文字の乳付旗を掲げる様子が描かれている。

勝頼が大日方氏の本領である北信に出向いたのは、天正六年（一五七八）の上杉謙信の死後に起こった御館《おたて》の乱の際である。これについては後に述べるが、このとき武田軍は二万を擁した大軍であったと伝えられる。その主力は、海津城[9]の城代である春日弾正忠（虎綱）の一軍と推測される。春日は、北信の領国経営を一任されていたので長篠・設楽原の戦いに参戦していない。ゆえに武田四臣の唯一の生存者として、その敗戦を知るや否や諏訪に出向いて、真新しい武具を用意して勝頼等を迎えたと伝えられる。また武田左馬助（信豊・勝頼の従兄弟）と共に上杉景勝（謙信の養子、越後国坂戸城主長尾政景の次男）との調停を図り、甲越同盟の締結に携わったことでも知られている。

そして宝永年間（一七〇四～一一）に著された『つちくれかゝみ』[10]六の巻の更埴郡牧田中村（長野市信州新町牧田中）の

興禅寺の項に「香坂弾正大文字の旗あり」とある。香坂弾正は、『甲陽軍鑑』の原本を記したとされる高坂弾正忠（昌信・春日虎綱）ともとれる。しかし、同書二の巻に「高坂昌信伝」の項が別にあるので、香坂弾正と高坂弾正をはっきり区別していることが分かる。

香坂氏は、滋野三家の禰津氏の傍流であり、中先代の乱の後、南朝方に与して牧城[11]で挙兵したことが知られている[12]。そして禰津氏・仁科氏・春日氏・宮高氏等と共に大文字一揆の中心となり、大塔合戦の急先鋒として国人衆を勝利に導いた。

この興禅寺は、香坂氏の菩提寺でもあり、ゆえに宝永年間に記録された大文字の旗は、香坂氏に関わるものと考えるのが妥当ではなかろうか。さらに大日方家に伝えられた旗は、他家から転入したという話もある[13]。しかし、これが型染めであることから、同じものが沢山作られ、複数が残された可能性も捨て切れない。やはり香坂氏に関わる何等かの理由で作られたと考えるべきではなかろうか。

著者は、これらの理由から、大文字の旗は甲斐武田氏に関わるものではなく、むしろ形式的にも古式であるため、大塔合戦に関わるものであり、すなわち大文字一揆の頭文字の「大」を旗印にしたと理解したい。

なお本文の作成にあたり、長野県立歴史館の福島正樹氏・下育郎氏にご教示いただいた。両氏には謹んでお礼を申し上げる次第である。

註

（1）上水内郡小川村にあった山城。
（2）『長野県姓氏歴史人物大辞典』（角川書店　一九九六年）
（3）『長野県立歴史館紀要』第4号（長野県立歴史館　一九九八年）
（4）袖印＝敵味方を識別するために甲冑の袖に付ける小さな旗。
（5）高橋賢一『武家の家紋と旗印』（秋田書店　一九七三年）
（6）馬印＝団体戦に際して一個人を誇示するために掲げる旌旗あるいは作り物。

(7)小川村誌編纂委員会編『小川村誌』(小川村　一九七五年)
(8)春日虎綱の記述を原本に小幡景憲が編纂した甲斐武田氏の戦略・戦術を記した軍学書。
(9)長野市松代町松代にあった平城。
(10)宝永三年(一七〇六)に成立した、松代藩士落合保考が北信の地理・伝説・社寺縁起を集録した編著。
(11)長野市信州新町にあった平山城。永禄九年(一五六六)、武田四臣の馬場信春が城代となり、牧之島城と改められた。
(12)註(2)と同じ。
(13)井原今朝男「大日方英雄氏所蔵資料の性格について」(長野県立歴史館総合情報課　一九九七年)

佐久市の腹巻(佐藤忠彦コレクションⅡ)

前述のように信濃国に伝来した南北朝時代から室町時代にかけての甲冑資料は、管見の限りほとんど認められない。そこで、佐久市が収蔵する佐藤忠彦コレクションに該当する二領の腹巻があるので、その概要について述べることにしたい。これらの腹巻は、当時の戦いの実態を知る物的資料といえよう。

1　白綾包腹巻《しろあやづつみはらまき》　大袖付《おおそでつき》

この腹巻は、矢筈頭《やはずがしら》[1]の伊予札《いよざね》[2]で形成され、白の綾布で包んで威毛《おどしげ》の代用としている。前立挙二段・後立挙二段・長側三段・草摺は五間の五段下がりとする仕立であり、同じ七段下がりの大袖が付いている。金具廻《かなぐまわり》[3]は、包韋を欠損しているものの、重厚で輪郭線に丸みがあり、周縁に太い覆輪を廻らしている。八双金物《はっそうかなもの》[4]は、鍍金に枝菊の毛彫《けぼ》[5]りを施す入八双《いりはっそう》[6]に八重菊《やえぎく》[7]の単鋲《たんびょう》[8]であり、馬手の袖の四段目に同じ笄金物《こうがいかなもの》[9]がみられる。この腹巻は、これら古風な点がみられるので、一部で南北朝時代と表記されている。

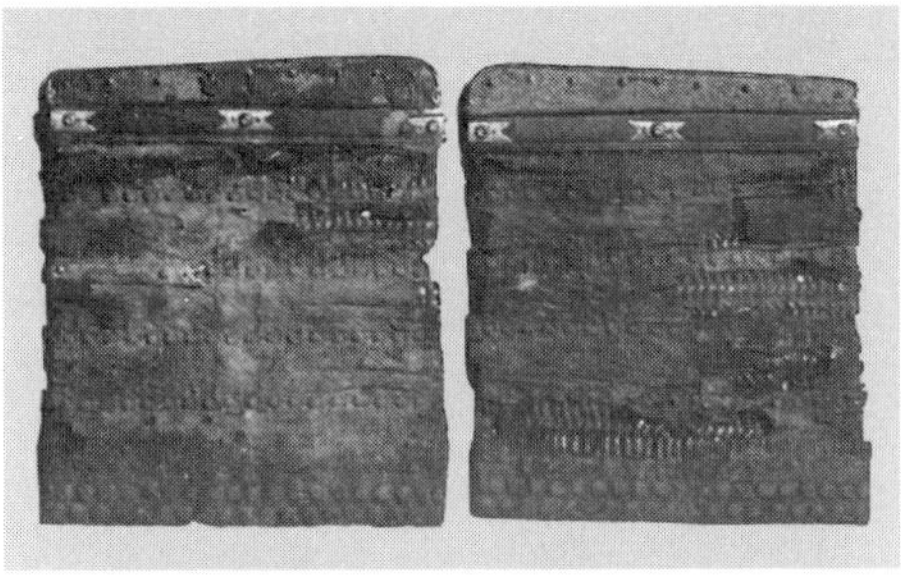

(右)白綾包腹巻・(左)大袖付(佐久市蔵)

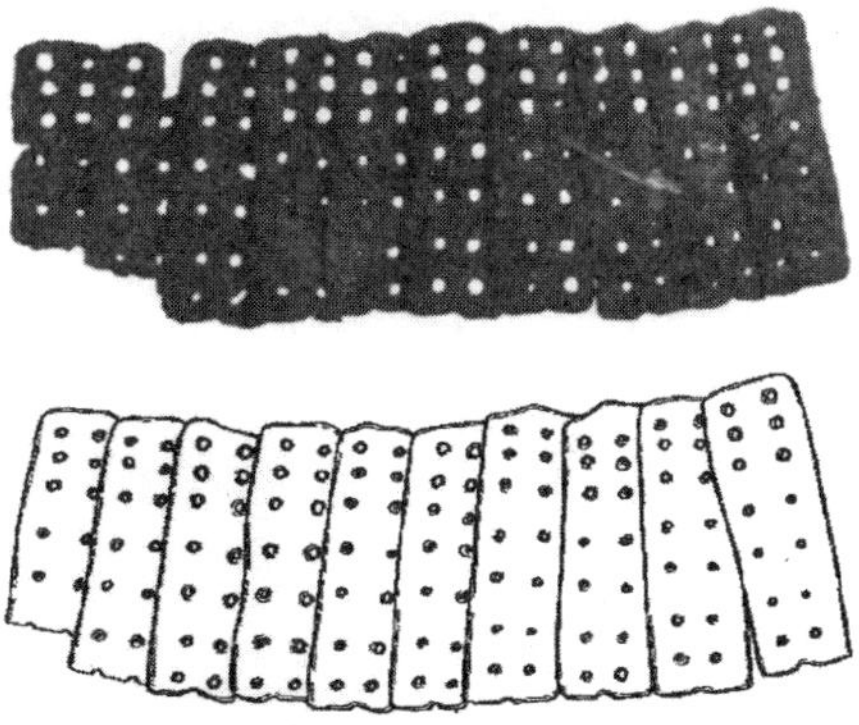

金井城跡から出土した小札板

また大鎧は三物皆具を原則とするが、腹巻はもともと下級士卒の所用品であり、胴だけで使うことを原則とした。胴丸・腹巻に兜・袖が付く場合は、あえて明記する必要がある。(10) この腹巻には、人袖が付いているので、元来の用途から離れているように思われる。これは、腹巻が一定のステータスに達した証拠であり、ゆえに現在の形になったのは、室町時代中期以降ということになろう。これについては、後に詳しく述べることにする。

包腹巻は、他にも兵主《ひょうず》大社(滋賀県野洲市)の「白綾包腹巻」(重文)、あるいは金剛寺(大阪府河内長野市)の「薫韋包腹巻《ふすべがわづつみはらまき》」(重文)・「洗韋包腹巻《あらいがわづつみはらまき》」(重文)等がある。さらに洲崎神社(名古屋市中区)の「黒韋包腹巻《くろかわづつみはらまき》」は、室町時代後期(一部江戸時代)の仕立と思われるが、様々な時代の小札が混ざっている。このように包腹巻は、古材を再利用した仕返物が多く、ゆえに粗雑であることを覆い隠すために、威を略して一枚の韋あるいは布帛で包んで作られている。このため粗製であると同時に、実用品として作られたものがほとんどである。

先ほど県下において中世の中冑資料は、ほとんど認められないと述べたが、佐久市小田井の金井城跡から鉄札が十枚繋がった状態で出土している。[11]それは、札丈二寸五分（七・七センチ）の不揃いな伊予札が湾曲して並んでいるので、韋包の鞆あるいは長側の一部と思われる。金井城は、湯川を望む主郭の西側に堀と郭を扇状に廻らす平城である。その縄張りの形から築城あるいは改修に武田氏の関与が考えられるものの、文献・文書はもとより伝承すらほとんど認められない。そこで、多数の住居跡が検出され、さらに生活用具が多く出土しているので、戦時における住民の避難城とも考えられる。[12]

2　色々《いろいろ》威《おどし》腹巻《はらまき》

この腹巻は、一寸（三・〇センチ）あたり五枚の小札を用いて形成されている。その仕立は、前立挙二段・後立挙二段・長側四段・草摺は七間の五段下がりである。前述の包腹巻の草摺が五間であるのに対して細分化されている。

色々威腹巻（佐久市蔵）

これ以降、胴丸も含めて草摺の細分化が進み、談山神社（奈良県桜井市）には、九間の草摺の腹巻があり、さらに富士山本宮浅間大社（静岡県富士宮市）には、十一間・十二間・十三間の草摺の胴丸がある。

この腹巻は、立挙と長側の一段目を紫韋で威し、以下を黒韋で威しているので、一部で威毛が「胸取」と表記されている。しかし、草摺の裾に洗韋を配しているので、三色以上の色目を用いる複雑な威毛という定義から「色々威」と呼ぶべきであろう。耳糸には亀甲打、畦目には小石打《こいしうち》[13]、菱縫には紅糸をそれぞれ用いている。

金具廻は、室町時代後期の定型で、鮫革《さめがわ》で包んで覆輪を廻らし、所定の位置に小桜鋲《こざくらびょう》(14)を打つ。金具廻は、ふつう藻獅子文を描いた絵韋《えがわ》で包むが、刀の柄に巻く鮫革を用いるのは、この時期の特徴の一つといえよう。ここで用いる鮫革は、実際の鮫（シャーク）の表皮ではなく、粒の大きい赤エイの一種の表皮である。

さらに年代が下ると、毛利博物館の「色々威腹巻」（重文）の青鮫革《あおざめがわ》、あるいは湊川神社（兵庫県神戸市）の「金朱札《きんしゅざね》段威胴丸《だんおどしどうまる》」（重文）の研出鮫《とぎだしざめ》等がみられるようになる。前者は、表皮に青味がある粒の細かい鮫革であり、産地であるインドのコロマンデル地方の地名からサントメ革とも呼ぶ。そして後者は、鮫革に漆を塗り、砥石で研いで表面をならし、無数の白い円を浮き出した革であり、刀の鞘等にも用いられている。

八双金物は、鍍金で無地の入八双に八重菊の単鋲である。この時期の金物には、ふつう枝菊あるいは唐草等の彫金が施されているが、無地であるのは逆に古式であり、他も含めて検討の余地があるように思われる。また肩上《わだかみ》に綰があるので、大袖あるいは広袖《ひろそで》(15)・壺袖《つぼそで》(16)のいずれかが付いていたと思われる。

3　腹巻の時代

腹巻（中世は胴丸と呼ぶ）が文献上に登場するのは、鎌倉時代末期の日蓮上人の『種々御振舞御書』とされる。また絵画資料に登場するのは、元亨三年（一三二三）の奥書がある常福寺（茨城県那珂市）の『拾遺古徳伝』巻九（重文）とされる(17)。そこに描かれた腹巻には、後立挙がなく、長側から直接肩上をとっている。おそらく腹当から変化した原初的な腹巻を描いているのであろう。これ以降、『十二類合戦絵詞』（重文）あるいは『結城合戦絵詞』（重文）等、室町時代の絵画資料にみられるようになる。

しかし、実際の遺物は、佐久市の腹巻を含めて、ほとんどが室町時代中期以降のものである。この時代は、一般に「戦国時代」と呼ばれ、群雄が割拠して戦乱に明け暮れた時代である。そこで槍が多用され、さらに鉄炮の伝来により、戦闘様式に大きな変革をもたらした。そして何千何万もの大軍勢を擁した団体戦が各地で展開されるようになる。この時代は、腹巻を多用したので、甲冑史において「腹巻の時代」ということになる。

ところが、時代区分として「戦国時代」は、明確にされていないのではなかろうか。この区分は、応仁の乱以降の荒廃した世相を、古代中国の戦国時代に例えて「戦国の世」と表現したことにはじまる。果たして、いつからいつまでを「戦国時代」と呼ぶのか。その短いものでは、明応二年（一四九三）の伊勢宗瑞（北条早雲）の伊豆入りから十五代将軍足利義昭が京を退去した天正元年（一五七三）までとされ、また長いものは、応仁の乱（一四六七）から大坂夏の陣（一六一五）までをいうこともある。この間に武装形式は変わり、また戦闘様式も大きく変わる。ゆえに本著では、遺物の製作年代を特定するために、「戦国時代」という言葉はあえて使わないことにする。

『拾遺古徳伝』に描かれた腹巻
（國學院高等学校『古典参考資料図集』転載）

前述のように腹巻は基本的に胴丸より簡易に作られ、もともと軽武装に用いられた。同時に背に引合があるので、体格あるいは体形に関係なく、誰でも装着できるという利便性を持ち合わせていた。したがって元来は一個人の所用品ではなく、用途に応じて使い回したと思われる。そして軽便であることから、主に攻城戦に使われたと想像される。

このあたりが、室町時代中後期の武装形式を誤って伝える原因になっているのかもしれない。その最たる誤解が「戦国時代＝当世具足」という観念であり、テレビ・映画等の時代劇に、この時代の武将・士卒等が当然のように当世具足を装着して登場する。つまり室町時代後期の戦乱の中で、必要に応じて頑強な当世具足が用いられたというのであろう。しかし、実際には腹巻が多用され、いまだ当世具足の存在は認められないのである。これについては、おいおい述べるとして、ここでは腹巻が室町時代中期以降に一定のステータスに達したことを特筆したい。

それは、もともと軽武装に用いた腹巻に兜・袖を具備して重武装を求めるようになったからである。その代表的遺物として毛利博物館の「色々威腹巻」（重文）、あるいは上杉神社（山形県米沢市）の「色々威腹巻」（重文）が挙げられる。これらは、前述の包腹巻と異なり、いずれも高級品であることが分かる。ちなみに、前者は毛利元就所用と伝えられ、後者は上杉謙信所用と伝えられる。

さらに背板《せいた》と呼ぶ小具足を用いて、背にできる透き間をふさぐことが行われた。その代表的遺物として上杉神社の「薫韋威腹巻《ふすべがわおどしはらまき》」、あるいは静岡浅間神社（静岡市葵区）の「紅糸威腹巻《くれないいとおどしはらまき》」等が挙げられる。

背板は、もともと袖の緒を処理する総角を結ぶために後立挙の部分を付けたことにはじまる。[18] それが、臆病板《おくびょういた》の俗称のとおり、透き間全体をふさぐ小具足へと変化したと考えられる。また背板の装着は、一人では困難であるため、付人の手を介さなければならない。それに腹巻の肩上は、胴丸の肩上より長いので、根元に引合緒《ひきあわせのお》があるものの、大きな袖を付けると支えきれず、開く恐れがある。[19] こうした不都合を乗り越えて、腹巻は室町時代後期に武将の間で一定のステータスに達するのである。ここに至る経緯についての詳細は不明であるが、度重なる下剋上が当時の人々に与えた影響が大きいことをあえて指摘したい。

背板（個人蔵）

これと同時に胴丸・腹巻を問わず色々威・段威《だんおどし》[20]が好まれ、この時代の威毛が中・近世を通じて最も艶《あで》やかであり、華麗であることも事実である。これも戦乱の時代に逆行しているように思えてならない。この理由について、戦場における自己主張の強化と解く説[21]があるものの、このように簡単に言えることではないように思われる。そこには、当時の人々の宗教あるいは哲学といった様々な要素が考えられ、同時に高度な精神性の存在をも感じさせる。その真偽の程は定かではないが、これは中世を通じていえることであり、単なる殺戮《さつりく》の道具として片付けることのできない奥深さがあるように思われる。

そして腹巻は、近世を迎えると同時に忽然と姿を消す。それは、まさに我が国の中世の終焉を告げると共に、その精神が失われたことに繋がるのではなかろうか。

註

（1）矢筈頭＝矢筈（V字状）に切った頭。
（2）伊予札＝二行各七つの穴がある小札。
（3）金具廻＝甲冑の主要金具の総称。胸板・脇板・押付板・眉庇・冠板等。
（4）八双金物＝八双鋲の下に敷く横に長い金物。
（5）毛彫り＝図案に沿って彫る彫金手法。「線彫り」とも呼ぶ。
（6）入八双＝先が二股で、中に猪目を透かした八双金物。
（7）八重菊＝中央が窪んだ菊の図案の金物。
（8）単鋲＝二つ並べて打つ双鋲に対して一つだけ打つ八双鋲。
（9）笄金物＝水呑鐶の座金となる細長い金物。
（10）山上八郎『日本甲冑一〇〇選』（秋田書店　一九七四年）
（11）『佐久市埋蔵文化財発掘調査報告書第1集　金井城跡』（佐久市教育委員会　一九九一年）
（12）『北陸新幹線埋蔵文化財発掘調査報告書1』（長野県埋蔵文化財センター　一九九八年）
（13）小石打＝二色以上の色糸で小石を散りばめたように編み出した紐。
（14）小桜鋲＝金具廻に打つ五角錐の小さな鋲。
（15）広袖＝裾が広くて内側に湾曲した形の袖。
（16）壺袖＝裾が細くて内側に湾曲した形の袖。
（17）山岸素夫・宮崎眞澄『日本甲冑の基礎知識』（雄山閣　一九九〇年）
（18）笹間良彦『図録日本の甲冑武具事典』（柏書房　一九八一年）
（19）甲冑師・故佐藤敏夫氏のご教示による。
（20）段威＝二色を交互に威し替えた威毛。
（21）註（10）と同じ。

川中島古戦場出土の兜鉢

信濃国の戦いで最も知られているのは、甲斐の武田信玄と越後の上杉謙信の川中島の戦いであろう。その発端は、信玄の信濃侵攻にある。そこで、両雄の戦いに至るまでの経緯について少し述べることにしたい。

天文十一年(一五四二)六月、信玄(当時は晴信)は、信濃の名門諏方氏を攻め滅ぼし、そのまま伊奈に侵攻して同十四年(一五四五)に高遠城[1]を攻略した。ついで同十六年(一五四七)八月、佐久の志賀城[2]を攻略し、関東管領上杉憲政が派遣した後詰を小田井原(北佐久郡御代田町)で迎え撃ち、これを撃破した。翌十七年(一五四八)二月、村上義清と上田原(上田市の西部)で戦って敗北するものの、同年七月、守護小笠原長時を塩尻峠で撃破した。

同十九年(一五五〇)七月、信濃府中(松本市)の陥落により、小笠原氏は没落する。同年九月、村上方の砥石城[3]の攻略に失敗するものの、翌二十年(一五五一)五月、真田弾正忠(幸綱、幸隆ともある)の智謀により、これを攻略する。さらに同二十二年(一五五三)四月、居城葛尾城[4]を放棄した村上義清は、中野(中野市)の高梨政頼を頼って逃れる。これに応じた高梨は、盟友である謙信(当時は長尾景虎)に救援を求めた。ここに川中島の戦いが始まる。[5]

善光寺平

犀川 丹波島

元来の川中島の地名は、犀川《さいがわ》と千曲川が合流し、信濃川となる扇状地を指す。また、その地の北縁に、一光三尊の阿弥陀如来を本尊とすることで有名な定額山善光寺があることから、このあたり一円の平地を善光寺平とも呼ぶ。

この戦いについては、古来様々なところで語られ、議論が重ねられてきた。『甲陽軍鑑』は、天文十六年(一五四七)から永禄四年(一五六一)に至る十四年間に、前後十二回の戦いがあったとする。また『川中島五戦記』[6]は、『続本朝通鑑』[7]の編纂資料にも提供されたが、架空の戦いを作為しており、信憑性《しんぴょうせい》に欠ける。近年になって古文書の研究が進み、昭和三年（一九二八）に渡辺世祐氏が、『史学雑誌』三十九巻十二月号に「信濃に於ける甲越関係」を発表され、この川中島五戦説が現在では通説とされている。(8) 第一戦 天文二十二年（一五五三）、第二戦 弘治元年（一五五五）、第三戦 弘治三年（一五五七）、第四戦 永禄四年（一五六一）、第五戦 永禄七年（一五六四）。以上の年に両軍が対峙あるいは衝突を繰り広げたとするものである。

この兜鉢は、その最大の戦いといわれる第四戦の激戦地である犀川の丹波島から昭和初年に出土したとされる。(9) 著者は、この存在を早くから知っていたが、なかなか実見する機会が得られなかった。昭和六十三年（一九八八）、小著『武田信玄―その武具と武装』の刊行を契機に日甲研専務理事であった芳賀実成氏と親しくさせていただき、翌年六月にたっての願いで拝見することができた。

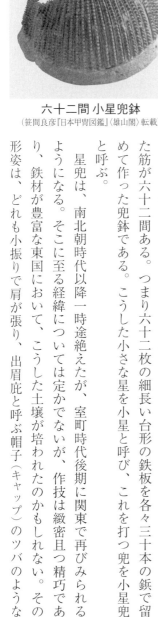

1　六十《ろくじゅう》二《に》間《けん》小《こ》星《ぼし》兜鉢《かぶとばち》

六十二間 小星兜鉢
（笹間良彦『日本甲冑図鑑』〈雄山閣〉転載）

この兜鉢は、一行に三十点の米粒大の星を打ち、鉄板の補強のために捻り返した筋が六十二間ある。つまり六十二枚の細長い台形の鉄板を各々三十本の鋲で留めて作った兜鉢である。こうした小さな星を小星と呼び、これを打つ兜を小星兜と呼ぶ。

星兜は、南北朝時代以降一時途絶えたが、室町時代後期に関東で再びみられるようになる。そこに至る経緯については定かでないが、作技は緻密且つ精巧であり、鉄材が豊富な東国において、こうした土壌が培われたのかもしれない。その形姿は、どれも小振りで肩が張り、出眉庇と呼ぶ帽子（キャップ）のツバのような特有の突き出た眉庇が付く。これらは、関東系と呼ぶ甲冑師《かっちゅうし》[10]によって作られ、この形の星兜あるいは筋兜を関東型と呼ぶ。川中島で戦った武田・上杉の将は、どちらも関東型の兜を使っている。

八幡座はみられず、天辺に三太刀切り込まれ、現在は錆が深く浸透したためか、三つに分かれている。ゆえに石膏で作った土台に乗せられ、辛うじて原型をとどめている。しかし、笹間良彦『日本甲冑図鑑』下（雄山閣　一九六四年）に掲載された写真をみる限り、この時点では腰巻が繋がっていたようであり、兜鉢としての体裁をなしていたことが分かる。その左側面後部には弾痕もみられ、直径三センチほど周囲の星を巻き込むように丸く窪んでいる。全体にどす黒くみえるので、黒漆《くろうるし》による塗装と思っていたが、後に血痕と聞いて背筋が寒くなった。

2　出土兜鉢の疑義

しかし、この兜鉢が川中島第四戦に使われたことには疑義がある。それは、腰巻の形状に疑念があるからである。現在、武田氏・上杉氏の遺物として関東型の兜は数頭が確認されている。その代表的遺物が、相模国一之宮の寒川神社（神奈川県寒川町）に信玄が奉納したと伝えられる兜であり、鉢裏に「天文六年二月吉日」の年紀と「房宗」の作銘がきられている。これは、小田原北条氏（以下北条氏とする）支配下の相模で作られた六十二間筋兜である。[11]なぜこれを比較対象として挙げたかというと、𩊱が外れているので腰巻の形状が見えるからである。

他にも武田氏の遺物として新庄藩戸沢家に伝えられた六十二間小星兜がある。また上杉氏の遺物として上杉神社の六十二間筋兜がある。これらは、いずれも川中島から出土したと伝えられる兜鉢と同じ関東型で、共に𩊱を残している。

当時の𩊱の多くは笠𩊱であり、これを兜鉢に取り付けるために、寒川神社の筋兜は腰巻がほぼ水平に開いている。つまり、この上に𩊱の鉢付板《はちづけいた》[12]を乗せて取り付けるのである。しかし、川中島から出土したとされる兜鉢の腰巻

県文六十二間筋兜鉢(寒川神社蔵)

は開いていない。このことから𩊱が笠𩊱ではないことが分かる。すなわち最《も》上𩊱《がみじころ》[13]・日根野𩊱《ひねのじころ》[14]・当世𩊱《とうせいじころ》[15]のいずれかであったと想像されるのである。

これは、いわば兜が使われた年代を示す証拠である。たとえ、この兜鉢が犀川の丹波島から出土したとしても、永禄四年(一五六一)の川中島第四戦に使われたとするのは難しいように思われる。これについて芳賀氏に尋ねたところ、鎖𩊱《くさりじころ》[16]の可能性を指摘しておられたが、著者としては納得できず、平成十八年(二〇〇六)に刊行した小著『甦る武田軍団—その武具と軍装』の対象から外した。

すなわち、この兜鉢が本当に川中島から出土したのであれば、天正年間(一五七三〜九二)の中頃から慶長年間(一五九六〜一六一五)頃の戦いに使われ、放置された可能性が高いように思われるからである。この戦いを特定するのは難しいが、あえて言えば天正十年(一五八二)の本能寺の変の後の天正壬午《てんしょうじんご》の乱、あるいは慶長五年(一六〇〇)の第二次上田合戦の余波による戦いあたりがふさわしいのではなかろうか。いずれにしろ、この地における激戦を物語る遺物として注目される。

なお川中島第四戦については、前著『武田信玄・勝頼の甲冑と刀剣』を参照していただきたい。

註
(1)伊那市高遠町にあった平山城。
(2)佐久市志賀にあった山城。
(3)上田市上野にあった山城。
(4)埴科郡坂城町坂城にあった山城。
(5)磯貝正義『定本武田信玄』(新人物往来社　一九七七年)

（6）著者不詳。安政七年（一八六〇）に成立した川中島の戦いを描いた著述。
（7）江戸幕府の修史事業として林羅山・鵞峯（春斎）父子を中心に編纂され、寛文十年（一六七〇）に成立した歴史書。
（8）註（5）と同じ。
（9）笹間良彦「川中島出土の冑とその太刀傷における法医学的観察」（『甲冑武具研究』5・6合併号一九六四年）
（10）甲冑を作る職人。「鎧師」「具足師」とも呼ぶ。
（11）笹間良彦『新甲冑師銘鑑』（里文出版　二〇〇〇年）
（12）鉢付板＝兜鉢に直接付ける𩊱の一段目の板。
（13）最上𩊱＝直線的に開き、裾板が水平で畦目と菱縫がある𩊱。
（14）日根野𩊱＝肩の形に沿って繰り上がった𩊱。
（15）当世𩊱＝裾板が水平で肩まで下がる小型の𩊱。
（16）鎖𩊱＝筏あるいは骨牌金を鎖で繋いだ𩊱。骨牌金＝四センチ角から七センチ角程度の鉄板あるいは革板。

信玄・謙信一騎打ちの太刀

信玄・謙信一騎打ちの像

永禄四年（一五六一）九月十日、川中島第四戦の最中、その名場面ともいうべき信玄・謙信両雄の一騎打ちが行われたと伝わる。陣中奥深く、床机《しょうぎ》に腰をおろす信玄めがけて斬りかかる、白馬に跨《また》がる僧形武者こそ敵の総大将上杉謙信であった。咄《とっ》嗟《さ》のことに太刀を抜く間もなく、右手に持つ軍配団扇《ぐんばいうちわ》でその一太刀をかわしたが、二太刀目に腕、三太刀目には肩を負傷した。主君の急を知って駆け付けた中間頭の原大隅守等の奮戦により、信玄は九死に一生を得たという。まさに頼山陽の「川中島」にみる「流星光底長蛇を逸す」である。

これが史実か否かについては常に論議の的となる。その根拠となるのが『甲陽軍

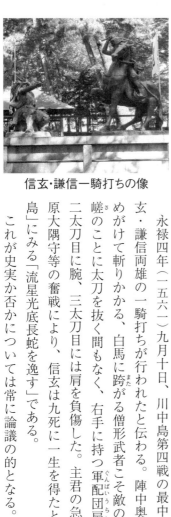

鑑』品第卅二「河中嶋合戦之事」の「三刀伐奉、信玄公たつて、軍配団扇にてうけあさる」であり、後に『武田三代軍記』等の後世の軍記物語に受け継がれた。そして、この一騎打ちを裏付ける史料として信憑性が高いのが、当時下総の古河城(1)にいた関白近衛前嗣(前久)が謙信に宛てた同十月五日付の書状(2)とされる。

今度於信州表、対晴信遂一戦、被得大利、八千餘被討捕之候事、珎重ニ大慶候、雖不珎儀候、自身被及太刀打段、無比類次第、天下之名誉候

そこに謙信自身が太刀打ちに及んだとある。このとき謙信が使ったのが、「小豆長光」と号する太刀と伝えられる。この号には、刃の上に小豆を落とすと真っ二つに切れるほど鋭いという意味がある。しかし、「竹股兼光」(無銘、二尺八寸)あるいは「鉄炮切兼光」(大磨上、一尺九寸四分)とも伝えられ、詳細は不明である。その一つとして伝えられるのが、東京国立博物館が収蔵する「川中島兼光」と号する大太刀(重文)である。

1 大太刀《おおだち》　銘 備前国長船兼光　延文二二年□月日

刃長三尺七分(九三・〇センチ)、反りは一寸(三・〇センチ)余と高く、鎬造に棒樋をきり、長大で身幅も広く堂々たる形姿である。元幅より先幅がやや狭く、庵棟の中鋒でいかにも豪壮にみえる。

地肌は、小板目をよくつんで、地沸が細かく付いて乱映りが立つ。刃文は、小さく山なりに湾れを主に互の目・小乱等を交え、足がよく入り、匂深く、小沸が付き、匂口《においぐち》(3)が締まりごころで実に優美である。帽子は、乱れ込んで突き上げ、小丸ごころにやや長く返している。

茎には、目釘穴が二つあり、磨上げて栗尻とする。表に「備前国長船兼光」と作銘をきり、裏に「延文二二年□

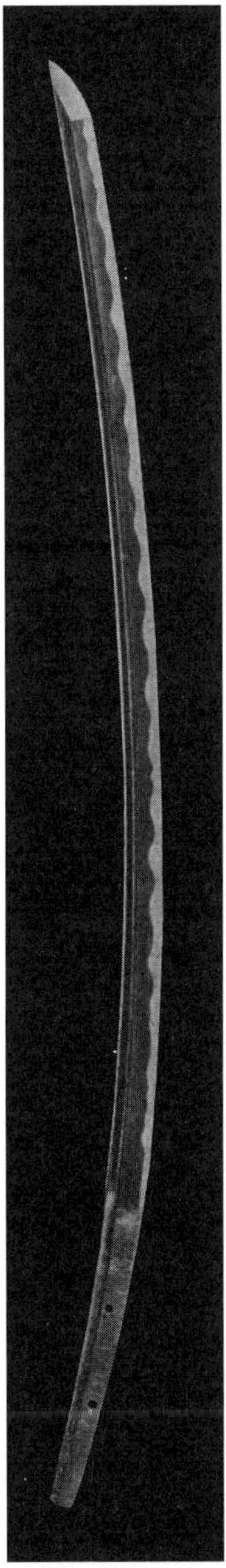
重文大太刀（東京国立博物館蔵・佐藤寒山『日本名刀100選』転載）

月日」と年紀をきるが、月は「十二」と思われるものの、目釘穴にかかっているので今一つ判然としない。また年紀の「二二」は、「四」と解くと考えられ、おそらく「死」に通じるので嫌ったのであろう。ゆえに作刀は、延文四年（一三五九）ということになる。(4)

これには、横手筋《よこてすじ》から四寸（一二・一センチ）ほど下ったところに続いて二ヵ所の刃こぼれがみられる。この刃こぼれこそ一騎打ちの痕跡、すなわち信玄の兜の筋に当たったことを立証するものと伝えられる。(5)果たして、その真偽のほどはいかがなものであろうか。

2　刀匠兼光

銘にみる「兼光《かねみつ》」は、備前国長船派を代表する名匠であり、長光の孫、景光の子と伝えられる。鎌倉時代末期の嘉暦（一三二六～二九）から南北朝時代を迎える建武（一三三四～三八）・康永（一三四二～四四）頃までは、直刃を主にした古長船の作風を残している。しかし、延文（一三五六～六一）以降になると、正宗《まさむね》を主流とする相州伝《そうしゅうでん》の影響を受けて、湾れを主にした優美な作風がみられるようになる。(6)

このため延文を境に一世と二世に分けられていたが、近年では同一人物による作風の変化と捉える説が有力になった[7]。また名匠兼光にあやかって、作銘を「兼光」ときる刀匠も多く、これらと区別するために「大兼光《おおかねみつ》」と呼んでいる。

ちなみに謙信は、備前刀を好んで用いたことで知られている。伝説の「小豆長光」をはじめ、埼玉県立歴史と民俗の博物館（さいたま市大宮区）には、脇指拵が付いた「謙信景光」と号する短刀（国宝）が収蔵されている。

この大太刀も上杉家に伝えられたが、太平洋戦争直後の混乱にまぎれて行方不明になっていた。しかし、昭和三十四年（一九五九）にアメリカで発見され、上杉家に返還された後、某収集家を経て東京国立博物館に収められた。ちなみに上杉家には、他にも「延文二年」「延文三年」の年紀をきる兼光の大太刀が伝えられた[8]。

3 両雄一騎打ちの真相

そこで、近衛前嗣が謙信に宛てた書状をみると、太刀打ちに及んだ相手が敵将信玄とは書かれていない。また『上杉家御年譜』は、この一騎打ちを一旦は認めたものの、後に否定し、信玄に斬りかかったのは臣下の荒川伊豆守（長実）としている。これは、総大将が太刀を抜くことを「天下之名誉候」とする当時の思考と、江戸時代の思考との違いから生じたものと考えられる。

このとき上杉軍は武田軍本隊と別動隊に挟まれ、すでに撤退を余儀なくされていた。まさに『勝山記』にみる「ヨコイレヲ被成候テ」である。しかし、これについては、前著『武田信玄・勝頼の甲冑と刀剣』で述べたように推理するので、実際には信玄率いる後詰による側面攻撃と思われる。ゆえに謙信自身も太刀を抜かざるを得なかったのではなかろうか。つまり『上杉家御年譜』は、これを庇う目的から「荒川伊豆守云々《うんぬん》」という説を唱えたと考えられるのである。

この名場面は、江戸時代に多くの浮世絵に描かれた。これらに共通していえることは、両雄の視線が交わる真中に、信玄が指し出す軍配団扇があることである。このとき信玄が用いた軍配団扇は鉄製で、十分に防御の役目を果たしたとされ、謙信の三太刀に対して七ヵ所の太刀傷があったという伝承も耳にする。

ところが、紀州徳川家に伝来した「川中島合戦図屏風」（六曲一双）には、まったく異なる一騎打ちの様子が描かれている。そこには、川の中で両雄が太刀打ちをする姿が描かれ、従前の一騎打ちのイメージを一変するものとなった。

この屏風絵は、『北越軍記』に基づいて描かれ、その設定でいくと天文二十三年（一五五四）の戦いで両雄の一騎打ちが行われたことになる。『北越軍記』の著者は、紀州藩士の宇佐美定祐であり、武田の軍師山本勘助に対して、自らの先祖とする宇佐美定行を上杉の軍師として描いている。その点、これが『甲陽軍鑑』に対抗した創作本であることは言うまでもない。さらに定祐は、謙信の感状はじめ多くの偽文書（宇佐美家文書）を作成したことでも知られている。(9)

三太刀七太刀之跡

この天文二十三年の戦い自体も史実に沿うものではないが、一騎打ちの様子については一理あるように思われる。軍配団扇で敵の太刀を受けるのに比べれば、両雄の太刀打ちの方があり得るからである。それが、信玄・謙信というのは極端にしても、中世においては射戦であれ打物であれ、最終的には武将同士が名乗り合う一騎打ちが基本である。(10)ちなみに『平家物語』には熊谷直実と平敦盛の一騎打ちがみられ、『太平記』には新田義貞が足利尊氏に一騎打ちを挑むものの、果たせなかったとある。そして大塔合戦では、守護方の有力武将である坂西長国が、高梨友尊の嫡男である椽原次郎と一騎打ちの末、これを討ち取ったとある。その点、平成二年（一九九〇）に公開された角川映画『天と地と』（海音寺潮五郎原作）の両雄一騎打ちは、これまでにない迫力を感じた。

これらを踏まえた上で、本来の軍配団扇とはどのようなものか。次章に繋げることにしたい。

註（1）茨城県古河市中央町にあった平城。
（2）羽下徳彦校訂『歴代古案』（続群書類従完成会　一九九八年）巻三　一〇一二号
（3）匂口＝匂が始まるところ。
（4）佐藤寒山『日本名刀一〇〇選』（秋田書店　一九七一年）
（5）大谷秀志『信濃の名刀探訪』（ながの二葉書房　一九八一年）
（6）岡崎譲『日本刀備前伝大観』（福武書店　一九七五年）
（7）藤代義雄・藤代松雄『日本刀工辞典』（藤代商店　一九八二年）
（8）註（4）と同じ。
（9）『和歌山県立文書館紀要』第13号（和歌山県立文書館　二〇〇八年）
（10）近藤好和『弓矢と刀剣　中世合戦の実像』（吉川弘文館　一九九七年）

常源寺の軍配団扇

峰雄山常源寺（南佐久郡南相木村）は、地元の土豪相木常喜が天文十九年（一五五〇）に建立した曹洞宗の古刹である。この寺には、県下で稀なる中世の軍配団扇が所蔵されている。

相木氏は、佐久郡岩村田の大井氏の重臣依田《よだ》氏の一族であり、武田氏の佐久侵攻に対して天文年間（一五三二〜五五）の中頃に帰属したと考えられる。その当主である常喜・常林・昌朝の三代は、いずれも官途名を市兵衛尉と名乗っている。常喜は、受領名を能登守と名乗り、永禄十年（一五六七）に死去している。その嫡子である常林は、先方衆八十騎を従えて、武田四臣の一人である山県三郎兵衛尉（昌景）の相備衆に属し、後に父と同じ能登守を名乗った。またその嫡子である昌朝は、山県の娘婿となる。信玄の信頼も厚く、川中島第四戦の後に善光寺平の治安維持を任され、横山城の麓に居館を構えたと伝えられ、その付近を通る県道三九九号線（北国街道）には、現在も「相ノ木通り」の名が残されている。

武田氏滅亡後、相木氏は徳川軍と抗争して没落するものの、北条氏に扶助されて上野国総社に知行を与えられた。(1)

1　軍配団扇と采配

軍配団扇は、指揮具《しきぐ》の一種であり、戦場で軍勢を指揮する道具である。指揮具には、軍配団扇の他に采配《さいはい》と呼ぶ形式がある。よくテレビ・映画等の時代劇で鞭《むち》を差し出して軍勢を指揮する光景を目にする。しかし、鞭は馬を扱う道具の一つであり、厳密にいえば馬具《ばぐ》の一種である。ゆえに鞭は指揮具ではない。

軍配団扇は、文字どおり軍勢を配る団扇。すなわち戦場で使う団扇のことである。室町時代になると、これを指揮具として使うようになる。その起源は定かではないが、多くの軍勢を動員するようになった室町時代後期頃に使われはじめたのではないかと思われる。そして采配は、一尺（三〇・三センチ）程の柄《え》の片方に、千切りにした紙あるいは動物の毛等を細長く垂らしたものである。その起源も定かではないが、おそらく近世のはじめ（安土桃山時代か）頃使用が始まったのではなかろうか。これらを振る動作には約束事があり、軍勢はそれに従って行動した。

常源寺山門

軍配団扇には、戦いに際して方角を見極めるための天文（太陽・月・星座）あるいは干支・梵字等が描かれ、これを使う者を軍配者と呼んだ。中世（安土桃山時代以前）の軍配団扇として、上杉神社・愛宕《あたご》神社（新潟県上越市）に上杉謙信が所用あるいは奉納したと伝えられるものがある。これらに共通していえることは、柄が平坦で比較的長く、木あるいは竹で作られ、籐《とう》あるいは韋紐・組紐等を巻き上げることである。(2)そして団扇の部分が

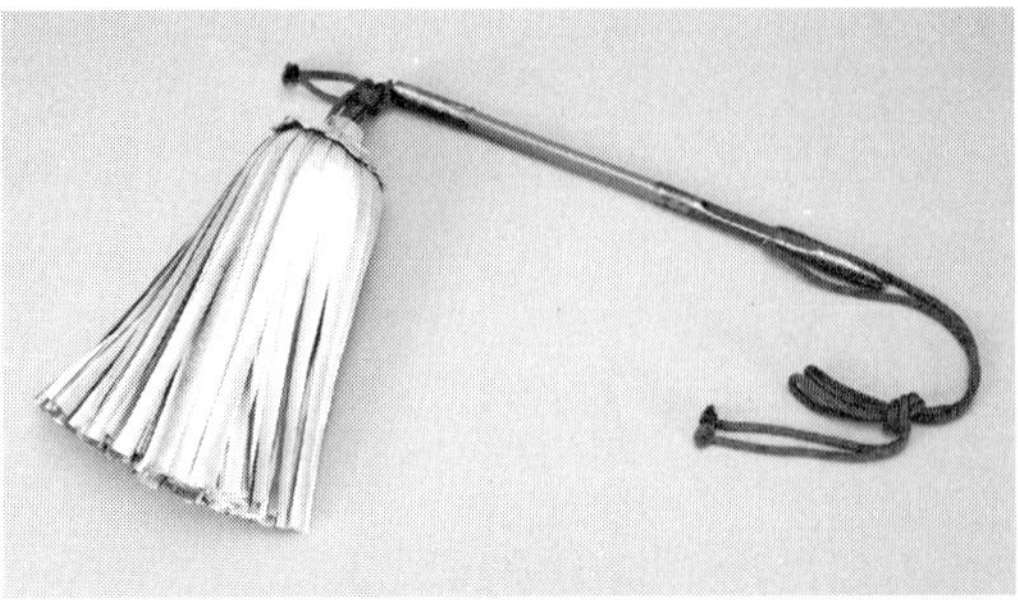

采配（真田宝物館蔵）

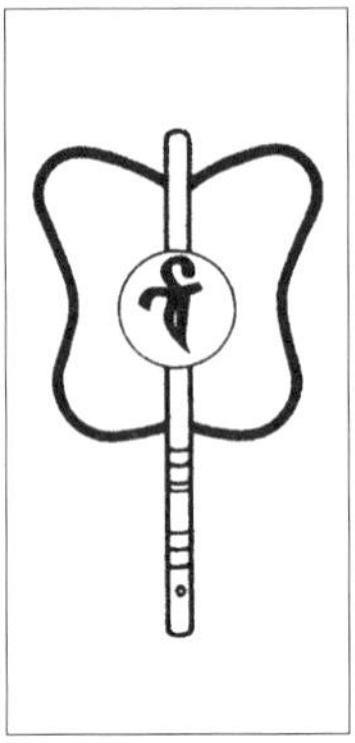

近世の軍配図

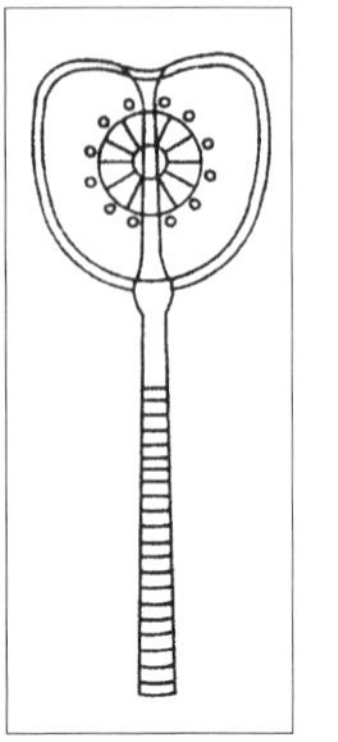

中世の軍配図

比較的小さく、練革《ねりかわ》[3]あるいは木等で円形に近く作られている。このため非常に軽いものが多い。近世（江戸時代）になると、軍配団扇は形式化が進み、形が楕円形あるいは瓢箪形に変わり、金箔や朱塗り等の豪華な意匠が施され、威儀具としての意味合いを強く持つようになる。そして川中島の戦いの信玄・謙信一騎打ちの逸話から、防具を兼ねた鉄製のものまで作られるようになる。

これに対して采配は、鷹狩りで鷹匠が使う麾《ざい》、あるいは犬追物に使う再拝《さいはい》、さらには武将が出家して入道になって使う払子《ほっす》が起源とされるが、いずれも定かではない。その原初的遺物は極めて少なく、一例を挙げると柄はそのままの竹を使い、主要部分も三角形に切った数枚の紙を根元で束ねて、韋紐で結んでぶら下げた簡素なものである[4]。しかし、年代が下ると、軍配団扇と同じく柄に金物が付けられ、主要部分に金箔や銀箔を押した豪華な意匠が施されるようになる。

ふつう指揮具として軍配団扇は格上、采配は格下というイメージが浸透しているようである。しかし、これは江戸復古調の影響であり、中世に使われた軍配団扇に対して、近世に使われた采配という分類に基づくものであり、厳密にいえば使われた年代が違うのである。

常源寺の軍配団扇は、『歴史読本』（新人物往来社）昭和五十九年（一九八四）十二月号に、「相木市兵衛の軍配団扇」と題して掲載され、芳賀実成氏による鮮明な写真と解説により、一躍にして世に知れわたった。偶然にも、その取材をされる一週間ほど前に、直接お話を伺えたことは実に思い出深い。著者の管見の限り、県下に伝来した中世の指揮具として唯一の遺物であろう。

2　金箔《きんぱく》押《おし》軍配《ぐんばい》団扇《うちわ》

この軍配団扇は、古式のものには珍しく、長さ二尺二寸（六六・七センチ）もの長寸である。練革を二枚張り合わせて黒漆を塗り、その上に金箔を押して作られている。柄は、竹を二枚合わせて溜塗《ためぬ》り(5)を施し、元末は籐状のものを巻き上げていたようであるが、現在は上部に六条を残すのみとなっている。下端はやや太く作られ、丹念に黒漆を塗り、緒を通すための孔があけられている。団扇部分は小さく、柄は平坦で長く、見た目よりはるかに軽く作られている。これは、上杉神社・愛宕神社等の遺物と同じであり、古式を示す特徴である。

そこで軍配団扇の所用者も、常源寺を建立した常喜とされている。しかし、その形姿あるいは製作手法をみる限り、常喜が死去した永禄十年に届くかどうか、まさに微妙なところである。むしろ子の常林あたりも視野に入れるべきではなかろうか。

常喜・常林父子は、先方衆として従軍し、常に矢面に立たされ、複雑な思いでこの軍配団扇を握り締め、軍の血気を扇いだことだろう。そうした相木父子を偲ぶ唯一の遺物であろう。

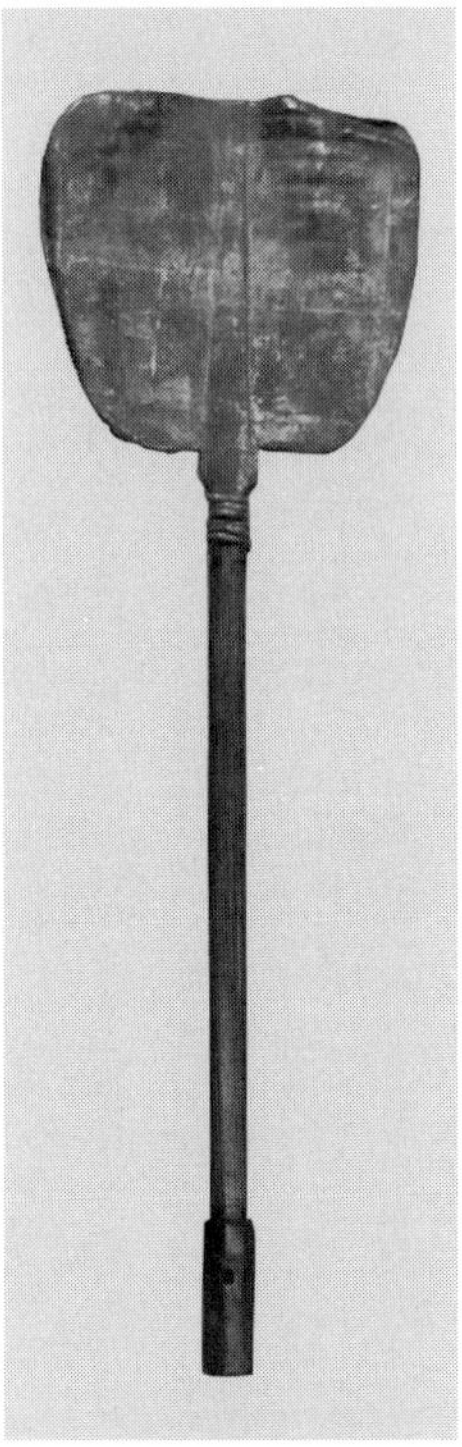

金箔押軍配団扇
（常源寺蔵）

本文の作成にあたり、芳賀実成氏のご意見を参考にさせていただいた。それと共に、氏の真実のみを探求された研究姿勢には大いに共感し、今後の模範としたい。ここに、謹んで故人となられた氏のご冥福を祈る次第である。

註
(1)柴辻俊六編『武田信玄大事典』(新人物往来社　二〇〇〇年)
(2)竹村雅夫『上杉謙信・景勝と家中の武装』(宮帯出版社　二〇一〇年)
(3)練革＝牛皮を膠に浸して、打ち固めて乾燥させた硬い革。
(4)甲冑師・故佐藤敏夫氏のご教示による。
(5)溜塗り＝漆の塗り色の一種。赤茶けて生地が透けるような色目。

上杉家の伝来品(佐藤忠彦コレクションⅢ)

信濃国にまつわる中世の甲冑武具は、管見の限り長野県下にほとんどみられない。ゆえに収集に尽力された佐藤忠彦氏の功績は大きい。氏の地元である中野市は、武田軍と上杉軍の攻防の地であり、コレクションに「甲越川中島大合戦之図」があるように思いは一入《ひとしお》であったろう。

これらの中で目を見張るのが上杉家の伝来品である。その入手に至る経緯は不詳であるが、昭和四十五年(一九七〇)の上野松坂屋の「日本のよろい展」が初見である。そこで特筆するのが「黒地《くろじ》日《ひ》の丸扇面馬印《まるせんめんうまじるし》」と「金箔押扇面馬印《きんぱくおしせんめんうまじるし》」である。

前者は、黒く塗った十本の竹の骨に日の丸を描いた黒染めの絹を張り、刻座を配した山銅の要《かなめ》を中心におよそ八〇度開く扇の馬印である。その一方に黒く塗った革の乳が上下二ヵ所あるので、竿に対してほぼ直角に取り付けたと思われる。これには、謙信が川中島第

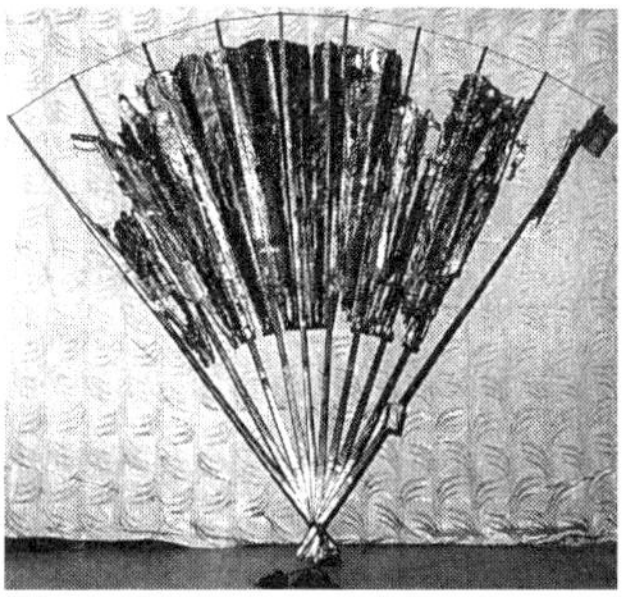

(上)黒地日の丸扇面馬印
(下)金箔押扇面馬印
(佐久市 蔵)

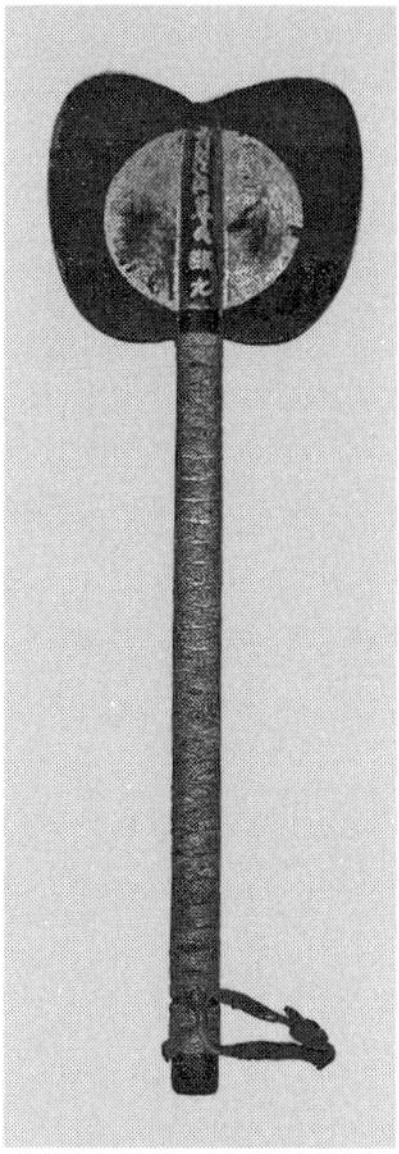

「日月文軍配団扇」の旗（佐久市蔵）

四戦に使用したという伝承がある。

そして後者は、景勝所用と伝えられ、黒く塗った十本の竹の骨に金箔を押した和紙を張り、要を中心におよそ七〇度開く扇の馬印である。これにも革の乳が上下二ヵ所あるので同様に取り付けたと思われる。共に高さが五尺三寸（一六〇・六センチ）余もある大きなものであるが、原形をよく残している。(1)

また「日月文軍配《にちげつもんぐんばい》団扇《うちわ》」は、長さ一尺六寸八分（五〇・九センチ）で主要部分は小さくて円形に近く、柄は平坦でやや長い。これは、常源寺の軍配団扇と特徴が同じであり、中世の軍配団扇の典型ともいえる形姿である。その表面に日輪を描き、裏面に月輪を描く。柄は錦の下地に萌黄糸を巻き上げ、下端の赤銅の鵐目《しとどめ》(2)を施す孔には薫韋《ふすべがわ》(3)の貫緒《ぬきお》(4)がみられる。これとほぼ同形のものが、謙信所用の伝承と共に上杉神社にある。

さらに「紺地日の丸」の旗は長尾家、「刀八毘沙門」の旗は謙信所用と伝えられ、共に江戸時代の写しと考えられる。また「愛」の旗は、景勝の重臣である直江兼継所用と伝えられる兜の前立と一致する。この「愛」の一字は、愛染明王の信仰による頭文字とされているが、もしかすると謙信が軍配団扇を奉納した地元の愛宕神社の頭文字ではなかろうか。

「愛」の旗
（佐久市蔵）

そして上杉家御代々元服着用と伝えられる「金小札《きんこざね》日《ひ》の丸威《まるおどし》二枚胴具足《にまいどうぐそく》」は、金箔を押した切付板物《きりつけいたもの》(5)で形成された伝承どおりの童具足《わらべぐそく》(6)である。金の描覆輪《かきふくりん》(7)を施す十六間筋兜には、鍬形・三鈷《さんこ》(8)・鍬形台が一体になった前立を掲げ、五段下がりの当世䩊の上一段をやや大きく吹返とする。六段下がりの当世袖《とうせいそで》(9)を仕付ける篠籠手《しのごて》(10)や黒塗りの目《め》の下頬《したぼお》(11)・伊予佩楯《いよはいだて》(12)・篠臑当《しのすねあて》(13)を皆具し、胴以外は紅白の段威である。

これは、もともと景勝が所用したと伝えられる。しかし、景勝が生まれたのは

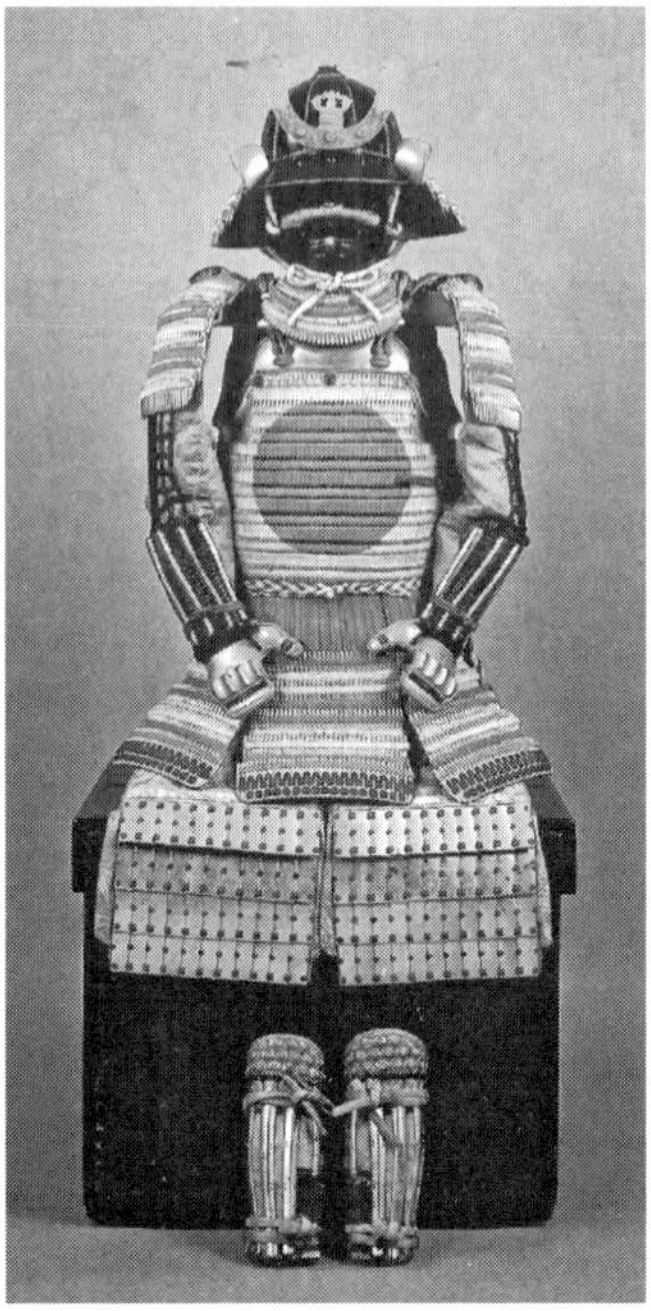

金小札日の丸威二枚胴具足
（佐久市蔵）

弘治元年（一五五五）であり、十六歳で元服したとしても元亀元年（一五七〇）となる。元亀年間（一五七〇〜七三）は未だ胴丸・腹巻の時代であり、当世具足は認められないのが事実である。ゆえに景勝が元服で着用したとするのは難しいように思われる。ここでも「戦国時代＝当世具足」という観念が浸透しているようである。そこで景勝の子定勝が生まれたのが慶長九年（一六〇四）であり、孫綱勝が生まれたのが寛永十五年（一六三八）であるから、このあたりが妥当ではなかろうか。

註
（1）竹村雅夫『上杉謙信・景勝と家中の武装』（宮帯出版社　二〇一〇年）
（2）鵐目＝紐をとる穴の周縁を飾る筒状の金物。
（3）薫韋＝煙で燻しくすべて茶色く色付けした韋。
（4）貫緒＝手を通して手首にかける紐。
（5）切付板物＝小札が並んでいるように漆で盛り上げて作られた板物。
（6）童具足＝子供用に作った小型の当世具足。
（7）描覆輪＝金・銀の箔あるいは粉を使って覆輪のように描いた装飾。
（8）三鈷＝仏具の一種。もともと古代インドで武器として使われ、密教では煩悩を破砕する菩提心の象徴として用いる。
（9）当世袖＝当世具足に付く上下同寸で内側にやや湾曲した小型の袖。「置袖《おきそで》」とも呼ぶ。
（10）篠籠手＝下腕部に大篠を用いる籠手。大篠＝篠竹に似た細長い板。
（11）目の下頬＝目から下を覆う面具。
（12）伊予佩楯＝伊予札を糸あるいは韋で綴って作られた佩楯。
（13）篠臑当＝大篠を用いる臑当。

典厩寺の鉄炮

典厩寺

典厩塚

松操山典厩寺《しょうぞうさんてんきゅうじ》（長野市篠ノ井杵淵）は、かつて瑠璃光山鶴巣寺と称して薬師如来を本尊としていた。しかし、松代藩初代藩主となった真田信之が、川中島第四戦で討死した信玄の弟信繁の官途名に因《ちな》んで「典厩寺」と改めて菩提を弔った。その本堂左手には典厩塚と称する自然石の墓があり、さらに戦いで討死した両軍の戦死者の弔魂碑もある。(1)

また信繁が討死した際、一旦首級を奪われたものの、臣下の追撃によって取り返し、その領地である小諸に持ち帰ったため、塚には胴体だけが埋葬されたと伝えられる。さらに本堂の向かいにある閻魔堂《えんまどう》には、川中島戦後三百年を記念して高さ二丈（六メートル）余もある大きな閻魔大王像が安置されている。そして昭和四十一年（一九六六）に完成した川中島合戦記念館には、寺宝六十余点が収蔵展示され、その中に長大なる一挺の鉄炮（火縄銃）がある。

1　大鉄炮《おおてっぽう》

この鉄炮は、全長五尺七寸七分（一七四・八センチ）、銃身の長さ四尺（一二一・二センチ）、口径六分六厘（二・〇センチ）の十三匁玉の大鉄炮である。残念ながら火縄鋏《ひなわばさみ》・火蓋《ひぶた》といったカラクリ(2)部分が欠損しているものの、引金《ひきがね》は用心金《ようじんがね》で覆われ、銃身は八角形の角筒で、先に向かってラッパのようにやや開いている。そして元目当《もとめあて》(3)・中目当《なかめあて》(4)・先目当《さきめあて》(5)は共に四角である。また銃身が長いためか、中目当が前後に二つあり、元目当の横には「丄」字形の透かしがある。その台木《だいぎ》（銃床とも呼ぶ）の形[6]から稲富流[7]とみられ、同じものに国立歴史民俗博物館が収蔵する七尺（二一二・一センチ）の大鉄炮がある。[8]

ふつう稲富流の鉄炮は、四尺五寸（一三六・四センチ）程度のものが多く、こうした大鉄炮はあまりみられない。その点、伊勢守流[9]には六尺（一八一・八センチ）を超す大きなものがみられ、代表的遺物として長篠城址史跡保存館（愛知県新城市）あるいは長久手市郷土資料室（同長久手市）の収蔵品が挙げられる。

また大徳寺龍源院（京都市北区）には、全長五尺三寸（一六〇・六センチ）の大鉄炮がある。これには「天正十一年九月九日喜蔵とりつき」の墨書があり、我が国最古の鉄炮とされている。ここにある「喜蔵」は、豊臣秀吉の臣金森出雲守（可重）のことであり、「とりつき」とあるのは、天正十一年（一五八三）九月九日に敵方から分捕ったという意味であろう。[10]

そして炮術の修業に遠くの的を狙う町打《まちうち》がある。さらに町打でも十町（約一〇〇〇メートル）以下を近町《ちかまち》と呼び、それ以上を遠町《とおまち》と呼ぶ。これは、火薬の量あるいは成分によって調整され、各々の炮術流派の秘伝とされた。これに対して近くの的を狙う射撃を小目当《こめあて》と呼ぶ。[11] こうした大鉄炮は、概して遠くの的を狙う射撃に使われた。

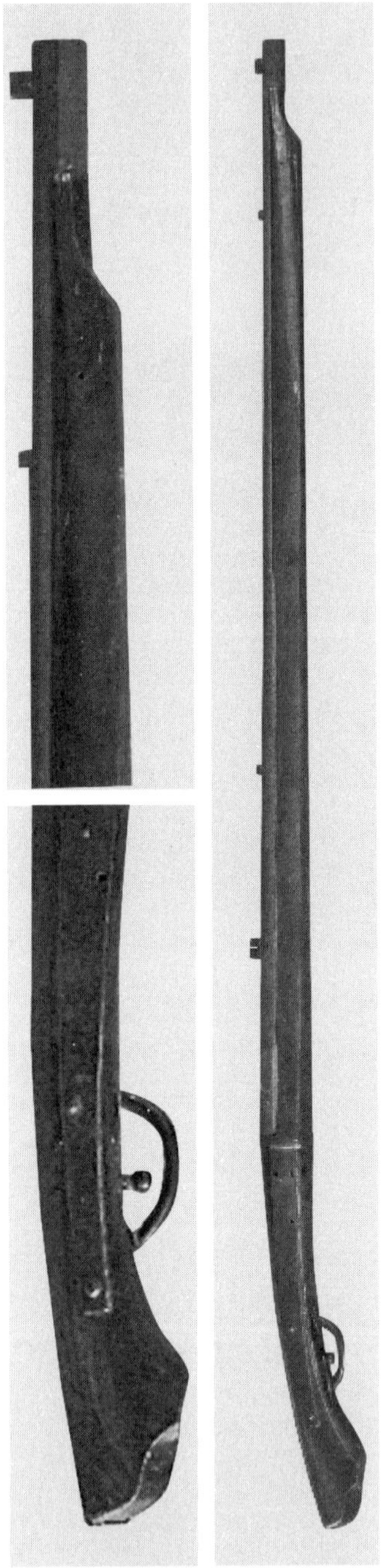
大鉄砲（典厩寺蔵）

典厩寺の大鉄炮は、言うまでもなく川中島の戦いの年代のものではない。その形姿から、おそらく近世初頭（江戸時代初期頃か）のものと思われる。また口径あるいは重量から、城門あるいは櫓《やぐら》に備え付ける狭間筒《はざまづつ》として使われたのであろう。

その伝承は、管見の限り皆無であるが、おそらく他から転入したものと思われる。そこで浮かぶのが松代藩真田家であるが、真田宝物館の図録[12]にもこれほどの大鉄炮は認められず、さらに県下においても稀な遺物といえよう。

2　鉄炮伝来

これまで鉄炮は、南浦文之が慶長十一年（一六〇六）に編纂した『鉄炮記』[13]から、天文十二年（一五四三）にポルトガル人によって種子島（鹿児島県）に伝来したとされてきた。しかし、近年の研究により、種子島を含む西日本の一帯に、すでに多くの鉄炮が伝えられていたことが分かってきた。さらに現存する鉄炮の構造あるいは形姿から、我が国に伝えられた鉄炮は、ヨーロッパで作られたものではなく、東南アジアで作られたものであることも分かってきた。そして鉄炮を伝えた主な勢力は、当時東シナ海を中心に広く活動した倭寇《わこう》であったと考えられる[14]。

当初、南蛮渡来の鉄炮は、天文二十年（一五五一）に石山本願寺の坊官である下間《しもつま》頼言が雁《かり》を射止めたというように、狩猟の道具として使われていた。翌二十一年（一五五二）には、十三代将軍足利義輝が、鉄炮に使う焔硝（火薬）を石山本願寺に所望し、泉州堺（大阪府堺市）から十斤（六キロ）の焔硝を取り寄せて献上した[15]。言うまでもなく、鉄炮に火薬は必要不可欠である。火薬は、もともと中国の唐の時代に発明され、これがモンゴル帝国の侵攻によってヨーロッパに伝えられた。それは、可燃物の木炭と硫黄に酸化剤の硝石を混ぜて作る。当時、国内で硝石を採取することは難しく、その多くを輸入に頼っていた。ゆえに火薬自体が貴重であり、町打に用いる火薬の量あるいは成分の調整も、有効利用に眼目を置くのはいうまでもない。

これと同時に鉄炮は贈答品として扱われ、豊後国（大分県）の大友義鎮が、肥前国（長崎県）の守護職を獲得するために、炮術に傾倒する将軍義輝に鉄炮を贈って歓心を買い、天文二十三年（一五五四）に念願を達成した。その返礼として永禄三年（一五六〇）に太刀・馬・石火矢《いしびや》と共に種子島筒を贈っている。この種子島筒は、種子島で作られた鉄炮、あるいは種子島の技術を基に作られた鉄炮と考えられる。また石火矢は、火薬で石を飛ばす大砲のことであり、代表的遺物として靖国神社（東京都千代田区）の遊就館の収蔵品がある。その起源もヨーロッパにあるが、我が国に伝えられた石火矢は、鉄炮と同じく東南アジアで作られたものである。

以降、火薬の製法あるいは鉄炮の放ち方等を教える炮術師が各地に現れ、諸国をまわって技術を広めた。これらのことから、鉄炮が本格的に武器として使われるようになったのは、伝来から十数年後の天文年間（一五三二〜五五）のおわり頃ではなかろうか。ちなみに鉄炮による死者の初見は、管見の限り『言継卿記《ときつぐきょうき》』[16]の天文十九年（一五五〇）の記述であり[17]、また銃創治療の初見は、永禄五年（一五六二）に九州の博多でポルトガル人医師の指示のもとで行われた弾丸摘出手術である[18]。

守田迺神社

そして守田迺《もりたの》神社（長野市高田）には、炮術師の一派である岸和田流の文禄三年（一五九四）の秘伝書『鉄炮之大事』が伝えられている。これによると、鉄炮は「大唐」（中国）から筑紫（福岡県）、豊後国に伝わり、「そこふ」という村で「きしのわだ」という薩摩国の商人が鉄炮で鹿を撃つ狩猟を見て、これに習って技術を習得して一流を興したとある。ここでも鉄炮が狩猟の道具として使われていたことが示されている。これと共に、信濃にも早くから炮術が伝えられていたことが分かる。さらに鉄炮伝来を日本の弓矢を治めるためと説き、鉄炮の玉に当たる者は不幸であるが、即身成仏は疑いないとしている。これは、災害を除き、怨敵《おんてき》を降伏させる不動明王の憤怒《ふんぬ》の形相をあらわし、そこに真言密教の思想が充満していることを示している。

ここで注目すべきは、我が国が戦乱の時代であるにもかかわらず、すぐに鉄炮を武器として用いなかったことである。ふつうに考えれば、弓より威力がある飛び道具を、即戦力として用いるのは当然のように思われる。しかし、当時の人々にとって鉄炮は、贈答品に値する貴重品であったのである。これは、甲冑・刀剣・馬等と同等の扱いであり、すなわち日本人の戦争観を示すものと理解されよう。さらに炮術にまで仏教の思想を取り込んで、鉄炮を用いることの意義を説いている。

ゆえに、「戦国時代＝鉄炮」という観念も、「戦国時代＝当世具足」という観念と同じように、すぐには当てはまらないのではなかろうか。鉄炮が伝来して間もない室町時代後期は、未だ「腹巻の時代」であり、実際の戦いがどのようなものか、甲冑の様式からも窺い知れるように思われる。こうした観念は、火器主体の近代戦を経験した我々現代人が思い描いた妄想といえるのではなかろうか。

3　信濃国の鉄炮

信濃における最古の鉄炮の記述は、管見の限り『勝山記』（『妙法寺記』）の天文二十四年（弘治元・一五五五）の記述であろう。そこに「旭ノ要害ヘモ武田晴信公人数三千人、サケハリヲイル程ノ弓八百張、鉄炮三百梃入候」とある。これは、同時に武田氏の鉄炮に関する史料の初見でもある。それにもかかわらず、いきなり「三百梃」という数が出てくるのに驚かされる。これは、川中島第二戦のときであり、信玄が善光寺の別当である栗田鶴寿を味方に付け、この支援のために発表したものである。これについて、すでに北条氏・上杉氏に岸和田流の炮術が伝授されているので、武田氏の「三百梃」にも異論はないとする説(19)がある。

しかし、『勝山記』は信憑性が高い史料ではあるものの、これを記したのは郡内（山梨県富士河口湖町）に住む日蓮宗の僧侶であり、軍事に直接関わる者ではない。ゆえに当時の僧侶という身分あるいは立場を考慮したとしても、この時点で弓・鉄炮の数を正確に知り得たとは考えにくく、おそらく本国にもたらされた情報を、そのまま記したのではなかろうか。

この点について、上杉軍（当時は長尾軍）を牽制《けんせい》するために、武田軍が発表したものを、そのまま記したと想像されるのである。ゆえに旭山城をある程度の弓・鉄炮で守備して、「弓八百張、鉄炮三百梃」で備えたと発表すれば、精鋭を誇る上杉軍でも容易に手が出せなかったのではなかろうか。戦場の川中島から遠く離れた本国甲斐の一僧侶の耳に届くほど、この発表は大きかったのであろう。『勝山記』の記述は、そのまま鉄炮の数を示す史料と捉えるより、むしろ信玄の演出による策略の一つとして捉えるべきではなかろうか。これと同時に、鉄炮の威力あるいは脅威を両軍が共に認識していたということになろう。

ちなみに『甲陽軍鑑』品第廿八「村上義清、越後長尾景虎被頼事并上田原同年海野たいら合戦等之事」に、村上義清が天文十七年（一五四八）の上田原合戦で鉄炮を五十挺用いたとあるが、同時に鉄炮伝来を永正七年（一五一〇）としているので、かなり無理があるように思われる。

次にみられる鉄炮の記述は、永禄五年（一五六二）十月十日付の大井左馬允（高政）に発給した武田氏の軍役定書[20]である。大井高政は、佐久郡岩村田の大井氏の一族であり、配下の四十五人の武装について「鑓、三十本」「弓、五張」「持槍、弐丁」に対して「鉄放、壱丁」と定めている。この数は年を追うごとに増えていったと考えられ、同七年（一五六四）五月二十四日付の軍役定書[21]には、三十八人に対して「鉄炮、一挺」と定めている。これは、先の旭山城の守備にあてた人数に対する鉄炮の割合に沿うものとは言い難い。このことから派遣した軍勢が三千であるなら、実際の数は六十丁程度ということになろう。つまり永禄前年において武田軍の鉄炮の需要は、この程度ということになり、主戦武器が槍であったことが読み取れる。

ついで同十二年（一五六九）十月十二日付の市河新六郎（信房）に宛てた軍役定書[22]がある。市河氏は、信越国境付近を領地とする国人領主であり、そこに「弓・鉄炮肝要候間、長柄・持鑓等略之候ても持参」とある。この時期になると主戦武器である長柄槍・持槍より、飛び道具の弓・鉄炮を重視していることが分かる。さらに「知行役之鉄炮不足ニ候、向後用意之事」とあり、鉄炮を重視すると同時に、それを集めるのに躍起になっていることが読み取れる。そして数を集めると共に、「鉄炮之持筒一挺之外者、可然放手可召連之事」とあり、「放手（鉄炮を撃つことができる者）」を連れてくるように指示していることから、それを束ねる組織（鉄炮組）の存在すら窺わせる。ゆえに永禄後期になって急速に鉄炮の需要が高まったことが想像される。

この時期の鉄炮の資料として挙げられるのが一乗谷朝倉氏遺跡（福井市城戸ノ内町）の出土品である。[23]越前朝倉氏が、天正元年（一五七三）に織田信長に攻め滅ぼされたことは周知のとおりである。したがって、ここから出土する遺物は、すべて基準資料になるものといえよう。その中に鉄炮のカラクリが幾つもみられる。おそらく鉄の銃身は持ち去り、カラクリだけが残されたのであろう。これらは、どれも江戸時代の一般的な平カラクリと同じである。

また鉄炮の玉に使う鉛は、金・銀に次ぐ貴重な金属であり、その多くを輸入に頼っていた。そして鉛は溶かして再生すれば、何度でも玉として使える。ゆえに戦いが終われば、可能な限り拾い集めて回収するのは当然である。当時は、金・銀に限らず金属は貴重であり、その入手は我々現代人が想像する以上に難しいものであったろう。

ゆえに佐久市の包腹巻にみられるように、小札あるいは鉄板は何度もリサイクルして使っている。その中には、前回使ったときの穴を残したまま、小具足や兜に作り替えられたものもあり、さらには鍋・釜等の他のものに使われることさえある。[24]これは、刀剣も同じであり、諏訪上社・池生神社には、薙刀（長巻）を改造した刀がある。こうした遺物が示す状況から中世の甲冑武具・刀剣、さらには軍装の実態が垣間見られるのではなかろうか。

そして武田軍が鉄炮の玉避けとして、早くから竹を束にした楯を使っていたことが知られている。『甲陽軍鑑』品第卅二「氏康信玄松山城攻付竹束並輝虎山根城攻落之事」に「根本信州かりやはらの城にをひて、竹をたばねて、米倉丹後付よりて、味方の手負すくなく、利運にしたる故也」とある。ここにみる苅屋原城は、[25]武田軍が天文二十二年（一五五三）に攻略したと伝えられる。その城将は、守護小笠原方の将太田長門守（資忠、弥介ともある）であ

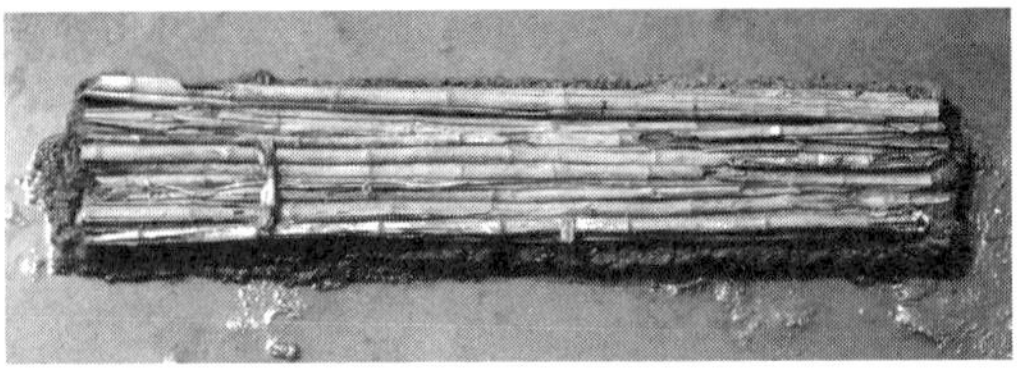

騎西城から出土した竹束

り、敵が放つ鉄炮を前にして米倉丹後守(重継、正継ともある)が考案したとある。[26] しかし、実際に「城のはやく落る事、米倉が(古今これなき)武略、「竹」たばの故也」と玉避けの楯として使うことを進言したのは、永禄五年(一五六二)の北条軍との連合による松山城[27]攻めのときである。

こうした楯は武田軍だけでなく、他でも使っていたようであり、騎西城から上杉軍が使ったと思われる竹束が出土している。[28] これを、米倉が天文二十二年に考案したとしても、当時の戦いの様相を思い浮かべると、はじめは鉄炮の玉避けというより、矢避けとして使っていたように思われる。楯は、野戦・攻城戦を問わず、中世において重要な防御兵器の一つである。

加えて長野県下において松本城鉄砲蔵の赤羽コレクションが知られている。これは、平成三年(一九九一)に文化庁の鉄砲刀剣審査員であり、日本鉄砲史学会会員でもあった赤羽通重氏が松本市に寄贈されたものであり、全国屈指の鉄炮あるいは関連資料収集の規模を誇るものである。

本文の作成にあたり、宇田川武久氏のご著書を参考にさせていただいた。ここに謹んでお礼を申し上げる次第である。

註

(1)『角川日本地名大辞典』20長野県(角川書店　一九九〇年)

(2)カラクリ=鉄炮の火薬の発火に関わる機関部。毛抜板・火縄鋏・火蓋・火皿等。

(3)元目当=的を定めるための照準となる銃身の手前にある金具。

(4)中目当=的を定めるための照準となる銃身の中ほどにある金具。

(5)先目当=的を定めるための照準となる銃身の先端にある金具。

(6)台木=銃身を乗せる土台となる木の部分。

(7)肥後国(熊本県)熊本藩細川家臣下の稲富祐直を開祖とする炮術の流派。

(8)宇田川武久『日本の美術―鉄砲と石火矢―』(至文堂　一九九八年)

(9)豊後国(大分県)佐伯藩主毛利伊勢守(高政)を開祖とする炮術の流派。

（10）所荘吉『火縄銃』（雄山閣　一九八九年）
（11）宇田川武久編『鉄砲伝来の日本史』（吉川弘文館　二〇〇七年）
（12）図録『備え―真田家の甲冑・武具』（真田宝物館　二〇〇二年）
（13）『日本史重要史料集』（浜島書店　一九九四年）
（14）宇田川武久『真説　鉄砲伝来』（平凡社　二〇〇六年）
（15）大阪市中央区にあった浄土真宗の寺院。
（16）藤原氏北家西条院の公家山科言継の日記。
（17）註（14）と同じ。
（18）服部敏良『室町安土桃山時代医学史の研究』（吉川弘文館　一九七一年）
（19）註（14）と同じ。
（20）柴辻俊六等編『戦国遺文』武田氏編第一巻（東京堂出版　二〇〇二年）八〇三号
（21）柴辻俊六等編『戦国遺文』武田氏編第一巻（東京堂出版　二〇〇二年）八九二号
（22）柴辻俊六等編『戦国遺文』武田氏編第二巻（東京堂出版　二〇〇二年）一四六一号
（23）企画展図録『戦国大名朝倉氏』（福井県立一乗谷朝倉氏遺跡資料館　二〇〇二年）
（24）金山順雄「発掘された小札探訪（十）」（『甲冑武具研究』181号　二〇一三年）
（25）松本市刈谷原町にあった山城。
（26）土橋治重『武田武士の系譜』（新人物往来社　一九七二年）
（27）埼玉県比企郡吉見町南吉見にあった平山城。
（28）竹村雅夫『上杉謙信・景勝と家中の武装』（宮帯出版社　二〇一〇年）

長福寺の宝物

龍源山長福寺は、木曽町福島にある信州木曽路の古刹である。寺伝によると、草創は古く大宝二年（七〇二）[1]の岐岨（木曽）山道が開けた頃、当郷薬師付近に創立され、後に小丸山城の城下に移り、富田山長福寺と称したという。

長福寺山門

さらに永享二年（一四三〇）に源義仲から数えて十三代目にあたる木曽豊方が一宇を創建して、寺領山林等を寄進し、鎌倉の浄智寺を開山した仏眼禅師の弟子竺隠和尚を請じて開山したとされる。（2）隣接する興禅寺と共に木曽家の菩提所として栄え、江戸時代には木曽代官山村家の菩提所として栄えた。境内には、初代義仲・十三代豊方・十六代義元等の墓碑、そして十九代義昌が義父武田信玄の遺徳を偲び、建立したと伝えられる墓碑がある。しかし、ここに伝わる木曽氏の系譜に疑義があることは前述のとおりである。

長福寺は、文禄三年（一五九四）・嘉永三年（一八五〇）・昭和二年（一九二七）と三度の火災に遭い、寺宝のほとんどを焼失した。しかし、明治四十三年（一九一〇）に撮影された古写真に、これ以前に所蔵されていた武具・馬具等の宝物がみられ、実に興味深い。何分にも不鮮明な写真であるため、分かりにくい部分も多々あるが、順を追って検証していきたい。

1　古写真にみられる馬具と武具

まずは二組の馬具からみていきたい。便宜上、右を鞍①とし、左を鞍②とする。どういう訳か①②は共に鞍山《くらやま》を後向きにして飾られている。その形状から義元所用とする鞍①は水干鞍《すいかんぐら》、義昌所用とする鞍②は布袋鞍《ほていぐら》とみられる。水干鞍は、中世の普段着である水干を着て使う鞍という意味であり、すなわち平素使う鞍のことである。これに対して戦いに使う鞍を軍陣鞍《ぐんじんぐら》と呼ぶ。布袋鞍は、その中間的なものとして、需要が拡大した室町時代にみられる。（3）

水干鞍は、各時代を通じて形姿をほとんど変えていない。ゆえに年代の特定が難しい。しかし、鞍①をよくみると、近世のものよりやや太く作られた感がある。ゆえに義元所用といえるか否かは明らかではないが、室町時代のものである可能性が高いように思われる。また鞍②の中央には、桐紋を透かす紋轡《もんぐつわ》(4)がみられる。紋轡は、室町時代後期以降にみられ、ゆえに鞍②を義昌所用とする伝承は大いに頷けよう。

①②二組の鐙《あぶみ》は、この写真からは詳細不明な点が多く、年代を特定することは難しい。しかし、正面の渡《わたり》(5)と呼ぶ部分が、近世のものよりやや長い感があり、これらも室町時代のものである可能性が高いように思われる。そして、注目すべき点は、共に尾錠《びじょう》(6)の釘《くぎ》を内側にして飾られている点である。

鐙の展示は、各地の馬具展や武具展で盛んに行われている。しかし、その左右、つまり展示に際して尾錠の釘を外にするか、内にするか、一貫性がみられないのである。前者は釘が外にあるので、居木《いぎ》(7)からとる力革《ちからがわ》(8)に掛け易い。この場合、力革の先にある茄子革《なすびかわ》(9)が釘によって持ち上がり、鐙に足を掛けて行動するのに不都合に思われる。

そこで後者をとる訳だが、使い込んだ鐙をよくみると、釘側が反対側に比べて擦れていることが分かる。さらに足を置いた位置を確認すると、踵《かかと》から釘の反対側に爪先が延びていることが分かる。そして正面に施す蒔絵《まきえ》あるいは象嵌《ぞうがん》の図案は、その左右を示す根拠となろう。この場合、前者に比べて力革に掛けにくいことは事実である。しかし、元来は鐙を逆さに持って、釘を外にして掛けるのである。(10)このようにすれば、後者の不都合はなくなる。いずれにしても①②の鐙は、その左右を示しているといえよう。

次に「巴御前の薙刀」をみたい。刃長二尺(六〇・六センチ)余はあろうか。江戸時代の薙刀とまったく異なる形姿であり、元幅と先幅がほとんど変わらないようにみえる。これは、諏訪上社あるいは池生神社の刀も同じである。しかし、この形姿をみる限り、少なくとも巴御前の時代とするのは難しいように思われる。やはり室町時代とするのが妥当ではなかろうか。

次に右端の甲《よろい》をみたい。これには「義仲所用」とあり、やや細かい小札物の腹当とみられる。前立挙二段・長側三段・草摺《くさずり》は前一段のみがみられる。中世の腹当としては松浦資料館(長崎県平戸市)が収蔵する「紅糸威腹当」(重文)が著名である。これは、草摺を前二段、左右一段としている。しかし、古写真の腹当は一段目がすでに菱縫板《ひしぬいいた》(11)のようであり、威が切れた様子もみられない。ゆえに当初から一段であったと思われる。また威毛に濃淡がみられない点、あるいは柔軟な感がある点等から、単色の糸威《いとおどし》(12)と思われる。金具廻の形状も室町時代後期の定形で、胸板の高紐をとる三孔式の孔がはっきりみえる。その前に置かれているのは篠籠手であろうか。いずれにせよ、義仲の時代とするのは無理なようである。

　最後に中央に横たわる「義仲の陣太鼓《じんだいこ》」をみたい。直径三尺（九〇・九センチ）はあろうか。堂々たる胴長の大太鼓である。近世の大太鼓は胴の中央を太く作るが、これはほぼ同寸にみえる。また荒く削られた地肌、あるいは中央に打たれた鐶の座金は、実に素朴な作柄をみせる。その大きさから想像すると、城や館の門等に備え付けられていたものと思われる。この製作年代については不明な点が多く、必ずしも明らかなことはいえない。しかしながら、義仲の時代とするのは難しいように思われる。むしろ、他の遺物と同じく、室町時代とするのが妥当ではなかろうか。

長福寺に残る古写真

　以上、長福寺旧蔵の宝物について、一枚の古写真から分かる限りを述べてきた。これらの遺物は、主に室町時代のものと推定され、鞍②の所用者とされる義昌あたりの年代とするのが妥当に思われる。

　義昌は、信玄の娘（真龍院）を娶ることにより武田氏と通じ、穴山氏・望月氏・葛山氏・仁科氏等と並び親類衆に属した。そして武田氏に帰属することにより、木曽谷での勢力を盤石なものに築き上げた。これらの遺物は、木曽氏の威勢を示すのにふさわしく、ゆえに焼失が惜しまれる。

　平成十五年（二〇〇三）十月二十日、読売新聞夕刊に「時代映す巴の雄姿」と題して長福寺の長刀（薙刀）のカラー写真が掲載された。著者が長福寺の古写真を調査したのは、平成十二年（二〇〇〇）であり、翌年「長福寺の宝物」と題して『甲冑武具研究』133号に発表した。このとき対応していただいたご住職の奥様に火中品について尋ねたところ、ご返事がいただけなかったことを覚えている。その点、薙刀の記事に戸惑いを隠せない。さらに他の武具・馬具の残存についても気になるところである。

このため再調査を願い出たところ、ご住職と日程の調整がつかず、断念せざるを得なかったことが心残りである。ゆえに掲載された写真と記事をもとに述べると、刃長一尺七寸五分（五三・〇センチ）の菖蒲造に薙刀樋をきり、身幅は先ほどやや広く、わずかに反りがある。また茎の長さから想像して大磨上と考えられ、おそらく諏訪上社あるいは池生神社の刀と同じく薙刀直しと思われる。これは、古写真にみる薙刀とされ、昭和五十年（一九七五）頃に再刃が施されたとある。(13)

これと同時に錆身の刀身が掲載された。刃長二尺（六〇・六センチ）程度の鎬造で反りが低く、鋒がやや延び、茎の下部に目釘穴が一つある。その形姿から想像して大磨上と考えられるが、これは古写真にみられず、その伝承は不詳である。

さらに長屋隆幸氏から興禅寺にも甲冑の残欠があるという情報をいただき、平成二十四年（二〇一二）に調査した。これは、金箔押の三物・小具足の部位であり、近世甲冑（当世具足）の火中品と確認された。その折、昭和二年の木曽町福島の大火について尋ねたところ、規模の大きさに驚かされた。ご住職が言われるには、町内の一円が燃え尽きて、残されたのは興禅寺の土蔵のみだったとのことである。

2　木曽氏の動向とその後の経緯

天正十年（一五八二）、木曽義昌は、信長の誘いに乗じて武田氏を離反し、織田氏にねがえる。これが、織田・徳川軍による甲州征伐の引金となり、結果として武田氏は滅びる。木曽氏は、この功により筑摩・安曇両郡を加増され、拠点を府中（松本市）に移した。

しかし、本能寺の変の後、信濃に侵攻した織田軍は総崩れとなり、木曽氏は上杉氏の支援を受けた小笠原の旧臣との抗争の末、徳川家康と盟約を結び、木曽谷と筑摩・安曇両郡の所領を安堵された。ところが、秀吉と家康の対立により、義昌は家康との盟約に叛いて、次男義春を人質として大坂城に差し出した。そこで徳川方は、妻籠城(14)を攻めるものの、城番の山村甚兵衛（良勝）の守りは固く、苦戦を強いられて撤退を余儀なくされた。そこに、家康の木曽氏への懸念が生じたと伝えられる。

天正十八年（一五九〇）、小田原の陣の後、木曽氏は家康と共に関東に移封され、下総国海上郡阿知戸に一万石を与えられた。文禄四年（一五九五）に義昌が死去すると、嫡男義利が木曽氏を後継した。しかし、義利は叔父である上松義豊を殺害するなど、粗暴な態度を示すようになり、家康によって阿知戸を追われることになる。その後、義利の母である真竜院は、末子の義通と共に木曽に戻り、正保四年（一六四七）に九十八年の生涯を閉じたと伝えられる。

また旭市網戸の東漸寺には、木曽義昌所用と伝えられる頭形兜《ずなりかぶと》(15)と目《め》の下頬《したぼお》がある。しかし、その形姿をみる限り義昌が死去した文禄四年以前のものとは考えにくいように思われる。

本文の作成にあたり、木曽町日義の郷土史家の故田中健治氏にお世話をいただき、馬具の研究にも精通しておられた甲冑師の故佐藤敏夫氏のご助言を参考にさせていただいた。ここに謹んで両氏のご冥福を祈る次第である。

註

（1）木曽郡木曽町福島にあった山城。

（2）『長野県姓氏歴史人物大辞典』（角川書店　一九九六年）

（3）甲冑師・故佐藤敏夫氏のご教示による。

（4）紋轡＝各種の紋をあしらう轡。

（5）渡＝鐙の本体と尾錠を繋ぐ部分。

（6）尾錠＝鐙の上端にあり、力革の穴に釘を刺して留める部分。

（7）居木＝前後の鞍山を繋ぐ板。

（8）力革＝馬具の一種。居木から取り、左右の鐙を吊る革製の具。

（9）茄子革＝力革の片方にあり、尾錠を覆う茄子の形の革。
（10）笹間良彦『図説日本合戦武具事典』（柏書房　二〇〇四年）
（11）菱縫板＝菱縫を施した小札板。逆板にもみられるが、主に裾板を意味する。
（12）糸威＝糸（組紐）を使った威毛。
（13）読売新聞大阪本社編『歴史のかたち』（淡交社　二〇〇五年）
（14）木曽郡南木曽町吾妻にあった山城。
（15）頭形兜＝「牛伏寺の兜」参照。

諏訪湖博物館の兜

諏訪湖博物館

神長官守矢史料館

諏訪湖博物館は、昭和二十七年（一九五二）に諏訪下社秋宮の神饌所《しんせんしょ》において、神社宝物館と共用で開館したことにはじまる。その後、昭和四十六年（一九七一）に独立した博物館として下諏訪町高浜に移転開館された。さらに平成五年（一九九三）、町制百周年の記念事業の一環として現在地（諏訪郡下諏訪町西高木）に建設された。館内には、諏訪湖に関する民俗・歴史・美術等の資料が展示されている。その中に一頭の兜がある。

これは、上社の神長官である守矢家に伝来したものである。守矢氏は、洩矢神《もりやしん》と呼ぶ諏訪信仰を担う神の末裔と伝えられ、中・近世を通じて上社の筆頭神官である神長官を務めた。

天文十一年（一五四二）、武田軍は突如として諏訪に攻め寄せ、諏方惣領家を滅ぼした。その後、社家衆として唯一守矢家の当主である頼真は、諏方満隣・満隆兄弟（惣領頼重の叔父）等と共に武田氏の諏訪支配を先導し、戦勝を祈願して信玄（当時は晴信）の信頼を得た(1)。

　この兜は、全体が白熊《はぐま》（ヤクの毛）で覆われ、いかにも江戸時代の浮世絵、あるいはヒロインの八重垣姫で知られる浄瑠璃「本朝廿四孝」に登場する武田信玄の兜そのものである。また『甲陽軍鑑』品第五十二「長篠合戦付高坂迎に出る事幷弾正諫言之事」に「諏訪法性上下大明神と前たてにあそばさる、御甲、信玄公御密蔵の故、諏訪法性の御甲と是を申」とある。そして信玄自身も軍神である「諏方法性《すわほっしょう》」になりきり、自ら「法性院《ほっしょういん》」と号して信濃侵攻の正当性を訴えたと伝えられる(2)。また雲峰寺には、これを示す旌旗も残されている。

1　六十二間小星兜

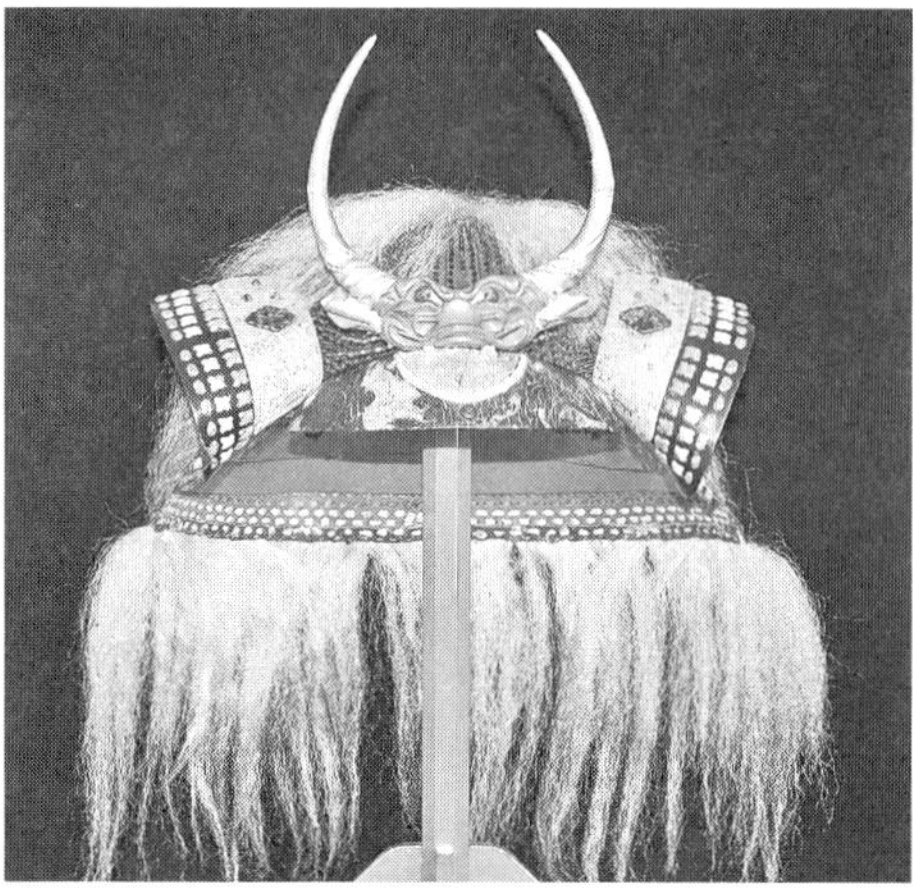
六十二間小星兜（諏訪湖博物館蔵）

　この兜は、やや尖り気味の小星を一行に三十点打つ六十二間小星兜である。現状では錆塗《さびぬ》り(3)が施されているが、所々星が飛んでいるので、火中品の可能性が高いように思われる。𩊱は、板物の三段の笠𩊱を紅糸で毛引に威し、上二段を左右に大きく返して吹返とする。その表面を絵韋で包み、中央に鍍金を施す花菱紋の据文がみられる。裾板には、紅白二段の菱縫があり、その下に啄木打《たくぼくうち》(4)の畦目がある。ふつう畦目と菱縫は、交互に配置するが、この兜はすべて一線上に並んでいる。さらに畦目と菱縫の位置が逆である。これは、甲冑の構造上あり得ないことであり、明らかに方式を無視していると言わざるを得ない。
　また兜を覆う白熊は、天辺と𩊱の裾板の二段に分かれている。この場合、兜全体を覆うものを兜蓑《かぶとみの》と呼び、𩊱だけを覆うものを腰蓑《こしみの》と呼ぶ。

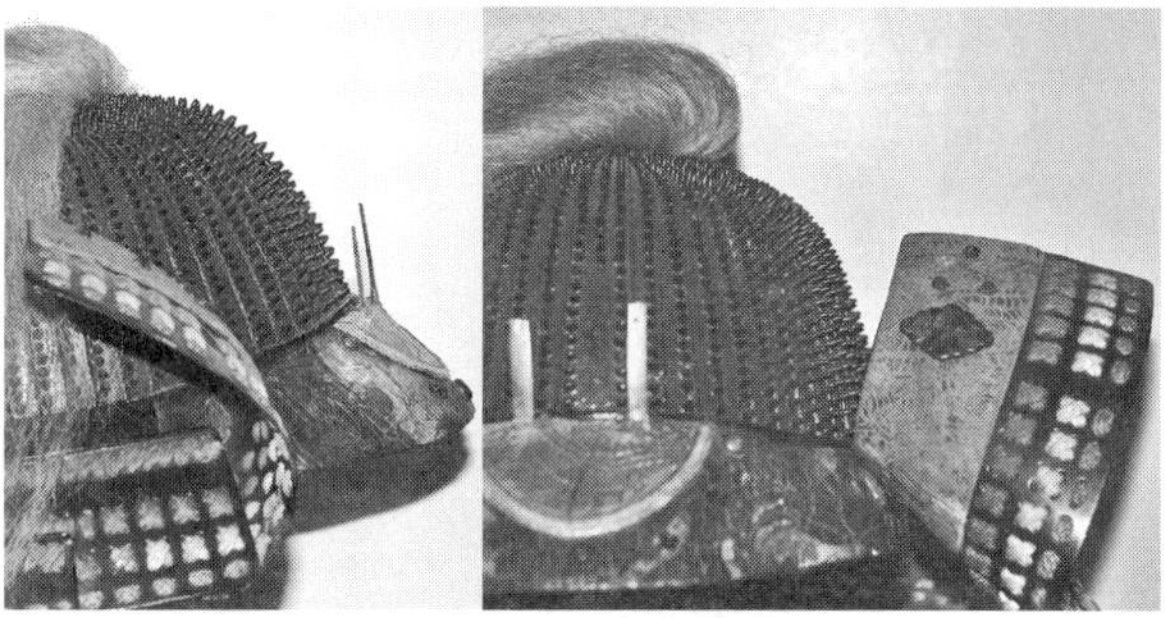

六十二間小星兜（右）正面・（左）側面（諏訪湖博物館蔵）

本来は、いずれも兜を雨露から保護するために付けるが、江戸時代になると装飾として付けるようになる。ふつう兜蓑は毛を束ねて天辺の穴に差して取り付け、腰蓑は毛をまとめて鉢付板に設けた綰に留めて取り付ける。しかし、総髪形兜《そうごうなりかぶと》(5)の影響から長い毛を兜鉢あるいは鞆に直接植えたものもある。前立は、伝承の神号とは異なり、木彫に朱塗りと金箔を施す獅嚙である。

この兜は、信玄が用いた「諏方法性の兜」の一つと伝わるが、鞆に方式を無視した点が認められるので、おそらく実用品ではなく、諏訪を舞台にした「本朝廿四孝」にあやかって作られたのではなかろうか。その際、浮世絵を参考にして、武田信玄の「諏方法性の兜」をイメージしたのであろう。ゆえに兜の製作年代を江戸時代とするのは妥当である。(6)

しかし、著者が注目するのは、この精緻に作られた六十二間の小星兜鉢である。それは、小振りで肩が張り、四方に響穴《ひびきのあな》もみられる。そして作柄を決定付けるのが星の打ち方である。すなわち正面の一行だけ裾に星がないことである。この一行は、全体の調和をとるための装飾であり、兜鉢の矧ぎ合わせのために打つ鋲の役目を果たすものではない。現在は前立を立てる並角元《ならびつのもと》(7)がみられるが、この出眉庇にはもともと祓立《はらいだて》(8)が付いていたと思われる。つまり祓立が重なる部分の星を略したのである。さらに腰巻も水平に開き、左右後に鉄鐶《てっかん》もみられる。これは、寒川神社の兜と同じであり、腰巻も製作当初のまま残された可能性が高いように思われる。

これらの特徴は、上州系の作者にみられ、兜鉢は古物を利用したのではなかろうか。その形姿は、同系と思われる川中島出土と伝えられる兜鉢によく似ている。この両者を見比べると、腰巻の形状から諏訪湖博物館の兜の方がやや古いように思われる。ゆえに上社の神長官である守矢家に伝来したのであれば、武田氏に関わる遺物としての

八重垣姫の像

可能性も十分に考えられる。もしかすると守矢家の蔵の奥深くに眠っていた古兜を、八重垣姫の物語にあやかって改作したのかもしれない。

兜鉢の裏に金箔を押して、「文永五年八月日」の年紀と「明珍信家作」の作銘を細くきる。文永は、鎌倉時代後期の元号であり、明珍は、甲冑師として著名である。そして『甲陽軍鑑』品第四十三「信玄公軍法之御挨拶人」に「然れ共明珍の星甲なる故、甲は損じて身にあたらず」とあり、明珍の星兜の堅固さを高く評価している。しかし、その銘をきるのは主に江戸時代である。ちなみに信家は、信玄から「信」の一字を賜った名工として、高義・義通と共に「明珍三作」と称えられているので、贋作が多いことでも知られている。(9) ゆえに、これが後銘《あとめい》であることは言うまでもない。また鉢裏に金箔を押すのは、佐久市の「二十六間星兜鉢」と同じである。

ちなみに八重垣姫の像が上諏訪の湖畔公園「ふれあいなぎさ」にある。これが、ひたむきな純愛を描いた物語どおりであるなら、追手が迫る蓑作こと勝頼を案じる八重垣姫は、岡谷方面を向いていなければならない。諏訪は、県下屈指の温泉地として全国に知られている。このため観光用に岸辺を向いて作られているのが何とも愛らしい。

2　諏方法性の兜

「諏方法性の兜」の伝承がある兜は他にもある。その一つが頼岳寺（茅野市ちの上原）に伝来する三鍬形《みつくわがた》(10)を掲げる鯰《なまず》尾形兜《おなりかぶと》(11)である。𩊱は、五段下がりの饅頭𩊱《まんじゅうじころ》(12)で吹返には割菱紋の据文がみられる。これには「天文二十年二月吉日新羅三郎公より武田二十七代法性院信玄（花押）」と金泥で書かれている。しかし、この兜は明らかに近世（江戸時代）のものであり、伝承と異なる遺物と言わざるを得ない。

その点、新庄藩戸沢家に伝来した兜は信憑性が高い。これは、天正十年（一五八二）の甲州征伐に際して、甲斐に攻め込んだ徳川の臣鳥居元忠に武田の旧臣が献上したと伝えられる。その後、元忠の娘が戸沢家に嫁いだが、男子に恵まれなかった。そこで、孫にあたる定盛を養子としたとき、この兜を戸沢家に持参したと伝えられる(13)。

これは、一行に三十三点の小星を打つ六十二間小星兜である。𩊱は、板物で四段の小振りの笠𩊱を紫糸で毛引に威し、上二段をほぼ垂直に立ち上げて吹返とする。その表面に据文が梵字であったことを描き示している。裾板には、小石打の畦目と紅糸の二段の菱縫がみられる。鉢裏には、「上州住　成国作」と作銘をきり、下諏訪の兜と同じく正面の祓立にかかる部分の星を略し、響穴には紫糸の綰も残している。その眉庇は上部に覆輪を廻らし、黒塗りに蔓草の蒔絵が施されている。

また浅間大社の武田勝頼奉納と伝えられる「紅糸威《くれないいとおどし》最上《もがみ》胴丸《どうまる》」（県文）には、かつて「元亀三年壬申二月日」の年紀と「上州住康重」の作銘をきる六十二間小星兜が付いていた。その金具廻は金梨子地に塗られ、桐紋の蒔絵が施されている。全体を真紅に染めた糸で威し、まさに武田の赤備えの赤具足を彷彿させる。この兜の鉢付板には、腰蓑を結ぶための綰が左右後にみられる。そこで、真紅の威毛には、やはり白熊の腰蓑が似合うのではなかろうか。それこそが、まさに「諏方法性の兜」の原形のように思われる。

これを、いつ誰がどのようにして、武田

紅糸威六十二間小星兜〈勝頼奉納〉
（浅間大社旧蔵）

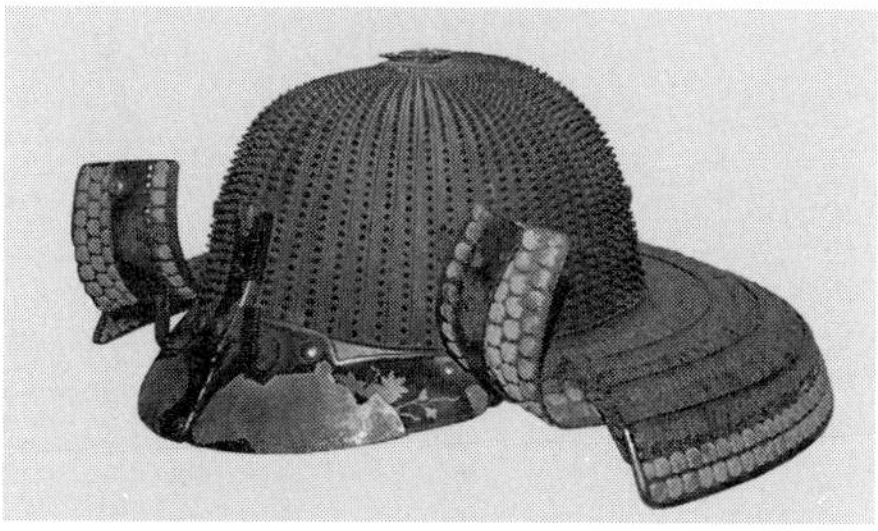

紫糸威六十二間小星兜（戸沢家伝来）

信玄の武装として伝えたのであろう。浮世絵あるいは浄瑠璃にみられる武田信玄の兜は、まんざら作り話でもなさそうである。これに加えて諏訪湖博物館の兜も武田氏に関わる可能性があるように思われる。

また浅間大社にあった兜には、富士山の前立が付いていたので、はじめから奉納するために作られたと思われる。その右吹返に文殊菩薩を表すマンの梵字の据文がみられる。そこで、失われた左吹返の据文は、普賢菩薩を表すアンの梵字と推測される。つまり富士山を中尊仏の釈迦にたとえ、文殊菩薩と普賢菩薩を従えた釈迦三尊を表すと考えられる。そこには富士山を中心とする自然信仰に神仏を習合させた、かつての日本人が持っていた宗教観が示されている。(14)

註

(1)柴辻俊六・平山優編『武田勝頼のすべて』(新人物往来社　二〇〇七年)
(2)笹本正治『武田信玄』(ミネルヴァ書房　二〇〇五年)
(3)錆塗り＝焦茶色の漆で微小な凹凸をつけて鉄錆地に似せた塗り色。
(4)啄木打＝色糸を組み交ぜた常打の紐。
(5)総髪形兜＝兜鉢に毛を植えて頭髪に見立てた変わり兜の総称。
(6)特別展図録『よみがえる武田信玄の世界』(山梨県立博物館　二〇〇六年)
(7)並角元＝二本あるいは三本並ぶ角元。
(8)祓立＝前立を立てるために眉庇の中央に設けた角筒形の金具。
(9)笹間良彦『新甲冑師銘鑑』(里文出版　二〇〇〇年)
(10)三鍬形＝「長岳寺の鍬形台と前立」参照。
(11)鯰尾形兜＝ナマズの尾を形作る変わり兜の一種。
(12)饅頭𩊱＝全体に丸い膨らみがあり、裾板が一直線になった𩊱。
(13)山上八郎『日本甲冑一〇〇選』(秋田書店　一九七四年)
(14)芳賀実成「武田勝頼の兜 余滴」(『甲冑武具研究』96・97合併号　一九九二年)

正行寺の兜

正行寺 山門

大宝山専修院正行寺は、松本市大手にある真宗大谷派の古刹である。寺伝によると、宇治川の戦いで梶原景季と先陣争いをしたことで知られる佐々木高綱が建立したという。室町時代後期には、武田軍の信濃侵攻に従い、共に石山本願寺を支援した。また一説によると、その一党が先方衆として信玄に仕え、伊奈（上伊那郡）に領地を与えられていたと伝えられるが、『甲陽軍鑑』『甲斐国志』(1)等にもみられず、詳細は不明である。

この寺には、佐々木高綱が所用したと伝えられる兜がある。平成二年（一九九〇）八月の信州旅行の折、長年の念願であった兜を拝見し、その生な形姿に言い知れぬ感動を覚えた。

1　十六間筋兜《じゅうろっけんすじかぶと》

この兜は、阿古陀形なので、一見して室町時代末期の作と分かる。その兜鉢は、十六枚の台形の鉄板を矧ぎ合わせて作られている。表面に薄く錆止め程度に黒漆を塗り、四天鋲《してんのびょう》(2)と響穴がみられる。眉庇は、周縁に赤銅の覆輪を廻らし、藍韋《あいかわ》(3)で小縁《こべり》(4)をとった溜塗りの皺革《しぼかわ》(5)で包み、色糸（配色不分明）で細かい伏組《ふせぐみ》(6)が施されている。

鍬形台は、赤銅に枝菊模様を透かし、八重菊を散らしている。この兜の注目すべき点は、祓立から鍬形台の右にかけて、鋭い太刀傷《たちきず》がみられる点である。ありし日の激闘を物語る生々しい傷痕であり、全国的にも稀な遺例といえる。

この兜は、八幡座・後勝鐶等を欠損しているものの、製作当初から一度も手が入らぬまま今日に至ったことは誠に有難く、特に薫韋の浮張《うけばり》を残すのは貴重である。近世になると浮張に布帛が使われ、その多くに百重刺《ももえざし》(7)が施されている。中世初頭（平安・鎌倉時代）の兜は、鉢裏に直に韋を張っていた。これ以降、戦いが打物に変わると、衝撃を緩和するために頭から兜鉢を浮かす浮張が生じる。この兜にみられるように、当初の浮張は韋であり、これが天正年間（一五七三〜九二）のはじめ頃に布帛に替わり、次第に精巧な百重刺を施すようになる。

鉢裏の前正中に「春田宗次」の作銘をきる。宗次は、南都（奈良市）の甲冑師である春田派の一人であり、室町時代後期から江戸時代前期にかけて同銘を数代にわたり襲名したと考えられ、作品も多く残している。[8] その初期のものは、この兜のように粗製の阿古陀形筋兜が多いが、中には桧垣総覆輪を施す高級品もある。

十六間筋兜（正行寺蔵）

春田宗次の銘

𩊱は、鉢付板のみを残し、その札丈《さねたけ》[9]から考えると二段程度であったと想像される。それは、板物の革着《かわぎせ》[10]に黒漆を塗り、五行の素懸威であったことが分かる。また毛立《けだて》の穴[11]に残る糸片から黒糸威《くろいとおどし》であったことも分かる。古くは濃い紺糸威《こんいとおどし》を黒糸威と呼んでいたが、室町時代後期に新たに純黒の染めが始められた。これを八幡黒《やわたぐろ》と呼び、鉄汁を使って繊維を煮詰めて純黒に染め上げるので劣化が著しい。この呼称は、山城国八幡山下大谷に住む神人によって染め出されたことに由来する。[12] この兜の威毛は、まさに八幡黒による黒糸威である。

また毛立の穴の下にも二孔一組の小さな孔がみられる。これは、鉢付板と二の板を綴じ付ける孔と考えられ、𩊱の足掻きを留めて一体にするためのものであろう。その後、大聖勝軍寺（大阪府八尾市）あるいは吉川《きっかわ》史料館（山口県岩国市）の阿古陀形筋兜のように、威毛を略して鉢付板と二の板を鋲で留めた𩊱がみられるようになる。これらの製作年代は、室町時代末期とされているが、おそらく天正年間にかかるものと思われ、厳密にいえば安土桃山時代ということになろう。

この兜は、言うまでもなく佐々木高綱の年代のものではない。また伝承どおりであるなら、高綱の子孫が室町時代末期に用いたのであろう。総体に黒一色の兜であるから、同じ黒一色の胴丸あるいは腹巻に付いていたと思われる。また鞖が板物の革着なので、胴・袖も伊予札の革着あるいは板物の革着ではなかろうか。

2　赤備えと黒備え

武田軍に「赤備え」と呼ぶ一軍があることは周知のとおりである。それは、甲冑・馬具・旌旗・刀装に至るすべてを赤（朱）一色で統一し、常に突撃部隊として活躍したと伝えられる。その遺物として浅間大社の「朱札茶糸威胴《しゅざねちゃいとおどしどう》丸《まる》」がある。その仕立は、前立挙三段・後立挙四段・長側四段であり、草摺は、十二間の六段下がりである。これには六段下がりの広袖が付き、前後の立挙の段数を加増しているので、おそらく天正年間（一五七二～九二）のはじめ頃のものと思われる。この時期の甲冑の変遷過程については、後に詳しく述べることにする。

そして『甲陽軍鑑』品第十七「武田法性院信玄公御代惣人数之事」にみる「赤備え」の内訳は、内藤修理正（昌秀）＝二百五十騎・山県三郎兵衛（昌景）＝三百騎・浅利（右馬助昌種、信種ともある）＝百二十騎・小幡上総介（信真）＝五百騎、計千百七十騎である。また『信長公記』巻八「三州長篠御合戦の事」に、「三番に西上野小幡一党、赤武者にて入替わりかゝり来候」とあり、その勇猛ぶりを伝えている。

しかし、この数はあくまでも「御代惣人数」であり、これが同時に存在していた訳ではない。つまりここにみられる浅利昌種は、永禄十二年（一五六九）の北条軍との三増峠の戦いで討死しており、その後、この一軍は内藤昌秀が引き継いだ。ゆえに内藤修理正＝二百五十騎に浅利＝百二十騎も含まれていることになろう。また山県三郎兵衛＝三百騎は、赤備えの元祖といわれる兄の飯富兵部少輔（虎昌）が、義信事件[13]に加担した罪を被り、自害した後に引き継いだものである。

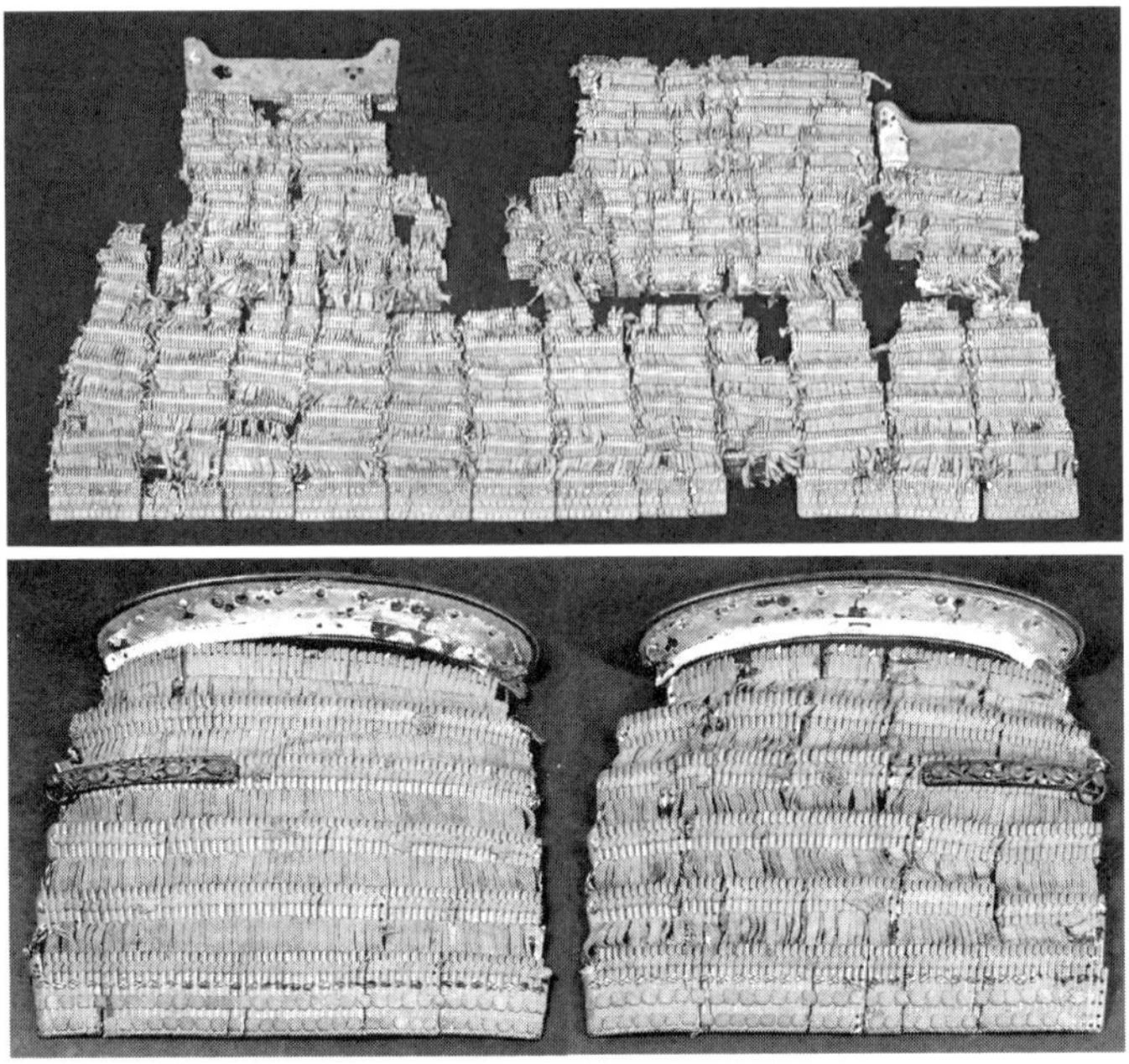

（上）朱札茶糸威胴丸・（下）広袖 一双（浅間大社蔵）

さらに『信長公記』には「四番、典厩一党黒武者ニ而懸来候」とある。典厩は、もともと馬寮の長官を務める官職の左馬頭・右馬頭の唐名であり、ここにみられる典厩は、武田左馬助（信豊）のことである。その部隊を「黒武者」と表現しているので、「赤備え」に対して「黒備え」と呼ぶべきではなかろうか。信豊の父信繁（信玄の弟）も左馬助を名乗り、これを「古典厩」と呼ぶ。信繁は、川中島第四戦で上杉軍との激闘の末、千曲川を背にして討死したと伝えられ、亡骸を葬った典厩寺の寺名は、彼の名に由来する。その後、嫡男の信豊が後継者として父と同じ官途名を名乗った[14]。

信繁・信豊父子の部隊は、いわば武田軍の中核を担う一軍であり、こうした軍装の存在は、興味をそそるところである。あるいは、この兜の所用者もその一員ではなかろうか。その生々しい太刀傷は、まさに実戦を彷彿させるものであり、所用者の奮戦ぶりが偲ばれる。疵がついたのは、永禄四年（一五六一）の川中島第四戦とも考えられるが、その形姿をみる限り信豊が活躍した長篠・設楽原の戦いの方がふさわしいように思われる。

正行寺の兜は、管見の限り県下に伝わる最古の兜であり、これまで研究者の間でのみ知られてきた。県下一の名冑といえるものであり、今後文化財として高い評価が期待される。

なお「武田騎馬軍団の様相」あるいは「攻城戦の実態」については、前著『武田信玄・勝頼の甲冑と刀剣』を参照していただきたい。

註
(1)文化十一年(一八一四)に松平定能が幕命のもとで編纂した甲斐国の地誌。
(2)四天鋲＝主に筋兜の鉢の四方に打つ鋲。
(3)藍韋＝藍で漬染あるいは引染した紺色の韋。
(4)小縁＝革所あるいは家地の外郭に沿って廻らす韋あるいは布帛。家地＝甲冑に使う布帛類の総称。
(5)皺革＝皺立てた上に漆を塗った馬革。
(6)伏組＝色糸を交互に使って地韋と小縁を縫い合わせる装飾。
(7)百重刺＝布帛を用いて、中心部から螺旋状に刺縫を行いながら、兜鉢に合わせて半球形に絞って浮張を作ること。
(8)笹間良彦『新甲冑師銘鑑』(里文出版　二〇〇〇年)
(9)札丈＝小札の高さ。
(10)革着＝漆の下地の一種。生地を革で包んだ上に漆を塗る下地。
(11)毛立の穴＝小札の上から三段目にあり、下段への威を表側に出すための穴。
(12)山岸素夫・宮崎眞澄『日本甲冑の基礎知識』(雄山閣　一九九〇年)
(13)永禄八年(一五六六)に信玄の嫡男義信が信玄に謀反を企てた事件。
(14)柴辻俊六編『武田信玄大事典』(新人物往来社　二〇〇〇年)

長岳寺の鍬形台と前立

昭和六年(一九三一)、佐久市岩村田の龍雲寺で信玄分骨の古壺が発見され、その中にあった袈裟《けさ》の環《かん》(象牙製)に「大檀越信玄于時天正酉年四月十二日於駒場卒、戦時為舎利納茲、北高和南頂礼百拝」と記されていた。そこで、駒場の広拯山長岳寺(下伊那郡阿智村)が、武田信玄終焉の地として脚光を浴びるようになったのである。しかし、

長岳寺 山門

この古壷発見の経緯あるいは環の刻字等に一部で疑義が唱えられている。

長岳寺は、もともと阿智村駒場市の沢にあったが、昭和四十六年（一九七一）に国道一五三号線バイパス工事と中央道工事のため、現在の地（水神淵の上）に移された。その境内には、昭和四十九年（一九七四）に建立された信玄の供養塔や、宿将馬場美濃守（信春、信房ともある）を供養したと伝えられる五輪塔、さらに「木枯しやいまはた遠き信玄公火葬塚」と詠んだ新田次郎の句碑がある。

それは、元亀四年（天正元・一五七三）四月十二日、遠江（静岡県西部）・三河（愛知県東部）の遠征の帰国途中、信玄にとって無念の最期であった。この長岳寺には、信玄が所用したと伝えられる二頭の兜が所蔵されていた。しかし、いずれも長い間に受けた破損のため、現在は鍬形台と前立を残すのみになってしまったという。

1　三鍬形台《みつくわがただい》

この鍬形台は、一見して室町時代末期のものと分かる。中央に三鈷を掲げる鍬形台は、この時期に好まれたからである。そこに剣を立て、左右の鍬形と合わせて三鍬形と呼ぶ。この鍬形台は、当初から三鍬形を立てたことが明らかであるため、「三鍬形台」と呼ぶべきである。

『太平記』巻第三十二「神南合戦ノ事」に「縄目ノ鎧ニ三鍬形打タル甲ヲ猪頸ニ著ナシ」とあり、ある武者が縄目威《なわめおどし》[1]の大鎧の兜に三鍬形を掲げたという。このため三鍬形の兜は、皇居前に建つ楠木正成像にも採用された。しかし、この時代の鍬形台には三鈷がなく、文化庁の「紅糸威五十二間星兜《くれないいとおどしごじゅうにけんほしかぶと》」（重文）にみられるように、鍬形台の中央に設けた袱立に剣を立てた。室町時代後期になると、三鈷の上に剣を立てるようになり、いわゆる三鈷剣《さんこけん》の前立になるので

三鍬形台（長岳寺蔵）

武田信玄（伝吉良頼康）像に描かれた兜
（三浦一郎『武田信玄・勝頼の甲冑と刀剣』転載）

ある。兜に剣を立てることは、真言密教の思想に基づくものであり、災害を除いて怨敵を降伏させる不動明王の象徴とされる。

この鍬形台には、鍍金に唐草を透かした高度な彫金が施され、そこに八重菊を散らした図案も室町時代末期に多くみられる。これらのことから想像して、兜は阿古陀形の筋兜鉢に小型の笠鞠を付け、おそらく鹿児島神宮の島津貴久奉納と伝えられる「色々威胴丸」（重文）、あるいは毛利博物館の毛利元就所用と伝えられる「色々威腹巻」（重文）と同等の甲冑に付いていたと思われる。これらのことから年代と寺伝が一致するので、信玄所用の遺物としての可能性も十分に頷ける。また浄真寺の「伝吉良頼康像」（武田信玄像と推定される）にも三鍬形を掲げる兜が描かれている。

2　大日《だいひ》の丸前立《まるまえだて》

これは、直径七寸七分（二三・四センチ）の日の丸を形作る前立であり、練革に朱漆を丹念に塗って作られている。その形状は、兜鉢に沿って内側にやや湾曲し、裏に分銅形に切り込んだ添え木を設けている。その切り込みの形あるいは朱漆の剥落の痕から、平らな棒状の並角元で挟むようにして立てたことが分かる。ふつう立物は、下部に穴をあけて角元を刺して立てるか、あるいは裏に設けた箱に角元を刺して立てることが多い。この立て方は、後世の

大日の丸 前立（長岳寺蔵）

遺物も含めてあまりみられない珍しい手法といえよう。その年代は、形状あるいは製作法等からみて、室町時代末期から安土桃山時代にかかる元亀・天正（一五七〇～九二）頃と思われる。

ゆえに、これを掲げた兜には、大型の並角元が付いていたことが分かる。また元亀四年（天正元・一五七三）の浦野宮内左衛門尉に発給した武田氏の軍役定書に[2]、「別而馬廻衆、立物如定可為団事、付小立物禁法之事」とあり、馬廻りの衆に立物を用いることを定め、さらに小さな立物を禁じている。そして「団」の一字には「丸い」という意味があり、この前立は大型で丸いという点で武田軍の立物の特徴と一致する。

この場合、本体が星兜・筋兜とも考えられる。しかし、これを立てた形姿を想像すると、頭形《ずなり》・桃形《ももなり》[3]・突盔形《とっぱいなり》の[4]ような簡易型の兜の方が似合うように思われる。さらに、その胴には最上形式の胴丸・腹巻が似合うように思われる。

この前立は雄大であり、作技も優秀であることから、信玄の弟である逍遙軒（信廉）所用とする説[5]がある。偉大な兄の死を悼んで、自らの兜を寄進したとも考えられる。しかし、この兜が簡易兜と想像されるので、武田家一門の兜とは言い難いように思われる[6]。

そこで著者は、信玄の死に対して殉死をも厭《いと》わなかった臣下のものと考えるのである。その多くが、自らの才を認めてくれた信玄によって育てられ、高位に就くことができたのである。ゆえに実弟以上に深い悲しみを得たとしても、何の不思議もないであろう。しかし、『甲陽軍鑑』品第卅九「信玄公逝去付御遺言之事」によると、信玄が死後三年の秘喪に服すように命じたとある。

そして、二年後の天正三年（一五七五）、信玄の命日である四月十二日に秘喪明けの法要が営まれ、勝頼は晴れて信長・家康に一大決戦を挑むものの、結果は周知のとおり大敗北に終わる（長篠・設楽原の戦い）。[7]そこで『甲陽軍鑑』品第五十二「長篠合戦付高坂迎に出る事幷弾正練言之事」をみると「其次土屋右衛門ノ尉申は、先月信玄公御弔に追腹をきるへきに、高坂弾正に異見せられ、か様の合戦をまてと申せらるゝに付、命なからへ候」とある。さらに「敵出さる故、自身かゝつて柵を破候とて、土屋右衛門ノ尉、其歳三十一にて則討死也」と続く。彼等は、ようやく信玄が待つ浄土へ旅立つことができたのである。

3　長岳寺の所蔵品の疑義と武田信玄終焉地

以上、長岳寺の鍬形台と前立について述べてきた。これについて一部に疑義が唱えられる。その一つが鍬形台である。ふつう鍬形台は割足《わりあし》の鋲を使って眉庇に取り付ける。ゆえに破損が原因で外れたのであれば、何等かの疵ができるはずである。しかし、これには疵はおろか鍍金が擦れた痕すらみられない。[8]つまり、この鍬形台は一度も使われたことがないということになろう。その点、前立には並角元を刺した痕があるので、実際に使われていた可能性が高いように思われる。

さらに長岳寺の鍬形台と前立は、駒場の某店主が寄贈したという指摘があり、信玄より拝領した刀「備前則宗」と槍「三条住吉則作」と共に阿智村向関の高坂家の末裔と伝えられる織右衛門の家蔵にあったとされる。またその本体となる甲冑が、飯田市長姫（現追手町）の三宜亭に秘蔵されているとある。[9]

そこで三宜亭本館―天空の城―に伺って調査させていただいたところ、近世甲冑であることが判明した。しかし、長岳寺の鍬形台と前立は、明らかに信玄の時代に相当するものであり、高坂家の末裔云々がどうであれ、その希少価値に変わりはない。

また刀と槍は、武田神社（山梨県甲府市）にあると高柳正治氏にご教示いただいたが、管見の限り確認できず、現在のところ行方不明である。[10] ちなみに「備前則宗」は、福岡一文字派の祖と伝えられ、後鳥羽上皇の御番鍛冶の筆頭として知られている。[11] また「三条吉則」は、室町時代中期の山城伝（京伝）の刀匠であり、応仁の乱以降は和泉（大阪府南西部）・越前に出向いて活躍したと伝えられる。[12]

高坂（香坂）氏は、南北朝時代に南朝に与して牧城で挙兵したことが知られている。この一族が伊奈谷に侵攻して大河原城[13]を築き、天竜川の対岸の北朝方と対峙した。その後、宗良親王を奉じて攻勢をかけようとしたが、桔梗ヶ原の戦いで小笠原軍に敗れる。さらに応安二／正平二十四年（一三六九）に関東管領で信濃守護でもある上杉朝房が大河原を攻めるものの、これを香坂氏は守り抜いた。そして信濃の諸氏が北朝方に帰順していく中、宗良親王が吉野に去る文中三／応安七年（一三七四）まで庇護し続けたと伝えられる。

この地は、遠江と伊奈谷を縦断する秋葉街道（国道一五二号線）の中間に位置し、南下すれば東海道、北上すれば高遠、諏訪に通じ、俗に「南朝の道」と呼ばれている。まさに大河原の地は、精鋭の軍勢が潜むのに格好の場所だったのであろう。そして大河原の香坂氏は、滋野三家の望月氏の傍流とも伝えられるが、後の系譜あるいは子孫と共に詳細は不明である。

弘治二年（一五五六）、武田四臣の一人である春日弾正忠（虎綱）が、牧ノ島の香坂氏の名跡を継ぐことになり、『甲陽軍鑑』に「高坂弾正」とみられる。しかし、永禄六年（一五六三）以降は春日姓を名乗り、この間に海津城の城代になる。[14] ゆえに阿智村向関の高坂家の末裔と伝えられる織右衛門家が、春日虎綱の子孫とは考えにくいように思われる。そこに、なぜ鍬形台と前立が揃って伝えられたのか。これが偶然の一致とも思えず、謎は深まるばかりである。

ちなみに高柳氏が所属しておられた根羽史学会は、熱心な郷土史研究会であり、下伊那郡根羽村横旗にある「信玄塚」の研究で知られ、武田信玄終焉地問題に大きな論争を巻き起こした。『甲陽軍鑑』品第五十三「高坂弾正御異見事」に「然ども五年以来（前）に、信玄公ねばねにて御他界のとき」とあり、寛文年間（一六六一～七三）に建立され

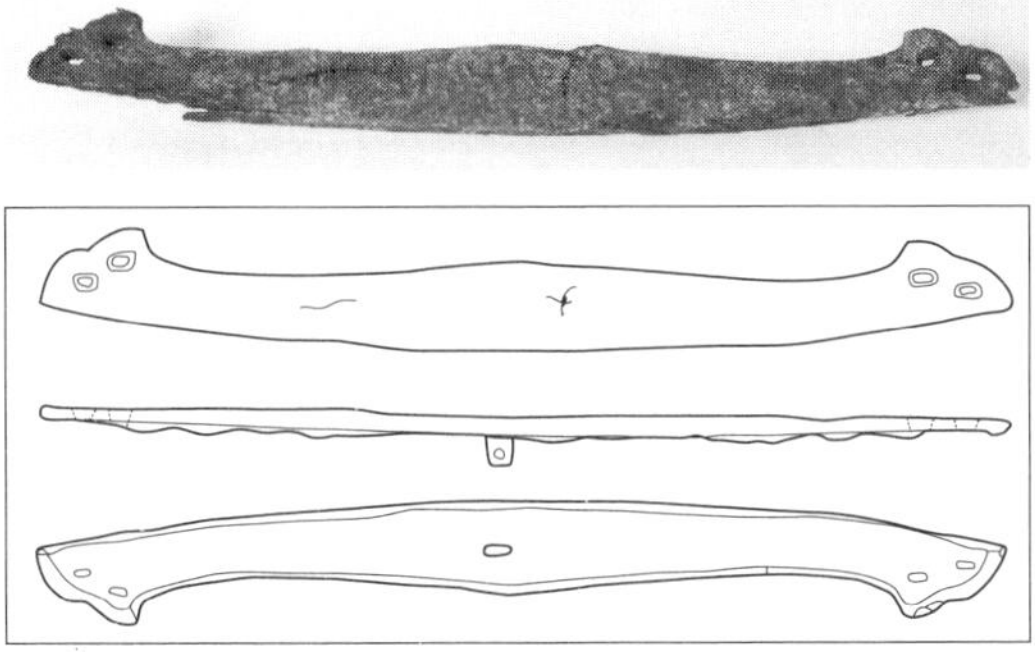

（上）猿小場遺跡出土の金属片（飯田市教育委員会）
（下）実測図

根羽村の信玄塚

宝篋印塔

たと伝えられる宝篋印塔と「横旗（横畑）」の地名等を根拠としておられる。[15] これについては諸説様々であり、そこに信玄の神秘性、あるいは謎めいたカリスマ性を感じる。しかし、この宝篋印塔自体は中世のものと考えられ、阿智村伍和丸山の八幡社境内にある信玄の供養塔は、これを模して明治二十年（一八九七）に建立したものである。この供養塔を建立された高坂代太郎氏も、自身を春日虎綱の子孫と信じておられたとのことである。[16]

また飯田市松尾北の原の猿小場遺跡から、長さ二八センチ・中央幅三センチの細長い金属片が出土した。地鉄の表面を銅板で包み、おそらく鍍金・鍍銀等の処理が施されていたと思われる。両端を一方に開いて八双に切り込み、ちょうど長鍬形《ながくわがた》[17]の先のようにみえる。ふつう鍬形は、切り込みの中心に猪目あるいは蕨手《わらびて》[18]の透かしがある。しかし、これは中心からずれた場所に鳩目を二つ透かしているので、左右合わせて四つの透かしがある。その裏の中央に角元を刺す金具があるので、兜の前立と考えられている。猿小場遺跡は、縄文時代から江戸時代にかけての複合遺跡であり、一・七メートル×一・七メートル、深さ一メートルの不整方形の穴から出土したので、これ自体が武将の墓の可能性があると考えられている。[19]

これとほぼ同形の金属片が大宰府から出土している。[20] この金具は、馬具の下鞍《したぐら》[21]の野沓《のぐつ》と考えられ、京都国立博物館が収蔵する「伝足利尊氏像」（重文、高師直像と推定される）に同じものが描かれている。

4　信玄上洛説の真偽

ここで、信玄上洛説について検証することにしたい。その前に信玄の最後となる遠征の経緯について述べることにする。

元亀三年（一五七二）十月、信玄率いる大軍（二万あるいは三万）は古府中[22]を出立し、伊奈谷を南下して遠江に侵攻し、翌十一月に中根正照が守る二俣城[23]を包囲した。

この間に山県昌景・秋山伯耆守（虎繁、信友ともある）率いる一軍は三河に侵攻し、山県は山家三方衆[24]を従えて信玄の本隊に合流し、十二月二十二日に織田・徳川連合軍を三方ヶ原（静岡県浜松市）で撃破した。一方、秋山は東濃（岐阜県美濃地方東部の略称）に侵攻して岩村城[25]を攻略し、同二十八日に明智城[26]の城主である遠山入道宗叔（景行）の軍勢を上村（岐阜県恵那市）で撃破した[27]。

翌年二月十日、菅沼織部正（定盈《さだみつ》）が守る野田城[28]を攻略し、武田軍はまさに破竹の勢いであった。しかし、この頃から信玄の持病[29]が悪化し、同二十七日に長篠城[30]に退去して療養するものの、元亀四年（天正元・一五七三）四月十二日に信州伊奈の山中で死去した。

長篠城阯

そして『甲陽軍鑑』品第卅九「信玄公逝去付御遺言之事」に「信玄望は、天下に旗をたつべきとの儀なれども、かやうに死する上は、結句天下へのぼり、仕置仕残し、汎々なる時分に、相果たるより、只今し、て、信玄存命ならば、都へのぼり申しべきものをと、緒人の批判は大慶なり」とあり、さらに今際《いまわ》の際に「明日は其方旗をば瀬田にたて候へ」と山県昌景に発したとある。ここにある瀬田は、瀬田の唐橋で知られる滋賀県大津市瀬田であり、まさに京都に至る東側の経路の要所である。そこで、信玄が上洛を企図していたとする説が唱えられるようになったのである。

この遠征は、十五代将軍足利義昭を中心に、朝倉氏・浅井氏・石山本願寺をはじめ畿内の諸勢力が信長を包囲する中で、互いに連携し合って行われていたとされる。[31]その裏付けとして挙げられる史料が、信玄が越陣（朝倉義景）に宛てた元亀三年（一五七二）十一月十九日付の書状[32]であり、そこに「至来年五月御張陣之事」とある。つまり来年五月に武田軍が尾張（愛知県西部）に着陣すると予告しているのである。

また同書には「岩村之城属当手候之間、人衆相移候事」とあり、岩村城が攻撃されることなく、武田軍を受け入れたことを示している。これは、東濃を地盤とする遠山氏が織田の臣川尻秀隆を一旦受け入れたものの、岩村城の城主で信長の縁戚である遠山景任が急死したため川尻を排除して、再び武田氏に帰属したことを意味している。そして「付、二俣之地取詰候、落居可為近日之事」とあり、二俣城が近日中に陥落すると伝えている。

二俣城は、家康の居城である浜松城[33]とその拠点である掛川城[34]・高天神城[35]の中間に位置する。そこで家康も反撃を試みるものの、一言坂の戦いで惨敗する。その後、武田軍は南下して二俣城を攻略し、高天神城をも降す。[36]こうした状況の中で家康は、信長に援軍の派遣を要請した。そこで信長は、自ら敵の包囲に晒されながらも、佐久間信盛・平手汎秀等三千の軍勢を派遣した。

そして結果的に家康は、三方ヶ原の戦いで敗れるものの、武田軍の追撃を妨げて浜松城にとどまり、これを守ることができたのである。さらに主力を置く掛川城は攻撃されることもなく、無傷のまま残された。これを放置したまま武田軍が西上を続ければ、背後を徳川軍に脅かされ、補給路あるいは帰路を断たれることも予想される。

このとき武田軍の西域の最前線は、岩村城と元亀二年（一五七一）に馬場信春が築いたと伝えられる古宮城[37]であり、具体的な拠点が定まらないまま尾張・美濃・近江を制圧し、一挙に上洛するのは難しいように思われる。さらに農繁期である田植えの時期を迎えるので、半農半兵の武田軍は帰国せざるを得ないのではなかろうか。

そこで、改めて書状の内容を確認すると、信玄が記したのは「至来年五月御張陣之事」とあるだけで、上洛を意図する記述はどこにもみられない。また『甲陽軍鑑』の記述も将来を見据えたことであり、この遠征がすぐに上洛

小宮城址

に繋がるとは考えにくいように思われる。ゆえに「信玄の遠征の真意」を問うのであれば、やはり東濃・遠江・東三河の制圧にとどまるのではなかろうか。

　これは、当時の武具武装あるいは軍装の観点からもいえることであり、実際の甲冑武具・刀剣は、これほどの遠征あるいは戦いに耐え得るものではないからである。この点において、永禄三年（一五六〇）の今川義元の遠征が上洛目的ではなく、西三河の確保と捉える説[38]には大いに共感できる。

　すなわち信長になびく遠山氏、あるいは山家三方衆の従属の度合いを確かめ、家康とこれになびく遠江・東三河の諸勢力に制裁を加えるのが、当初からの目的ではなかろうか。これは、信玄が朝倉左衛門督（義景）に宛てた同日付の書状[39]に「殊三州山家・濃州岩村属味方」とあるとおりであり、その上で「対信長為当敵動干戈候」とある。ゆえに岩村城を拠点にして、信長の居城である岐阜城[40]を直接攻める意図があり、これこそが信玄の狙いとする説[41]がある。

　しかし、この経路については、実際に尾張・東濃に住む我々からすると疑問に思えてならない。なぜならば、今でこそ幾つも橋があるが、東濃と中濃の間には木曽川・飛騨川という大河が複雑に入り組んでいるからである。これを境に方言が異なり、風習にも違いがみられるので、当時の勢力図への影響も多分にあったと考えられる。ゆえに岩村から岐阜を直接攻めるというのも少々納得できない。

　そして信玄の死後、勝頼は明智城・高天神城（武田軍撤退後に再び徳川方に帰属した）を攻略して西域を拡大する。さらに信玄と同じく石山本願寺あるいは近江の六角氏等と結んで「明日は其方旗をば瀬田にたて候へ」の大志を抱いていたのかもしれない。

　すなわち武田信玄上洛は今川義元上洛と同じく、過去の源範頼・義経上洛あるいは足利尊氏上洛と混同した妄想のように思えてならない。この間に権力構造、あるいは武装形式・戦闘様式は大きく変わる。そこに、戦国大名の最終目的は、上洛して天下に号令することであるという概念自体を根底から見直す必要があるように思われる。

これに邁進したのは織田信長だけであり、他は地域支配と自領の拡大に努めたに過ぎず、両者の思考の違いは歴然としている。この中で謙信の二度の上洛は特異な例といえよう。しかし、これも室町幕府下における権威獲得が目的であり、信濃守護職に固執した信玄と大差はないように思われる。それは、室町幕府を滅亡へ追い込んだ信長の思考と懸け離れているように思えてならない。

註

（1）縄目威＝縄目状に斜めに染め分けた韋で威した威毛。
（2）柴辻俊六等編『戦国遺文』武田氏編第三巻（東京堂出版　二〇〇三年）二三〇三号
（3）桃形＝簡易兜の一種。左右一枚あるいは二枚の板で形成され、前正中から後正中にかけて鎬を立て、摘むように鋲で留めて作られた兜（二一六頁参照）。
（4）突盔形＝簡易兜の一種。数枚から十数枚の台形の板を矧ぎ合わせて形成された天辺が尖った兜。
（5）甲冑研究家・山上八郎氏の説による。
（6）三浦一郎『武田信玄・勝頼の甲冑と刀剣』（宮帯出版社　二〇一一年）
（7）三浦一郎「決戦　設楽原」（『甲冑武具研究』177号　二〇一二年）
（8）甲冑師・佐藤邦俊氏のご教示による。
（9）高柳正治編『武田信玄終焉地説』（秀文社　一九八七年）
（10）青雲俊元等編『武田神社・武田氏館跡』（山梨歴史美術研究会　二〇一〇年）
（11）岡崎譲『日本刀備前伝大観』（福武書店　一九七五年）
（12）藤代義雄・藤代松雄『日本刀工辞典』（藤代商店　一九八二年）
（13）下伊那郡大鹿村大河原上蔵にあった平山城。
（14）柴辻俊六編『武田信玄大事典』（新人物往来社　二〇〇〇年）
（15）一ノ瀬義法『武田信玄終焉地考』（教育書籍　一九八七年）
（16）原隆夫『探史の足あと』（阿智村史学会　二〇〇〇年）
（17）長鍬形＝鎌倉時代後期にみられる細長い鍬形。
（18）蕨手＝ワラビに例えた「3」の形の図案。
（19）吉川豊編『猿小場遺跡』（飯田市教育委員会　二〇一一年）

(20)特別展図録『誕生　武蔵武士』(埼玉県立歴史と民俗の博物館　二〇〇九年)
(21)下鞍＝馬の背を保護するために鞍の下に敷く革製の具。
(22)甲斐武田氏の根拠地。山梨県甲府市古府中町。
(23)静岡県浜松市天竜区二俣町にあった山城。
(24)奥三河を根拠とする作手の奥平氏・長篠の菅沼氏・田峰の菅沼氏の三氏。
(25)岐阜県恵那市岩村町にあった山城。
(26)岐阜県恵那市明智町にあった山城。
(27)三浦一郎『上村合戦の真相』(岐阜県岩村町歴史資料館　一九八五年)
(28)愛知県新城市豊島本城にあった山城。
(29)労咳(肺結核)・肺炎・胃癌・食道癌の諸説があるが詳細は不明。
(30)愛知県新城市長篠市場にあった平城。
(31)磯貝正義『定本武田信玄』(新人物往来社　一九七七年)
(32)柴辻俊六等編『戦国遺文』武田氏編第四巻(東京堂出版　二〇〇三年)一九九〇号
(33)静岡県浜松市中区元城町にあった平山城。
(34)静岡県掛川市掛川にあった平山城。
(35)静岡県掛川市上土方・下土方にあった山城。
(36)平山優『検証　長篠合戦』(吉川弘文館　二〇一四年)
(37)愛知県新城市作手清岳にあった平山城。
(38)小和田哲男『駿河今川一族』(新人物往来社　一九八三年)
(39)柴辻俊六等編『戦国遺文』武田氏編第四巻(東京堂出版　二〇〇三年)一九八九号
(40)岐阜市金華山にあった山城。
(41)鴨川達夫『武田信玄と勝頼―文書にみる戦国大名の実像』(岩波新書　二〇〇七年)

安土桃山時代から江戸時代初期の信濃国の戦い

ここで、安土桃山時代から江戸時代初期における信濃国とその周辺の情勢について少し述べることにしたい。

元亀四年（一五七三）四月、武田信玄が死去すると、信濃国は後継者となった勝頼が治めることとなる。そして七月には、十五代将軍義昭が京を退去し、元号が天正と改められた。

この直後に家康は、山家三方衆の一党である菅沼新九郎（正定）が守る長篠城を奪取し、同衆の亀山城[1]の奥平美作守（定能）・九八郎（信昌）父子を味方に付ける。これに対して武田軍は、天正二年（一五七四）に東濃・三河に侵攻して明智城・武節城[2]をはじめ十八もの城を一度に攻略し、ついで遠江に侵攻して高天神城を攻略した。

翌三年（一五七五）、武田軍は三河に侵攻して各地を転戦した後、長篠城を包囲して奪還を試みる。この間に信長・家康等後詰が設楽原（愛知県新城市）に布陣し、武田軍を正面から牽制した。勝頼は、織田・徳川連合軍に決戦を挑むものの、宿将馬場信春・山県昌景・内藤昌秀等多くの将士を失い惨敗する（長篠・設楽原の戦い）。

天正六年（一五七八）三月、上杉謙信が死去すると、その後継者をめぐって養子の景勝と景虎（北条氏康の七男）が対立して越後で内乱が起こる（御館の乱）。そこで、同盟関係にある北条氏の要請に応じて、勝頼が信越国境に出陣することにより、景勝は窮地に追い込まれた。しかし、景勝は勝頼と講和することにより戦局を覆す。景虎は、実家である小田原城に逃れる途中、臣下の謀反に遭い自害する。

こうして景勝は、上杉家の事実上の後継者となり、翌年には甲越同盟が結ばれ、武田氏と上杉氏の関係が強化された。これとは逆に甲相同盟が破棄されたことにより、北条氏は徳川氏と同盟を結び、上野あるいは遠江・駿河において武田軍との戦いが繰り広げられた。

そして天正十年（一五八二）二月、木曽口から侵攻した織田軍は伊奈谷を北上し、同時に駿河から甲斐に侵攻した徳川軍と合流する（甲州征伐）。勝頼は、居城である新府城[3]を放棄して逃亡するものの、天目山（山梨県甲州市）で自害し、ここに甲斐武田氏は滅亡する。[4]

信長は、家康と法華寺（諏訪市中洲）で対面し、旧武田領の国割を行った。その結果、駿河を家康が領し、甲斐（河内・穴山領を除く）・諏訪を川尻秀隆、上野・佐久・小県を滝川一益、水内・高井・更級・埴科を森長可、安曇・筑摩を木曽義昌、伊奈を毛利秀頼がそれぞれ領することになった。

しかし、本能寺の変が起きると信濃の織田軍は総崩れとなり、滝川・森・毛利は逃亡し、川尻は甲斐で殺害され、やがて徳川軍・北条軍・上杉軍による三つ巴の侵攻を受ける。武田氏に帰属していた諸氏も、これに伴い自領を守るために戦い、あるいは諸勢力に帰順することとなる。この戦いで北条氏は領地交換を条件に、徳川氏と和睦して信濃から撤退し、北信四郡は上杉方、他は徳川方に収まった（天正壬午《てんしょうじんご》の乱）。[5]その後、徳川氏と上杉氏の対立が深まり、これが家康と秀吉の対立へと発展する。そして小牧・長久手の戦いを経て両者は和睦した。

長篠城全景

法華寺山門

天正十三年（一五八五）、家康は北条氏との和睦の条件を果たすため、上野国沼田領を引き渡すよう真田昌幸に迫る。しかし、これを拒んだ昌幸は、徳川氏と対立関係にある上杉氏と結んで上田城[6]に立て籠もる。そこで徳川軍は上田城を攻めるものの、巧みな昌幸の戦術の前にあえなく惨敗し、撤退を余儀なくされた（第一次上田合戦）。さらに昌幸の要請に応じて秀吉は、木曽義昌・小笠原貞慶（長時の子）と相談して、信濃・甲斐を経略することを昌幸に認めたため、徳川方は劣勢に陥る。そして秀吉は、妹朝日・母大政所を送り、家康を大坂城に出向かせて臣従させた。[7]

この戦いに勝利した真田氏の智謀は評価され、結果的に家康は重臣本多忠勝の娘（小松姫）を真田信幸（昌幸の長男、後の信之）

に嫁がせ、柔軟な姿勢をとることとなる。同十八年（一五九〇）、小田原の陣の後、家康は関東に移封され、信濃は事実上豊臣方の支配下に収まった。

慶長三年（一五九八）、秀吉が死去すると、五大老筆頭の家康と五奉行の石田三成の対立が深まる。同五年（一六〇〇）、出仕を拒んだ上杉景勝を征伐するため家康が関東に下ると、同時に三成が対徳川を掲げて大坂城で挙兵した。これを知った真田昌幸・信繁（昌幸の次男、幸村）父子は三成方（西軍）にねがえり、中仙道を上る徳川秀忠（家康の三男、二代将軍）の軍勢を上田城に引き付けた（第二次上田合戦）。しかし、関ヶ原の本戦で西軍が敗れたことにより、真田父子も降伏し、領地を没収されて高野山に蟄居を命じられる。その後、この領地は家康方（東軍）に付いた真田信幸に与えられた。

上田城本丸跡

松代城跡

慶長二十年（一六一五、七月に元和と改元される）、大坂夏の陣によって豊臣氏が滅びることにより、徳川氏の政権（江戸幕府）は盤石なものになる。信幸は、その後も居城を沼田から移すことなく、元和八年（一六二二）に松代に移封されて初代藩主となる。(8)

近世（江戸時代）を迎えると、信濃は途中廃絶も含めて大小計十九藩が置かれて統治された。また木曽は尾張藩領となり、高井郡には越後椎谷藩、佐久郡には三河奥殿藩、伊奈郡には美濃高須藩・陸奥白河藩の飛び地があった。(9)

註
（1）愛知県新城市作手清岳にあった山城。
（2）愛知県豊田市武節町にあった山城。
（3）山梨県韮崎市中田町にあった平山城。
（4）柴辻俊六『武田勝頼』（新人物往来社　二〇〇三年）

（5）平山優『天正壬午の乱』（学研パブリッシング　二〇一一年）
（6）上田市二の丸にあった平城。
（7）平山優『武田遺領をめぐる動乱と秀吉の野望』（戎光祥出版　二〇一一年）
（8）上田市誌編さん委員会編『上田市誌』九巻（上田市　二〇〇二年）
（9）『角川日本地名大辞典』20長野県（角川書店　一九九〇年）

安土桃山時代から江戸時代の武装形式

信長・秀吉が政権を掌握した安土桃山時代を迎えると、さらに槍・鉄炮が多用されるようになる。そして槍隊・鉄炮隊といった組織力をもってする団体戦が行われ、戦いの様相は一変する。このため甲冑は、兜・胴・袖の三物に面具・籠手・佩楯・臑当等の小具足を付加して、透き間を塞ぐことが盛んに行われた。つまり中世において小具足は、用途に応じて使い分けたのに対して、次第に常用するようになったのである。

その様子は、すでに各氏の軍役定書に認められ、武田氏の場合は、市川新六郎（信房）に発給した永禄十二年（一五六九）の軍役定書に[1]「乗馬之衆、貴賤共ニ甲・喉輪・手甲・面頬当・脛楯・差物専要たるへきの事」とあり、北条氏の場合は、宮城四郎兵衛尉（泰業）に発給した元亀三年（一五七二）の軍役定書に[2]「七騎　馬上、具足・甲大立物・手蓋・指物何にても」とある。

これを示す遺物が、山梨県早川町の望月家に伝えられている。武田氏が隆盛を極めた天文から永禄（一五三二～七〇）頃の小札物の腹巻を中心に、桃形兜と壺袖、喉輪・佩楯・脇当等の小具足を具備している。これらは作意が異なるので、軍役に従って付加していったものと考えられる。[3] おそらく天正十年（一五八二）の武田氏滅亡頃まで、この状態で現役として使われていたのであろう。ゆえに天正年間（一五七三〜九二）の中頃まで、実際には「腹巻の時代」ということになる。ちなみに、この望月家も滋野一族の末裔であり、文永十一年（一二七四）に信濃から甲斐に移り住んだと伝えられる。

そこで生まれたのが、三物に小具足を皆具する当世具足と呼ぶ近世甲冑である。この胴は、引合が右にある胴丸が変化して発展したものと想像される。すなわち胴丸は、前立挙二段・後立挙三段・長側四段なのに対して、当世具足の胴は、前立挙三段・後立挙四段・長側五段なので、小具足の付加と共に各段数を増していったと考えられる。[4] その変遷過程を示す遺物が浅間大社の「紅糸威最上胴丸」「朱札茶糸威胴丸」である。前者は、前立挙二段・後立挙四段・長側四段であり、後者は、前立挙三段・後立挙四段・長側四段である。ゆえに胴丸の各段数を増して、各々を韋紐あるいは鋲で綴じ付けることにより、徐々に当世具足の胴になっていったことが分かる。

この点、腹巻は胴丸より簡易に作られているので、佐久市の包腹巻にみられるように前立挙二段・後立挙二段・長側三段にしたものが多い。当世具足

桃形兜（望月家蔵）

背面

脇当 残欠

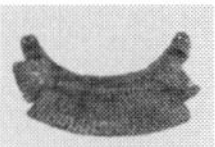
喉輪

壺袖 残欠

色々威腹巻（望月家蔵）

背面

伊予佩楯 残欠

の胴にも背割胴《せわりどう》があるが、その原型が腹巻とは考えにくい。つまり腹巻の形式は、天正年間の中頃に一旦途絶え、当世具足の完成と共に背割胴も生まれたと思われるからである。また当世具足に前掛胴《まえかけどう》があるが、これも腹当が原型とは考えにくい。最も簡易に作られた腹当が、主に腹を覆う小札板であるのに対して、前掛胴は当世具足の前胴《まえどう》そのもの（板物）であるからである。もちろん下級士卒の武装として、前胴のみという発想は古くからあったであろうが、その形式に違いがあるので、腹当が直接前掛胴に発展したとは思えない。

そして最上形式の普及に伴い、当世具足の胴も板物を中心に蝶番《ちょうつがい》で開閉するものが多くなる。これらは、蝶番の場所あるいは数によって二枚胴《にまいどう》・三枚胴《さんまいどう》・四枚胴《しまいどう》・五枚胴《ごまいどう》・六枚胴《ろくまいどう》等と呼ぶ形式に分けられる。このように考えると、前掛胴の多くは一枚胴《いちまいどう》と呼ぶ形式になる。また小札物で蝶番がない胴を、室町時代以前の純然たる胴丸に対して丸胴《まるどう》と呼ぶ。

つまり室町時代のおわりに、三物に小具足を常備するようになり、さらに防御機能を高めるために、胴そのものが変化していった。そして当世具足の完成は、仙台市博物館が収蔵する天正十八年（一五九〇）に秀吉が伊達政宗に授けた「銀箔押白糸威丸胴具足《ぎんぱくおししろいとおどしまるどうぐそく》」（重文）、あるいは文禄五年（慶長元・一五九六）に毛利輝元が厳島神社に奉納した「紅糸威丸胴具足《くれないいとおどしまるどうぐそく》」（重文）・「鶉韋包紫糸威丸胴具足《うずらがわづつみむらさきいとおどしまるどうぐそく》」が示すように、天正年間のおわりから文禄年間（一五九二〜九六）頃と考えるのが妥当であろう。

その後、関ケ原の戦いあるいは大坂の陣を迎えることになるのであるが、武装形式に変革をもたらした真の要因は秀吉の対外戦略、すなわち朝鮮出兵にあると考えられる。(5)

註
（1）柴辻俊六等編『戦国遺文』武田氏編第二巻（東京堂出版　二〇〇二年）一四六一号
（2）杉山博等編『戦国遺文』後北条氏編第二巻（東京堂出版　一九九〇年）一五七〇号
（3）三浦一郎『武田信玄・勝頼の甲冑と刀剣』（宮帯出版社　二〇一一年）
（4）三浦一郎著・永都康之画『日本甲冑図鑑』（新紀元社　二〇一〇年）

(5) 中野等『文禄・慶長の役』戦争の日本史16（吉川弘文館　二〇〇八年）

諏方大祝家伝来の胴丸

平成六年（一九九四）五月十五日、諏訪市博物館で開催された「高島藩甲冑武具展」を見学した。そこで、思いもよらぬ古胴丸の発見に絶叫した。一週間後の同二十二日に再調査のために中央道をとばした。

諏訪社の現人神を大祝と呼ぶ。そして上社の諏方氏は、幼少時に大祝に即位し、長じると下位（辞職）して惣領職を継ぐのが慣例であった。しかし、中先代の乱以降、南北朝の争乱を経て室町時代になると、次第に大祝家と惣領家が分かれ、これが原因で諏訪に内乱が起こった。そして文明十五年（一四八三）の政変[1]により、空位になっていた上社大祝に惣領家の諏方頼満が就くことにより再び一つになる。これに乗じて大塔合戦以降、敵対関係にあった下社の金刺氏を追放して諏訪郡を平定した[2]。

諏訪市博物館

しかし、隣国甲斐の統一を目前にしていた武田信虎は、同時に信濃へも勢力拡大を狙っていた。この両氏が直接対決する契機は、頼満によって追放された金刺昌春を信虎が匿ったことにある。享禄元年（一五二八）、信虎は金刺を擁して諏訪に侵攻した。

同三年（一五三〇）、頼満の嫡男頼隆が急死したため嫡孫頼重が後継者となり、その後も諏方氏と武田氏の戦いは続いた。そして甲斐を統一した信虎に苦戦する中、天文三年（一五三四）に頼満は出家して碧雲斎と号し、後見人として頼重を支え、翌四年（一五三五）に両氏は甲信国境で和睦した。同八年（一五三九）に頼満は死去したが、翌九年（一五四〇）に頼重は信虎の娘（禰々御料人）を正室に迎え、両氏の関係は強化された。さらに天文十年（一五四一）五月、信虎・頼重は、それまで敵対関係にあった村上義清を誘って海野氏を中心とする滋野一族を攻めた（海野平の戦い）。こうして武田氏と諏方氏は親密さを増したかにみえた。しかし、その直後に父信虎を駿河に追放した信玄は、この均衡を打ち破った。

天文十一年（一五四二）六月、信玄は伊奈の高遠（諏方）頼継と結託して諏訪を急襲した。頼重は、居城上原城[3]に立て籠もるものの、武田軍の攻撃に晒され、これを放棄して隣接する桑原城[4]に逃れる。さらに武田軍の攻撃が続く中、頼重は信玄の軍門に降り、甲府の東光寺（甲府市東光寺）に幽閉され、間もなく自害した。ついで弟の大祝頼高も殺害され、事実上、諏方惣領家はここに断絶する。これ以降、諏訪は四十年にわたり武田氏が支配することになる。

天正十年（一五八二）、織田・徳川軍の甲州征伐により武田氏は滅亡する。しかし、本能寺の変が起きると、信濃に侵攻した織田軍は総崩れとなる。これに乗じて頼重の従兄弟にあたる頼忠が、旧臣に迎えられて諏方氏を再興し、天正壬午の乱において北条氏・徳川氏に挟まれながらも、結果的に徳川氏に帰順することになる。天正十八年（一五九〇）、小田原の陣の後、家康は関東に移封され、これに伴い諏方氏も武蔵国奈良梨（埼玉県小川町）に移封され、さらに上野国総社（群馬県前橋市）に移封された。

そして関ヶ原の戦いに際して、諏方氏は徳川秀忠に従って信濃・上野を守備した。この功により、慶長六年（一六〇一）に諏訪に返り咲き、頼忠の子頼水が高島藩初代藩主となり、その弟である頼広が大祝に就いた。以降、諏方大祝家は江戸時代を通じて受け継がれたものの、明治維新により子爵となって華族に叙され、大祝職は廃された。この胴丸（以下大祝の胴丸）は、諏方大祝家に伝来したものである。

1　紅糸威胴丸《くれないいとおどしどうまる》・広袖付《ひろそでつき》

大祝の胴丸は、一寸（三・〇センチ）あたり六枚の小札を用いる、いわゆる奈良小札《ならこざね》[5]で形成された胴丸である。前立挙二段・後立挙四段・長側五段・草摺は十一間の五段下がりとする仕立である。威毛は、毛引の紅糸威、耳糸には、紺・浅葱・白の三色の色糸を組み交ぜた啄木打、畦目には、同じ三色の色糸を組み交ぜた小石打、菱縫には、紅糸をそれぞれ用いている。

金具廻は、体のラインに沿った膨らみがあり、金梨子地《きんなしじ》に塗られ、諏方家の家紋である「一枚梶の葉」の蒔絵が施されている。小桜鋲を打つ位置に山銅の丸鋲《まるびょう》を打ち、周縁に同じ覆輪を廻らしている。その裏側は、黒塗りの馬革で包まれ、欠損部分から「大」の刻字と蒔絵の指示と思われる「かちのは」の朱書が各々に

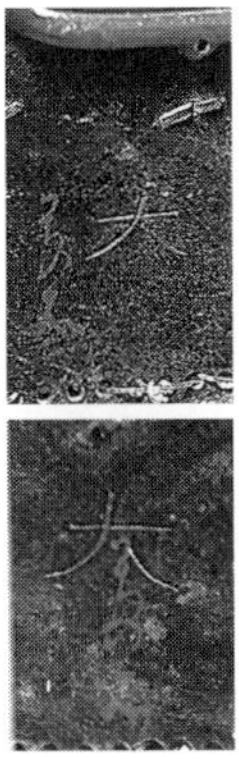

（上）「大」字彫
（下）「かちのは」書

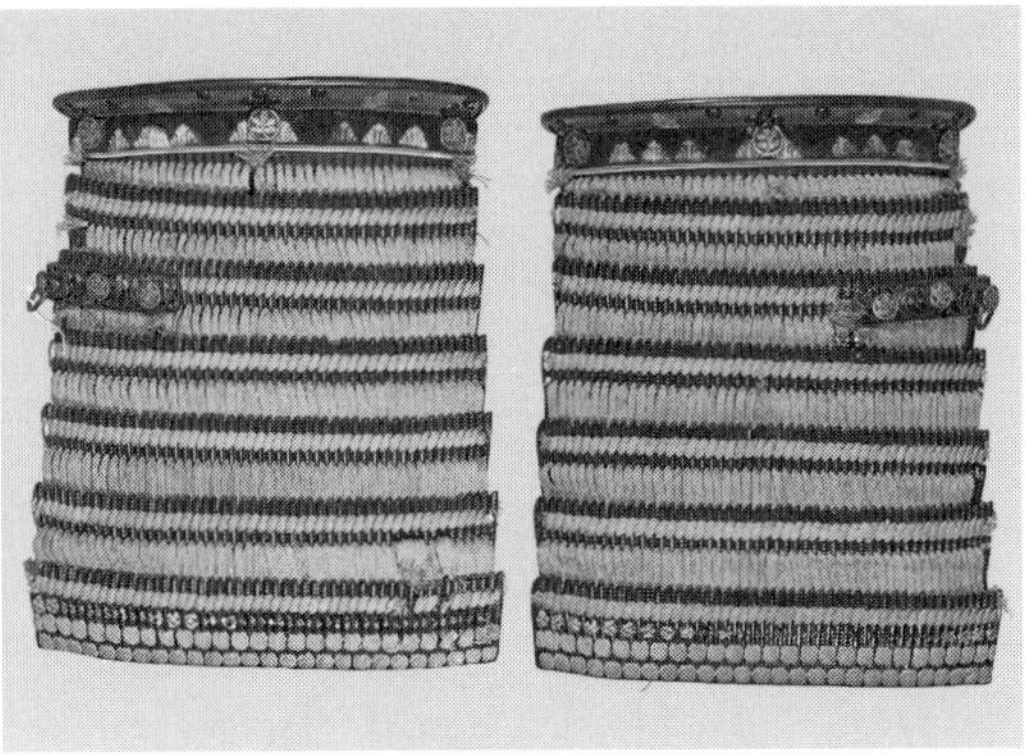

広袖一双

紅糸威胴丸〈修補前〉（諏訪市博物館蔵）

認められる。

八双鋲には座金がなく、鍍金に墨入の「一枚梶の葉」の紋鋲が各一点みられ、同紋を頭にした総角鐶にのみ山銅に唐草を透かした座金がみられる。そこには、紫の丸唐打《まるからうち》(6)に切房《きりぶさ》(7)を施す総角を生《うぶ》のまま残している。肩上は、革で作られているものの、金具廻と同じく金梨子地に塗られ、中央の幅が広く作られている。高紐《たかひも》(8)には、懸通《かけとおし》(9)の手法がみられ、右後部に紺・浅葱・白の三色の色糸を組み交ぜた源氏打《げんじうち》(10)の紐が残されている。

袖は、一見すると当世袖のようにみえるが、一段ごとに小札を一枚ずつ増しているので裾に向けてわずかに広く、湾曲した形状を示すことから広袖と呼ぶべきであろう。低く作られた折冠《おりかむり》(11)には、二孔一組の鵐目を施す袖の緒を取る孔が前中後にみられ、胴・草摺と同作の七段下がりである。化粧板は、菖蒲韋《しょうぶかわ》(12)で包まれ、胴の八双鋲と同じ「一枚梶の葉」の紋鋲が前中後に各一点みられる。また上から三段目に総角鐶の座金と同じ山銅に唐草を透かした笄金物がみられ、さらに同紋を頭にした水呑鐶がみられる。ふつう七段下がりの広袖は、上から四段目に水呑鐶を打つことが多く、この袖のように三段目に打つことは珍しい。

そして金具廻にみられる「大」の刻字を発注主である諏方大祝の「大」と解く説(13)がある。もしもそうであるなら、こうした刻字は他の遺物にもみられるはずである。しかし、管見の限り発注主を示す刻字の実例はほとんどみられず、むしろ「大」あるいは「一」「上」等の刻字は、南北朝時代から室町時代を通じて南都で作られた上手の兜鉢にみられるのである。ゆえに高級品であることを示す符号と考えられる(14)。したがって上手であることを示す刻字をきる兜鉢あるいは金具廻が、甲冑師の間で個別に流通していたのではなかろうか。すなわち大祝の胴丸は高級品であり、これに応じて「大」の刻字がある金具廻を選び、さらに塗師《ぬし》に朱書で蒔絵の指示をしたのではなかろうか。これは、南都における甲冑製作の分業化を示す証拠と考えられる。しかし、この場合でも刻字が各々にみられることは珍しく、管見の限り大祝の胴丸のみであり、さらなる検討の余地があるように思われる。

2　大祝の胴丸と勝頼の胴丸の比較検証

以上が大祝の胴丸の概要である。これに似た遺物として、武田勝頼が奉納したと伝えられる浅間大社の「紅糸威最上胴丸」（県文、以下勝頼の胴丸）がある。そこで、両者を比較して検証することにしたい。

勝頼の胴丸は、板物で四方に蝶番がある最上形式の胴丸である。前立挙二段・後立挙四段・長側四段・草摺は十一間の六段下がりとする仕立である。威毛は、毛引の紅糸威、耳糸には、紺・浅葱・白の三色の色糸を組み交ぜた啄木打、畦目には、同じ三色の色糸を組み交ぜた小石打、菱縫には、紅糸をそれぞれ用いている。金具廻は、金梨子地に桐紋の蒔絵が施され、所定の位置に銀の小桜鋲を打ち、周縁に同じ覆輪を廻らしている。八双鋲には座金がなく、武田家の家紋である花菱紋の銀の紋鋲が各二点みられる。肩上は、金梨子地に塗って中央の幅を広く作った鉄肩上で、着脱に際して後部の蝶番によって上げ下げする。その兜には、「元亀三年壬申二月　日」の年紀と「上州住康重」の作銘がきられている。ゆえに同年（一五七二）の遠江・三河の遠征に向けて上野国で作られ、浅間大社に奉納されたと考えられる。

このように大祝の胴丸と勝頼の胴丸は、威毛・前後の立挙の段数・金具廻と肩上の形状と装飾・草摺の間数・耳糸と畦目の色目等に類似点がみられる。両者は、いずれも室町時代末期に製作されたと推定される。この時期は、胴丸・腹巻が一年一年めざましく変化し、徐々に当世具足（近世甲冑）化していった時期である。そこで、より厳密に検証すると、高紐が懸通になっている、小桜鋲が丸鋲に変わっている、長側が五段である、金具廻に膨らみがある等の理由から、当世具足化がいっそう進んだ大祝の胴丸の方が、勝頼の胴丸より若干年代が下るように思われる。すなわち大祝の胴丸は、元亀三年（一五七二）以降に作られたということになろう。

大祝の胴丸は、長側を五段として草摺を五段とするが、長側を四段として草摺を六段とする勝頼の胴丸と総段数は同じである。そこに小札物と板物の違いはあるものの、その形姿は酷似しており、まさに「瓜二つ」といえるの

県文紅糸威最上胴丸（浅間大社蔵）

ではなかろうか。さらに金具廻にみられる「大」の刻字、あるいは「かちのは」の朱書から、大祝の胴丸は特注品として南都で作られた高級品と考えられる。しかし、高紐・耳糸・畦目等にみられる紺・浅葱・白の色糸を組み交ぜた紐は、武田氏関係の甲冑にみられるものの、他ではあまりみられない。おそらく武田氏周辺あるいは甲信地方で好まれた色目なのであろう[15]。

そして金具廻の膨らみについてであるが、室町時代の胴丸・腹巻の金具廻はほぼ延べ板に近い。その点、勝頼の胴丸は、周囲がわずかに内側に反った感があり、大祝の胴丸はそれがさらに顕著に現れている。これに似た金具廻を有するのが、大山祇神社（愛媛県今治市）の「色々威最上腹巻・仕付籠手付」（重文）である。この金具廻は、栗色馬革《くりいろばかわ》[16]で包まれ、やや大振りに作られている。

これ以降、前立挙あるいは長側の段数の加増により、胸板の左右の突起部分が邪魔になり、これを削ぐという発想で生まれたのが、前田育徳会（東京都目黒区）の天正十二年（一五八四）に前田利家が装着したと伝えられる「金箔押《きんぱくおし》白糸威丸胴《しろいとおどしまるどう》」（重文）、あるいは美和神社（山梨県笛吹市）の「朱塗紅糸威丸胴《しゅぬりくれないいとおどしまるどう》」（県文）等にみられる上辺を一文字にした胸板と考えられる。こうした変遷を経て、徐々に丸みをおびた当世具足の金具廻へと変わっていったのであろう。

3　大祝の胴丸の所用者

次に大祝の胴丸の所用者について検証したい。昭和十年（一九三五）に財団法人諏訪徴古会が編纂した『大祝家資料目録』によると、その出典は不詳であるが、「小具足　諏方小太郎着用」とみられる。この「小具足」の意味をどのように捉えるかが問題である。ふつう小具足は、喉輪・籠手・佩楯・臑当等の甲冑の付属物を指す。しかし、「具足」は甲冑そのものを意味することもあり、この場合は「小さな甲冑」と捉えられる。ゆえに「小具足　諏方小太郎着用」をすぐに大祝の胴丸と結び付けることはできない。

しかし、ここにみる「小太郎」は、諏方家当主の通称であり、歴代の多くが名乗っている。室町時代後期から安土桃山時代にかけて「小太郎」を名乗ったのは頼忠・頼水父子である。父の頼忠は、天文五年（一五三六）の生まれであり、子の頼水は、元亀元年（一五七〇）の生まれである。ゆえに、その年代を考慮すると、大祝の胴丸の所用者は、頼忠・頼水父子のいずれかである可能性が高いように思われる。

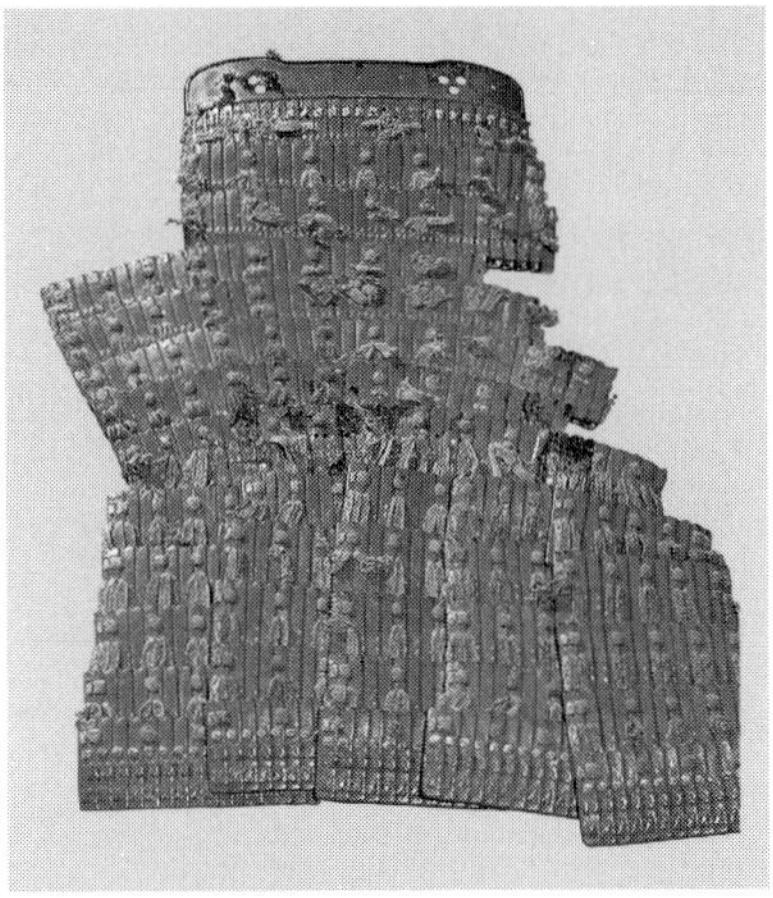
朱札紅糸威丸胴前胴（美和神社蔵）

頼水は、高島藩初代藩主であり、天正五年（一五七七）にわずか八歳で大祝に即位している。そして武田氏が滅亡した天正十年（一五八二）には十三歳になる。大祝の胴丸は、長側の一段目の長さ（胸囲）が一一〇センチ余もあり、五段目の最も細い腰回り（ウエスト）でも一〇〇センチ近くある。[17] そこで引合の重ねを一〇センチとしても、所用者の体格はかなり大柄といえる。これは、とても十三歳の少年の所用とは思えない。もしも少年用であるなら、静岡浅間神社の「紅糸威腹巻」、あるいは佐久市の上杉家御代々元服着用と伝えられる「金小札日の丸威二枚胴具足」のように小型に作るはずである。これは、同時に「具足」を甲冑の意味として捉えた「小具足」にも反することになる。

頼水の体格が大祝の胴丸が合う程度になるのは、おそらく二十歳くらいであり、ゆえに天正十八年（一五九〇）頃となろう。この年の小田原の陣に頼忠・頼水父子は徳川軍として参戦している。大祝の胴丸の所用者を頼水とすると、ここまで年代を下げなくてはならない。そうなると秀吉の命に応えるべく赴いた、小田原参陣の晴れ舞台のために新調したのであろうか。

しかし、このとき豊臣政権下では、すでに当世具足の形式が確立しつつあったと思われ、その代表的遺物が仙台市博物館の「銀箔押白糸威丸胴具足」（重文）である。これは、立挙・長側の段数から金具廻・草摺の形状まで当世具足の胴の形が完成している。さらに植毛《うえげ》の兜・曲輪・篠籠手・鎖佩楯《くさりはいだて》[18]・篠臑当等の小具足を具備している。[19]こうした変化は、天正十年（一五八二）以降に加速したと思われ、前田育徳会の丸胴あるいは美和神社の丸胴は、この変遷の過程を顕著に示している。

大祝の胴丸は、秀吉の膝元である南都で作られたと考えられる。ゆえに頼忠・頼水父子は諏訪にいながらも、徳川氏に帰属していたので、当時の西国における甲冑の事情も十分捉えていたと思われ、天正十八年の時点で前立挙を二段にした旧式の胴丸を、贅を尽くして作らせたとは考えにくいのではなかろうか。

4　諏方氏と勝頼

前述のように大祝の胴丸は、勝頼の胴丸に酷似している。そこで諏方氏と勝頼の関係について検証していきたい。

天文十一年（一五四二）以降、千野氏をはじめとする諏方家臣下は、信玄の弟信繁・宿将板垣駿河守（信方）等の配下に置かれ、その中心となったのが頼重の叔父にあたる満隣とその長子頼豊と考えられる。『甲陽軍鑑』品第十七

「武田法性院信玄公御代惣人数之事」の「信州先方衆」に「諏訪　五十騎」とあるのは、おそらくこの一軍を指すのであろう。そして諏訪社の現人神である大祝には、頼豊の弟頼忠（当時は伊勢宮丸）が就いていた。

諏訪侵攻後、信玄は頼重の娘（諏方御料人）を側室に迎え、その間に生まれた勝頼を「諏方四郎」と名乗らせた。また信玄の息子で武田氏の通字の「信」がないのは勝頼だけであり、諏方氏の通字の「頼」があるのは、諏方氏を継がせるためと考えられてきた[20]。これは、永禄七年（一五六四）に伊奈郡小野郷の小野神社（塩尻市北小野）に奉納した梵鐘銘に「大檀那　諏方四郎神勝頼」とあるとおりである[21]。しかし、実際には諏方氏の系譜に勝頼はなく、同五年（一五六二）に高遠城の城主になっている。このことから、勝頼が継いだのは諏訪上原の諏方氏ではなく、高遠諏方氏であったと考えられ、高野山成慶院の『甲斐国過去帳』も、勝頼を諏方氏として扱わず、高遠諏方氏の人物として扱っている[22]。

武田家は、嫡男義信が謀反の罪で東光寺に幽閉され、永禄十年（一五六七）に自害した後、しばらく後継者が決まらなかった。しかし、元亀二年（一五七一）に信玄の命により、勝頼が甲府に呼び戻され、同四年（天正元・一五七三）の信玄の死去に伴い、三年秘喪に服し、勝頼の子である信勝が元服するまでの陣代という形で、勝頼が後継することになる。その武装は、金色に輝く金具廻に真紅の威毛、純白の腰蓑をまとう兜という、まさに当時の最新鋭であり、おそらく諸将の注目を集めたであろう。それは、勝頼の遠江・三河遠征の活躍を象徴している。

そこで、大祝の胴丸が勝頼の胴丸に酷似し、いっそう高級品であることを考えると、やはり諏方氏が武田氏に帰属し、その影響を多分に受けていた時期と重なるのではなかろうか。さらに言えば、大祝の胴丸は、勝頼の胴丸を手本にして作られたと想像できないだろうか。つまり、その製作年は天正年間（一五七三〜九二）の比較的早い時期とみるのが妥当に思われる。

高遠城跡

5　大祝の胴丸の製作年とその問題点

ここに、武田家親類衆の穴山信君《のぶただ》（勝頼の従兄弟、後の梅雪）の甲冑注文状[23]がある。これは年未詳であるが、花押にみられる特徴から元亀二年（一五七一）頃のものと推定される。その記述から下山（山梨県身延町）に住む甲冑師吉三に宛てたものと考えられ、指示の内容から甲冑の形式は、勝頼の胴丸と同じ最上胴丸と推定される[24]。

そこに「五ツかな物、なしちまきゑし、にほたん」とある。「五ツかな物」は、金具廻を意味すると考えられ、「なしちまきゑし、にほたん」は、金梨子地に塗って獅子と牡丹の蒔絵を施す指示と思われる。この装飾は、大祝の胴丸あるいは勝頼の胴丸に酷似している。さらに「おとしいとむらさき、み丶むなめ丸くミともに、いとふとにすへし」とある。「おとしいとむらさき」は威糸を紫にする指示であり、「み丶」は耳糸、「むなめ」は畦目、「丸くミ」は丸打（高紐等）と考えられ、共に糸を太くする指示と思われる。そして「太くする」の意味の中には、「丈夫にする」という意味も含まれていると考えられ、大祝の胴丸あるいは勝頼の胴丸に用いる紺・浅葱・白の組紐に繋がるのではなかろうか。これらは、武田氏周辺あるいは甲信地方に共通する好みとして注目される。

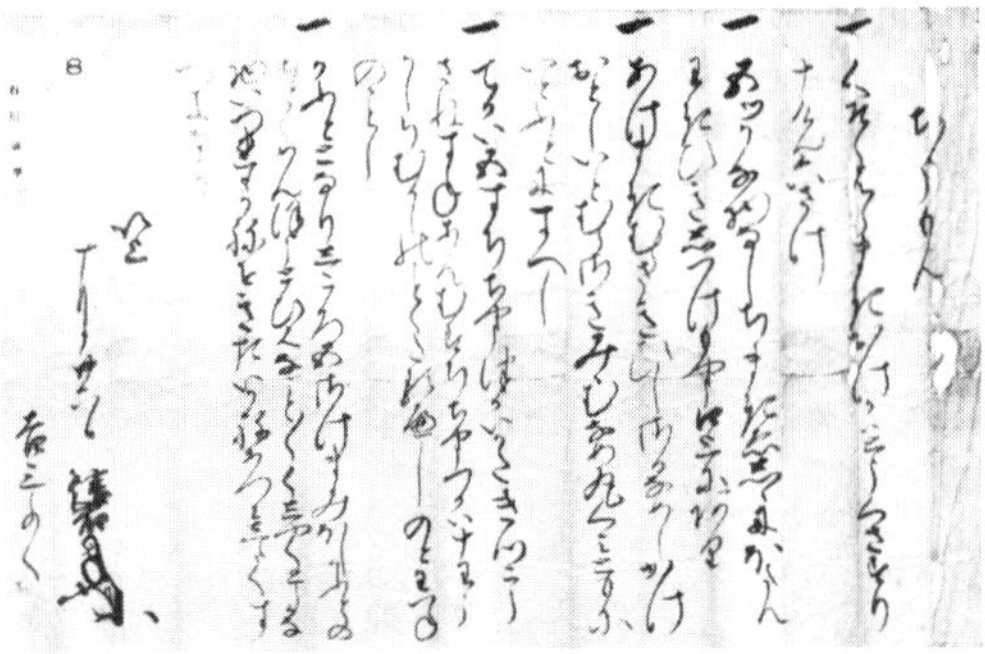

穴山信君 判物

そこで、さらに踏み込んで、大祝の胴丸の製作年が天正年間（一五七三〜九二）のどのあたりに位置するのか検証したい。

大祝の胴丸が南都で作られたことは述べたとおりである。これに対して勝頼の胴丸は、兜に「上州住康重」の作銘をきるので上野国で作られたことが分かる。また戸沢家伝来の兜は「上州住成国作」の作銘をきり、守矢家伝来の兜あるいは川中島出土の兜と共に上野国で作られたと考えられる。さらに寒川神社の兜は、相模

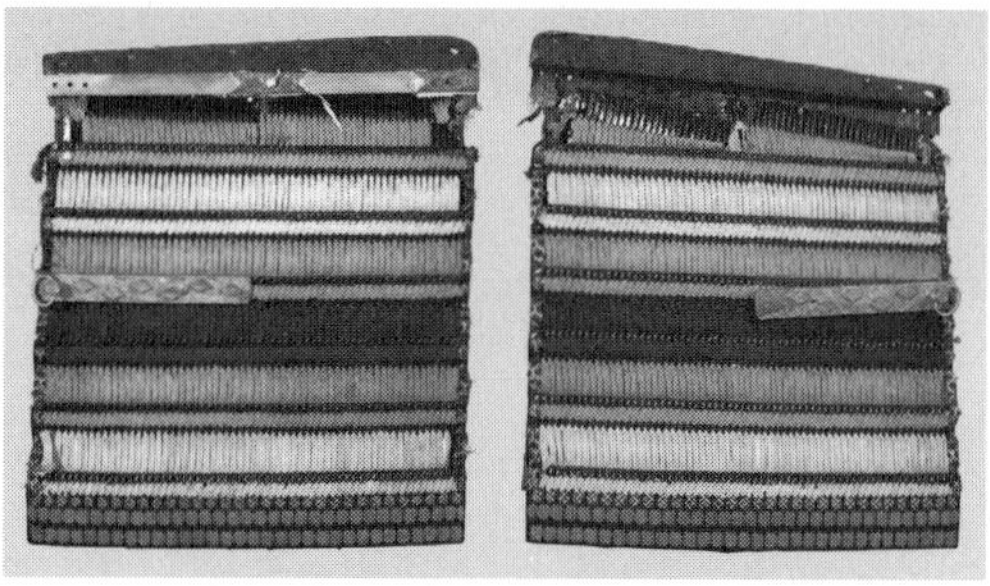

色々威大袖一双（浅間大社蔵）

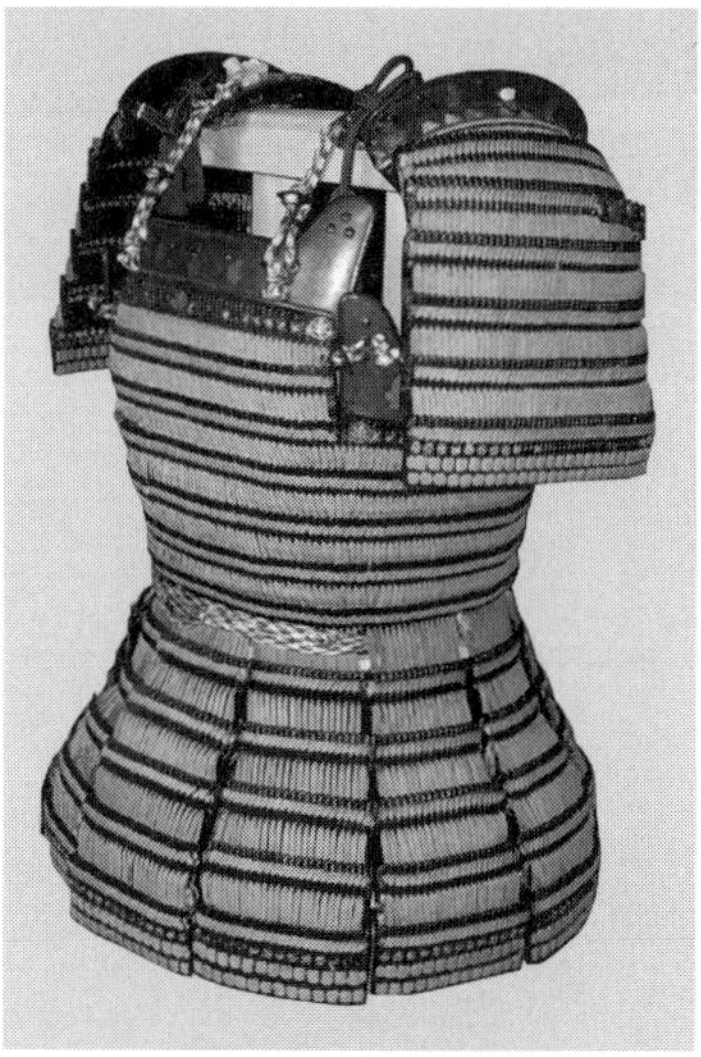

修補後の大祝の胴丸
（諏訪市博物館蔵）

国で作られたと考えられ、いずれも関東型と呼ぶ兜である。ゆえに信濃でも関東型の兜を多用していたと思われるが、正行寺の兜のように南都で作られたものもある。そこで注目するのが、勝頼が奉納したと推測される浅間大社の「色々威大袖」である。

　これは、上から紅・白・紅・紫・紅・白と三色の色糸で複雑に威す七段下がりであり、耳糸には亀甲打、畦目には小石打、菱縫には紅糸をそれぞれ用いている。さらに武田家の家紋である花菱紋が随所にみられ、すこぶる高級品であると同時に伝統的な中世甲冑の製法を頑なに守っている。その化粧板には「天正三年」の年紀と「春田光信父子」の作銘が墨書されている。ゆえに天正三年（一五七五）に南都で作られたことは間違いないであろう。

　同年三月六日、高野山成慶院に信玄の三回忌の塔婆が立てられた[25]。さらに『甲陽軍鑑』品第五十一「信玄公御弔ノ事」によると、翌月十二日（信玄の三回忌の命日）に大規模な法要が営まれたとある。これらの法要は、信玄の秘喪明けを意味するものと考えられる。すなわち浅間大社の大袖は、信玄の喪明けに向けて作られ、勝頼が信長・家康との一大決戦の戦勝祈願のために奉納したと推測されるのである[26]。このとき武田氏は全盛期であり、大祝の胴丸の製作年を、上限のぎりぎりということで天正三年（一五七五）と考えるのはどうであろう。しかし、信長・家康との一大決戦（長篠・設楽原の戦い）については言うまでもなく、武田軍は惨敗を喫することになる。

　大祝の胴丸は、浅間大社の「色々威大袖」と同じく、すこぶる

刀　銘「備州長船忠光／明応二年八月日」（千鹿頭神社蔵）

高級品であると同時に、伝統的な製法を守りつつも、当時の最新鋭の要素を取り入れた甲冑であるといえる。ゆえに実用を目的に作られたとも考えられるが、諏訪社への奉納を目的に作られた可能性も捨て切れない。

すなわち諏方大祝家に伝えられた『造宮帳』に、勝頼が天正六年（一五七八）の式年造営に際して神殿の建て替えを命じ、それを諏方伊豆守（満隣）が信濃諸郷に伝えたと記されているからである[27]。特に同二月七日付の『下諏方春宮造宮帳』あるいは同二月十日付の『下諏方秋宮造宮帳』には、勝頼の側近である長坂光堅の朱印が認められる。ゆえに大祝の胴丸を奉納品として捉えるのであれば、このあたりも視野に入れておく必要があるように思われる。つまり諏訪社にとって式年造営は、最も大きな祭事であり、その神殿の建て替えは、長篠・設楽原の敗戦によって失われた求心力を取り戻すために必要不可欠だったのではなかろうか。

このように考えると実際の装着に関係なく、前年大祝に即位した頼水、あるいは父である頼忠、さらに満隣・頼豊父子、そして神殿造営を命じた勝頼の関与も浮上しよう。それは、大祝の胴丸が高島藩諏訪家ではなく、頼水の弟である頼広を経て、大祝諏方家に伝えられたからである。いずれにしても大祝の胴丸は、発見されてから日も浅く、これについては幾つかの問題点もあろうが、著者としては、このあたりが一番落ち着くように思われる。

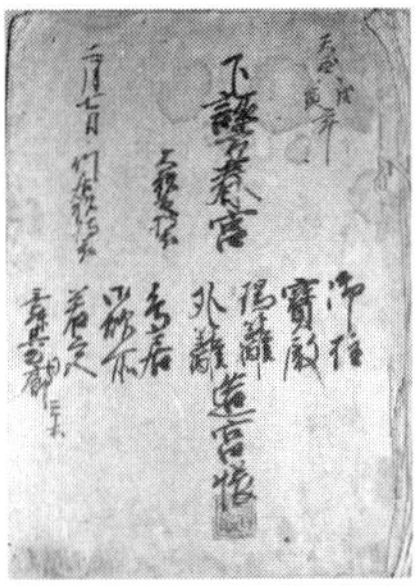
下諏方春宮造宮帳
（諏訪市博物館蔵）

平成二十四年（二〇一二）、甲冑師西岡文夫氏により大祝の胴丸の緒所・威毛・綴韋等に修補が行われた。その結果、樽形の胴が腰細の形姿へと見違えるように変貌した。これは、著者が平成六年（一九九四）の初見の時点で思い描いたとおりであり、まさに勝頼の胴丸と酷似すると述べたとおりである。

天正十年（一五八二）、甲州征伐に際して、諏方家当主の頼豊は織田軍に抗戦を挑むものの、鳥居峠(28)の戦いで敗れた後、織田軍に捕らえられて処刑されたと伝えられる。これに対して頼忠・頼水父子は、沈黙を保ちつつも天正壬午の乱を乗り切ることにより、存亡の危機をまぬがれたのである。

ちなみに高島藩家老の千野家が、明治になって氏神である千鹿頭《ちかとう》神社（諏訪市豊田）に奉納した「紺糸威丸胴具足」と刀がある。この具足は、江戸時代初期頃の丸胴を中心に小星兜・大袖と小具足を具備し、梶の葉紋を中心に千野家の家紋である亀甲花菱紋が随所にみられる。また刀は、刃長二尺二分（六一・二センチ）の菖蒲造（薙刀直し造）で、刀身に三鈷剣と梵字の彫物があり、茎に「備州長船忠光」の作銘と「明応二年（一四九三）八月日」の年紀がきられている。忠光は、末備前の名匠であり、名家である千野家の佩用にふさわしい名刀である。(29)

紺糸威丸胴具足（千鹿頭神社蔵）

本文の作成にあたり、下諏訪町の歴史民俗研究家の田中薫氏、諏訪市博物館の亀割均氏・中島透氏にご教示並びにご協力をいただいた。あわせて竹村雅夫氏による論文「甲武雑俎（七）諏方大祝家伝来「紅糸威胴丸」」（『甲冑武具研究』129号　二〇〇〇年）を参考にさせていただいた。以上の四氏には、この場にてお礼を申し上げる次第である。

註
（1）大祝継満が惣領政満・若宮丸父子等を謀殺した暴挙に対して、惣領方が決起して継満を追放した政変。
（2）柴辻俊六・平山優編『武田勝頼のすべて』（新人物往来社　二〇〇七年）

（3）茅野市ちの上原にあった山城。
（4）諏訪市四賀桑原にあった山城。
（5）奈良小札＝南都の甲冑師が用いた特に細かい小札。
（6）丸唐打＝糸を袋状に組み、中に麻の硬い芯を入れた紐。
（7）切房＝組紐の先を解きほぐし、根元を固く縛って切り揃えて作った房。
（8）高紐＝肩上と胸板を繋ぎ留める紐。
（9）懸通＝押付板から肩上の先端まで通す高紐の取り方。
（10）源氏打＝色糸を矢筈状に連続して編み出した丸打の紐。
（11）折冠＝ほぼ直角に折り返した冠板。
（12）菖蒲韋＝白く菖蒲の模様を染め抜いた藍韋。
（13）『本小札紅糸威胴丸　大祝諏方家伝来の名宝』（諏訪市博物館　二〇一一年）
（14）宮崎隆旨『奈良甲冑師の研究』（吉川弘文館　二〇一〇年）
（15）三浦一郎『武田信玄・勝頼の甲冑と刀剣』（宮帯出版社　二〇一一年）
（16）栗色馬革＝溜塗りを施した馬革。
（17）註（13）と同じ。
（18）鎖佩楯＝鎖の間に小篠・筏・骨牌金等を散らした佩楯。小篠＝短い篠。
（19）山岸素夫『日本甲冑の実証的研究』（つくばね舎　一九九四年）
（20）上野晴朗『定本武田勝頼』（新人物往来社　一九七八年）
（21）柴辻俊六等編『戦国遺文』武田氏編第二巻（東京堂出版　二〇〇二年）九一六号
（22）丸島和洋「高野山成慶院『甲斐国供養帳』―『過去帳（甲州月牌帳）』」（『武田氏研究』34号　二〇〇六年）
（23）柴辻俊六等編『戦国遺文』武田氏編第六巻（東京堂出版　二〇〇六年）三九三一号
（24）註（15）と同じ。
（25）『甲府市史』史料編第一巻　原始・古代・中世（甲府市　一九八九年）
（26）三浦一郎「決戦　設楽原」（『甲冑武具研究』177号　二〇一二年）
（27）小坂武雄等編『信濃史料』第十四巻（信濃史料刊行会　一九五九年）
（28）塩尻市と木曽郡木祖村を繋ぐ峠。
（29）岡崎譲『日本刀備前伝大観』（福武書店　一九七五年）

牛伏寺の兜

金峯山《きんぼうざん》牛伏寺《ごふくじ》(松本市内田)は、信濃三十三観音の第二十七番札所に数えられる真言宗智山派の名刹である。鉢伏山の西側中腹に位置し、本尊は十一面観音である。

寺伝によると、聖徳太子が四十二歳のときに自ら刻んだ観音像を本尊として鉢伏山に安置したことにはじまるという。寺名については、天平勝宝七年(七五五)に唐から伝えられた大般若経六百巻を善光寺へ奉納する途中、経典を運んでいた二頭の牛が倒れたことに由来するとされる。

その創建の時期や事情についての史料は、管見の限り皆無に等しく、鎌倉時代以前の沿革は明らかではないものの、元来は山岳修行・修験道の山であったと考えられる。寺は、もともと裏山にあり、現在の地に移ったのは天文三年(一五三四)である。慶長十七年(一六一二)と寛政八年(一七九六)の大火で伽藍を焼失したものの、幸い本尊はじめ釈迦如来および両脇侍(文殊菩薩・普賢菩薩)像・薬師如来坐像・大威徳明王像等の仏像は難を逃れ、現在重文・県宝に指定されている。これらの寺宝の中に一頭の頭形兜がある。

牛伏寺 参道

牛伏寺 山門

1　頭《ず》形《なり》兜《かぶと》鉢《ばち》

頭形兜は、上板《うわいた》と左右側面の板で形成された、文字どおり人の頭の形の兜である。牛伏寺の頭形兜は、鞠がない

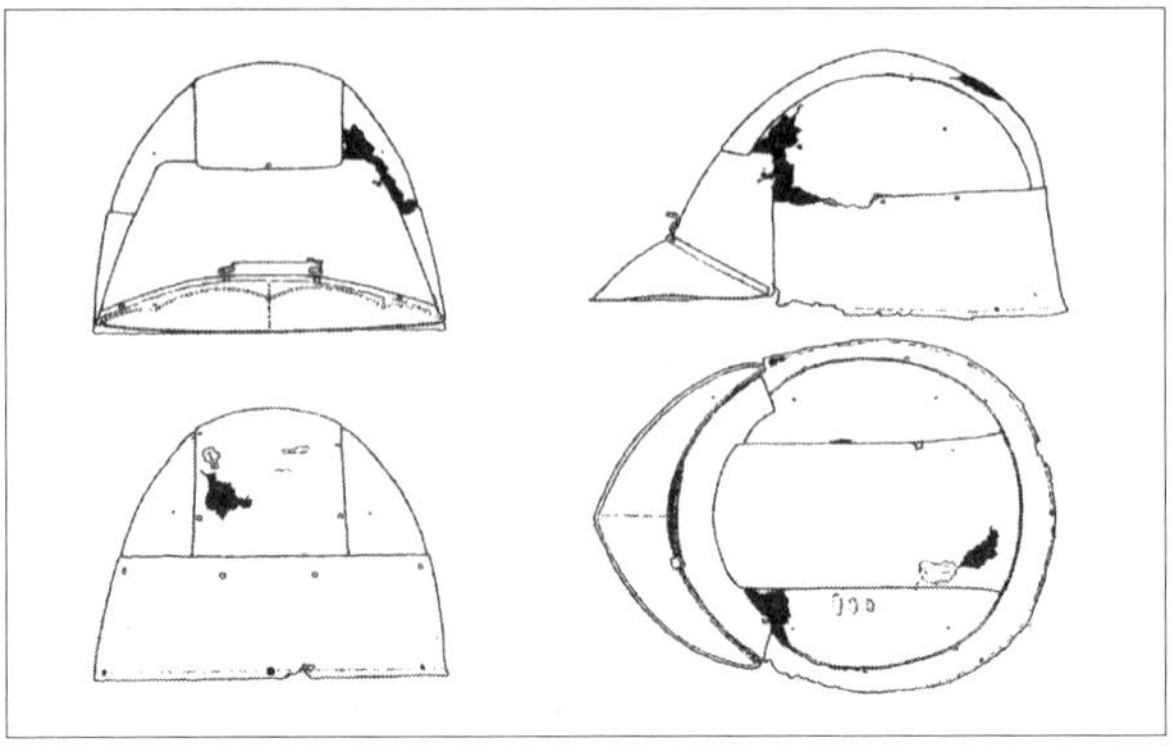

頭形兜鉢 実測図（浜野氏提供）

ので正確に言えば頭形兜鉢と呼ぶべきである。江戸時代にこの付近から出土し、嘉永二年（一八四九）に刊行された『善光寺道名所図会』の牛伏寺の什物の項に「冑の鉢一」と記され、すでに什物として伝わっていたことが分かる。この頭形兜鉢は、長年土中に放置されていたので錆の浸透が著しく、左側面と後部の一部が抜け落ちている。

それは、前後の径二三・六センチ・左右の径二一・五センチで、上板と左右側面の板に腰巻と眉庇を付けて形成されている。ふつう頭形兜は、側面の板の上に上板を重ねる。このとき眉庇の上に上板が重なるものと、上板の上に眉庇が重なるものがある。牛伏寺の頭形兜鉢は前者であり、さらに出眉庇《でまびさし》が付いている。その内側にある眉庇を内眉庇《うちまびさし》と呼び、損傷が著しいものの、輪郭線を延長すると眉の形になることが分かる。これを眉形眉庇《まゆなりまびさし》あるいは付卸《つけおろし》眉庇《まびさし》と呼ぶ。

そして側面の板の四方には響穴があり、出眉庇の上にある横長の板は、並角元の根であり、向かって右側に角元の一部を残している。また腰巻の裾を外側に折り返し、鞠を付けた穴がみられる。さらに兜鉢の表面にわずかに黒漆が残されているので、元来は黒塗りであったことが分かる。

2　頭形兜の変遷

以上が牛伏寺の頭形兜鉢の概要である。頭形兜の起源については定かではないが、『応仁記』中巻「三宝院党責落事」

に「三枚重ノ鉄甲ノ磐石ノ如クナルヲ打破リ」とあるので、おそらく室町時代後期頃には使われていたのであろう。

近世の頭形兜は、鉢の構造あるいは形状から、日根野頭形《ひねのずなり》(1)と越中頭形《えっちゅうずなり》(2)があり、さらに両者に属さない第三型《だいさんがた》頭形《ずなり》(3)と呼ぶものがある。

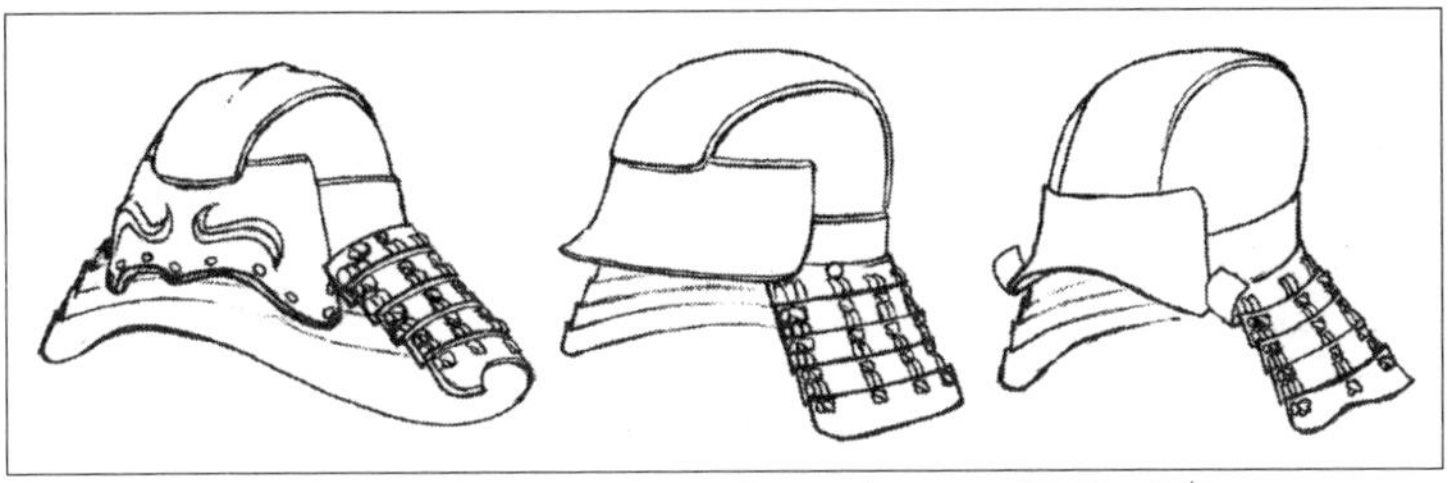

（左）第三型頭形・（中）越中頭形・（右）日根野頭形
（三浦一郎・永都康之『日本甲冑図鑑』転載）

これに対して中世の頭形兜を古頭形《こずなり》と呼ぶ。古頭形には、三枚張《さんまいばり》と五枚張《ごまいばり》と呼ぶ二つの形式がある。これを比較すると、型式的な観点から三枚張の方が五枚張よりやや古いように思われる。

三枚張頭形は、腰巻の上に上板と左右側面の板を乗せて形成されている。そして腰巻の下に眉形眉庇と𩊱に対応したもう一つの腰巻がある。つまり腰巻が上下二段あり、代表的遺物として高岡神社（高知県四万十町）・金剛寺（大阪府河内長野市）・某寺（東京都品川区）等の兜が挙げられる。これらの特徴は、全体に小振りで、天辺に直径二センチ程の穴があり、眉形眉庇が異形ということが挙げられる。おそらく天辺の穴は、星兜・筋兜の穴が形式化して移行したのであろう。その𩊱も多彩であり、金剛寺の骨牌金《かるたがね》の𩊱・某寺の一饅頭𩊱《いちまんじゅうじころ》(4)等がある。また上杉神社の金箔押頭形兜は、天辺に穴がなく、上板と左右側面の板に直接水平に開いた腰巻を付け、一段の板𩊱に伊予札《いよざね》(5)の割𩊱《わりじころ》(6)を下げている。

そして五枚張頭形は、三枚張頭形を簡略化して作られたと考えられ、上板と左右側面の板に直接腰巻と眉形眉庇を付けた形式である。これが、日根野頭形・越中頭形の原形になったと考えられる。その特徴は、眉形眉庇がはっきりとした眉の形で、上板が眉庇の上に重なり、天辺に六曜の透かし（あるいは小穴）があり、四方に響穴があること等が挙げられる。𩊱は、最上𩊱が多いが、清水神社（岐阜県揖斐川町）の兜のように小札物の饅頭𩊱もある。この兜は、大振りに作られ、天辺に直径一センチ程の穴もあり、鉢裏に「春田光定」の作銘をきることから特殊な例といえよう。また上杉神社には、三段の板𩊱の下に三角形の長い割𩊱を下げた五枚張頭形がある。

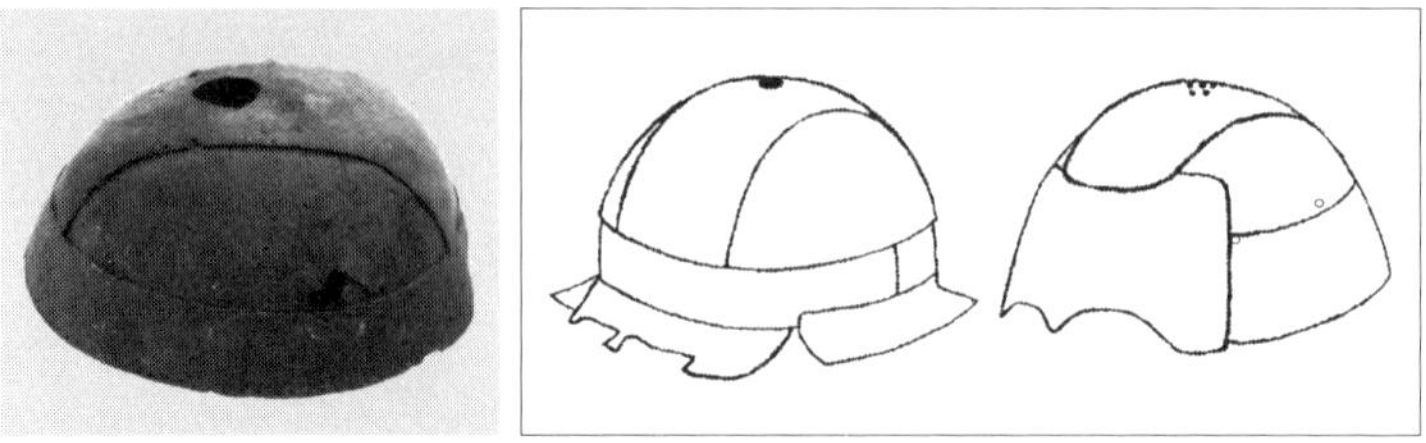

（左）洲崎神社の頭形兜鉢・（右1）三枚張頭形・（右2）五枚張頭形
（浅野誠一『兜のみかた』転載）

さらに三枚張頭形・五枚張頭形を合わせても胴・袖が添うものはごく稀で、著者が確認した限り清水神社の「茶糸威胴丸」（県文）・上杉神社の「薫韋威腹巻」・建水分《たけみくまり》神社（大阪府千早赤坂村）の「朱塗赤糸威最上腹巻」のみである。特に清水神社の壺袖・曲輪仕立《ぐるわじたて》(7)の面具・背負櫃《せおいびつ》まで揃うものは貴重である。

そこで、三枚張頭形から五枚張頭形への変遷を知る上で重要なのが、洲崎神社の頭形兜鉢である。これは、三枚張頭形の形式であるが、腰巻が一段しかないので兜鉢全体が非常に浅くみえる。こうした兜を思わせる描写が穴八幡神社（東京都新宿区）の『一ノ谷合戦絵巻』にみられ、また『平家物語』巻五「南都炎上」に「帽子甲に五枚甲の緒をしめて」とあり、五段𩊱の兜の下に帽子甲を重ねて装着したことが読み取れる。(8)

つまり帽子甲は、星兜・筋兜等の正式な兜に対して、補助的に用いる簡易型の甲（兜）のことをいうのではなかろうか。洲崎神社の兜鉢は、裾に連続する小穴があるので、家《いえ》地《じ》に鎖あるいは骨牌金を縫い付けた𩊱であったと考えられ、こうした𩊱の兜が『平治物語絵詞』にも描かれている。頭形をはじめ桃形・突盔形等の簡易兜は、軽くて製作が容易なことから、次第に正式な兜として認知されていったのであろう。そこで兜鉢を深く、大きくするために腰巻を一段増して二段にして、眉間からコメカミまでを守り、同時に視野を確保するために眉形眉庇を付けるようになったのではなかろうか。

こうした発想は古くからあったようであり、その代表的遺物として挙げられるのが、東京国立博物館が収蔵する十枚張星兜鉢である。これは、応現寺（東京都足立区）の経塚から出土し、一行に七点の無垢星を打つので赤木家伝来の兜鉢と同じ平安時代のものと考えられる。この兜鉢には腰巻が上下一段あり、おそらく打物への対応から兜鉢を深く、大きくするために腰巻を一段増して改造したのであろう。(9)

3　兜の所用者と使用年代

牛伏寺の頭形兜鉢は、上板と左右側面の板に腰巻と眉形眉庇が付いた五枚張頭形である。これは、天辺に六曜の透かし（あるいは小穴）がないものの、上板の重ねあるいは響穴・眉形眉庇等、古頭形の特徴を示している。

ここで特筆すべき点は、出眉庇が付いている点である。出眉庇は、関東型の星兜・筋兜にみられる特徴であり、これが簡易兜に移行したと考えられる。ゆえにこの兜も東国で作られ、同じく東国の武者が使っていたと思われる。こうした頭形兜は、全国に数例が確認され、途中で鞠を替えたものもあるが、生であればほとんどが最上鞠である。そこで注目したいのが、先述の穴山信君の甲冑注文状(10)である。

この条書には、注文した甲冑の細かい指示がみられ、その中に「かふととなり、しころ五さけ、まみほしかほとのことく」とある。これを、著者は「兜頭形、鞠五段下がり、眉庇は星兜の如く」と説いた。(11)牛伏寺の頭形兜鉢は、まさにこれを彷彿させるものといえる。また並角元は、武田氏が立物を立てるのに好んだ装置である。さらに想像を膨らませると、甲冑本体も小札物ではなく、板物（最上形式）の可能性が高いように思われる。

その出土場所がはっきりしないものの、牛伏寺付近はもともと守護小笠原氏の勢力下にあったと考えられる。しかし、天文十七年（一五四八）に塩尻峠の戦いで武田軍に敗れ、その侵攻に伴い小笠原氏は弱体化する。そして同十九年（一五五〇）には、当主である長時が居城林城(12)を放棄する。この後、信濃府中は武田氏の拠点として、天正十年（一五八二）の滅亡まで統治される。

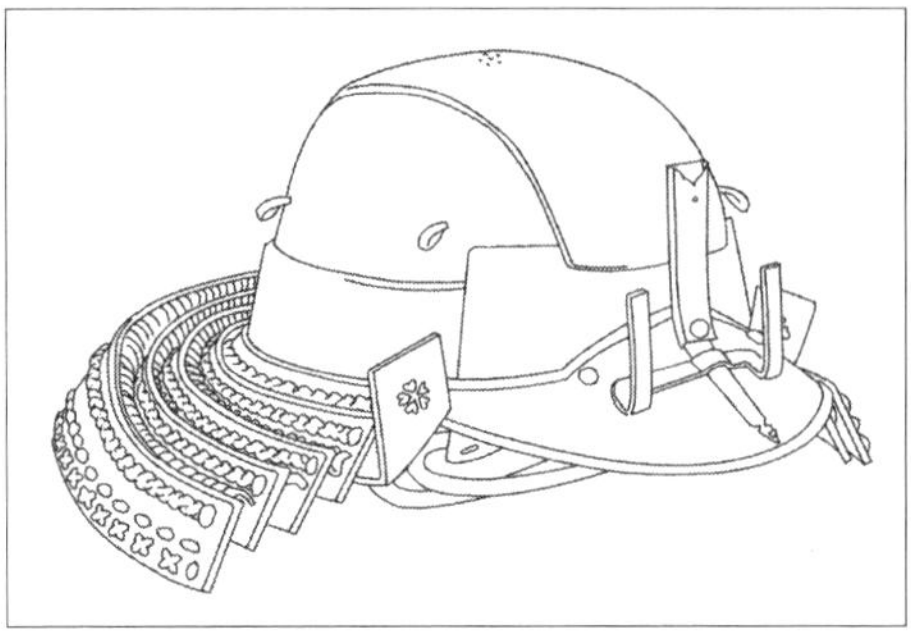

穴山信君具足注文想像図

牛伏寺の頭形兜鉢

果たして牛伏寺の頭形兜鉢は、どの年代に使われたのであろうか。五枚張頭形であり、さらに天辺に六曜の透かし（あるいは小穴）がなく、出眉庇が付いているので、五枚張頭形の発展型と考えられる。ゆえに小笠原氏の守護時代とするのは難しいように思われる。そして武田氏の領地になってから、この地域で目立った戦いが行われた形跡は、管見の限りほとんど認められない。したがって織田軍の侵攻時あるいは天正壬午の乱あたりがふさわしいように思われる。

天正十年（一五八二）三月、織田軍と徳川軍の甲州征伐により武田氏は滅亡する。さらに織田軍の信濃における北侵は続き、翌四月には臣下の森長可が海津城に入る。つまり牛伏寺の頭形兜鉢は、ここに至るまでの戦い、あるいは本能寺の変の直後に徳川軍・北条軍・上杉軍が乱入し、抗争を繰り広げた天正壬午の乱の戦いで使われ、放置されたと推測するのである。

その所用者は、穴山信君の甲冑注文状が示すように、武田氏に帰属した一軍の可能性が高いように思われる。そこで武田氏の統治時代に牛伏寺付近を領したのが桃井氏である。[14]永禄四年（一五六一）五月十日付の信玄が桃井六郎次郎に宛てた書状[13]によると、塩田城の在番にあたって「具足・甲四十人、堅在城簡要候」とあり、桃井氏が武装した四十人を従える有力者であることが読み取れる。その館跡とされる桃昌寺（松本市内田向井）は、牛伏寺から直線距離にして二キロほど下った先にあり、現在も枡形の土塁の一部が残されている。この四ヵ月後には川中島第四戦を迎え、緊迫する信濃の情勢が伝わってくる。

そこで著者は、牛伏寺の頭形兜鉢の所用者を桃井氏と推測し、放置された時期を織田軍の侵攻時と考えるのである。いずれにせよ牛伏寺の頭形兜鉢は、県下に残る実用時代の甲冑資料として貴重である。

また山岸素夫・宮崎眞澄共著『日本甲冑の基礎知識』（雄山閣　一九九〇年）によると、県下の医王寺にも同形の兜が認められるとあるが、今回の調査で所在が確認できなかったことが残念でならない。

本文の作成にあたり、牛伏寺誌編集事務局の浜野安則氏にお世話になり、掲載した兜鉢の実測図を提供していただいた。ここに謹んでお礼を申し上げる次第である。

註（1）日根野頭形＝日根野弘就が奨励したと伝えられる卸眉庇が付く頭形兜。卸眉庇＝眉の線に沿って繰り上がり、なだらかな放物線を描いて下る眉庇。
（2）越中頭形＝細川越中守（忠興）が推奨した、縁を一直線にした大振りの眉庇が付く頭形兜。
（3）第三型頭形＝日根野頭形・越中頭形に属さない特異な形の頭形兜。一九七六年に『兜のみかた』の中で著者である浅野誠一氏によって提唱された。
（4）一饅頭鞠＝鉢付板に丸く膨らみを持たせ、以下を垂直に下ろした形の鞠。
（5）上杉神社の鞠の伊予札は佩楯と同じ二行四つ・四つの穴がある。
（6）割鞠＝左右後に分かれた鞠。
（7）曲輪仕立＝曲輪のように左右に蝶番があり、首に巻いて装着する須賀の仕立。須賀＝面頬当の垂。「面垂」とも呼ぶ。
（8）浅野誠一『兜のみかた』（雄山閣　一九七六年）
（9）山上八郎『日本甲冑一〇〇選』（秋田書店　一九七四年）
（10）柴辻俊六等編『戦国遺文』武田氏編第六巻（東京堂出版　二〇〇六年）三九三一号
（11）三浦一郎『武田信玄・勝頼の甲冑と刀剣』（宮帯出版社　二〇一一年）
（12）松本市里山辺にあった山城。守護小笠原氏の居城。
（13）柴辻俊六等編『戦国遺文』武田氏編第一巻（東京堂出版　二〇〇二年）七四二号
（14）上田市前山にあった山城。

筑摩神社の丸胴

筑摩《つかま》神社（松本市筑摩）は、清流で知られる薄川《すすきがわ》の左岸に鎮座し、息長帯比売命《おきながたらしひめのみこと》（神功皇后）・誉田別命《ほんだわけのみこと》（応神天皇）の八幡神と宗像三女神《むなかたさんじょじん》（多紀理比売命《たきりびめのみこと》・狭依比売命《さよりびめのみこと》・多岐津比売命《たぎつひめのみこと》）を祭神とする社である。

社伝によると、この地を荒らし回った八面大王（魏石鬼《ぎしき》ともある）を退治するため、坂上田村麻呂が延暦十三年（七九四）に石清水八幡宮より勧請を受けて創建したといい、正八幡宮と別称されている。また信濃国府の遷府に際して国府八幡宮とも称し、南北朝時代以降は信濃守護である小笠原氏の祖神として崇められた。

その本殿は、永享八年（一四三六）に焼失したものの、同十一年（一四三九）に小笠原政康によって再建され、松本地方における最古の建造物として昭和五年（一九三〇）に重文に指定された[1]。

筑摩神社

石川氏の造営による拝殿

また拝殿は、慶長十五年（一六一〇）に松本藩主石川氏によって造営され、さらに銅鐘は、別当寺である安養寺（廃寺）の梵鐘で、永正十一年（一五一四）に小笠原長棟が寄進したことを示す陰刻がきられ、それぞれ県宝あるいは市文に指定されている。

その社宝のひとつに丸胴がある。これは、山上八郎『日本甲冑の新研究』（山上淑子　一九二八年）九七三頁に「信濃国筑摩神社所蔵・革包胴丸」と記して金具廻に雁木篠《がんぎしの》[2]を立てた例として後向きの写真が掲載されている。

1　朱塗紺糸威丸胴《しゅぬりこんいとおどしまるどう》

これは、胴丸ではなく、当世具足の丸胴である。しかし、胴丸と丸胴の呼称を区別するようになったのは近年のことであり、『日本甲冑の新研究』が刊行された当時は、長側を一続きにした右引合の胴を総称して胴丸と呼んでいた。ゆえに山上氏が「胴丸」と表示されたのは無理もない。

胴は、伊予札で形成された前立挙三段・後立挙四段・長側五段の丸胴を一枚の黒色馬革で包んで、各段を菱に綴じて作られた仏胴《ほとけどう》(3)である。その前後に大きな日の丸を描き、中央に金泥で「南無妙法蓮華経」の題目が書かれている。左脇には、菖蒲韋の鍔当《つばあて》(4)が付けられ、前後の最上部に打つ三つの丸鋲は、八双鋲を意図するものと考えられる。胴裏は、各々一段ごとに同じ馬革で包まれ、胴尻は一文字でわずかに外側に返している。

金具廻は、例のとおり雁木篠を立て、鍍金の覆輪を廻らしている。胸板は、やや角張ってみえ、高紐の取り方は三孔式である。押付板の覆輪が欠けているものの、合当理《がったり》(5)を打つ孔がみられる。胸板と押付板に打つ鍍金の丸鋲は、大祝の胴丸と同じであり、従前の小桜鋲を意図するものと考えられる。脇板は、中央を高く作り、前後の先端に膨らみを持たせている。

朱塗紺糸威丸胴（筑摩神社蔵）

肩上は、革で作られ、押付と押付板が二重になっている。その中央の幅が広く作られ、これも大祝の胴丸と同じである。紺の丸唐打の高紐には、懸通がみられるものの、蜷結《になむすび》がなく、そのまま責鞐《せめこはぜ》(6)を通している。また左右の端の前後に籠手を付ける萌黄糸（紅糸か）の絎がみられる。

草摺は、碁石頭《ごいしがしら》(7)の伊予札で形成された七間の四段下がりで、五行の素懸威である。このように本当の伊予札を革で包んで形成された小札板を、縫って延ばすという製作手法を形容して本縫延《ほんぬいのべ》と呼ぶ。さらに揺《ゆるぎ》(8)が短くとられ、ここにも胴丸・腹巻の遺風を残している。

これらの特徴を有する遺物として厳島神社に毛利輝元が奉納した「紅糸威丸胴具足」(重文)、あるいは上杉神社の上杉景勝所用と伝えられる「紫糸綴丸胴具足」がある。筑摩神社の丸胴も、これらに匹敵する遺物であり、同時に豊臣色の強い有力武将の所用であると考えられる。

これは、いわばごく初期の仏胴ということになる。すなわち小札物の胴を革で包むことにより滑り易くして、槍・鉄炮の攻撃をかわすという発想である。この種の遺例として著名なのが、文禄五年(慶長元・一五九六)に毛利輝元が厳島神社に奉納した「鶉韋包紫糸威丸胴具足」である。この具足は、烏帽子形兜《えぼしなりかぶと》(9)・燕頬《つばめぼお》(10)・鎖籠手《くさりごて》(11)・伊予佩楯を具備している。筑摩神社の丸胴は、これより明らかに古式であり、管見の限り仏胴として最古の遺物といえるのではなかろうか。

2 小具足

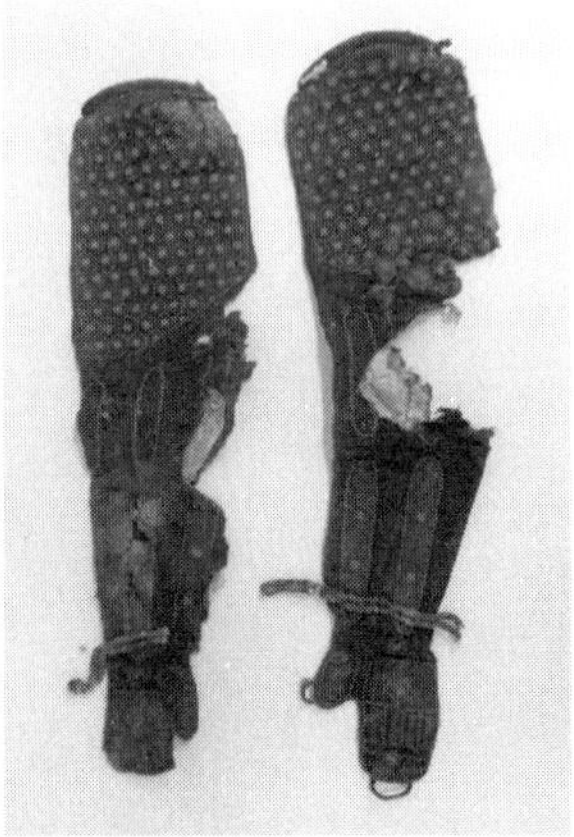
産籠手(筑摩神社蔵)

現在、この丸胴は高さ二尺(六〇・六センチ)程の黒塗りの楕円形の桶に収められている。しかし、胴と草摺を収めるには窮屈なようにも思われ、もともと丸胴を収めるためのものであるかは不明である。その蓋の裏に張紙があり、符号のような墨書がみられるが判読はできない。そして丸胴を出した桶の底に二双の籠手と佩楯があることが確認された。

籠手の一双は、上腕と下腕に八本の大篠を用いる篠籠手である。渋麻《しぶあさ》(12)の家地に縫い付けられ、大篠の間は総鎖《そうぐさり》(13)で繫がれ、肘金《ひじがね》(14)を中心に格子鎖《こうしぐさり》(15)で連

篠籠手（筑摩神社蔵）

動している。手甲《てこう》[16]は、指を打ち出した摘手甲《つみてこう》[17]で、大指《おおゆび》[18]と共に総鎖で連動している。肩に五段もの小板《こいた》[19]を配しているので、装着すると首筋のあたりまで達することになる。全体に錆止め程度に薄く黒漆が塗られ、おそらく装着法は襷掛《たすきがけ》であったと思われる。

今一双は、上腕の亀甲金と下腕の大篠、さらに指を打ち出した摘手甲を紺麻で包んだ産籠手《うぶごて》である。先述の穴山信君の甲冑汗文状にも「かたきつこうさね」と産籠手を思わせる記述がみられ、さらに遺物として厳島神社の「紅糸威丸胴具足」の籠手がある。これは、上腕に袖が仕付けられ、下腕の大篠と手甲を黒塗りの革で包んでいる[20]。産籠手は、中世末から近世初頭の実用時代に比較的多くみられる。この籠手は、最上部に湾曲した折《おり》冠《かむり》がみられ、これも同時期の籠手の特徴の一つといえる。

そして佩楯の一つは、金箔を押した伊予札[20]を浅葱地の緞子（あるいは綸子）に縫い付けた伊予佩楯《いよはいだて》である。伊予佩楯も実用時代に多くみられ、代表的遺物として美和神社の丸胴に付く佩楯が挙げられる。これらに共通していえることは、伊予札が比較的細かく、五段下がりとすることである。この佩楯は、残欠であるものの、これらの特徴をよく示している。

今一つの佩楯は、亀甲金を紺麻で包んだ産佩楯《うぶはいだて》である。家地は、裏側で縫い合わせて大腿部《だいたいぶ》に固定する踏込式《ふみこみしき》と呼ぶ形式である。これも左右が離れて大破しているが、丸絎の腰緒の一部を残し、家地の紺麻あるいは亀甲金の綴糸が先の産籠手と同じなので、もともと対のものと思われる。

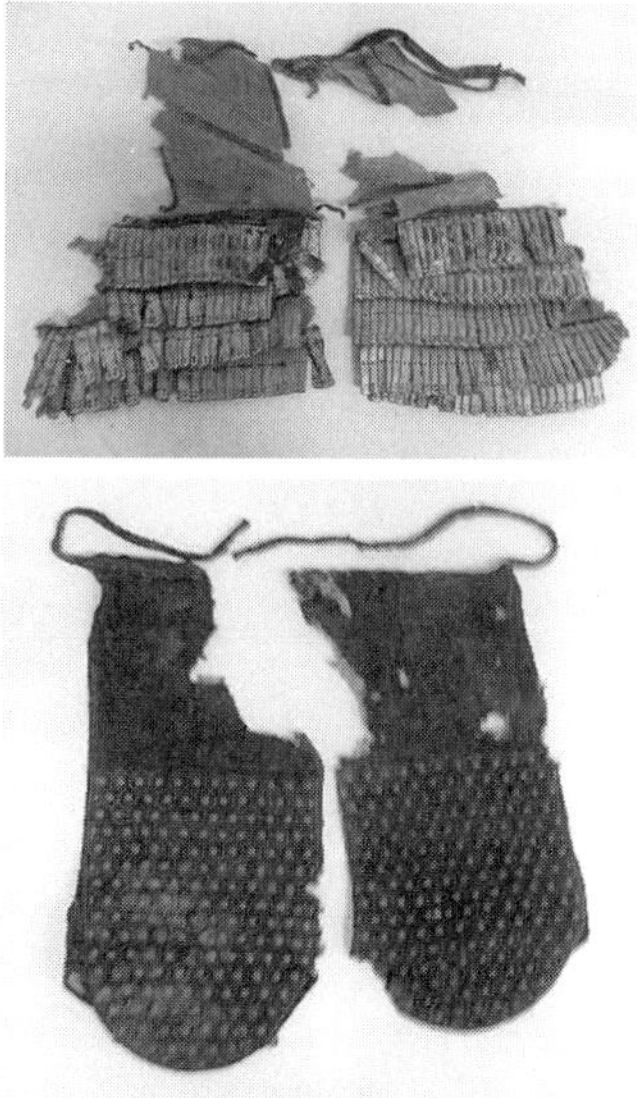

（上）伊予佩楯・（下）産佩楯
（筑摩神社蔵）

その点、篠籠手と伊予佩楯が対であるとは限らない。これらは、現状において家地の色目が異なるからである。もともと小具足は各々個別のものであり、一具として捉えるのは近世の発想、すなわち当世具足の発想に基づくものである。これらは産籠手・産佩楯より古式であり、さらに丸胴の年代より古いように思われる。そこで、あえて丸胴の小具足を選ぶのであれば、厳島神社の「紅糸威丸胴具足」に倣って産籠手・産佩楯を挙げたい。当然、はじめは兜もあったであろう。それがどのようなものであったかは、厳島神社あるいは上杉神社の遺物から想像するしかない。

3 天正壬午の乱とその後の中信の情勢

以上が丸胴と小具足の概要である。そこにみられる製作手法から天正年間（一五七三〜九二）のおわり頃のものと思われ、県下においても稀なる実用時代の甲冑資料といえよう。しかし、その伝承は皆無であり、所用者あるいは奉納者については不明であるものの、これが丸胴であることから、守護小笠原氏・武田氏の統治時代のものではないということになる。そこで、天正壬午の乱とその後の中信（筑摩・安曇）における情勢について少し述べることにしたい。

武田氏滅亡後、府中を掌握していた木曽義昌は、上杉景勝の支援を受けた小笠原の旧臣に追われて木曽に逃れ、これに乗じて小笠原長時の弟道雪斎（貞種）が深志城[21]に入った。しかし、貞種は上杉氏が派遣した操り人形に過ぎず、結果的に小笠原旧臣の信認が得られなかった。ゆえに徳川方に与した旧臣は、長時の子貞慶を擁して貞種を排除し、同時に深志を松本に改名した。

その後、木曽義昌が攻勢をかける中、貞慶は家康から離れて自立しようとするものの、筑北において上杉軍に敗れると、再び徳川方に与して嫡男秀政（幸松丸）を人質として差し出した。そこで家康は、秀政を三河以来の重臣である石川数正に預けた[22]。

ところが第一次上田合戦の後、数正は突如として家康のもとを出奔し、貞慶・秀政父子と共に豊臣方に走る。秀吉は、数正に領地を与えて優遇するものの、貞慶は行き過ぎた言動が原因で失脚し、かわって秀政が小笠原家の当主となる。その後、秀政は秀吉の仲介によって家康の孫娘（登久姫）を娶《めと》り、譜代として筑摩・安曇両郡の所領を安堵された。そして小田原の陣の後、家康の関東移封に伴い秀政も下総国古河藩（茨城県古河市）三万石の藩主となる。

そして数正は、松本藩十万石を賜り、松本城を近世城郭に改めた。しかし、朝鮮出兵の最中、文禄二年（一五九三）に肥前国名護屋（佐賀県唐津市）で病のため死去した。その後、嫡男である康長が八万石の遺領を受け継いで、城下町を整備して現在の松本市の基礎を築いた。石川氏は、関ヶ原の戦いで東軍に与したため所領を安堵されたものの、慶長十八年（一六一三）に大久保長安事件[23]に連座して改易された。

これにより小笠原秀政が復帰して藩主になるものの、慶長二十年（元和元・一六一五）の大坂夏の陣で討死したため、小笠原氏は播磨国明石藩（兵庫県明石市）十万石に加増移封された。その後も戸田松平氏[24]、越前松平氏[25]、さらに堀田氏、水野氏が転封を重ね、再び戸田松平氏が入封して九代を経て松本藩は幕末を迎えることになる[26]。

4　丸胴の所用者

そこで丸胴の所用者あるいは奉納者についてであるが、豊臣色の強い有力武将ということで、小笠原秀政あたりの可能性が指摘されよう。つまり登久姫を娶り、筑摩・安曇両郡の所領を安堵された時期と丸胴の製作年代が重なるからである。さらに石川数正・康長父子とも考えられるが、小笠原秀政の菩提所は曹洞宗の寺院であり、また石川氏の菩提所は浄土宗であるので、共に「南無妙法蓮華経」の題目には沿わないように思われる。そこで注目されるのが、豊臣政権下における日蓮宗の信者として知られる加藤清正である。

清正は、永禄五年（一五六二）に刀匠の加藤清忠の子として尾張国愛知郡中村（名古屋市中村区）に生まれ、母が大政所（秀吉の母）の遠縁にあたることから、秀吉の小姓として仕えたと伝えられる。天正四年（一五七六）に近江国長浜（滋賀県長浜市）に百七十石を賜り、賤ヶ岳の七本槍の一人としてその武勇を知られている。同十四年（一五八六）には九州征伐に従い、肥後国の領主であった佐々成政に替わって肥後半国十九万五千石を賜り、熊本城を築いて居城とした。そして朝鮮出兵（文禄・慶長の役）で活躍し、関ヶ原の戦いの後に肥後一国を賜ったことは周知のとおりである。

この清正と松本城を結び付ける伝承として「駒つなぎの桜」がある。これを要約すると次のようになる。清正は、江戸から東山道を通って熊本に戻る途中、松本城の竣工にあたり立ち寄った。このとき清正をもてなした石川康長は、二頭の馬を引き出して「私どもが選び抜いた馬ですので、どちらか一頭をお受け取り下さい」と言った。すると清正は「貴台ほどの目利きが選んだ馬を私ごときが選べませんので二頭ともいただきます」と言って二頭の馬を引き連れて帰国した。これを聞いた人々は、清正が二頭とも貰い受けたのは、相手を立て、馬の見立てについて自らの名誉も疵つかず、両方が立つ配慮と称え、このとき二頭の馬を繋いだ桜を「駒つなぎの桜」と称して伝えたとされる。[27] ちなみに元来の「駒つなぎの桜」の場所は、現在の位置より西側にあったと推定され、『本丸御殿図』によると、現在の位置に該当する本丸北側に内馬場があり、本丸御殿北西隅に馬見所があったとされる。いずれも馬に関わる記述として「駒つなぎ」の意味に通じるのではなかろうか。

また松本城の竣工については諸説あるが、関ヶ原の戦いがあった慶長五年（一六〇〇）以前とするのが通説とされている。[28] そして清正と康長は共に東軍に与し、その勝利をもたらしたのである。もしかすると、この丸胴は、清正が康長から貰い受けた二頭の馬への返礼の意味を込めて、康長に贈ったものかもしれない。これを、同十五年（一六一〇）の拝殿造営に際して康長が、国府八幡宮と称した筑摩神社に、清正の武運にあやかって奉納したとするのはどうであろう。そこに石川氏の筑摩神社への崇敬の念と清正への敬意を感じるのである。

最後に丸胴と小具足を収める桶についてであるが、熊本藩改易後に飛驒国高山藩主金森重頼にお預かりとなった加藤光正（清正の孫、光広ともある）の菩提寺である法華寺（岐阜県高山市）に同様のものがみられる。この桶には、色々威の二枚胴や突盔形兜・小具足等が収められている。(29) さらに法華寺には光正ゆかりの調度品が伝えられ、これらに絢爛豪華な蒔絵の装飾が施されているのに対して、武家の表道具である甲冑が粗末な桶に収められているのは、大いに興味をそそるところである。

清正所用の甲冑として、本妙寺（熊本市西区）の所蔵品あるいは徳川美術館の収蔵品が知られている。本妙寺には二領の具足があり、いずれも長烏帽子形兜《ながえぼしなりかぶと》(30)が付いている。兜は、共に文禄・慶長の役頃を思わせるものの、胴は二枚胴なので筑摩神社の丸胴の方が古いように思われる。また徳川美術館の長烏帽子形兜は、日根野鞠なので本妙寺の長烏帽子形兜より年代が下るように思われる。徳川美術館の兜の前立が郷里の妙行寺にあり、大日輪に書かれた題目の書体が、筑摩神社の丸胴の書体によく似ている。ゆえに筑摩神社の丸胴を清正所用と考えるのであれば、管見の限り最も古い清正所用の遺物ということになろう。

（上）丸胴を収めた桶（筑摩神社蔵）
（下）妙行寺

この加藤氏と石川氏の関係については、さらなる検証の余地があり、今後の研究に期待するところである。合わせて筑摩神社の丸胴が貴重であることは述べたとおりであり、文化財として評価されることを期待したい。

本文の作成にあたり、筑摩神社宮司の林邦匡氏にお世話になり、長時間にわたり社宝を詳しく調査させていただいた。ここに謹んでお礼を申し上げる次第である。

註（1）『角川日本地名大辞典』20長野県（角川書店　一九九〇年）
（2）雁木篠＝金具廻や肩上に漆を盛り上げて段差を作った装飾。
（3）仏胴＝表面を平らに作った胴。
（4）鍔当＝打刀・脇指の鍔から胴を守るために張る韋あるいは布帛。
（5）合当理＝胴の背にある背旗・馬印等を立てるための金具。
（6）鞐＝紐を繋ぎ留める金具。用途に応じて笠鞐と責鞐がある。
（7）碁石頭＝碁石を二つ並べたように丸く切った札頭。
（8）揺＝胴と草摺を繋ぐ部分。
（9）烏帽子形兜＝「善光寺の兜」参照。
（10）燕頬＝「上田市立博物館の具足」参照。
（11）鎖籠手＝鎖の合間に小篠・筏を散らした籠手。
（12）渋麻＝柿渋で染めた麻布。
（13）総鎖＝隙間なく編んだ鎖。
（14）肘金＝籠手の肘にあたる金具。
（15）格子鎖＝一行あるいは二行の格子状に編んだ鎖。
（16）手甲＝手の甲を守る部分。
（17）摘手甲＝指先が分かれて鎖で連動する手甲。
（18）大指＝手甲と鎖で連動して親指を守る部分。
（19）小板＝籠手の肩にある三センチ角程の板。
（20）山岸素夫・宮崎眞澄『日本甲冑の基礎知識』（雄山閣　一九九〇年）
（21）佩楯に使う伊予札は二行四つ・四つの穴がある。
（22）松本市丸の内にあった平城。
（23）平山優『武田遺領をめぐる動乱と秀吉の野望』（戎光祥出版　二〇一一年）

(24)徳川幕府内の武断派と文治派の間に起きた疑獄事件。
(25)愛知県豊橋市仁連木町の戸田氏を祖とする松平氏。
(26)徳川家康の次男秀康を祖とし、越前国を発祥とする松平氏。
(27)『松本市史』第二巻歴史編Ⅱ近世（松本市　一九九五年）
(28)清正公三百年会編『加藤清正伝』（隆文館　一九〇九年）
(29)湯本軍一等編『日本城郭大系』第8巻（新人物往来社 一九八〇年）
(30)特別展図録『生誕四五〇年記念展　加藤清正』（熊本県立美術館　二〇一二年）
(31)長烏帽子形兜＝註（9）と同じ。

道光神社の刀

道光神社（上田市菅平高原菅平）は、山家大神《やまがおおかみ》（四阿山大明神《あずまやさんだいみょうじん》とも呼ぶ）・大山祇命《おおやまづみのみこと》・加藤道光命《かとうどうこうのみこと》を祭神とし、国道四〇六号線菅平《すがだいら》の信号を県道三四号線に入ってすぐのところに鎮座する。

道光神社

その創建は定かではないが、社伝によると松代藩真田家に寄食していた加藤丹後守（道句、道向ともある）が、菅平の開発を志して居住し、開墾に際して四阿山（須坂市米子）の頂上に鎮座する山家大神と大山祇命を守護神として奉斎したという。嘉永四年（一八五一）、前述の二神と菅平開発の祖である加藤道句の神霊を合祀した石碑が建立された。また境内社の寿喜伊《すきい》山神は、スキーの発展を祈念して祀られた[1]。

昭和五十六年（一九八一）、長野市の加藤尚志氏が、先祖である加藤道句が所用したと伝えられる刀を道光神社に奉納された。同年、その歴史的希少価値が認められ、真田町の文化財に指定され、合併後は上田市の文化財として継承された[2]。

1　刀　銘　藤原国広作　於釜山海奏

刃長二尺五寸四分（七六・八センチ）、反り五分（一・五センチ）、身幅一寸六厘（三・二センチ）の鎬造の刀である。重は、やや厚く庵棟で、刀身には二筋樋《ふたすじひ》がきられている。鋒は、地蔵帽子《じぞうぼうし》(3)でやや延びた中鋒である。地肌は、板目に流れごころがあり、沸出来で一面に地斑映《じふうつ》り(4)がみられる。刃文は、大乱に互の目を交え、腰のあたりで大きく焼き込み、鋒まで互の目・丁字調に見事な大乱が続いている。刃中には小沸がつき、沸縞《にえじま》(5)・砂流し・金筋《きんすじ》(6)がみられる。茎の長さは七寸二分（二一・九センチ）で、鑢目は勝手下り。目釘穴が三つあり、磨り上げで尻は一文字である。棟寄りに「藤原国広作」、その左に「於釜山海奏」と作銘をきる。作刀当時は、今より長寸で反りも高かったであろう。

この刀には、糸巻太刀の拵が添えられている。柄は、すべて昭和五十五年（一九八〇）の後補であり、鞘は本来のものであるが、巻糸と腰緒等は後補である。この拵の特筆すべき点は、金物がすべて錫《すず》である点と鞘を包む金唐革《きんからかわ》(7)が虎の皮と伝えられる点である。ふつう日本刀の金物には、金・銀・銅・鉄あるいは銅の合金等が使われ、管見の限り錫が使われた例はあまりみられない。また虎の皮は、古くから上級武士に珍重され、京都国立博物館の「伝足利尊氏

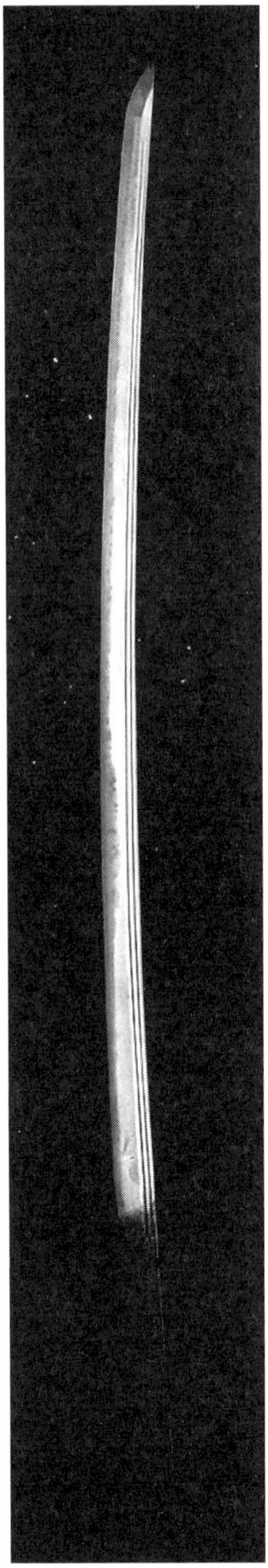

糸巻太刀
（道光神社蔵・上田市教育委員会提供）

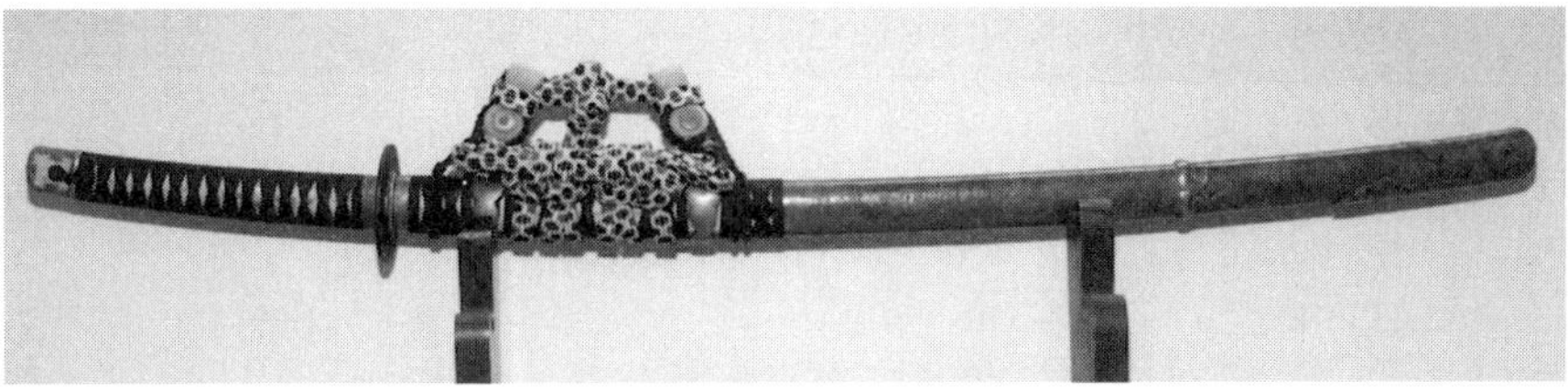

糸巻太刀拵（道光神社蔵・上田市教育委員会提供）

像」（重文、高師直像と推定される）の太刀鞘・浄真寺の「伝吉良頼康像」（武田信玄像と推定される）の敷物・福岡市博物館の「黒田長政像」（重文）の下鞍等に描かれている。

２　刀匠藤原国広と朝鮮出兵

この刀を鍛えた藤原国広は、新刀期の最高峰の刀匠として知られている。もともと日向国（宮崎県）の伊東家に仕えていたが、天正五年（一五七七）に主家が没落すると山伏になり、諸国を放浪して作刀を続け、慶長四年（一五九九）頃に京堀川一条（京都市上京区）に定住したと伝えられる。その門弟には、出羽大掾《だいじょう》国路を筆頭に大隅掾正弘・越後守国儔・和泉守国貞・河内守国助・山城守国清等が名を連ね、堀川一派と呼ばれている。(8)

その銘に「於釜山海奏」とあり、豊臣秀吉の朝鮮出兵に際して、国広自身も文禄元年（一五九二）に石田三成に従って渡鮮したことが知られている。(9) そして錫の金物は、日本ではあまりみられないが、朝鮮半島では比較的多くみられる。また当時は虎が朝鮮半島に生息していたので、この刀が韓国の釜山《ぷさん》で鍛えられたことは間違いないであろう。

ちなみに渡鮮した日本兵の虎による被害が甚大であったと伝えられる。加藤清正の虎退治が知られているが、これは必要に迫られてのことであり、決して遊興のためではなかったのである。このとき清正が討ち取ったと伝えられる虎の頭蓋骨が徳川美術館にあり、その毛皮は秀吉への土産にも用いられた。(10)

この太刀金物には、加藤家の家紋である蛇の目紋がみられる。道句は、清正の従姉妹の婿で、肥後入国後に鷹ノ原城(11)の城代を務めた加藤美作守（正次）の子である。ゆえに清正にとって従甥にあたり、十六歳にして父と共に渡鮮したと伝えられるので、韓国釜山における国広との繋がりが想像される。しかし、清正の死後、正次は三千石を削減されて年寄衆から外され、かわって道句が就くものの、元和四年（一六一八）の牛方馬方騒動[12]で失脚し、松代藩主酒井宮内大輔（忠勝）のもとにお預かりとなった[13]。そして松代藩主になった真田家に寄食後、菅平に移り住んで郷士となり、その開墾に成功したことは社伝にあるとおりである。

ここで少し豊臣秀吉の朝鮮出兵（文禄・慶長の役）について述べることにしたい。それは、これまでにない規模の組織（豊臣政権）によって編成された大軍勢によるものであった。秀吉の大陸侵出の構想は、もともと信長の発想に基づくものであり、かなり早い時期から練られていたようである。そこに、我が国の武装形式に変革をもたらした一因があるように思われる。

これまで槍・鉄炮の多用に伴い、中世甲冑（胴丸・腹巻・腹当）が近世甲冑（当世具足）に変わったといわれてきた。この変化が如実にみられるのは、天正年間（一五七三〜九二）の半ば過ぎであり、天正十三年（一五八五）の関白就任の直後に秀吉が、一柳市介（直高）に宛てた九月三日付の書状[14]に「秀吉日本国事者不及申、唐国迄被仰付候心ニ候歟」とある時期と重なる。秀吉は、天下統一と同時進行で大陸への侵出を計画していたのである。[15]そこで、この時期における甲冑武具の変化は、国内の戦いの事情だけでなく、大陸侵出を見据えた意図があると考えられる。[16]すなわち甲冑武具を統一して管理し、大量に生産する必要が生じたのである。

文禄元年（一五九二）四月、朝鮮の拠点である多大鎮・釜山鎮は、小西行長・宗義智等の攻撃に晒されて陥落する。その後、日本軍は釜山鎮を取り壊し、新たに日本式の釜山城を築いて、補給物資を受け入れる拠点とした。このとき刀匠国広も同行し、現地で刀剣武具の生産も試みられたのであろう。

日本軍の進撃は凄まじく、同五月には李朝の首都である漢城《かんじょう》（ソウル特別市）が陥落した。さらに清正率いる一軍は北侵を続け、八月には北方のオランカイ（女真族《じょしんぞく》）を攻めた。朝鮮出兵による戦いは、民族・言語、さらには宗教・文化の違いもあり、元寇以来かつてない激しいものとなった。これを象徴するのが豊国神社（京都市東山区）の門前にある耳塚である。そこに、文禄・慶長の役で討ち取られた二万もの朝鮮・明国の人々の耳や鼻が葬られたと伝えられる。

なお本文の作成にあたり、熊本県立美術館の山田貴司氏、名古屋市秀吉清正記念館の塚原明子氏、真田宝物館の溝辺いずみ氏にご教示いただいた。以上の三氏には、この場にてお礼を申し上げる次第である。

註

（1）『日本歴史地名大系』20長野県の地名（平凡社　一九七九年）
（2）『真田町誌』歴史編下（真田町誌刊行会　一九九九年）
（3）地蔵帽子＝地蔵像に似た形の帽子。
（4）地斑映り＝焼入れの加減によって地肌に沿って幾重にもみえる微妙な模様。
（5）沸縞＝縞状になった沸。
（6）金筋＝刃文の中に鍛え目に沿って鋭い線状に黒く光る模様。
（7）金唐革＝金箔・銀箔等を押して版木に当てて凹凸模様あるいは彩色を施した革。
（8）佐藤貫一『日本の刀剣』（至文堂　一九六一年）
（9）清水治『刀匠全集』（美術倶楽部　一九八八年）
（10）矢野四年生『伝記加藤清正』（のべる出版　二〇〇〇年）
（11）熊本県南関町にあった山城。
（12）加藤清正の死後に起こった加藤正方派（馬方）と加藤正次派（牛方）による藩政の主導権をめぐる御家騒動。幕府の裁決により正方派が勝訴し、敗訴した正次派の多くは各地に流罪となった。
（13）谷川健一編『加藤清正　築城と治水』（冨山房インターナショナル　二〇〇六年）
（14）『大日本史料』第十一編之二十　伊予小松一柳文書（東京大学　一九九三年）
（15）藤木久志『織田・豊臣政権』（小学館　一九七五年）
（16）三浦一郎「腹巻の時代」（『甲冑武具研究』134号　二〇〇一年）

上田市立博物館の具足

上田市立博物館は、上田市二の丸の上田城跡公園内にある。この上田城は、武田の旧臣である真田昌幸が、天正十一年（一五八三）に築いた平城であり、二度にわたり徳川軍を撃退した上田合戦で知られている。しかし、関ヶ原の戦いで、昌幸・信繁父子が与した西軍が敗れたため領地を没収された。その後、城は徳川方によって徹底的に破壊され、堀も埋められて、事実上は破却状態にあった。元和八年（一六二二）に仙石氏が入城するが、宝永三年（一七〇六）に但馬国出石（兵庫県豊岡市出石町）に移封され、これに替わって藤井松平氏[1]が入城し、七代を経て明治維新に至る。

明治四年（一八七一）の廃藩置県によって廃城となり、同七年（一八七四）に土地・建物が民間へ払い下げられた。このため七棟あった櫓は、一棟を残して解体されて売却された。このうちの二棟が市内の遊郭に払い下げられ、一つの建物になって使われていた。昭和二十四年（一九四九）に、この二棟が元の位置に復元され、さらに櫓門や塀等が木造復元された。現在、二の丸跡は公園として整備され、市民の憩いの場となっている。

上田城跡公園

当館は、この地方の中世以降を通観できる歴史・民俗資料および自然資料の収蔵展示を目的に、昭和四年（一九二九）に「徴古館」として西櫓に開館したことにはじまる。そして同二十八年（一九五三）に博物館法により「上田市立博物館」と改称された。当館には、上田城の城主であった真田氏・仙石氏・藤井松平氏にまつわる甲冑が展示されている。本著では、その中でも比較的古い三領の当世具足を紹介したい。

1　三葵《みつあおい》紋《もん》柄《がら》威《おどし》丸《まる》胴《どう》具《ぐ》足《そく》

この具足は、藤井松平家の祖である信一が家康から拝領したと伝えられる。永禄十一年（一五六八）、信長の上洛に際して、近江の六角義賢（承禎）を攻めたとき、徳川軍も援軍として参戦した。『寛政重修諸家譜』松平信一の項によると、このとき「東照宮すなわち信一を首将として若干の軍勢をさしむけ給い、御紋の御具足を餞せらる」とある。

この具足は、兜の左右に耳を張り懸けていることから「ミミズクの具足」と呼ばれている(1)。昭和四十四年（一九六九）、その歴史的希少価値が認められ、上田市の文化財に指定された。

兜は、頭形の兜鉢を土台にした変わり兜である(2)。この頭形は、眉庇が平面的で浮張を直接縫い付ける第三型と呼ぶ形式である。この種の兜には、ふつう打眉《うちまゆ》あるいは見上皺《みあげじわ》があるが、これにはみられない。𩊱は、板物で十七行の素懸威による五段下がりの日根野𩊱である。この𩊱には吹返がみられない。これを、弓を射るときに都合が良いので射手𩊱《いてじころ》と呼ぶ。現在、茶糸で威しているが、元来は胴の地と同じ黒糸威であったと思われる。

三葵紋柄威丸胴具足
（上田市立博物館蔵）

胴は、本小札で形成された前立挙三段・後立挙四段・長側五段の丸胴である。威毛は、総体に黒糸で威し、前胴に金箔と茶糸で三葵紋を織り込む紋柄威である。しかし、茶糸の部分は色彩的な理由から、元来は白糸とする説(3)がある。金具廻は、皺革で包まれ、赤銅の覆輪に鍍金の三葵紋の高彫りが施されている。高紐は、懸通の亀甲打で、鞐には水牛の角を用いている。胸板の鵐目と花に見立てた座金は、高紐の形に合わせた扁平で、共に鍍金が施されている。ふつう当世具足の胴には、合当理・受筒《うけづつ》(4)・待受《まちうけ》(5)等の旗指物《はたさしもの》を立てる装置がある。しかし、これには付けた形跡がなく、上級武士の所用品であるため、はじめから旗指物は付けなかったのであろう。

草摺は、切付板物による五間の四段下がりであるが、揺に不自然な点がみられるので、元来は六間であったと思われる。威毛に用いた黒糸は、八幡黒であるため劣化が著しい。この威毛は、正行寺の兜にみられるように室町時代後期以降にみられ、特に当世具足の高級品にみられる。同時に、家康や徳川臣下の甲冑に多くみられるので、家中の好みとみるべきではなかろうか。

面頬当は、黒塗りの目の下頬で、鼻筋が通り、小鼻から法令線にかけて一筋に打ち出している。これには鍍金の歯と朱塗りの唇がある。上髭《うえひげ》（口髭）は、植髭《うえひげ》と呼ぶ手法で、唇の上に乗せて付けられている。下髭《したひげ》と共に白なので、おそらく馬の鬣《たてがみ》を用いたのではなかろうか。須賀は、五行の素懸威の五段下がりで、威毛の劣化のため仮の紐で綴じている。

この具足には袖がみられない。このため当世袖のような小型の袖があったが、途中で紛失したとも考えられる。しかし、仙台市博物館の「銀箔押白糸威丸胴具足」（重文）、あるいは厳島神社の「鶉韋包紫糸威丸胴具足」のように、原初的な当世具足には袖がないものもある。ゆえに袖は、はじめからなかったと考えられる。

籠手は、篠筏《しのいかだ》を散らした鎖籠手で、上腕に三葵紋の座盤《ざばん》(6)を配し、三割の折冠《おりかむり》と共に錣羽《しころば》を廻らす肘金を中心に総鎖と格子鎖で連動している。手甲は、指を打ち出した摘手甲《つみてこう》で、大指と共に三葵紋の蒔絵が施されている。

佩楯は、十一枚の伊予札を革紐で綴じて、黒漆で塗り固めた四段の板佩楯で、中央に金箔を押して三葵紋を描いている。籠手と共に目の荒い渋麻の家地に藍韋で小縁をとっているが、これはもともと中込《なかごめ》と考えられ、当初は高級な織物の家表《いえおもて》で覆われていたと思われる。

臑当は、六本の大篠を用いる篠臑当で、菊を模した筏を間に置いて鎖で連動している。鉸具摺革は、金白檀に塗った馬革であり、上の緒・下の緒は、欠損しているので仮の紐が付けられている。兜・胴・面頬当・籠手・佩楯が総体に黒塗りであるのに対して、臑当だけが錆塗りである。また臑当の篠・筏には、他に匹敵する高級感が認められないので違和感がある。ゆえに元来は別物ではなかろうか。

2　背負櫃《せおいびつ》

以上が具足の概要である。これは、徳川臣下の甲冑の中でも屈指の高級品といえる。しかし、その希少価値は具足だけではない。ここで特筆すべきは、具足を収納する櫃《ひつ》（箱）である。

甲冑を収める櫃を甲冑櫃《かっちゅうびつ》あるいは鎧櫃《よろいびつ》・具足櫃《ぐそくびつ》と呼ぶ。そして甲冑櫃には、主に唐櫃《からびつ》・背負櫃・一荷櫃《いっかびつ》と呼ぶ形式がある。唐櫃は、赤木家伝来の大鎧の櫃にみられるように四本あるいは六本の脚がある櫃である。これに対して背負櫃は、ランドセルのように肩に紐を懸けて背負って持ち運ぶ櫃である。そして一荷櫃は、二つ一組で中間に天秤棒《てんびんぼう》を差して肩に担いで持ち運ぶ櫃である。

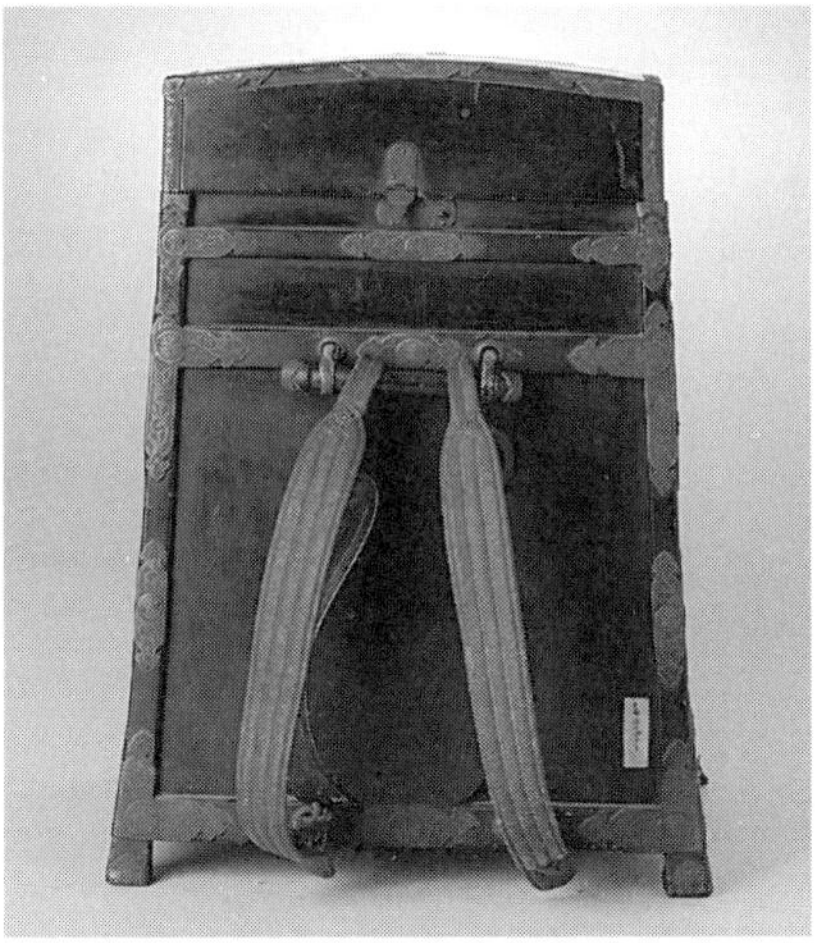

背負櫃（上田市立博物館蔵）

この甲冑櫃は、比較的大きく作られ、四方に脚がある背負櫃である。全体に曲線を描いた裾広がりの形で、上部は後ろが低く、蒲鉾《かまぼこ》のように丸く作られている。その周縁には、鍍金の唐草と三葵紋の金物を散らしている。肩に懸ける革紐も残し、背に当たる瓢箪形の板は、この種の櫃の特徴の一つといえる。

これに似た甲冑櫃が、犬山城白帝文庫に収蔵されている。そこに描かれた蒔絵の図案が、徳川美術館の「日の丸威丸胴具足」（徳川家康所用）と同じなので、もともと対《つい》のものではなかろうか。また清水神社の「茶糸威胴丸」（県文）を収める背負櫃は、さらに大きく作られ、いずれも三方に脚があるのが特徴的である。そして上田市立博物館の背負櫃が合蓋《あわせぶた》であるのに対して、犬山城白帝文庫あるいは清水神社の背負櫃は、兜と胴他を分けて収納するように上下二段に分かれた観音開きとしている。

3　具足の製作年代と藤井松平氏との関係

この具足の伝承についてであるが、『寛永諸家系図伝』には、永禄十一年（一五六八）に松平信一が信長から桐紋の皮羽織を拝領したとあり、『寛政重修諸家譜』には、これに付け加える形で家康から「御紋の御具足」を拝領したとある。しかし、この具足は、永禄年間（一五五八～七〇）のものではない。面頬当に唇がある、草摺が切付板物である、三葵紋を強調している等の理由から、その製作年代は元和・寛永頃と言わざるを得ないのである。近年の研究には、徳川政権草創期における臣下の活躍を再評価する動きもある。[7]

重文 桐紋韋胴服（上田市立博物館蔵）

このとき信一が信長から拝領したと伝えられる桐紋韋胴服《きりもんかわどうふく》（皮羽織）が当館に収蔵されている。これは、白い小文を染め付けた韋で仕立てられ、洗韋を切り抜いた「五三の桐紋」を前四ヵ所、後三ヵ所、計七ヵ所にアップリケのように縫い付けている。[8] 小文染めの衣服の最も古い遺物として、昭和五十一年（一九七六）に重文に指定された。

松平信一は、慶長五年（一六〇〇）に常陸国土浦藩（茨城県土浦市）三万五千石の初代藩主となり、三代将軍家光の就任を見届け、寛永元年（一六二四）に死去している。ゆえに信一所用とするのであれば、晩年のものということになろう。むしろ信一が養子に迎えた桜井松平家[9]の信吉の方が年代的に合うようにも思われる。そこで、家康から「出陣の餞《はなむけ》」として拝領したのであれば、大坂の陣に際して拝領したのかもしれない。この頃、紋柄威が好まれていたので、徳川の権威を諸侯に見せ付けるという意味から、三葵紋の威毛の具足は見合うのではなかろうか。

ちなみに上田城跡公園内に鎮座する真田神社に、藤井松平家にまつわる多くの甲冑が所蔵されている。この社は、もともと藤井松平家の松平忠晴（信吉の次男）・忠昭（忠晴の次男）・忠周（同三男）を祭神として、明治十二年（一八七九）に松平《しょうへい》神社として創建された。これに、かつての藩主であった真田氏・仙石氏を合祀して昭和二十八年（一九五三）に上田神社と改称され、さらに三十八年（一九六三）に真田神社と改称された。所蔵の甲冑は、「歴代藩主・親族所用具足」と下級士卒に貸し与える「御貸具足」に大別され、上田市立博物館の前身である徴古館に展示されていたこともあった[10]。

4　紺糸威二枚胴具足《こんいとおどしにまいどうぐそく》

この具足は、元和八年（一六二二）に上田藩主になった仙石家の祖である権兵衛（秀久）の所用と伝えられる。『寛永諸家系図伝』仙石秀久の項によると、仙石氏は清和源氏頼光流とある。秀久は、少年の頃から秀吉に仕え、武勇の誉れで淡路国（兵庫県淡路島・沼島等）を賜り、さらに讃岐国（香川県）を賜った。その後、ゆえあって領地を没収されたとある。天正十八年（一五九〇）、小田原の陣に際して秀吉の赦免が叶って先陣の目付を務め、小田原落城の後に小諸城を賜った。

慶長五年（一六〇〇）、秀久は会津討伐に際して、徳川秀忠に従って宇都宮に向かい、真田父子のねがえりを知って信濃に引き返し、第二次上田合戦で先駆けを務めた。

紺糸威二枚胴具足（上田市立博物館蔵）

同十九年（一六一四）、秀久は江戸で死去し、子忠政が二代藩主を務めるものの、元和八年（一六二二）に上田に移封された。仙石氏は、その後も忠政の子政俊が藩主を務めるが、長男忠俊が寛文七年（一六六七）に家督相続を前に死去したため、その子政明（政俊の孫）が藩主を務めることになる。そして宝永三年（一七〇六）に但馬国出石に移封された[11]。

この具足は、全体を紺糸で毛引に威し、三物・小具足が揃っているので順を追ってみていきたい。

兜は、藁《わら》の編み笠を形作る変わり兜で、上端を折り曲げて縄で束ねたように作られている。その左右に歯朶《しだ》の脇立があり、被り物を意図しているものの、総体に何を意図しているのか不明である。座金がある七点の丸鋲で腰巻を留め、棚眉庇《たなまびさし》[12]の下には眉を打ち出した朱塗りの眉形眉庇がみられる。𩊱は、切付板物を毛引に威した六段下がりの日根野𩊱で、上一段の左右を折り返して吹返とする。

胴は、本小札で形成された前立挙三段・後立挙四段・長側五段の二枚胴である。ふつう小札物の胴は、小札の足掻きによって開閉するが、江戸時代に蝶番で開閉することが一般化し、これが小札物の胴にも移行する。その理由は、蝶番の心棒を抜いて胴を分解し、櫃に収めることが好まれるようになったからである。草摺は、本小札による七間の五段下がりで、耳糸と畦目には萌黄糸、菱縫には紅糸をそれぞれ用いている。

ふつう二枚胴は、左脇にある蝶番で開閉する形式がほとんどである。しかし、左右に引合がある「両引《りょうびき》」と呼ぶ形式もある。両引の二枚胴は、足軽具足に多くみられるが、稀に士分の具足にもみられることがある。ゆえに同じ二枚胴でも蝶番で開閉するか否かを明記する必要がある。しかし、本著で紹介する二枚胴は、すべて蝶番で開閉する形式であるため、あえて明記しないことにする。

金具廻には雁木篠《がんぎしの》を立て、周縁に銀の覆輪を廻らしている。肩上には襟板《えりいた》(13)が付き、切付板物の三段の小鰭と亀甲襟がみられる。高紐は、紺の丸唐打による懸通で、木瓜形の鞐には桐紋の高彫りが施されている。合当理・受筒・待受等を付けた形跡がなく、桐紋の鐶台の総角鐶がみられ、銀に唐草を透かした八双金物にも同紋の紋鋲がみられる。また前立挙の二段目の左右に、裏菊の座金がある鐶がみられる。この鐶の用途として采配の緒を結ぶという説(14)がある。このため本来の目的から、初期の当世具足は右だけに鐶がみられる。それが、次第に左右対称という意味から左にも鐶を打つようになる。この左右の鐶を乳首に例えて乳鐶《ちちかん》と呼ぶ。

袖は、本小札の七段下がりの当世袖で、耳糸・畦目・菱縫は草摺と同じである。袖裏は、五段目まで藍韋で小縁をとった紺麻の家地で包まれている。

面頰当は、黒塗りの目の下頰で、鼻・法令線・頰皺を打ち出し、朱塗りの唇と銀の歯がみられ、上髭・下髭は共に植髭である。須賀は、切付板物を毛引に威した四段下がりで、裾板には共糸《ともいと》(15)の畦目と一段の菱縫がみられる。

籠手は、下腕に八本の大篠を用いる篠籠手である。上腕には筋を立てた小篠を三段に六行配し、三割の冠板と共に錣羽を廻らす肘金を中心に各々総鎖で連動している。手甲は、指の打ち出しと切金細工《きりがねさいく》を施す摘手甲である。

佩楯は、伊予札を共糸で綴じ付けた五段下がりの伊予佩楯である。家地は、紺地に双葉と七曜紋のような花を織り込む錦で、小縁・力韋《ちからがわ》(16)・於女里《おめり》(17)と共に爪菖蒲韋《つめしょうぶがわ》(18)を用い、家裏《いえうら》は紺麻である。

臑当は、錆塗りの六本の大篠が総鎖で連動する篠臑当で、鉸具摺革は金箔を押した馬革である。皺革の家地の亀甲立挙には菖蒲韋の小縁をとる。家地は、籠手・佩楯が紺地の錦に爪菖蒲韋の小縁であるのに対して、臑当だけが塗り色も錦・小縁の図柄も異なる。ゆえに臑当は、別物の可能性が高いように思われる。

この具足には、三具の他に脇当と呼ぶ小具足が付いている。脇当には、胴の両脇にできる透き間を塞ぐ機能がある。

これは、角筏《かくいかだ》が総鎖で連動するもので、籠手・佩楯と家地・小縁の図柄が同じなので一具のものと考えられる。

5　具足の製作年代と仙石氏との関係

以上が具足の概要である。その所用者とされる仙石秀久は、前述のように慶長十九年（一六一四）に死去している。この具足の製作年代は、三物・小具足の特徴から慶長年間（一五九六～一六一五）にまで遡り得るものとは言い難い。さらに二枚胴である、襟板がある、乳鐶がある等の理由から、同館の松平信一所用と伝えられる具足より年代が下ることが分かる。これらを考慮すると、江戸時代の中頃と言わざるを得ない。現在、仙石家の家紋である永楽銭の覆革《おおいがわ》の櫃に乗せて展示されている。これが、出石藩仙石家に伝来したのであれば、宝永三年（一七〇六）に移封された政明あたりが、所用者としてふさわしいのではなかろうか。

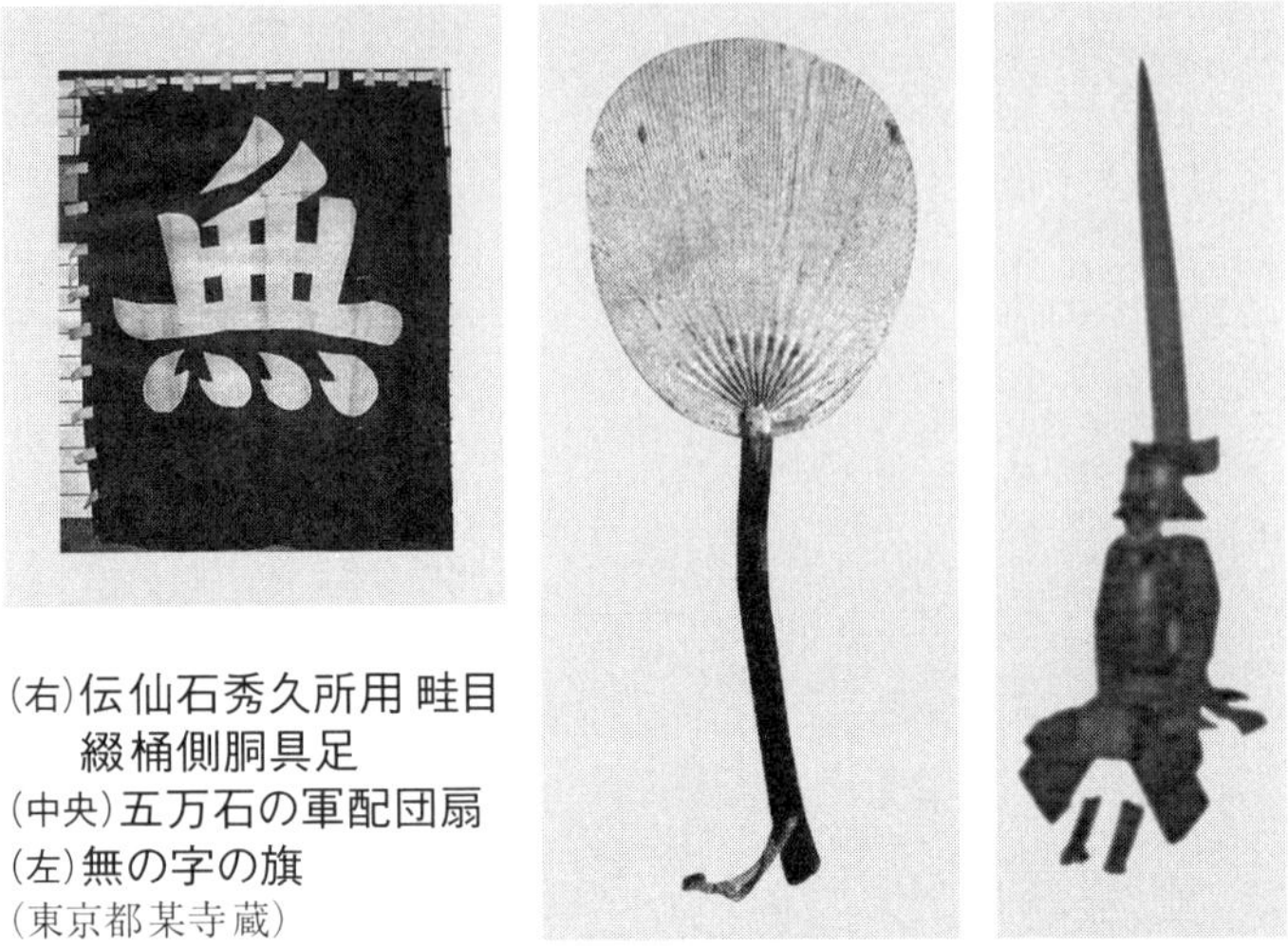

（右）伝仙石秀久所用 畦目綴桶側胴具足
（中央）五万石の軍配団扇
（左）無の字の旗
（東京都某寺蔵）

また仙石権兵衛所用と伝えられる具足は他にもある。その一つが某寺（東京都品川区）にある「畦目《うなめ》綴桶側胴具足《つづりおけがわどうぐそく》」である。[19]兜は、四尺（一二一・二センチ）はあろうかという大きな釘の後立を掲げる越中頭形である。

胴は、皺革包《しぼかわづつみ》の畦目綴の二枚胴で、草摺は、五段下がりの七間である。燕頬、小篠を散らした鎖籠手・鎖佩楯、篠臑当を具備し、極めて簡素で実戦的に作られている。総体に越中具足を手本とし、仙石家に「無の字の旗」と「五万石の軍配団扇」と共に密蔵されたとあるが、詳細は不明である。しかし、年代的にみれば、こちらの方が仙石権兵衛所用としてふさわしいように思われる。[20]

註

(1)三河国碧海郡藤井(愛知県安城市藤井町)を発祥の地とする松平氏。
(2)変わり兜＝兜鉢の上に練革・和紙(一部に金属)等を張り懸け、あるいは兜鉢自体の形を変えて様々に造形した兜の総称。
(3)藤本巖監修『大名家の甲冑』(学習研究社　二〇〇七年)
(4)受筒＝旗指物を立てるために背に取り付ける木あるいは竹で作られた筒。
(5)待受＝受筒を受け止める箱の形の金具。
(6)座盤＝籠手・佩楯の主要部分の金具。
(7)堀新『天下統一から鎖国へ』(吉川弘文館　二〇一〇年)
(8)飯田意天『織田信長・豊臣秀吉の刀剣と甲冑』(宮帯出版社　二〇一三年)
(9)三河国碧海郡桜井(愛知県安城市桜井町)を発祥の地とする松平氏。
(10)特別展図録『当世具足―大名とその家臣団の備え』(板橋区立郷土資料館　二〇一二年)
(11)上田市誌編さん委員会編『上田市誌』十巻(上田市　二〇〇二年)
(12)棚眉庇＝棚状に突き出た眉庇。
(13)襟板＝肩上の補強のために押付板の上に左右の肩上を跨ぐ形で取り付けた板。形状から「三日月板」とも呼ぶ。
(14)山上八郎『日本甲冑の新研究』(山上淑子　一九二八年)
(15)共糸＝威毛と同じ色目の紐。
(16)力革＝佩楯の家地の補強として縦に長く縫い付けた革。
(17)於女里＝小札頭を守るために金具廻あるいは佩楯の家地に付ける厚さ三ミリ程の細長い蒲鉾の形の段。
(18)爪菖蒲韋＝裾広がりの台形を連続して白く染め抜いた藍韋。
(19)特別展図録『日本のよろい展』(上野松坂屋　一九七〇年)
(20)越中具足＝細川越中守(忠興)が推奨し、好んで使った具足。丸胴あるいは二枚胴に越中頭形と簡素な面頬当・三具が付く具足。

小諸市立郷土博物館の具足

小諸市立郷土博物館は、小諸市丁の小諸城址懐古園内にある。この地方の自然・歴史・文化に関する資料が収蔵展示されており、小諸が城下町・宿場町・商業の町として栄えた歴史を、実物を通して体感できるようになっている。これらの中に注目すべき一領の当世具足がある。

1 朱塗《しゅぬり》紺糸《こんいと》威《おどし》二枚《にまい》胴《どう》具足《ぐそく》

これは、佐久市八幡の依田仙右衛門家に福島正則の精鋭二十騎の甲冑として伝えられた。全体を紺糸で素懸に威し、三物・小具足が揃っているので順を追ってみていきたい。

兜は、六枚の台形の鉄板を矧ぎ合わせ、全体に膨らみを持たせて作られた南都系の筋兜である。

朱塗紺糸威二枚胴具足
（小諸市立郷土博物館蔵）

鞠は、板物を萌黄糸で素懸に威した五段下がりの日根野鞠で、上一段の左右を折り返して吹返とする。前立は、金箔を押した木製の日輪で、眉庇の上にある角元に立てられている。

胴は、碁石頭の板物を素懸に威した前立挙三段・後立挙四段・長側五段の二枚胴である。金具廻は、すべて黒塗りで周縁を捻り返し、すでに定形化している。肩上も黒塗りで、襟板と三段の小鰭、さらに紺地の亀甲襟がみられる。高紐は、紺の丸唐打による懸通で、水牛の角の鞐で胸板と繋ぎ留めている。また合当理を欠損しているものの、角筒形の待受に同形の受筒を刺している。草摺は、胴と同じ七間の五段下がりで、揺のみ毛引威である。そして後四間を紺糸で素懸に威し、前三間を萌黄糸で素懸に威している。

袖は、六段下がりの板物を一枚の黒色馬革で包んだ瓦袖《かわらそで》であり、他と作意が異なることから、元来は別物と考えられる。また上田市立博物館の「三葵紋柄威丸胴具足」と同じ理由で、この具足には最初から袖がなかったとも考えられる。

面頬当は、黒塗りの燕頬で、左右に忍《しのび》の緒《お》を掛ける折釘がみられる。須賀は、朱塗りの板物を萌黄糸で素懸に威した三段下がりで、全体に簡素で実戦的に作られている。このように総体に紺糸威であるものの、要所に萌黄糸を配して変化を持たせている。

籠手は、上腕と下腕に平瓢《ひらふくべ》(1)を用いる瓢籠手《ふくべごて》で、三割の折冠・小篠と共に鎹羽を廻らす肘金を中心に格子鎖で連動している。手甲は、指を打ち出した摘手甲に簡素な切金細工が施され、紺の丸打の手首緒がみられる。

佩楯は、小篠と丸筏《まるいかだ》を格子鎖で連動させ、紺麻の踏込式の家地に縫い付けた鎖佩楯である。この家地は、籠手と同じであるため、おそらく対のものであろう。こうした踏込式の家地は、筑摩神社の産佩楯にもみられ、大腿部に巻き付けて用いることから鎖佩楯に多くみられ、さらに伊予佩楯にみられることもある。

現在、総鎖で連動する黒塗りの篠臑当が付いているが、塗り色あるいは家地の色目が異なるので、おそらく別物であろう。元来は、籠手・佩楯の作意をみる限り、より簡素な朱塗りの篠臑当であったと思われる。また具足を乗せた櫃は、溜塗りを施す樽形の背負櫃で、持ち易いように左右に引出の取手のような金具が付いている。

2　福島正則と具足の製作年代

以上が具足の概要である。福島正則は、永禄四年（一五六一）に尾張国海東郡（愛知県あま市）で生まれ、実母が秀吉の叔母にあたることから、その小姓として仕えたと伝えられる。天正六年（一五七八）に播磨国の三木城[2]で初陣を果たし、賤ヶ岳の七本槍の一人としてその武勇を知られている。豊臣軍による九州平定の後に伊予国今治に十一万石を賜り、さらに小田原の陣、朝鮮出兵の後に尾張国清洲（愛知県清須市）に二十四万石を賜った。

秀吉の死後も豊臣家の重臣として仕えていたが、武断派の福島は文治派の石田三成と反りが合わず、関ヶ原の戦いに際して東軍の先陣を務めることとなる。この功により、広島藩四十九万八千石の太守となるものの、元和五年（一六一九）に城を無断修理したことが原因で高井野藩（長野県北東部と新潟県南部）四万五千石に移封された。福島は、これを契機に次男忠勝に家督を譲るものの、元和六年（一六二〇）に忠勝が死去したため、幕府に二万五千石を返上し、寛永元年（一六二四）に死去した。

また福島の継室（昌泉院）は、越後長岡藩（新潟県長岡市・新潟市）の初代藩主牧野忠成の妹であり、家康の養女になった後に福島に嫁いだ。しかし、福島移封に際して実家に引き取られ、この二十領の具足を持ち帰った。その後、与板藩（同長岡市与板町）の分封に際して、このうちの五領を分け与え、さらに元禄十五年（一七〇二）に牧野康重が小諸藩に移封されたときに持参したと伝えられる。朱塗りの簡素な筋兜は「赤坊主」と呼ばれ、福島の精鋭二十騎は「赤備え」ということになる。

こうした伝承を踏まえると、この具足は広島藩の藩主時代のものということになろう。しかし、その形式をみる限り、福島の生前ぎりぎりと言わざるを得ないのである。筑摩神社の丸胴と上田市立博物館の二領の具足を見比べると、当世具足の変遷が明らかに分かり、それと照らし合わせると、この時期に比定されるからである。その変遷の過程については、本著の最後にまとめとして述べることにする。

3　天正壬午の乱における佐久郡の情勢

福島正則が信濃で活躍したことは、管見の限りほとんど知られていない。そこで佐久郡における天正壬午の乱で北条軍の信濃撤退に一役かった依田信蕃《のぶしげ》について少し述べることにする。

依田氏は、もともと小県郡依田荘（上田市御嶽堂）に発祥するとされ、『寛永諸家系図伝』によると清和源氏（大和源氏）頼親流とある。南北朝時代以前の沿革については諸説あるが、室町時代になると勢力の拡大に伴い、大井氏との抗争の末、これに帰属することになる。そして天文十年（一五四一）、海野平の戦いで敗れた海野氏の援軍として、関東管領上杉憲政が佐久を攻めた際、これに乗じて依田信守（信蕃の父）が芦田郷（北佐久郡立科町芦田）を征して芦田氏とも称したと伝えられる。その後、依田氏は諏方氏に帰属するものの、翌十一年（一五四二）に諏方氏が滅びると武田氏に帰属し、以降は先方衆として活躍した。(3)

天正十年（一五八二）の甲州征伐に際して徳川軍は、依田信蕃が守る田中城(4)を攻めるものの、守りは堅く、勝頼自害の後に穴山梅雪（信君）の説得によりようやく開城した。その後、家康に被官を誘われたものの、これを一旦断って自領の春日城(5)へ帰還した。

依田信蕃夫妻の墓

その後、織田の将滝川一益は、小県郡・佐久郡を制し、武田の旧臣依田信蕃・真田昌幸等を従えて上野国に侵攻した。そして内藤昌月（昌秀の養子）、保科正俊・正直父子が立て籠もる箕輪城(6)を降し、対上杉にあたって北条氏と協調路線を歩もうとしていた。しかし、本能寺の変を知った北条氏は、大軍を率いて上野に攻め寄せた。滝川も奮戦するものの、神流川の戦いで敗れ、上野から撤退することとなる。その際、小諸城に依田を残し、滝川は佐久・小県の人質を連れて本国に逃げ帰った。

北条軍は、それまで織田氏に帰属していた依田・真田等を従えて信濃侵攻の先鋒を務めさせた。しかし、依田等は、人質が木曽義昌を通じて家康に引き渡されたことを知ると、一転して徳川方にねがえり、地の利を生かした戦術によって北条軍の背後を脅かした。これにより甲斐国若神子《わかみこ》（山梨県北杜市）まで侵攻していた北条軍は、徳川方と和睦して撤退せざるを得なくなった。[7]

こうした戦功により依田は小諸城の在番を任され、周辺の諸氏が依田のもとに集結した。そこで翌十一年（一五八三）、北条方に与した大井行吉が守る岩尾城[8]を攻めるものの、予想外の抵抗に遭い苦戦する中で敵の弾丸を受け、この傷がもとで依田信蕃は死去した。[9]

その後、依田氏を後継した長男竹福丸は、小諸城と共に家康より「康」の一字を賜り、松平源十郎康国と名乗った。そして父の菩提を弔うために居館跡に蕃松院（佐久市田口下町）を整備し、信蕃の位牌《いはい》を納めた。現在、この境内には信蕃夫妻のものと伝えられる墓がある。

平成二十二年（二〇一〇）、この五輪塔が建つ石垣を修理した際、漆の塗膜で覆われた脇指が出土した。刀身は朽ち果てているものの、刃長一尺二寸（三六・四センチ）程度であったと推定され、茎には目釘穴が一つある。これは、鉄鍔と鎺を付けた状態で、さらに茎の先には縁頭も残されており、信蕃の守り刀として埋葬されたのではなかろうか。

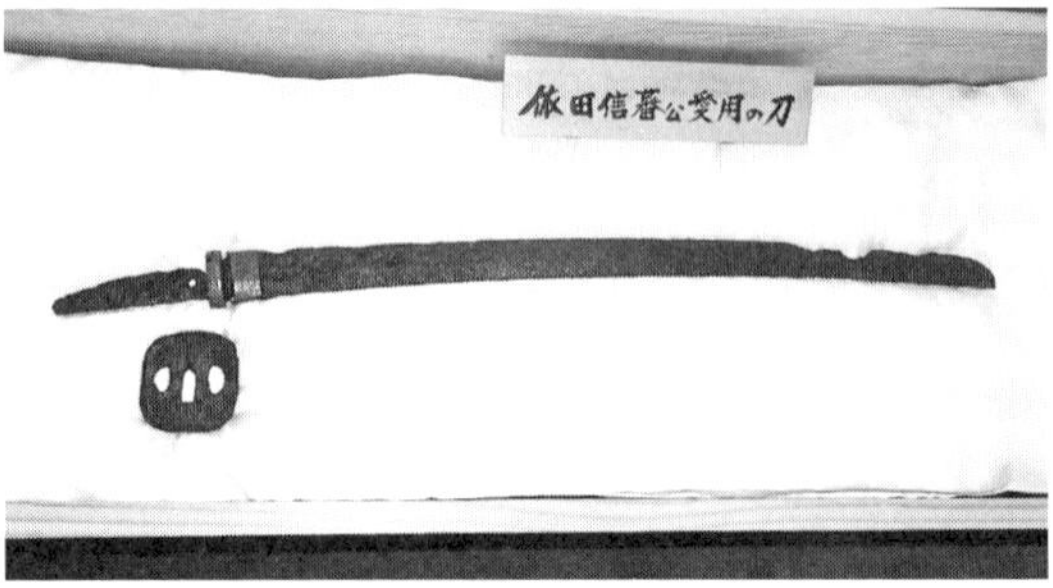

出土した脇指

なお小諸市立郷土博物館の具足を伝えた依田仙右衛門家は依田氏の庶流にあたり、小諸藩の御勝手御用達を務め、藩主牧野家から馬乗を許された奏者格の格式を与えられていた。[10]

註（1）平瓢＝中高で膨らみのある瓢箪の形の座盤。
（2）兵庫県三木市上の丸町にあった平山城。

(3)『長野県姓氏歴史人物大辞典』(角川書店　一九九六年)
(4)静岡県藤枝市田中にあった平城。
(5)佐久市望月にあった平山城。
(6)群馬県高崎市箕郷町にあった平山城。
(7)平山優『天正壬午の乱』(学研パブリッシング　二〇一一年)
(8)佐久市鳴瀬岩尾にあった平山城。
(9)平山優『武田遺領をめぐる動乱と秀吉の野望』(戎光祥出版　二〇一一年)
(10)註(3)と同じ。

駒形神社の太刀

佐久の市街地から県道一五四号線を西に向かい、中部横断自動車道の高架下を潜って進むと、右の小川を隔てた斜面に駒形神社が鎮座する。この社は、宇気母智命《うけもちのみこと》を祭神とし、文明十八年(一四八六)に耳取城[1]の城主である大井政継が再興したと伝えられる。その本殿は、室町時代後期に建てられた柿葺《こけらぶき》[2]の一間社《いっけんしゃ》流造《ながれづくり》[3]で、昭和二十四年(一九四九)に重文に指定された。

駒形神社

この付近は、もともと道本城[4]を拠点とする根井氏の領するところであり、古くから広大な台地を利用して牧場が営まれ、社名との関係が示唆される。根井氏は、滋野三家の望月氏の傍流で、根井行親は今井兼平・樋口兼光・楯親忠(行親の六男)等と共に源義仲の四天王の一人として知られている。また一説には中世の城郭と伝えられ、地元では駒形城とも呼ばれている。昭和八年(一九三三)四月、この駒形神社に氏子の青木守氏から一口の太刀が奉納された。

1　太刀　銘 備州長船住近景作　正和二二年六月日

錆身《さびみ》であるが、刃長二尺八寸三分（八五・七センチ）、反り一寸一分五厘（三・五センチ）の庵棟である。茎の長さは、八寸（二四・三センチ）で目釘穴が一つある。やや細身であるが、小鋒で腰反が高く、まさに備前特有の堂々たる形姿である。物打に一ヵ所、さらに元から三分の一のところに一ヵ所の刃こぼれがみられる。太刀銘《たちめい》と裏の年紀は、共に小振りであるものの、すこぶる見事である。その箱書には「奉納駒形大社・駒形神社」と記され、柄は、黒鮫革《くろさめかわ》(5)に革の柄巻《つかまき》(6)が施され、ヘビの目貫《めぬき》(7)がみられる。

これを鍛えた近景は、長船派の長光の門弟と伝えられ、また近恒の子で三郎左エ門と称したとも伝えられる。同門には、景光・景政・長宗・俊宗等、そうそうたる刀匠が名を連ねている。また年紀の「正和二二年」は、前述の兼光の「延文二二年」の年紀と同じく、正和四年（一三一五）と解くのが妥当であろう。

2　刀匠近景と青木家の伝承

刀匠近景の年紀は、正和から建武（一三一二〜三六）のものがみられる。(8) ゆえに初代と二代に分けられ、駒形神社の太刀を鍛えたのは、初代近景と考えられる。それもごく初期の作刀であり、さらに「近景作」と銘をきるのは珍しい。

近景の作刀は、他にも東京富士美術館（東京都八王子市）・苗木遠山史料館（岐阜県中津川市）等にあり、国宝・重文に指定されている。また明智光秀の愛刀としても知られ、多くの武将の心を魅了したようである。(9) 駒形神社の太刀は、残念ながら錆身であるので地肌・刃文は不分明である。しかし、健全であれば長船派が得意とした小板目肌に、直刃を基調に丁子・互の目が交じる鮮やかな刃文がみられたであろう。

そこで青木家の文書によると、この太刀は先祖の青木宮内と名乗る人物が、大坂の陣に際して領主である仙石家から拝領したとあり、刀身にみられる二ヵ所の刃こぼれは、その武勇を示すものと伝えられる。

延宝三年（一六七五）、仙石氏が小諸から上田に移封され、翌四年（一六七六）の下塚原村の分郷に際して、青木家は御影陣屋《みかげじんや》(10)の名主として天領地を任され、代々貞治郎を名乗って受け継いだ。

ところが幕末になって不思議なことが起こった。ある日、当主の貞治郎が領内の田を廻っていたとき、腰に差した刀が邪魔になったので、畦《あぜ》に置いて一回りして戻ったところ、置いたはずの刀が消えて、そこに大きな青大将（ヘビの一種）が長々と横たわっていた。驚いて立ち止まり、しばらく見詰めていると、青大将はスルスルと何処へともなく消え去った。そこに黒塗り鞘の刀を見つけ、急いで腰に差して帰宅した。

その後も青木家では、しばしば青大将を目にするようになり、家中の者を悩ませた。そこで、屋敷内の土蔵の二階に祀った神棚に刀を供えて注連縄《しめなわ》を張り、祭神の三柱（駒形・八幡・稲荷）に奉納して封じた。おそらくヘビの目貫は、この伝承に因んだのであろう。

そして明治の中頃に土蔵破りに遭い、一階にあった家財はすべて盗まれたが、二階の屑籠《くずかご》にあった文書と神棚にあった刀は無事であった。その後、土蔵は取り壊され、ご神体は別の場所に移され、刀も奥座敷の屋根裏に移された。このとき「刀を見るとヘビになる」と戒め、二重の箱に収めて封印された。

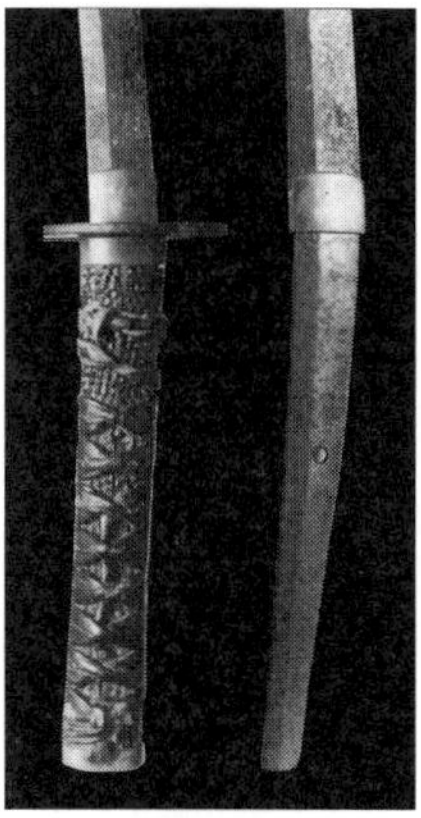

柄と茎
（大谷秀志『信濃の名刀探訪』〈ながの二葉書房、1981〉転載）

しかし、青木家の災難はさらに続き、青木守氏の父信一郎氏の代になると家中に重病人が絶えず、仕方なく占い師・祈禱師を招いてお祓いをした。そうしたところ、「昔、祀っていた刀を神様に奉納するように」というお告げがあった。そこで、封印を解いて刀を取り出したところ、箱はネズミの巣となり、由緒書は粉々にされ、鞘は朽ち果て、刀身までもが腐食していた。とりあえず応急の手入れをして、ウコンの木綿袋に収め、駒形神社の氏子全員に諮《はか》り、承諾を得ることができた。そして市川神官の大祓のもとで奉納された(11)。

この太刀は、今さら言うまでもなく鎌倉時代の作刀である。ゆえに本著の早い段階で載せるべきところであるが、これにまつわる仙石家あるいは青大将の伝承から、この場での紹介になってしまった。これが、もし青木家が見舞われた災難がなければ、今ごろ国宝・重文になっていたかもしれない。それが、何とも口惜しい限りである。

本文の作成にあたり、大谷秀志氏のご高著『信濃の名刀探訪』を参考にさせていただいた。その詳細なる調査に敬意を表すると共に、謹んで故人となられた氏のご冥福を祈る次第である。

註

(1)小諸市耳取にあった平山城。
(2)杉・檜・槇等を薄く剥がした板を用いる板葺の屋根。
(3)正面の柱間が一つで屋根が反り、屋根が前に曲線形に長く伸びて庇となった造。
(4)佐久市根々井にあった平城。
(5)黒鮫革＝黒漆を塗った鮫革。
(6)柄巻＝柄に巻く紐。
(7)目貫＝柄の装飾金物。元来は目釘の頭。
(8)岡崎譲『日本刀備前伝大観』(福武書店　一九七五年)
(9)牧秀彦『名刀伝』(新紀元社　二〇〇二年)
(10)小諸市御影新田にあった幕府直轄領を支配する中之条代官の出張陣屋。
(11)大谷秀志『信濃の名刀探訪』(ながの二葉書房　一九八一年)

善光寺の兜

「牛に引かれて善光寺参り」という故事で知られる定額山善光寺は、天台宗大勧進と浄土宗大本願からなる信州きっての名刹である。『善光寺縁起』によると、秘仏とされる本尊の一光三尊阿弥陀如来像は、インドから朝鮮半島の百済《くだら》に渡り、欽明天皇十三年（五五二）に経典と共に渡来した我が国最古の仏像と伝えられる。

その創建年代は定かではないが、皇極天皇三年（六四四）に本田善光が建立したと伝えられ、また出土した瓦が飛鳥時代の川原寺様式であることから、この地に七世紀後半にはかなりの規模の寺院があったことが想像される。また善光寺がある地には、かつて『延喜式神名帳』にみられる健御名方富命彦神別《たけみなかたとみのみことひこかみわけ》神社があったと考えられ、その祭神は諏訪社の祭神である建御名方命の御子とされる。ここでも神仏習合という中世以前の宗教観がみられる。以降、各時代の人々の信仰を集め、その繁栄は現在に至っている。

特に源頼朝の庇護が厚く、文治三年（一一八七）に信濃の御家人に再興を命じ、さらに執権北条氏も度々領地を寄進した。このことから、武家の間にも善光寺信仰が広まり、各地に分身寺（新善光寺）が建立された。また室町時代には平柴に守護所が置かれ、善光寺の門前町は日本海と内陸部を結ぶ物流の拠点として発展を遂げた[1]。

そして川中島の戦いの最中に、信玄が本尊や正和二年（一三一三）の年紀をきる梵鐘等を甲府に移し、甲斐善光寺を建立したことが知られている。これについては、武田氏の氏神である八幡神の本地仏が阿弥陀仏であることから、善光寺阿弥陀仏を八幡神と共に奉ることにより、一門の繁栄を願ったとする説[2]がある。また『高白斎記』[3]によると、信玄の父信虎も大永三年（一五二三）と同七年（一五二七）の二度にわたり善光寺に参詣したとある。この記録は武田氏の善光寺信仰が絶大であることを示すと同時に、それが信濃を統治する上で重要であることを示している。

この時代、善光寺周辺は栗田氏が治め、村上氏・高梨氏等と共に武田氏に対抗していた。しかし、弘治元年（一五五五）に栗田鶴寿が信玄にねがえり、これが川中島第二戦の契機となる。川中島の戦いは、北信の地域利権をめぐる抗争であると同時に、この善光寺の宗教

善光寺山門

利権をめぐる抗争でもあった。そして謙信も善光寺大御堂の本尊と仏具を越後に移し、直江津（新潟県上越市）の十念寺に奉っている。これは、信濃の善光寺に対して日本海に近いことから浜善光寺と呼ばれ、さらに信濃から移住した人々によって門前町（善光寺浜集落）が整備された。

　武田氏滅亡後、甲斐善光寺に奉られた本尊は持ち去られ、織田氏・徳川氏の間を転々とした後、秀吉によって方広寺（京都市東山区）に奉られた。ところが、秀吉の死の直前に如来が枕元に立ち、信濃に戻りたいと告げられたので、慶長三年（一五九八）に善光寺に帰された。

　そして今も絶え間なく参拝者が訪れる善光寺大勧所に、異様な形の二頭の兜が伝えられた。

1　烏帽子《えぼし》形兜鉢《なりかぶとばち》

　烏帽子形兜は、文字どおり烏帽子[4]を形作る変わり兜の一種である。その一頭は、朱塗りを施す高さ二尺四寸（七二・七センチ）の長大なもので、長烏帽子《ながえぼし》と呼ばれるものである。それは、前後の径二三・五センチ、左右の径二一・五センチの、天辺に小穴がある頭形兜鉢の上に乾漆《かんしつ》[5]で張り懸けられている。その正面に鎬（角）を立て、先にいくほど薄く、やや後ろに反っている。かなり誇張した卸眉庇《おろしまびさし》の上に二寸（六・一センチ）程の角元があり、腰巻の上には縄の鉢巻の装飾が施されている。

　今一頭は、金箔を押した高さ九寸七分（二九・五センチ）のもので、頂上をイタラ貝のように平坦に作り、前後の径二二センチ、左右の径二〇センチの、天辺に六曜の透かしと四方に響穴がある頭形兜鉢の上に乾漆で張り懸けられている。これも正面に鎬を立て、眉庇の上に角元があり、縄の鉢巻の装飾が施されている。おそらく烏帽子を畳んだ状態を形作るものと考えられ、共に角元には、鉢巻の結び目を形作る前立を掲げたと想像される。

　これらの内鉢は、地鉄に古色がみられない、眉形眉庇がみられない、矧ぎ合わせの手法が異なる等が指摘されるもののの、小穴の位置は五枚張の古頭形の特徴を示している。さらに前者は前後と左右の径が、牛伏寺の頭形兜鉢とほとんど同じなのは、大いに興味をそそるところである。

古頭形は、張り懸けの変わり兜の内鉢によく使われている。その代表的遺物として仙台市博物館が収蔵する「三宝荒神張懸兜《さんぽうこうじんはりかけかぶと》」が挙げられる。これは、内鉢と張り懸け部分の取り付け取り外しが自在であり、原初的な変わり兜の形と考えられる。この兜には上杉謙信所用という伝承があるものの、𩊱の形状あるいは付随する六枚胴・板佩楯・筒臑当《つつすねあて》(6)等をみる限り、慶長年間（一五九六～一六一五）頃のものと言わざるを得ない。そこで善光寺の兜鉢も、寺領のどこかに眠っていた武田時代の古頭形に磨きをかけ、古色を落として利用したのではなかろうか。

烏帽子形兜鉢（善光寺蔵）

善光寺の烏帽子形兜は、おそらく二頭一対と考えられ、実用のための兜というより、むしろ祭礼に用いるものと思われる。共に𩊱がないので、正確にいえば烏帽子形兜鉢と呼ぶべきであり、元来は何等かの𩊱が付いていたと思われる。その用途については不明であるが、単なる被り物に過ぎない烏帽子を、これほど誇張（デフォルメ）した例は珍しく、まさに張り懸けによる変わり兜の傑作といえよう。

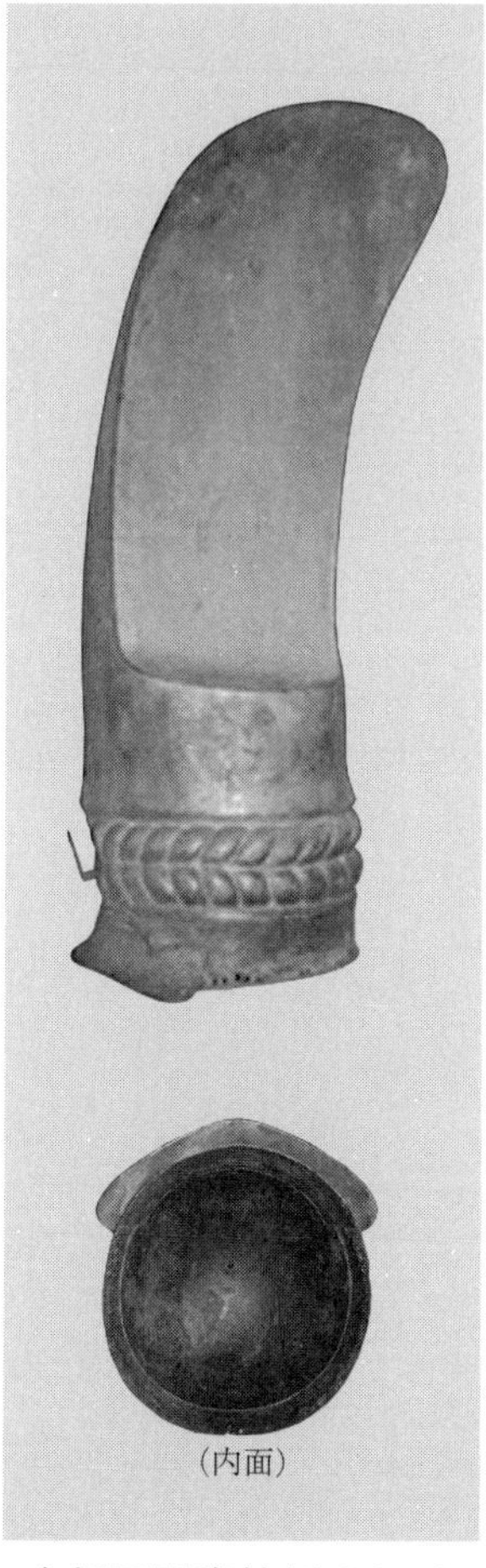

烏帽子形兜鉢（善光寺蔵）

2　変わり兜の発生年代

ふつう変わり兜というと戦国時代をイメージする。しかし、この「戦国時代」という時代区分については前述のとおりである。果たして、いつ頃変わり兜は作られるようになったのであろうか。

これを知る上で重要なのが、穴山信君を示す「栄」の朱印がある天正六年（一五七八）の甲冑注文状[7]である。これは、穴山が湯之奥（山梨県身延町）の佐野文右衛門尉に宛てたものと考えられる。[8]その冒頭に「立物鍬形、手蓋ハきん、烏帽子」とある。おそらく「立物は鍬形、籠手は金色、兜は烏帽子形」という指示であろう。つまり天正六年（一五七八）の時点で穴山が烏帽子形兜を注文し、これに佐野が応じていたことになる。また上杉神社には、上杉謙信所用と伝えられる「金箔押《きんぱくおし》風折《かざおり》烏帽子《えぼし》形兜《なりかぶと》」「金箔押《きんぱくおし》唐草透《からくさすかし》烏帽子《えぼし》形兜《なりかぶと》」があり、いずれも天正年間（一五七三～九二）のはじめ頃のものと推定される。さらに同社には上杉景勝所用と伝えられる茶巾形兜もある。

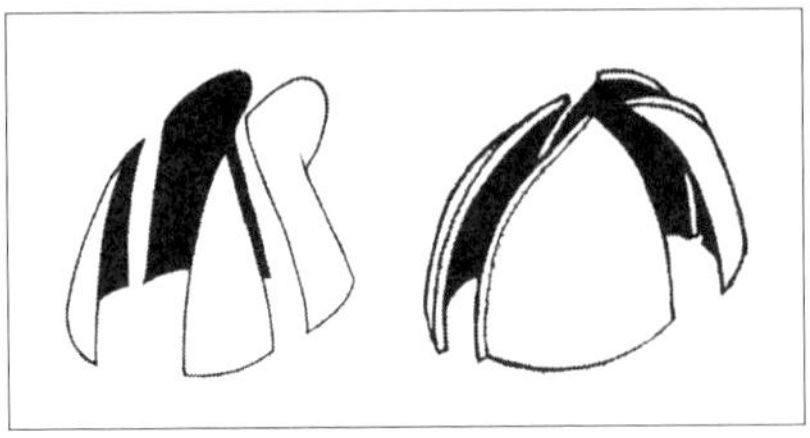

桃形兜・烏帽子形兜の構造

（笹間良彦『図録日本の甲冑武具事典』転載）

そして身延町に程近い早川町の望月家には、天文から永禄（一五三二～七〇）頃の小札物の腹巻と共に桃形兜が伝えられている。善光寺の烏帽子形兜は張り懸けであるが、その多くは左右二枚、計四枚の鉄板で形成されている。すなわち桃形兜と烏帽子形兜は、構造あるいは機能が同じであり、おそらく桃形兜を頭高にしたのがはじまりと思われる。[9]これ以降、上杉神社の烏帽子形兜にみられるように技巧をこらすようになったのであろう。

さらに本妙寺あるいは徳川美術館の加藤清正所用と伝えられる長烏帽子形兜のように長大なものは、善光寺の烏帽子形兜と同じ乾漆による張り懸けである。これは兜自体の重量を軽くするためである。同様に長大な立物あるいは馬印も乾漆のものが多くみられる。そして本格的に様々な造形の兜が作られるようになるのは、鞠の形状をみる限り、慶長年間以降と考えるのが妥当であろう。

ゆえに実際には戦国乱世、すなわち天正年間以前には変わり兜は、原初的な烏帽子形兜・頭巾形兜あるいは頭高の突盔形兜等を除いて、ほとんど存在していないということになろう。それまでは、言うまでもなく筋兜（東国では星兜もある）が主流であり、これに頭形・桃形・突盔形等の簡易型の兜が台頭したという図式であろう。以降、戦闘様式の変化あるいは所用者の思考の変化によって、この図式が逆転することになる。すなわち軽くて製作が容易なことから、上級武士が簡易型の兜を好むようになったのである。その背景としては槍・鉄炮等の攻撃への対処が考えられるものの、下克上によって現れた新興勢力が、価値観を変えたことが要因にあると考えられる。

加えて穴山信君の甲冑注文状にある「立物鍬形」は、長岳寺の鍬形台のような中世の鍬形ではないように思われる。それは、おそらく鍬形と鍬形台を一体に作った立物であり、上杉家御代々元服着用と伝えられる佐久市の童具足、あるいは熱田神宮・徳川美術館・名古屋市秀吉清正記念館等が収蔵する「馬廻り七騎の鎧」[10]にみられるように、角元に刺して立てる形式であったと想像される。

三鍬形の前立（個人蔵）

戦乱に巻き込まれて荒廃した善光寺も、江戸幕府の開府によって寺領千石を寄進され、次第に復興する。その本尊の分身仏の前立本尊を奉じて全国各地を巡る「出開帳」で集められた浄財により、宝永四年（一七〇七）に現在の本堂が落成され、さらに山門・経蔵等の伽藍が整備された。そこで、随兵を伴う祭礼も復活し、これに合わせて烏帽子形兜も作られたのではなかろうか。

善光寺は、「一生に一度は善光寺参り」といわれ、念仏を唱えて一心に祈る者をすべて極楽浄土に導くという、一貫した男女平等の救済を説く寺院として知られている。そこに、泰平を祈る心と共に、人はすべて平等という仏教の精神の本質が垣間見られるように思われる。

本文の作成にあたり、藤本正行氏のご意見を参考にさせていただいた。ここに謹んでお礼を申し上げる次第である。

註
(1)小林計一郎『善光寺史研究』(信濃毎日新聞社　二〇〇〇年)
(2)笹本正治『武田信玄』(ミネルヴァ書房　二〇〇五年)
(3)武田信虎・信玄父子に仕えた駒井高白斎(政武・昌頼ともある)の日記。『甲陽日記』ともある。
(4)烏帽子＝平安時代から近世までの礼服着装に際して成人男性が被る帽子。
(5)乾漆＝布帛あるいは和紙を何重にも貼り、漆で塗り固めて作った作り物。
(6)筒臑当＝鉄板あるいは革板で筒の形に作った臑当。
(7)柴辻俊六等編『戦国遺文』武田氏編第四巻(東京堂出版　二〇〇三年)三〇三九号
(8)三浦一郎『武田信玄・勝頼の甲冑と刀剣』(宮帯出版社　二〇一一年)
(9)笹間良彦『図録日本の甲冑武具事典』(柏書房　一九八一年)
(10)秀吉の馬廻り七騎の甲冑と伝えられるが、実際には十数領が確認されている。

真田宝物館の具足と刀剣

真田宝物館は、長野市松代町にあり、松代藩十万石の藩主である真田家に伝来した大名道具を収蔵している。これらは、昭和四十一年(一九六六)に同家十二代当主である幸治氏より、当時の松代町に一括譲渡されたものである。

昭和五十二年(一九七七)に新館が増築され、同六十三年(一九八八)には収蔵庫が完成し、真田邸土蔵に収められていた資料のほとんどが移転収蔵された。収蔵品は、甲冑武具・刀剣から調度品・絵画、藩政に関わる文書・典籍類まで、数万点にも及ぶ。本著では、その中で最も古い一領の具足と著名な三口の刀、他武具を紹介したい。

1　茶糸《ちゃいと》威《おどし》二《に》枚胴《まいどう》具足《ぐそく》

この具足には、藩祖真田信之の父である昌幸の所用という伝承があり、その胴に描かれた図案から「昇り梯子《はしご》の鎧」と呼ばれている。明和九年（一七七二）に江戸屋敷で火災に遭い、文政八年（一八二五）に焼け残った部品を基にして修復された。現状は錆塗りであるが、元来は朱塗りであったと伝えられる。[1]𩊱・須賀・草摺を茶糸で威し、兜・胴・小具足が揃い、具足として体裁をなしている。ゆえに順を追ってみていきたい。

兜は、八枚の鉄板を矧ぎ合わせた突盔形であるが、腰巻が高いので頭高にみえる。𩊱は、板物で毛引威の五段下がりの日根野𩊱で、上一段の左右を折り返してやや大きく吹返とする。前立は、銀箔を押した高さ一尺六寸二分（四九・一センチ）の天衝《てんつき》[2]で、眉庇の上にある角元に立てられている。天衝は、天に高く突き上げるという意味から「勢い」を象徴するものである。その見栄えの良さから、前立だけでなく、脇立《わきだて》[3]・後立《うしろだて》[4]あるいは馬印にも用いられた。

茶糸威二枚胴具足
（真田宝物館蔵）

胴は、横矧胴《よこはぎどう》[5]を一枚の皺革で包んだ仏胴である。前胴には、この具足を象徴する四段の梯子が斜めに描かれている。この梯子も、おそらく「昇る」という意味から「勢い」を象徴しているのであろう。肩上には襟板があり、亀甲襟と亀甲《きっこう》小《こ》鰭《びれ》[6]がみられる。曲線を描く角合《かくがっ》当《た》理《り》[7]には、角筒形で丸穴の受筒を通し、同形の待受で下から支えている。草摺は、碁石頭の縫延《ぬいのべ》(8)による毛引威の七間の四段下がりである。

面頬当は、鉄錆地の目の下頬で、鼻から法令線・頬皺を打ち出し、鍍金の歯と朱塗りの唇があり、上髭・下髭は共に植髭である。須賀は、五行の素懸威の四段下がりである。

籠手は、篠筏を散らした鎖籠手で、上腕に平瓢の座盤を配し、三割の冠板と共に鎹羽を廻らす肘金を中心に総鎖と格子鎖で連動している。手甲は、指を打ち出した摘手甲である。また袖がないのは、おそらく上田市立博物館の「三葵紋柄威丸胴具足」と同じ理由であろう。

佩楯は、十枚の伊予札を革紐で綴じて、漆で塗り固めた四段の板佩楯である。板佩楯は、軽くて実用的なので、上田市立博物館の具足にみられるように、初期の当世具足に多くみられる。

臑当は、六本の大篠を用いる篠臑当で、内側の二本の下部を欠き、鉸具摺革は金白檀に塗った馬革である。山形の亀甲立挙に合わせるように家地にも亀甲模様がみられ、上の緒・下の緒は浅葱麻の平絎《ひらぐけ》である。

2　具足の製作年代とその所用者

以上が具足の概要である。この具足は、果たして伝承どおり昌幸の所用品であろうか。

真田氏は、もともと小県郡真田郷（上田市真田町）の土豪であり、滋野三家の海野氏の傍流と伝えられる。ゆえに海野氏・矢島氏と同じ州浜紋を家紋に用いている。

天文十年（一五四一）、海野平の戦いに際して真田氏も上野国に逃れ、関東管領上杉憲政に身を寄せていたと考えられる。ところが昌幸の父幸綱は、信濃侵攻をもくろむ信玄にねがえることにより自領を回復し、以降は先方衆の筆頭として活躍した。昌幸は、その三男として天文十六年（一五四七）に生まれ、はじめ甲斐の名家である武藤家を継いで武藤喜兵衛と名乗り、足軽七十人を従える足軽大将であった。しかし、長篠・設楽原の戦いで二人の兄（信

真田氏発祥の郷

綱・昌輝）が討死すると、真田家を継いで勝頼を補佐するようになった。(9)

武田氏滅亡後、真田氏は北条氏と対立し、織田氏・徳川氏に帰属することにより勢力を保持する。しかし、北条氏への領地引き渡しを拒んだため、家康と敵対関係になり、豊臣政権に帰属しながらも上杉景勝と結んで徳川方に脅威を与えた。そして慶長五年（一六〇〇）、家康は会津討伐のため関東に下り、これに昌幸も従った。しかし、石田三成の挙兵を知ると、次男信繁と共に西軍に与して上田城へ引き返した。その後は前述のとおりである。

慶長十六年（一六一一）六月十三日付の本多佐渡守（正信）が真田伊豆守（信之）に宛てた書状(10)にみられるように、この時点で昌幸の長男信之が徳川家に忠義を示していることは、本多正信も十分に認めている。そして信之は、昌幸の形見の受け取りをも断ったと伝えられる。こうした状況を考えると、松代藩真田家に昌幸の甲冑があること自体あり得ないのではなかろうか。さらにいえば、この具足は形式的にみても新しく、製作年代は寛永年間（一六二四〜四四）以降と言わざるを得ない。ゆえに所用者は、万治元年（一六五八）に死去した藩祖信之とするのが妥当ではなかろうか。また二代藩主信政（信之の次男）も所用したという伝承(11)には大いに頷けよう。

3　大太刀《おおだち》　銘　備中国住人□　延文六年二月日

この大太刀は、昌幸の兄である源太左衛門（信綱）の所用として、松代藩真田家に伝えられた。昭和三十六年（一九六一）に歴史的希少価値が認められて重文に指定された。

刃長三尺三寸八分（一〇三センチ）、反り九分九厘（三・〇センチ）の丸棟で鋒が延び、鎬造に棒樋と添樋をきり、いかにも豪壮である。板目がつんだ地肌に匂口がよく締まる。刃文は、広直刃《ひろすぐは》(12)が逆心《さかさごころ》(13)となり、丁子を交えている。

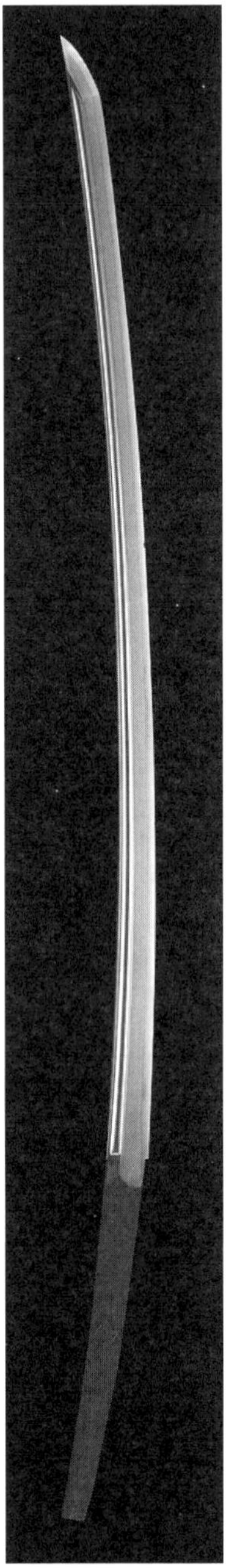

重文大太刀
（真田宝物館蔵）

茎の長さは、一尺九分（三三・〇センチ）で目釘穴が二つあり、尻は一文字とする。また作銘と年紀を一行にまとめた「書きくだし銘」は、鎌倉時代末期から南北朝時代にかけてみられる。

作銘に見えない部分もあるが、匂口の締まり具合から備中国（岡山県西部）青江派の作刀とみられ、その年紀に延文六年（一三六一）とあるので、『真田家系譜』に「青江貞次が鍛えたる三尺三寸余の陣太刀」と記すのは妥当であろう。[14]

4 「血染の青江」の由来

信綱は、真田家中興の祖といわれる幸綱の嫡男として天文六年（一五三七）に生まれた。実名の「信」の字は武田氏の通字であるので、臣下になってから授与されたのであろう。永禄十年（一五六七）、父幸綱と共に上野侵攻に加わり、白井城[15]の攻略の後に箕輪城の在番となる。ちょうどこの頃に信綱は、家督を譲られたと考えられ、本領の小県郡に加えて上野国吾妻郡を領し、岩櫃城の城代を務めていた。その後も信濃先方衆の筆頭として二百騎を有して信玄の晩年から勝頼の時代にかけて活躍した。

天正元年（一五七三）、徳川軍は突如として長篠城を襲った。その際、勝頼は信綱に軍勢を遠江に展開するように命じている。[16]このことから、真田氏は自領にとどまらず、かなり広範囲にわたって活躍していたことが想像される。

そして同三年（一五七五）、長篠・設楽原の戦いでは、穴山信君・馬場信春・土屋昌継等と共に信玄台地の北方に布陣し、丸山の争奪戦の末、織田・徳川連合軍の猛攻撃に晒され、弟兵部丞（昌輝）と共に討死する。大正三年（一九一四）、その勇姿を偲んで、愛知県新城市八束穂の三子山に真田信綱・昌輝の名を刻んだ碑が建立された。

この大太刀は、信綱自身が設楽原の戦いに使い、後に徳川方から妻である於北の方（高梨政頼の娘）に届けられた。こうした行為は、中世の武士の習わしであり、また儀礼とも伝えられる。この長刀を用いた信綱は、かなりの腕力であったと想像される。その中ほどに小豆大の刃こぼれがみられる。そして昭和四十二年（一九六七）に長野県信濃美術館（長野市箱清水）で開催された「歴史を語る日本名刀展」の時点では、そのやや上の棟寄り右側、あるいは鎬と樋、さらに棟寄りに敵の刃を受けた疵が認められた[17]。まさに激闘を彷彿させ、「血染の青江」の呼称はふさわしい。

これが、史上名高き長篠・設楽原の戦いに使われたのであれば、その実態を知る上で貴重である。そこには、敵の刃《やいば》を受け止めた痕跡が三、四ヵ所認められる。この点は、両羽神社の太刀・東京国立博物館の上杉家伝来の大太刀・駒形神社の太刀も同じである。つまり中世の戦いにおいては、この程度の働きで戦功として認められ、その際用いられた刀剣が奉納あるいは家宝とするに値するものとされるのであろう。しかし、信綱の場合は、『信長公記』の「凡討捕頸之注文」に「さなた源太左衛門」とあるように首級まで奪われたのである。こうしたことを考えると、おそらく連合軍の将と刃を交えたのは一瞬であり、討たれたのも一瞬であったろう。

真田兄弟の碑

また弟昌幸が信綱の位牌所として建立した上田市真田町の信綱寺《しんこうじ》に、信綱所用と伝えられる甲冑の胴と袖無胴服（陣羽織）がある。甲冑の胴は、一見して当世具足の胴と分かるので、伝承と異なる遺物と言わざるを得ない。その点、袖無胴服はやや大振りに作られ、背に大きな紅の「右一つ巴」紋が縫い付けられ、袖口と裾に蛇腹状の装飾が施されている。寺伝によると、真田の臣北沢最蔵と白川勘解由《かげゆ》兄弟が、これに信綱（あるいは昌輝か）の首級を包んで持ち帰ったという。

その痕跡となる血痕もみられ、袖無胴服自体もやや古式にみえるものの、長篠・設楽原の戦いがあった天正三年に届くか否か、判断に苦しむところである。

5　刀　無銘

刃長二尺三寸五分（七一・三センチ）、反り七分（二・一センチ）の庵棟で、地肌は、板目流れに地沸が付いて地景《ちけい》[18]がみられる。刃文は、中直刃に足が入り、小沸を交えて実に優美である。茎は、大磨上で目釘穴が三つあり、尻は一文字とする。無銘であるが、南北朝時代の備後三原の作刀と伝えられる。もとは三尺（九〇・九センチ）前後の太刀であったと思われるが、南北朝時代以降の戦闘様式の変化により、短く切って刀として使われたのであろう。

現在、蠟色塗《ろいろぬ》[19]りの鞘に黒鮫革の柄と龍の彫金を施す拵が添えられ、朝鮮出兵に際して昌幸が肥前国名護屋に赴いた恩賞として秀吉から拝領したと伝えられる。

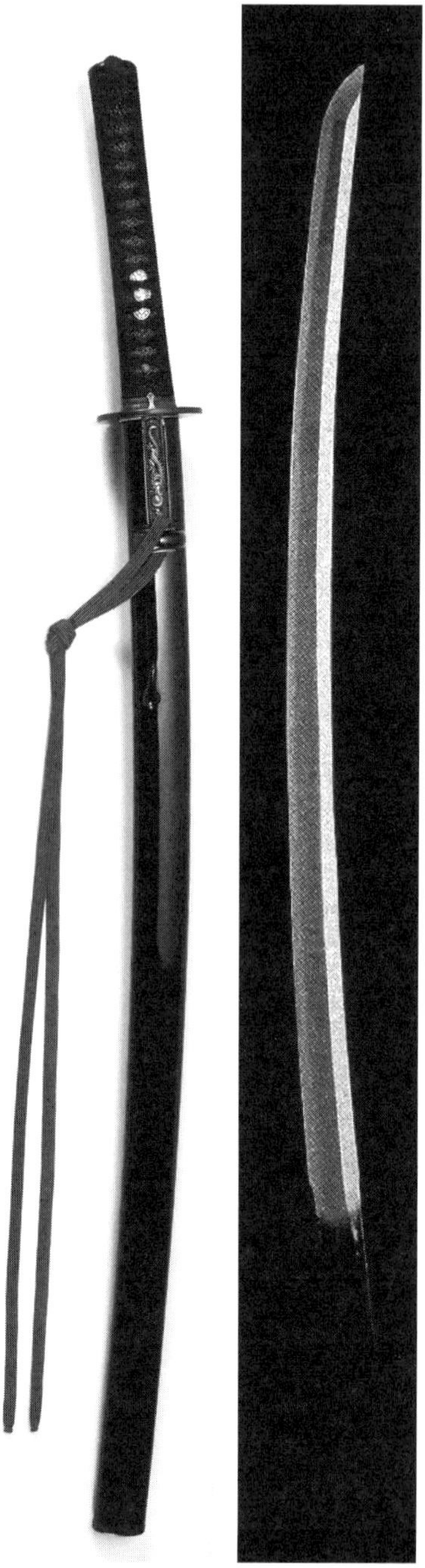

（左）刀拵・（右）県宝刀（真田宝物館蔵）

この刀は、美術工芸品として優れ、さらに歴史的資料としても評価され、平成三年（一九九一）に県宝に指定された。[20]

6　三原物

鎌倉時代末期から南北朝時代にかけて備後国三原（広島県三原市）で刀匠集団が活躍していた。彼等が鍛えた刀剣を三原物《みはらもの》と呼ぶ。その特筆すべき点は、刀剣の一大産地である備前に近いにもかかわらず、大和伝を継承している点である。中でも、正家・正廣父子は著名であり、延文から至徳（一三五六〜八七）頃に活躍したと伝えられる。三原は、西隣の安芸との国境に近く、沼田川の河口にある瀬戸内海の海運上の要衝である。そうした要因が備前にはない特有の刀匠集団を生み出したのであろう。[21]ちなみに『日本刀工辞典』（藤代義雄・藤代松雄共著）によると、正家の作刀として「正家」「備州住正家作」「備後国住右衛門尉正家作」、正廣の作刀として「備州住正廣作」「正廣作」「備州住左衛門正廣造」「備後国住正廣作」の銘がみられ、いずれも真田宝物館の刀と同じ板目流れの地肌に中直刃である。そして、昌幸が赴いた名護屋城は、秀吉が朝鮮出兵の前線基地として、天正十九年（一五九一）に九州の大名に命じて築造した平山城である。そこに、全国各地から三十万もの軍勢が集められ、このうちの十六万余が渡鮮した。つまり肥前名護屋は、我が国における軍事の中心であり、そこに全国の軍勢が集結し、渡鮮するに際して最新鋭の武装が求められたのである。これが、真の意味での槍・鉄炮の多用、あるいは当世具足の発生をもたらした根源と思われる。

7　短刀　銘 吉光

刃長八寸余（二四・六センチ）、茎は三寸六分余（一一・〇センチ）。重はやや厚めであるが、至ってふつうにみえる。

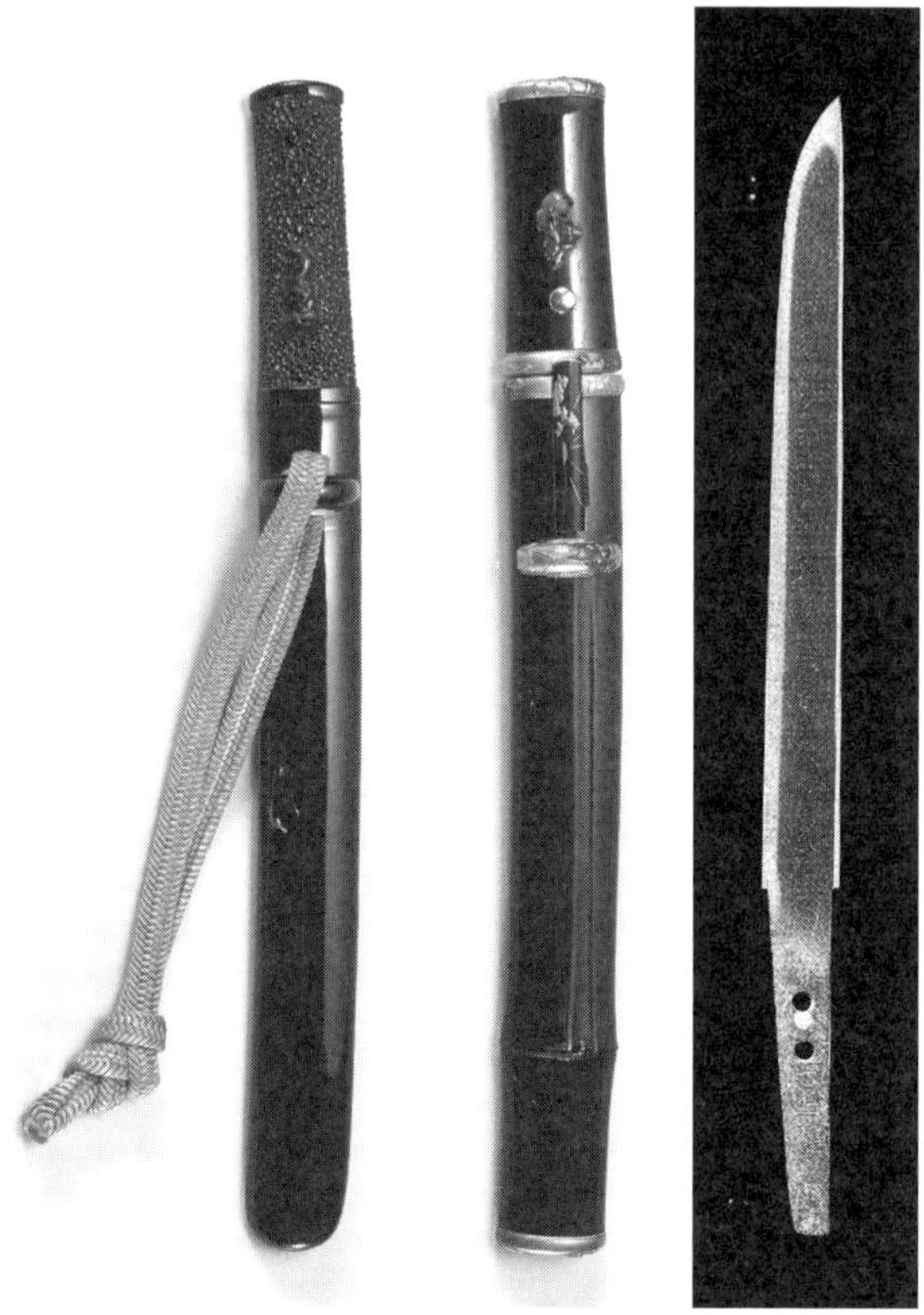

県宝短刀 銘吉光（真田宝物館蔵）

地肌は板目をよくつみ、刃文は小匂出来の中直刃に乱れごころが沈む。茎はまっすぐ延びて、栗尻で目釘穴が三つある。その中の一つは金で埋められて、大振りの銘の「吉」の「十」にかかっている。金無垢で二重の鎺は名品であり、小柄は無銘であるが、初代後藤祐乗[22]の作と伝えられる。この短刀は、家康自慢の一口であった。

　これには、蠟色塗りで返《かえし》角《づの》[23]がある鞘の合口拵《あいくちごしらえ》[24]が付いている。柄は、黒鮫革で包んで縁頭は赤銅である。目貫は、同じ赤銅に馬の彫金が施されている。全体に地味であるものの、格調が高く気品ある拵であり、まさに家康好みを彷彿させる。

　この短刀は、美術工芸品として優れ、さらに歴史的資料としても評価され、平成三年（一九九一）に県宝に指定された。

8　「泣きおどし吉光」の由来

慶長三年（一五九八）、秀吉が死去すると、家康と三成は天下の覇権をめぐって対立する。この中で真田信幸（信之）

の次男信政は、わずか三歳で家康の人質となり、臣下の矢沢但馬守（頼康）を守役として江戸城に差し出された。

このとき信幸は、家康の養女である小松姫（本多忠勝の娘）を娶り、徳川家と真田家は姻戚関係にあった。慶長二年（一五九七）、その間に生まれた信政は、信幸の側室である右京局に付き添われて家康の前に罷《まか》り出《で》た。家康が機嫌よく出迎えたところ、信政はその腰にあった「吉光」の短刀を手にしてオモチャのようにしていた。家康が怪我を気遣い取り上げると、信政は泣き出した。そこで再び短刀を手渡すとすぐに泣き止んだ。これを二度三度と繰り返すうちに家康も根負けして、名刀「吉光」を信政に与えたと伝えられる。

これには、もう一つのエピソードがある。このとき付き添った右京局が、お尻をつねって信政を操作して、記念の名刀を手に入れたというのである。これが「泣きおどし吉光」の号の由来であり、家康の人柄を偲ぶ逸話として伝えられる。また信政は小松姫の子ではなく、右京局の子とする説もある。(25)

吉光は、山城伝（京伝）の粟田口派の国吉の子あるいは弟子と伝えられ、「藤四郎」の名で知られている。その作刀は、太刀・刀は稀で短刀が多く、東京国立博物館の「厚藤四郎」（国宝）・徳川美術館の「後藤藤四郎」（国宝）等が知られている。さらに鎌倉時代後期の同派の最高峰として御物「平野藤四郎吉光」がある。それは、正宗・郷義弘と共に古刀期の最上作とされる。(26)

9　その他の武具

真田宝物館には、甲冑・刀剣の他にも様々な武具が収蔵されている。そこで、比較的古い伝承があるものを選んで紹介したい。

まずは箱書に「進上　御軍配団扇」とある軍配団扇である。(27)その柄は平坦で比較的長く、主要部分は小さくて円形に近い。表面に金箔で日輪を描き、裏面に銀箔で繊半月を描く。これらは中世の軍配団扇の特徴と一

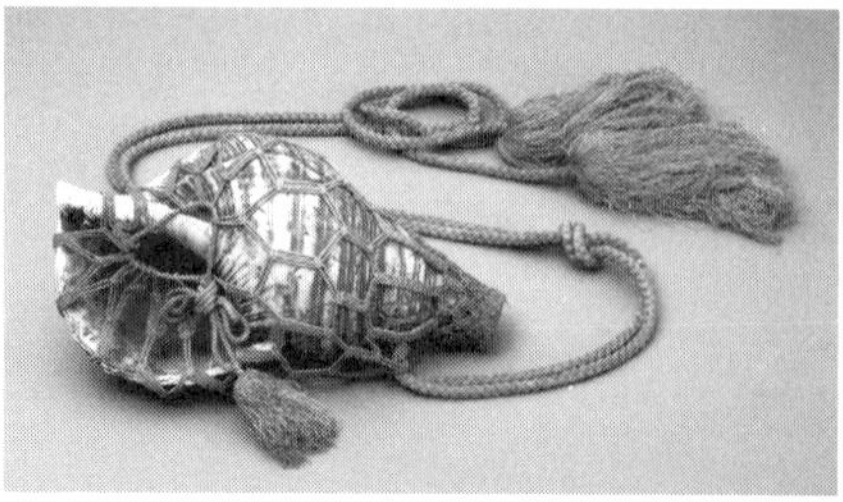
法螺貝（真田宝物館蔵）

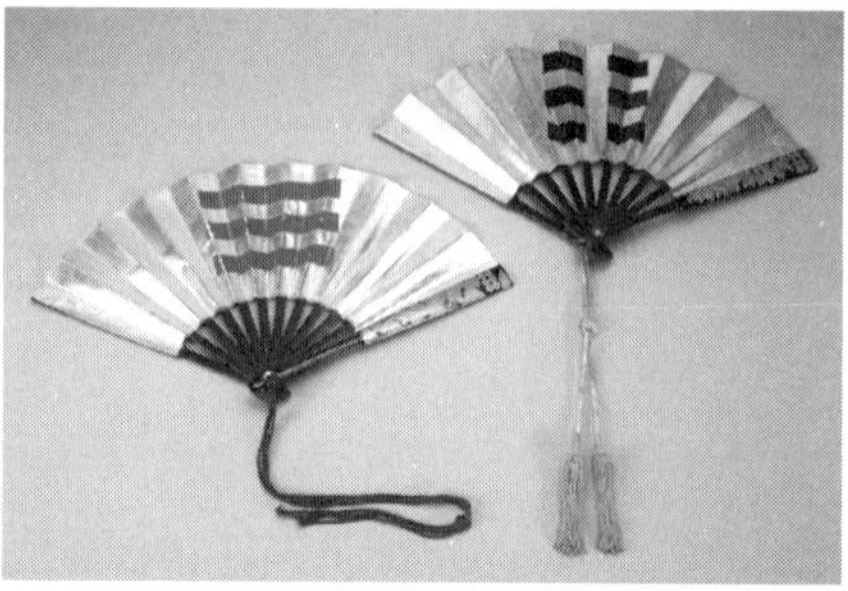
鉄扇（真田宝物館蔵）

陣鐘（真田宝物館蔵）

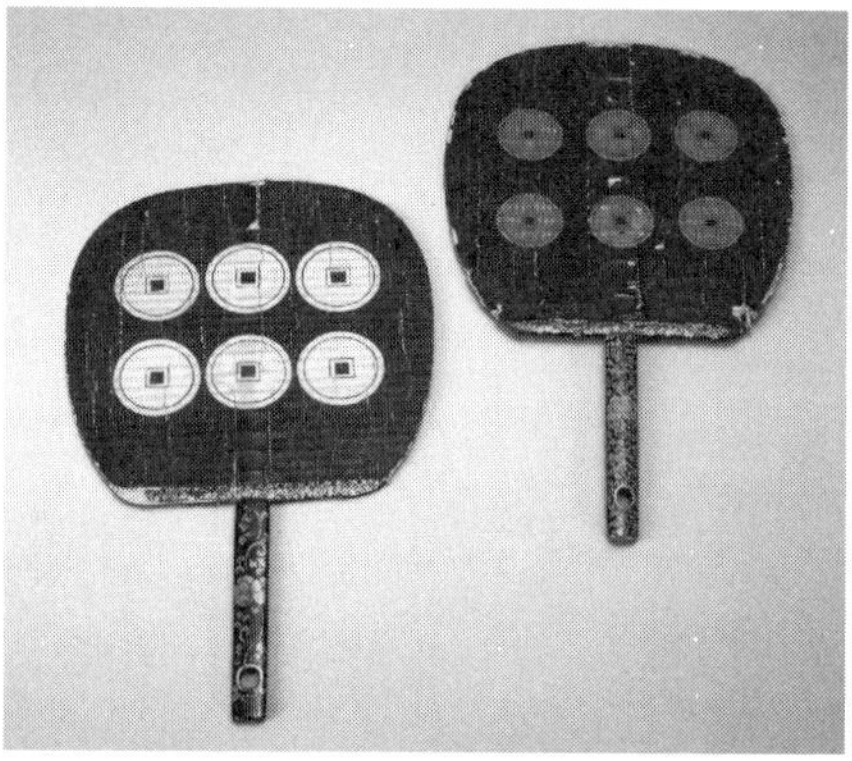
軍配団扇（真田宝物館蔵）

致する。また同箱に収められた鉄扇《てっせん》[28]は、両面に金箔を押して、端に蒔絵で六連銭紋と雲龍文を描き、共に信之所用と伝えられる。

これとは別に細く裂いた竹を編んで作られた軍配団扇がある。両面に黒漆を塗り、金箔を押して六連銭紋を描いている。主要部分は大きくて円形に近く、柄は短い。これは、指揮具の軍配団扇というより、陣中で使う実用のための団扇のように思われる。

さらに信之の祖父幸綱が信玄から拝領したと伝えられる法螺貝《ほらがい》[29]がある。法螺貝は、戦いのときに吹き鳴らし、合図あるいは士気を高めるために用いられた。この法螺貝は、それほど大きくないが、紅糸で編んだ網で覆われ、同じ切房を施す

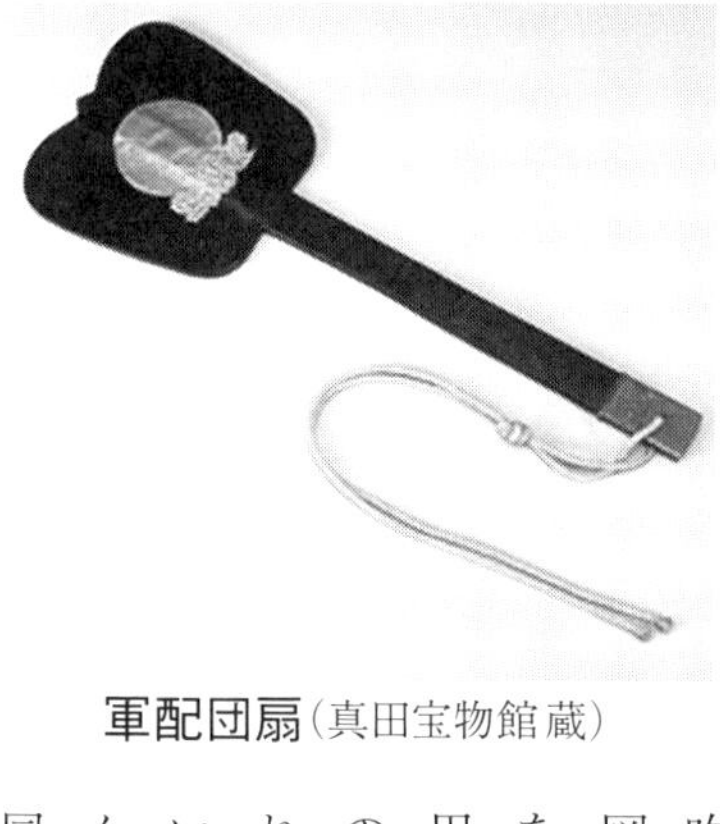
軍配団扇（真田宝物館蔵）

緒が付けられている。

そして幸綱が信玄から拝領したと伝えられる陣鐘《じんしょう》がある。陣鐘は、法螺貝と同じく、戦いのときに打ち鳴らす金属製の音具である。これには、「弘治三丁巳年八月　日　勅許　御鋳物師泉州住池田河内守久行作」と年紀と作銘がきられている。しかし、そこに描かれた采配・旗・兜等の図案、あるいは全体の形姿をみる限り、弘治年間（一五五五～五八）のものとするのは難しいように思われる。

大輪寺山門

寒松院の墓

信幸は、徳川家にいっそう忠義の念を深め、幕府に嫌疑をかけられないよう関ヶ原の戦いを境に父昌幸・弟信繁と距離を置くようになる。父弟が西軍にねがえった理由には、昌幸の正室である山手殿が大坂で人質にされていたこと、あるいは信繁の正室である竹林院が石田三成の盟友大谷刑部少輔（吉継）の娘であることがあるように思われる。父弟は、高野山蟄居となり、これを機に信幸も名を信之と改める。

武勇と智謀で知られる真田家であるが、意外にも互いの伴侶を思う気持ちが彼らの行動を決定づけたのかもしれない。ちなみに、このとき家康（東軍）に与した細川忠興の大坂屋敷が三成の軍勢に囲まれ、妻であるガラシャ（珠）が死去したことは周知のとおりである。その後、竹林院は信繁と共に九度山で暮らすものの、山手殿は上田に戻って出家して寒松院と号し、昌幸が死去した二年後の慶長十八年（一六一三）の三回忌にあたる日に自害したと伝えられる。その墓は、上田市中央北の大輪寺にある。

さらに河野幸寿等臣下は、昌幸・信繁父子の赦免を求めて幕府に働き掛けていた。そして信之も、蟄居後の父弟を支援し続けた。そこに、主君への忠義とは裏腹に、断とうにも断ち切れない親子愛・兄弟愛を感じるのである。

註

（1）図録『備え―真田家の甲冑・武具』（真田宝物館　二〇〇二年）
（2）天衝＝薄い板に金箔あるいは銀箔を押して作った角の形の立物。
（3）脇立＝兜の左右に掲げる一双の立物。
（4）後立＝兜の後ろに掲げる立物。
（5）横矧胴＝横に長い鉄あるいは革の板を鋲で縦に繋いで作った胴。
（6）亀甲小鰭＝亀甲金を家地で包んで作った小鰭。
（7）角合当理＝角枠の合当理。
（8）縫延＝伊予札を並べて革で包んでいるように漆を盛って作った板物。
（9）柴辻俊六編『武田信玄大事典』（新人物往来社　二〇〇〇年）
（10）米山一政編『真田家文書』上巻（長野市　一九八一年）八五号
（11）註（1）と同じ。
（12）広直刃＝焼が深い直刃。
（13）逆心＝刃文の向きがふつうと逆になってみえること。
（14）大谷秀志『信濃の名刀探訪』（ながの二葉書房　一九八一年）
（15）群馬県渋川市白井にあった崖端城。
（16）柴辻俊六等編『戦国遺文』武田氏編第三巻（東京堂出版　二〇〇二年）二一七二号
（17）註（14）と同じ。
（18）地景＝鍛え肌を貫いて網状あるいは天草状に入るもの。
（19）蠟色塗り＝蠟色漆で上塗りを施して木炭で研ぎ、砥粉などで平らにして漆を摺り込んで磨いた光沢のある塗り。蠟色漆＝生漆に油類を加えずに精製した黒漆。
（20）『長野県史』美術建築資料編（長野県史刊行会　一九九二年）
（21）清水治『刀匠全集』（美術倶楽部　一九八八年）
（22）室町時代の金工家であり、装剣金工の後藤四郎兵衛家の祖。

(23) 返角＝刀身を鞘から抜く際、鞘ごと抜けないように帯に引っ掛ける留め金具。
(24) 合口拵＝柄と鞘がぴったり合う鍔のない拵。
(25) 註(14)と同じ。
(26) 佐藤寒山『日本名刀一〇〇選』（秋田書店　一九七一年）
(27) 註(1)と同じ。
(28) 鉄扇＝鉄の骨で作られた扇子。
(29) 特別展図録『信長×信玄―戦国のうねりの中で』（滋賀県立安土城考古博物館　二〇一二年）

白髭神社の具足

白髭神社（下伊那郡高森町）は、猿田彦命《さるたひこのみこと》を祭神とする滋賀県高島市の白髭神社の末社である。現在の本殿は、天明四年（一七八四）に立川和四郎（富棟）[1]に依頼して建てられた。そこには、立川自筆の請負証文と設計図が残され、建物・彫刻（龍・鳳凰・鶴亀・象・獅子・松竹梅・鯉の滝登り等）は共に県宝に指定されている。その宝物の一つに、この地の領主であった座光寺為時が奉納したと伝えられる具足がある。

慶長二十年（元和元・一六一五）、座光寺為時・為重父子は、白髭明神に戦勝を祈願し、小笠原長臣・知久頼氏等と共に「伊奈衆」として岩村城の城主である松平乗寿に従って大坂に出陣した。五月七日、大坂落城に際して座光寺父子は、森口（大阪府守口市）まで出撃し、豊臣方との激戦の中で為時は胴に弾丸を受けたものの、幸いにも無事であった。為時は、白髭明神の加護に感謝して、この具足を奉納したと伝えられる[2]。昭和五十九年（一九八四）、その歴史的希少価値が認められ、町の文化財に指定された。現在、この具足は高森町歴史民俗資料館に展示されている。

白髭神社 本殿（高森町教育委員会提供）

1　紅糸威胸取二枚胴具足《くれないいとおどしむなとりにまいどうぐそく》

全体を紅糸で毛引に威し、前後の立挙のみ紺糸で威しているので、紅糸威胸取と呼ぶ威毛である。三物と小具足が揃っているので順を追ってみていきたい。

兜は、描覆輪を施す十六間の阿古陀形筋兜で、四天鋲と響穴があり、室町時代の南都系を思わせる形姿である。𩊱は、切付板物による五段下がりの饅頭𩊱で、裾板に紫糸の畦目と一段の菱縫がみられる。上一段の左右を小さく折り返して吹返とし、座光寺家の家紋である丸ニ違鷹羽《ちがいたかのは》紋の蒔絵が施されている。眉庇は卸眉庇で、見上は朱塗り。浅葱麻に百重刺を施す浮張には、薫韋の縁を廻らしている。後勝鐶はなく、八幡座は金の裏菊座に素銅の透菊《すかしぎく》(3)・銀の裏菊・金の透返花《すかしかえしばな》(4)を金の玉縁で押さえて留めている。

この兜の特筆すべき点は、長大な鹿角の脇立が付いている点である。それは、乾漆に金箔を押して作られ、左右不対称なので、おそらく実物の鹿の角を土台にしたと思われる。これを、兜鉢のやや前寄りにある長さ五寸（一五・二センチ）程の角元に立てる。ゆえに脇立が前かがみになり、敵にいっそう威圧感を与える。また眉庇の上に幅の広い一寸（三・〇センチ）程の角元があるので、直径三寸（九・一センチ）程度の前立も付いていたのであろう。

紅糸威胸取二枚胴具足
（白髭神社蔵）

胴は、前後の立挙に碁石頭の板物を用い、以下を溜塗りの馬革で包んだ仏胴である。金具廻は、黒塗りに

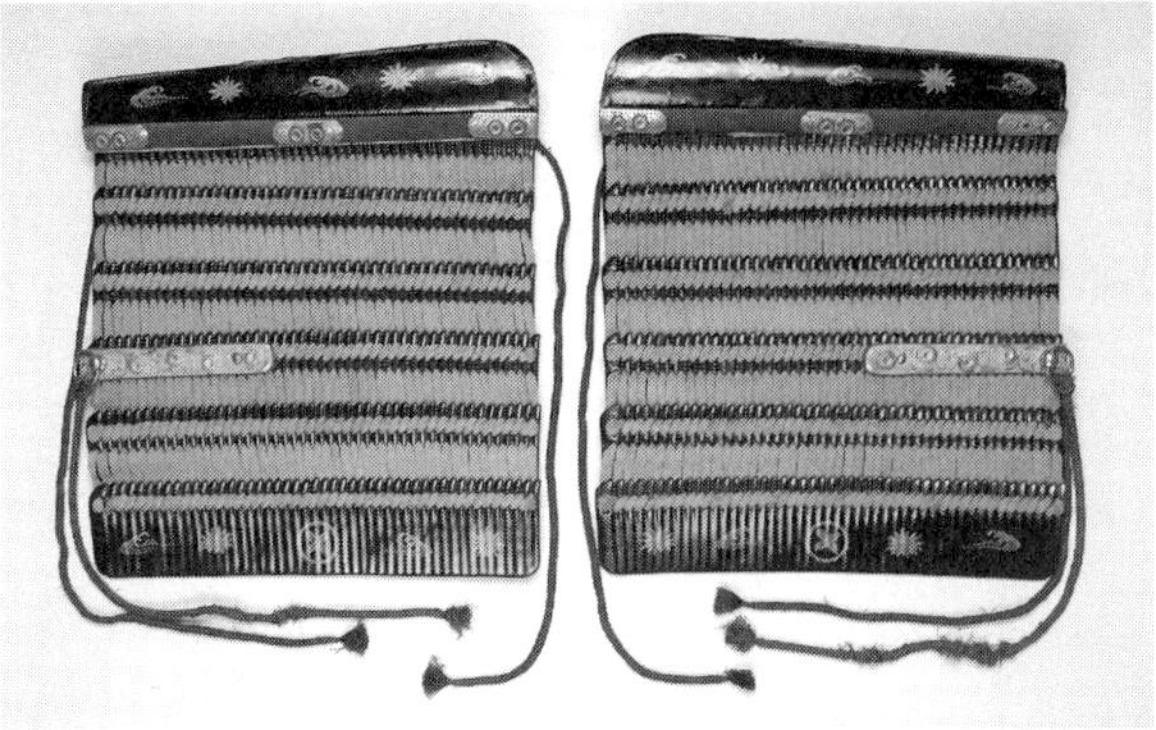
大袖 一双（白髭神社蔵）

描覆輪を廻らし、丸ニ違鷹羽紋を中心に海栗《うに》と波の蒔絵が施されている。また左脇にみられる数個の鋲は、おそらく鐶当あるいは花紙袋《はなかみぶくろ》(5)を留めた鋲と思われる。肩上には襟板があり、亀甲襟と亀甲小鰭がみられ、高紐は紫の丸唐打による懸通である。後立挙の二段目には、鍍金に唐草を透かした座金に丸頭の鐶台の総角鐶があり、紅の総角を結んでいる。草摺は、矢筈頭の縫延による七間の五段下がりで、各々の裾板に海栗と波の蒔絵が施されている。

袖は、本小札の六段下がりの大袖であるが、かなり小振りに作られている。冠板は、黒塗りで描覆輪を廻らし、海栗と波の蒔絵が施されている。化粧板は、紫の綾布で包まれ、八双金物は、鍍金の魚子地《ななこじ》(6)に唐草の高彫りを施す出八双《ではっそう》(7)に八重菊の双鋲である。また上から四段目には、八双金物と同作の笄金物があり、丸頭の鐶台の水呑鐶がみられる。裾板には、金具廻と同じく丸ニ違鷹羽紋を中心に海栗と波の蒔絵が施されている。

面頬当は、表を錆塗り、裏を朱塗りとする目の下頬で、鼻・法令線・頬皺を打ち出し、朱塗りの唇と鍍金の歯がみられる。上髭と下髭は植髭で色は茶色である。両頬に忍の緒を掛ける折釘があり、顎の下には露落の穴がある。須賀は、切付板物による毛引威の四段下がりである。

籠手は、下腕に七本の大篠を用いる篠籠手である。上腕は、総鎖に竪木瓜紋の座盤を配し、下腕の大篠と格子鎖で連動している。手甲は、指を打ち出した摘手甲に丸ニ違鷹羽紋の蒔絵が施されている。家地は、表に粗く織った白麻を用い、家裏に渋染の麻布がみられる。しかし、この白麻は芯となる中込であり、紺地の絹織物の家表の一部が大篠の間に残されている。

佩楯は、十三枚の伊予札を革紐で綴じて、黒漆で塗り固めた五段下がりの板佩楯で、中央に金箔を押して酢漿草《かたばみ》紋を描いている。家地は、下部を残しているものの、上部を欠損しているので、展示用に仮の腰緒が付けられている。この酢漿草紋も座光寺氏は家紋に用いている。

臑当は、七本の大篠を総鎖で連動させた篠臑当である。内側の三本の下部を欠き、鉸具摺には溜塗りを施す栗色馬革がみられる。立挙は、黒く染めた韋の山形の亀甲立挙で、本体の家地は籠手と同じく中込のみである。

2 座光寺氏と伊奈郡の情勢

以上が具足の概要である。そこに描かれた蒔絵から座光寺氏に関わる具足であることは間違いないであろう。ゆえに座光寺氏について少し述べることにする。

『寛政重修諸家譜』座光寺為時の項によると、座光寺氏は源為朝（頼朝の叔父）を祖としている。そこには、為朝の次男である為家が伊豆大島を去り、信濃国伊奈郡下条郷（下伊那郡下條村）に居を構え、後に同郡座光寺郷（飯田市座光寺）に移り住み氏としたとある。しかし、諏方神党の一族とする説もあり、大祝の代官として保元・平治の乱で活躍した藤沢左衛門尉（清親）の四男が座光寺四郎（光清）と名乗っている。[8]いずれにしても座光寺氏は、伊奈郡座光寺郷を本拠として、室町時代後期に国人領主になっていたようである。

この時期、伊奈郡では神之峰城[9]の知久氏が有力であり、飯田城[10]の坂西氏と対立していた。しかし、相互に婚姻関係を結ぶことにより、その均衡は保たれていた。ところが武田軍の侵攻が始まると、各氏は次々に軍門に降り、天文十六年（一五四七）に秋山虎繁が配備され、いっそう監視が強化された。そして同二十三年（一五五四）に神之峰城が陥落し、伊奈郡の全域が武田氏の支配下となり、座光寺氏もこれに帰属することになる。

天正三年（一五七五）、長篠・設楽原の戦いに敗れた武田軍は、岩村城で追手の織田軍を迎え撃つことになる。その守将は秋山虎繁であり、座光寺家の当主である貞房もこれに従った。そして激戦の末、城は陥落し、虎繁・貞房

岩村城

は捕らえられて処刑され、ここに正統座光寺氏は断絶する。

武田氏滅亡後、その臣下の多くが徳川氏に帰属した。座光寺氏の一族である為清もその一人であり、子の為時は家康の関東移封に従い、上野国碓氷郡大竹（群馬県安中市大竹）に九百五十余石を与えられた。そして関ヶ原の戦いに際して、徳川秀忠に従って第二次上田合戦で奮戦したことが評価され、故郷である伊奈郡山吹（下伊那郡高森町山吹）に千石を与えられ、さらに大坂夏の陣の後は旗本として四百十石を加増されて明治維新に至った。

座光寺為時は、九十二歳という長寿を全うして寛永二十年（一六四三）に死去した。この具足は、果たして元和元年（一六一五）の大坂夏の陣に用いられたものであろうか。

3　襟板の発生と具足の製作年代

当世具足の製作年代を知る上で重要なのが襟板の有無である。本著では、これまで信濃国にまつわる八領の当世具足について検証してきた。このうち、佐久市の「金小札日の丸威二枚胴具足」の背面を確認していないものの、筑摩神社の「朱塗紺糸威丸胴」および上田市立博物館の「三葵紋柄威丸胴具足」には襟板がなく、他の四領には襟板があることが確認された。

では、どの時点で襟板を付けるようになったのであろうか。この経緯について述べるなら、大鎧から胴丸・腹巻に至る肩上の構造から述べなければならない。

そもそも大鎧、大山祇神社の「赤糸威胴丸鎧《あかいとおどしどうまるよろい》」（国宝）あるいは「紫韋威胴丸《むらさきがわおどしどうまる》」（重文）等の古式胴丸に押付板はない。これらは、肩上から押付にかけて一枚の革板で作られているからである。それが、『蒙古襲来絵詞』にみられるように、鎌倉時代後期になると胴丸に押付板を付けるようになる。その理由として、打物に対する後方の防御機能の強化、あるいは肩上の構造機能の強化等、様々なことが考えられる。そして南北朝・室町時代の胴丸には、必ずと言っていいほど押付板がみられる。それは、大鎧あるいは古式胴丸にみられる押付の上に、押付板を重ねて鋲と紐で綴じ付けるという構造であった。つまり押付と押付板が二重になっているのである。

これは、仙台市博物館の「銀箔押白糸威丸胴具足」（重文）・厳島神社の「紅糸威丸胴具足」（重文）・筑摩神社の「朱塗紺糸威丸胴」等、ごく初期の当世具足の胴にもみられる。つまり肩上を押付板からとるのではなく、未だ押付と押付板が二重になっているのである。それが、桶側胴《おけがわどう》(11)・仏胴等の板物の普及によって、押付板（金具廻）と小札板の境界がなくなり、また製作上の手間を省くために押付板から直接鉄肩上をとるようになる。これは、慶長年間（一五九六〜一六一五）の比較的早い時期のことと考えられる。

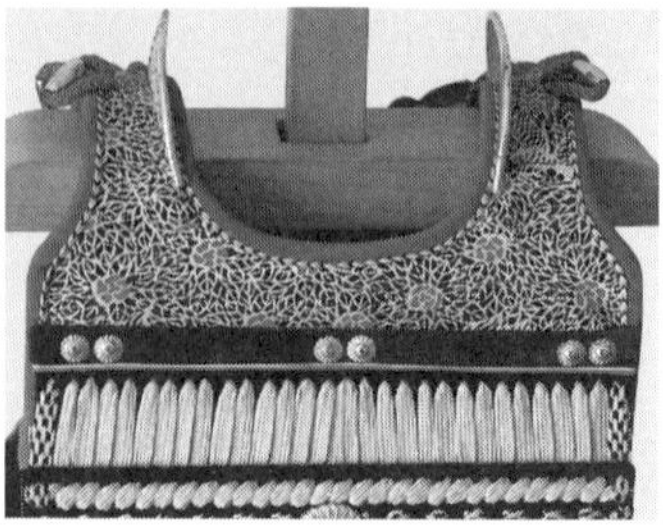

大鎧の押付

二重の押付板

一重の押付板

襟板が付いた押付板

これ以降、当世具足は実用に応じて独自の進化を遂げる。すなわち合当理・受筒・待受を付けて旗指物を立てることが一般化する。さらに金具廻の捻り返しを大きくとって、槍《やり》溜《だまり》を深くすることにより、槍・鉄炮の攻撃に対する防御機能を高めた。そして背負櫃に収めて持ち運ぶことが好まれ、甲冑の収納方法にも工夫がなされた。その一つが蝶番の心棒を抜いて胴を分解することである。

元来、最上形式は段替蝶番《だんがえちょうつがい》であり、長側の一段ごとに蝶番が分かれ、心棒も一段ごとに分かれていた。さらに桶側胴・仏胴であっても、金具廻（脇板）あるいは小札板にあたる部分の先を直接曲げて心棒を刺して蝶番にしていた。そして草摺が蝶番を跨ぐ位置にあるものもあり、当初は心棒を抜いて胴を分解するという発想はなかったのである。このため胴丸を収める清水神社の背負櫃、あるいは丸胴を収める上田市立博物館の背負櫃は大きく作られている。しかし、胴の分解という画期的な発想により、後胴に前胴を重ねることで、小さな櫃に三物・小具足一式を収めることができるようになったのである。さらに心棒の抜き刺しを容易にするため、精巧な蝶番を別に作り、後から胴に取り付けるようになる。こうした心棒の抜き差しを自在にした蝶番を総称して栓差蝶番《せんざしちょうつがい》と呼ぶ。

ところが、これによって思わぬ支障が生じた。それが、構造上最も弱い肩上の破損である。これは後胴に前胴を重ねることにより、むき出しになった肩上に、兜・小具足等の圧力が直にかかることによる。こうした破損を防ぐために考案されたのが、肩上を跨ぐ形で取り付ける襟板と考えられる。

では、襟板はいつ頃付けられるようになったのであろうか。言うまでもなく押付と押付板が二重であった時期にはあり得ない。ゆえに慶長・元和頃の具足はどうであろう。そこで、本著では三領の資料（当世具足）を検証することにしたい。

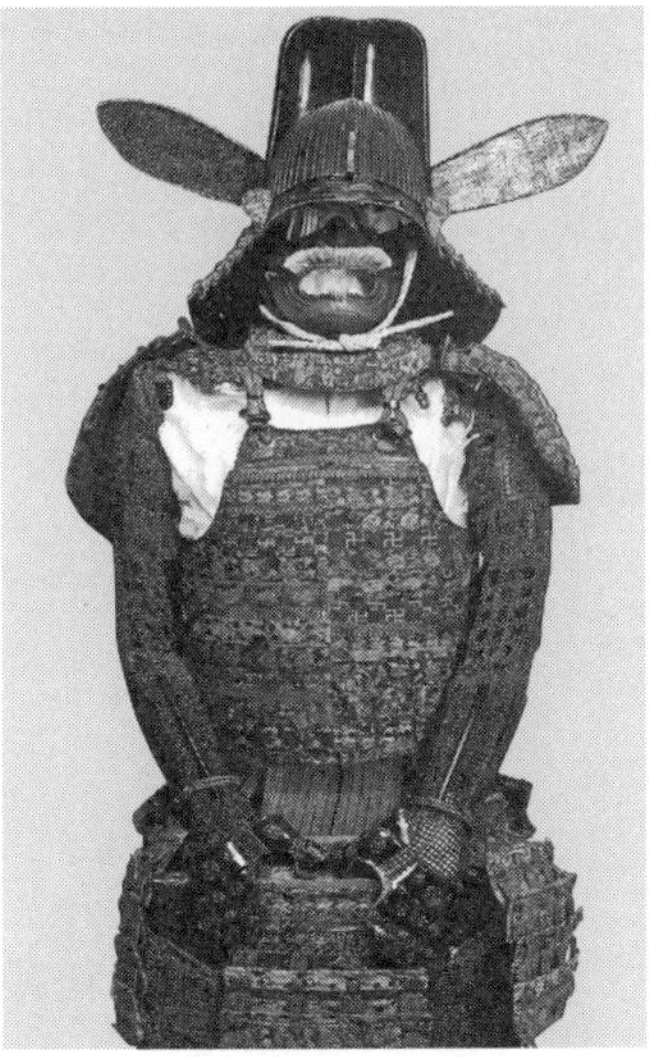

錦包萌黄糸威二枚胴具足
（岩村歴史資料館蔵・恵那市教育委員会提供）

まず、はじめに挙げる資料が、座光寺父子が従った松平乗寿の「錦包萌黄糸威二枚胴具足《にしきづつみもえぎいとおどしにまいどうぐそく》」（市文）である。これは、岩村歴史資料館（岐阜県恵那市）に収蔵され、大坂の陣で装着したと伝えられる。唐冠形兜《とうかむりなりかぶと》[12]・七段下がりの当世袖・曲輪仕立の目の下頬に三具が揃う鳩胸の仏胴であり、極めて実戦的に作られている[13]。ゆえに伝承を十分に窺わせると共に、肩上に襟板がみられるのは注目される。

しかし、次に挙げる「啄木糸威二枚胴具足《たくぼくいとおどしにまいどうぐそく》」（個人蔵）の肩上には襟板がみられない。これには、元和六年（一六二〇）の甲冑注文状が添えられ、製作年代が特定できる極めて貴重な資料である。ゆえに今後の当世具足の研究における基準資料となるものといえる。(14) ここにみられるように、同時期に襟板が有るものと無いものが混在していたことになろう。

　最後に挙げる資料が、上杉家臣下の竹俣三十郎（秀綱）が、大坂の陣で装着したと推測される「浅葱《あさぎ》糸威《いとおどし》五枚胴《ごまいどう》具足《ぐそく》」（個人蔵）である。(15) これには、牛伏寺の兜と同じ出眉庇の古頭形が付いている。おそらく古物の仕返物と思われる。その重厚な仏胴は、極めて実戦的であり、肩上に襟板がみられるのは注目される。しかし、この具足は江戸時代に修補されているので、金具廻から肩上廻を新形式に取り替えた可能性も考えられる。

啄木糸威二枚胴具足（背面）
（個人蔵）

浅葱糸威五枚胴具足（背面）
（個人蔵）

　大坂の陣以降、甲冑が実戦で使われたのは、寛永十四年（一六三七）の島原の乱ということになる。その鎮圧に際して三物・小具足と共に櫃に押し込んだ具足の中に、肩上が壊れたものもあったのではなかろうか。こうした苦い経験を機に、襟板が普及していったと思われる。これ以降、一部の御家流の具足あるいは足軽具足を除いて襟板が付けられるようになる。そこに、胴の分解収納という理由が密接に関わることは言うまでもない。この点、筑摩神社の「朱塗紺糸威丸胴」あるいは上田市立博物館の「三葵紋柄威丸胴具足」は、丸胴なので分解することはできない。したがって襟板は、もとより必要ないのであろう。

白髭神社の具足は、兜・小具足に大坂の陣頃を思わせる部位がみられる。しかし、岩村歴史資料館の具足あるいは元和六年（一六二〇）の具足に比べて胴の形姿が丸く、槍溜が深いという理由から、これらより年代が下るように思われる。ゆえに現在の体裁になったのは、寛永年間（一六二四〜四四）頃ではなかろうか。そこで伝承を重視するのであれば、座光寺為時が晩年に大坂の陣に用いた具足の部位を使って体裁を整え、奉納したと推測するのが妥当に思われる。

また下伊那郡喬木村の喬木村歴史民俗資料館にも座光寺家伝来と伝えられる具足がある。これは、腰の部分を萌黄糸で毛引に威した腰取の仏胴を中心に、江戸時代の各時期のものが混ざっている。その草摺の威毛は、同毛の素懸威であるが、揺糸《ゆるぎいと》[16]だけが紺糸であり、さらに腰革付《こしかわづけ》[17]である。しかし、胴の下部に毛引の穴があるので、もとは萌黄糸による毛引の揺であったと思われる。一見して慶長頃を思わせる胴であるが、これも襟板があるので、寛永頃とみるのが妥当ではなかろうか。

仏胴（喬木村歴史民俗資料館蔵）

本文の作成にあたり、著者の生涯の師である甲冑師の故佐藤敏夫氏の意見を参考にした。師は、長年にわたり当世具足の修補に携わり、その中で襟板の発生について以上の見解をまとめられた。その根拠は科学的であり、評価に値するものと信じてやまない。ここに、改めて師の功績を称えると共に謹んで冥福を祈る次第である。

註

（1）諏訪の宮大工。江戸で建築を修業し、諏訪下社秋宮幣拝殿（重文）・松本市和田の無極寺本堂（重文）等の数多くの寺社を建てたことで知られる。

（2）宮下玄覇「座光寺為時所用具足」（『伊那』　一九九六年）

（3）透菊＝花弁を透かした菊の座金。
（4）透返花＝花弁を垂直に立ち上げた座金。
（5）花紙袋＝胴の左脇に付ける鍔当を兼ねた小物を入れる袋。
（6）魚子地＝高彫りの図案の間に泡状の細かい窪みがある地。
（7）出八双＝先が丸く突出した八双金物。
（8）註（2）と同じ。
（9）飯田市上久堅にあった山城。
（10）飯田市追手町にあった平山城。
（11）桶側胴＝「横矧胴」の別称。
（12）唐冠形兜＝唐冠を形作る変わり兜の一種。
（13）岩村町文化財図録編集委員会編『岩村町文化財図録』（岩村町教育委員会　一九九四年）
（14）永田仁志「元和六年具足注文とその具足」（『甲冑武具研究』174号　二〇一一年）
（15）竹村雅夫『上杉謙信・景勝と家中の武装』（宮帯出版社　二〇一〇年）
（16）揺糸＝胴と草摺を繋ぐ威糸。
（17）腰革付＝揺糸を革に綴じ付けて一続きに作り、胴尻に巻いて付ける草摺の取り付け方。

佐久市の当世具足（佐藤忠彦コレクションⅣ）

佐久市に寄贈された佐藤忠彦コレクションには、多くの当世具足がある。ゆえに代表的なものを三領ほど紹介したい。

まずは「浅葱《あさぎ》糸威《いとおどし》二枚胴《にまいどう》具足《ぐそく》」である。これは、仏胴に獅子と牡丹の蒔絵が施されている。その兜は瓜形で小饅《こまん》頭𩊱《じゅうじころ》（1）。袖は篠籠手を伴う七段下がりの仕付袖、目の下頬・伊予佩楯・筒臑当が揃っている。全体を素懸に威し、須賀・草摺の裾板には龍の蒔絵が施されている。この具足は、金具廻の形姿から江戸時代のはじめ頃のものと推定

紺糸威最上胴丸（佐久市蔵）

（右）浅黄糸威二枚胴具足・（左上）色々威丸胴具足・（左下）筒臑当（佐久市蔵）

され、同形のものが愛知県一宮市・山梨県笛吹市でも確認される。両者は、いずれも鳳凰の蒔絵が施され、おそらく何等かの理由で同形のものが複数作られたのであろう。

この具足の中で特筆すべきは筒臑当である。これは、左右中の三枚の鉄板で形成され、立挙まで一続きに作られている。この製作手法は、中世の臑当の特徴の一つであり、鉄板の繋ぎ目にみられる菱形の金具も古様である。これとほぼ同形のものが多太神社（石川県小松市）・源久寺（山口県山口市）にある。ゆえに具足の体裁を整えるときに、何等かの理由で室町時代の筒臑当が混ざったのであろう。ちなみに他の同形の具足には、籠手と同じ篠の臑当が付いている。

また飯山藩主本多家伝来の童具足は、紫・白・紅・萌黄の色糸を複雑に威した本小札の丸胴に和冠形兜《わかんむりなりかぶと》(2)・仕付籠手・燕頬が揃っている。その随所に三葵紋と沢瀉《おもだか》紋の蒔絵が施され、八双金物は墨入の出《で》八双《はっそう》に同じ紋鋲がみられる。

さらに同家に伝来した「紺糸威最上胴丸」は、鍬形の前立を掲げる筋兜・大袖・目の下頬・喉輪・筒籠手・伊予佩楯・筒臑当・甲懸《こうかけ》(3)が揃い、随所に本多家の家紋である丸ニ立葵紋の金物がみられる。

ここに、改めて佐藤忠彦氏の功績に敬意を表する。そして氏の遺志を継いでこられた里子夫人も平成二十五年（二〇一三）三月に亡くなられた。本著の刊行の暁には、氏に直接手渡すつもりでいたが、叶わぬ夢となってしまった。ご夫妻のご冥福を謹んで祈ると共に、佐藤忠彦コレクションが信濃国（長野県）の宝として活用され、長く伝えられることを希《ねが》うものである。

註（1）小饅頭鞠＝小さな饅頭鞠。
（2）和冠形兜＝日本の衣冠束帯に用いる冠を形作る変わり兜。
（3）甲懸＝足の甲を守る小具足。

信濃国の復古調

江戸時代後期、中世以前の歴史・体制・流行を再認識する復古的理想主義の思想が流行した。この風潮を復古調と呼ぶ。その先駆者は、八代将軍吉宗であり、享保の改革を推し進める一方で、自ら御岳神社の「赤糸威大鎧」（国宝）・「円文螺鈿《らでん》鏡鞍」（国宝）・「鍍金長覆輪太刀」（重文）等を江戸城に運ばせて上覧している。(1) こうした古武具に対する実証的興味から、吉宗自身が中世甲冑の復元を試みて作らせたのが久能山東照宮（静岡市駿河区）の「紺糸威大鎧」である。

この遺業を全面的に支持し、継承したのが孫の松平定信である。定信は、宝暦八年（一七五九）に吉宗の次男宗武の七男として生まれ、安永三年（一七七四）に奥州白河藩主松平定邦の養嗣子となった。そして天明の飢饉の最中に藩主となり、自ら率先して倹約に努め、領民に対しては食料の提供を迅速に行った。こうした功績が認められ、御三家（尾張・紀州・水戸）の推挙を受けて、十一代将軍家斉のもとで老中首座となる。その後、田沼時代の要人を排除して、祖父である吉宗が推進した享保の改革を手本に幕政の再建を目指した（寛政の改革）。この理念は、幕末まで幕政の基本として堅く守られた。寛政十二年（一八〇〇）、定信は古美術研究の集大成ともいえる名著『集古十種』を編著した。そして文化九年（一八一二）には隠居して楽翁と号した。

松平定信と信濃の関係は深く、その次男次郎丸（後の幸貫）は、文化十二年（一八一五）に松代藩七代藩主真田幸専《ゆきたか》の養嗣子となり、後に八代藩主となる。また娘の烈（後の清昌院）は、高島藩八代藩主諏訪忠恕《ただみち》の正室となり、その長男忠誠《ただまさ》が九代藩主となる。つまり諏訪忠誠は定信の外孫にあたるのである。[2] そして烈が嫁ぐ際に持参した雛人形は、有識故実に基づくものとして諏訪市の文化財に指定されている。

この真田幸貫、諏訪忠恕・忠誠父子は、定信の遺業を継承し、中世甲冑の復元製作にも取り組んだ。それが、真田宝物館が収蔵する「緋糸威大鎧」、あるいは諏訪市博物館が収蔵する「紺糸威大鎧」「紺糸威胴丸」である。

緋糸威大鎧（真田宝物館蔵）

真田宝物館の「緋糸威大鎧」は、『集古十種』甲冑一「山城国鞍馬寺蔵義経朝臣甲冑図」を手本に、鍍金に牡丹の透彫りを施す金物を散らし、長鍬形と獅子頭《ししがしら》[3]を掲げる星兜・七段下がりの大袖に目の下頬・鯰籠手《なまずごて》[4]・宝幢佩楯《ほうどうはいだて》[5]・筒臑当・貫《つらぬき》[6]等の小具足が揃う。諏訪市博物館の「紺糸威大鎧」は、鍍金に

紺糸威大鎧（諏訪市博物館蔵）

紺糸威胴丸（諏訪市博物館蔵）

梶の葉と実の高彫りを施す金物を散らし、大鍬形《おおくわがた》(7)と龍頭《りゅうず》(8)を掲げる星兜・七段下がりの大袖に総面《そうめん》(9)・鯰籠手・宝幢佩楯・筒臑当等の小具足が揃う。いずれも美術工芸の粋を集めた優品であり、江戸復古調の甲冑を代表する名品である。

また「紺糸威胴丸」は、天保（一八三〇～四四）頃のものと伝えられ、諏訪市の文化財に指定されている。これは、鍬形と家紋の前立を掲げる筋兜・中袖《ちゅうそで》(10)に長髭の目の下頬・鯰籠手・伊予佩楯・篠臑当・貫等の小具足が揃う。この胴丸の特筆すべき点は、板物であるにもかかわらず蝶番がない点である。すべて革板で作られ、その弾力によって開閉する構造である。しかし、こうした構造は管見の限り中世になく、まさに想像の域を脱し得ない江戸復古調の産物といえよう。

そして「紺糸威大鎧」は忠恕所用、「紺糸威胴丸」は忠誠所用とされている。この両者の作意の差は歴然としている。忠恕は、文化十三年（一八一六）に藩主となり、検地あるいは諏訪湖の治水、さらに養蚕業の奨励を行い、産業の発展に一定の成果を挙げ

萌黄白段威大鎧（佐久市蔵）

紫裾濃胴丸（佐久市蔵）

た。しかし、凶作が続く中で江戸藩邸の焼失により藩財政は悪化し、高島藩内で唯一百姓一揆まで引き起こした。こうした失意の中で家督を継いだのが忠誠である。忠誠は、祖父松平定信も認めた有能な人物であり、藩主になって一十年後の万延元年（一八六〇）に若年寄、文久二年（一八六二）に寺社奉行を務め、元治元年（一八六四）には老中にまで上り詰めた。そこで、改めて父子が置かれた状況を考えると、「紺糸威大鎧」と「紺糸威胴丸」の所用者も悩むところである。

そこに、忠恕の義父であり、忠誠の祖父である松平定信の影響が大きいことは言うまでもない。さらに忠恕にとっては義兄弟であり、忠誠にとっては叔父である真田幸貫の影響もあったと考えられる。

また佐久市の佐藤忠彦コレクションにも復古調の甲冑がみられる。その一つである徳川家伝来とされる「萌黄白段威大鎧」は、長鍬形と龍頭を掲げる星兜・七段下がりの大袖に喉輪・鎖籠手・筒臑当・貫等の小具足が揃う。さらに美濃国郡上藩主青山家伝来とされる「紫裾濃胴丸」は、鍬形と龍頭を掲げる星兜・七段下がりの大袖に目の下頬・喉輪・異形の筒籠手・宝幢佩楯・筒臑当・貫等の小具足が揃う。いずれも江戸復古調を代表する優品である。

この時期に活躍した信濃の刀匠として山浦真雄《まさお》が知られている。真雄は、文化元年（一八〇四）に佐久郡赤岩村（東御市滋野甲赤岩）で生まれ、刀匠を志して上田藩工の河村寿隆に学び、後に水心子正秀・大慶直胤と共に「江戸三作」と称えられる名匠になった[11]。その作刀は、いかにも豪壮であり、上田市の大太刀（銘山浦寿昌・弘化四年・一八四七）、飯山市の太刀（銘寿昌）、坂城町の太刀（銘寿昌・弘化二年・一八四五）、長野市の短刀（銘真雄・嘉永三年・一八五〇）が県宝に指定されている。

また真雄の弟山浦環《たまき》も著名な刀匠である。兄真雄と共に河村に学び、江戸に出て幕臣の軍学者（剣術家）である窪田清音《すがね》の門下となり、その一字をもらって清麿《きよまろ》と号した。そして窪田を通じて長州に招かれ、身を萩（山口県萩市）に移して活躍した。後に江戸に戻り、四谷北伊賀町（東京都新宿区）を拠点とする。その作刀は、相州伝を追求した沸本位の躍動的な焼刃を特徴とし、「四谷正宗」と賞賛された[12]。現在、長野市の太刀（銘源清麿・弘化三年・

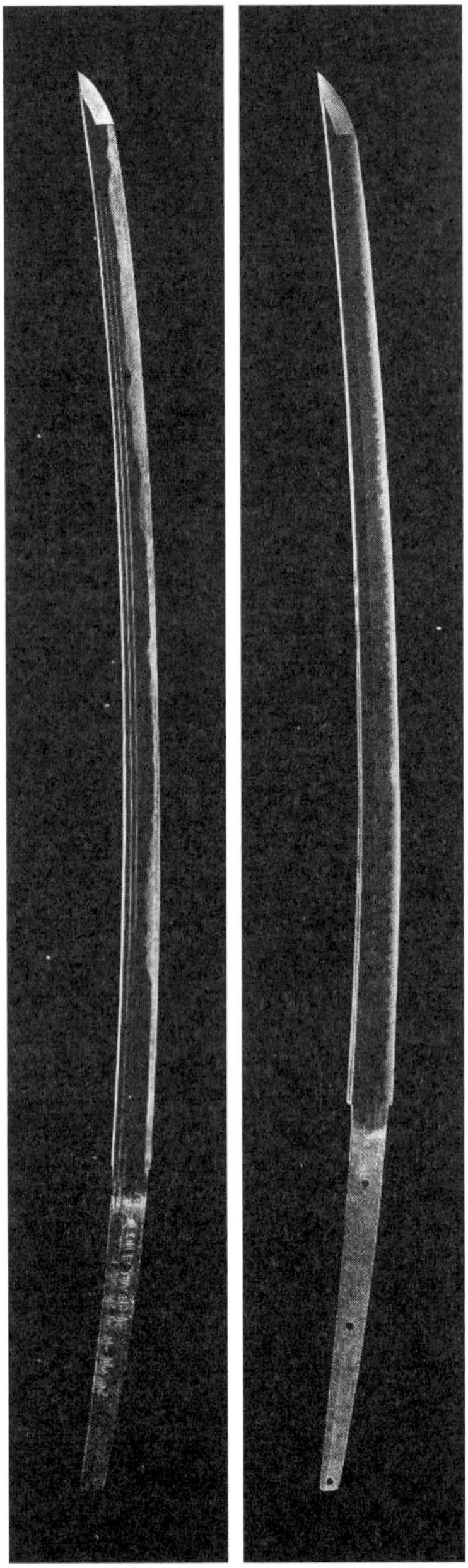

（右）県宝 大太刀
（上田市蔵・上田市教育委員会提供）
（左）県宝 太刀
（長野市蔵・長野市教育委員会提供）

一八四六）・短刀（銘源清麿・弘化四年・一八四七）、坂城町の刀（銘山浦環正行・天保十一年・一八四〇）、上田市の刀（銘源清麿・嘉永二年・一八四九）、佐久市の刀（銘源清麿・嘉永二年・一八四九）が県宝に指定されている。

さらに真雄の子兼虎も刀匠として知られている。父真雄の指導と共に叔父清麿の影響を受けて、松代藩の医師である吉原一庵（直行）の佩刀として鍛えた辰野町の刀（銘兼虎・明治元年・一八六八）が県宝に指定されている。これらは、まさに信濃における江戸復古調の賜物といえる。

幕末を迎えて倒幕の気運が高まると、外様の松代藩真田家・須坂藩堀家は、これにいち早く賛同した。他の譜代各藩は、はじめ態度を保留していたが、やがて官軍に恭順するようになる。そして慶応四年（明治元・一八六八）、越後から侵入した幕府軍に対して、信濃各藩は官軍として参戦し、これを撃破した。信濃の軍勢は、そのまま北越戦争、さらに会津戦争へと突き進むことになる。

ちなみに明治になって廃藩置県の時点では、飯山藩（飯山市）・須坂藩（須坂市）・松代藩（長野市）・上田藩（上田市）・小諸藩（小諸市）・岩村田藩（佐久市）・龍岡藩（奥殿藩・佐久市）・松本藩（松本市）・高島藩（諏訪市）・高遠藩（伊那市）・飯田藩（飯田市）の十一藩であった。(13)

註

（1）青梅市郷土博物館編『武蔵御嶽神社所蔵　国宝　赤糸威鎧』（青梅市教育委員会　一九九七年）
（2）『長野県姓氏歴史人物大辞典』（角川書店　一九九六年）
（3）獅子頭＝獅子の形の頭立。
（4）鯰籠手＝手甲の先が丸くてナマズの頭に似た籠手。
（5）宝幢佩楯＝下部に三間あるいは四間の草摺状の小札板を威し下げた佩楯。
（6）貫《けぐつ》＝毛沓の別称。
（7）大鍬形＝鎌倉時代末期から南北朝時代にみられる幅の広い鍬形。
（8）龍頭＝龍の形の頭立。
（9）総面＝顔の全体を覆う面具。

（10）中袖＝大袖よりやや小さく、上下同寸で内側に湾曲した袖。
（11）清水治『刀匠全集』（美術倶楽部　一九八八年）
（12）特別展図録『清麿生誕二〇〇年記念』（佐野美術館　二〇一三年）
（13）『角川日本地名大辞典』20長野県（角川書店　一九九〇年）

近現代の刀剣をとりまく状況

本著では、信濃にまつわる甲冑・刀剣を通じて、古代から中・近世における戦いを検証してきた。それは、まさに戦いの歴史と言っても過言ではない。

しかし、明治維新における近代化がもたらした外国との戦争は、従前と比較にならない規模の兵力と武器を擁した激しいものとなった。そして日清・日露の戦争を勝ち進む中で幾つもの伝説が生まれ、日本全体が高揚感に包まれていった。さらに日中戦争を経て太平洋戦争（大東亜戦争）へと突入する。その結果、度重なる米軍の空襲によって主な都市は焦土と化し、甲冑・刀剣を含む文化財と共に多くの民間人の尊い人命が失われた。そして沖縄戦を経て、広島・長崎への原爆投下、さらにソ連の参戦を機にポツダム宣言を受諾し、我が国は連合国に無条件降伏したのである。

その占領下で武器と見なされた日本刀は、ＧＨＱ（連合国軍最高司令官総司令部）に没収され、多くが作の優劣にかかわらず海中投棄あるいは鉄工所で溶解して処分された。この中には、阿蘇神社（熊本県阿蘇市）の大宮司である阿蘇家に伝来した「蛍丸」と号する来国俊の刃長三尺三寸（一〇〇・〇センチ）余の大太刀（国宝）もあった。これは、当時の刀剣愛好家にとって心が引き裂かれる出来事であったろう。

こうした中、東京都北区赤羽にあった米軍の第八軍兵器補給廠に集積されていた日本刀の一部が、昭和二十二年（一九四七）に日本政府に返還され、所有者不明のものは東京国立博物館に移して保管された。これらは「赤羽刀《あかばねとう》」と呼ばれ、平成七年（一九九五）の戦後五十年を機に「接収刀剣類の処理に関する法律」が成立し、翌年の施行にあたり所有者が判明したものは返還され、残りは国（文化庁）が管理していた。このうち、各地方にゆかりがあるものは地元の公立博物館に譲与され、長野県下六市町村の博物館にも譲与された。本著では、その中で重要と思われる十口と、これに関連する刀剣について述べることにする。

1　信濃に里帰りした赤羽刀

長野県立歴史館に譲与された赤羽刀は十三口である。このうちの十口に研磨が施され、平成二十四年（二〇一二）の特別展「里帰りした赤羽刀」で公開された。その中で「信州諏訪住藤原信舎」と銘をきる刃長二尺一寸三分（六四・六センチ）、反り六分（一・九センチ）の刀は、信濃における代表的な作刀といえる。地肌は板目が流れ、鎬造の庵棟に棒樋をきる。刃文はやや湾れがかった中直刃の沸出来で、帽子は小丸で返しが短い。茎に目釘穴が二つあり、尻は入山形で鑢目は鷹羽である。その形姿から作刀年代は、安土桃山時代から江戸時代初期と推定される。また「信舎」

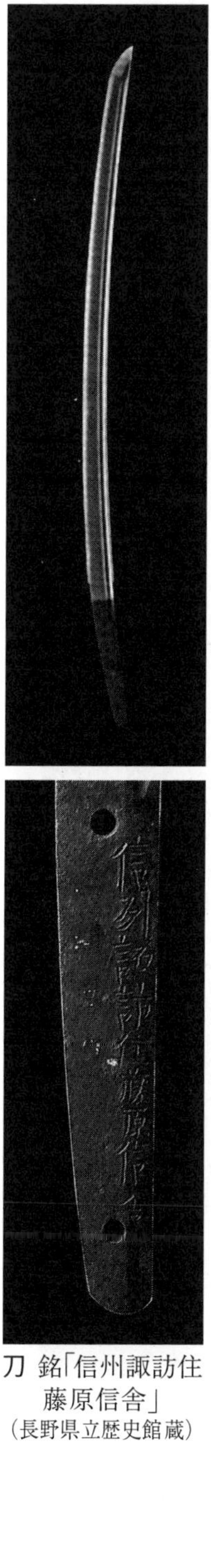

刀　銘「信州諏訪住藤原信舎」
（長野県立歴史館蔵）

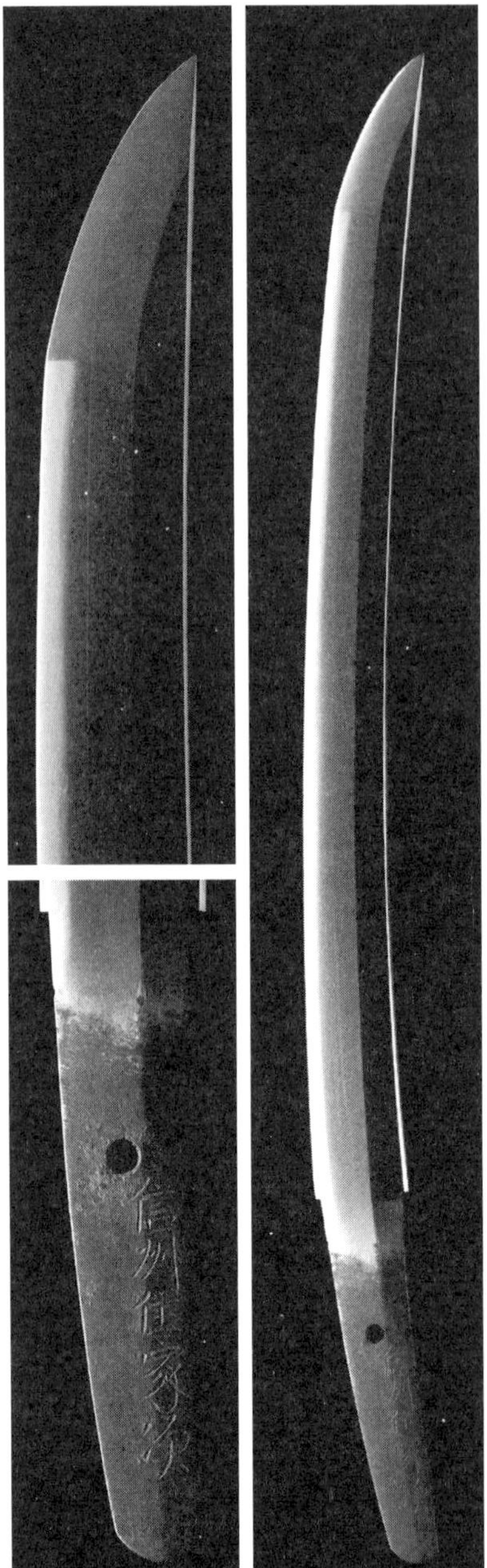

脇指　銘「信州住家次」
（個人蔵）

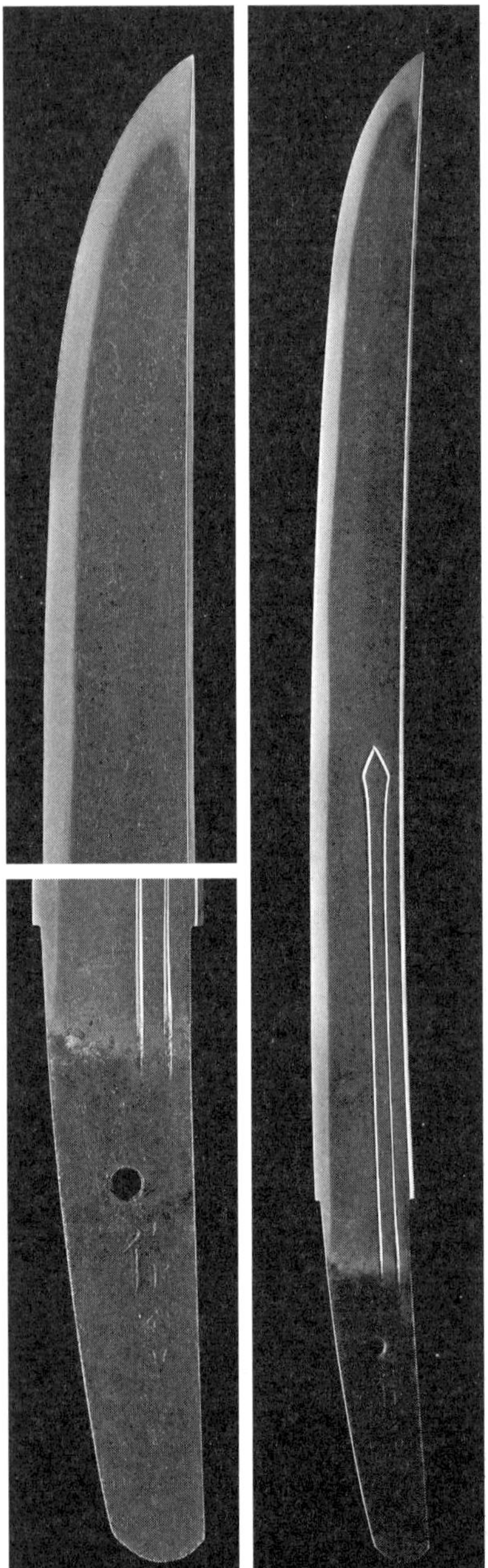

脇指　銘「信舎」
（長野県立歴史館蔵）

と銘をきる刃長一尺二寸二分（三六・九センチ）の脇指は、表に素剣、裏に菖蒲樋の彫物が施され、作刀年代は同時期と推定される。

信舎《のぶいえ》は、もともと美濃伝の刀匠で、「甲州住兼舎」と銘をきる兼舎《かねいえ》と同一人物とされ、信玄に仕えて「信」の一字を賜って信舎と改めたと伝えられる。この改名の理由は、甲冑師の明珍信家と同じであり、大いに興味をそそるところである。その後、諏訪・飯田に移り住み、「常陸守藤原信舎作」「信州住慶長弐拾年二月日」の銘が認められる。(1)しかし、伝承を事実とすると、少なくとも四十五年もの年代差が生じるので、もしかすると慶長の信舎は二世かもしれない。さらに「奥州住藤原信舎」「寛永元年奉寄進諏訪大明神」の銘が認められるので、信濃から奥州に移り住み、かつて活躍した地の諏訪社に寄進したことが読み取れる。(2)

また「（菊）嶋田小十郎助宗」の銘をきる刃長一尺六寸二分（四九・一センチ）の脇指、「（菊）於信州嶋田広助」の銘をきる刃長一尺八寸二分（五五・二センチ）の脇指がある。助宗《すけむね》・広助《ひろすけ》は、共に駿河国島田（静岡県島田市）を拠点に活躍した島田鍛冶と呼ぶ刀匠で、室町時代から江戸時代を通じて同名を襲名している。島田鍛冶は、駿河侵攻後の武田氏と深く関わり、「信玄の右手差」と伝えられる「助宗」の「おそらく造」の短刀が知られている。(3)

さらに「筑前守源宗継」の銘と「慶応四年（明治元・一八六八）二月」の年紀をきる刃長一尺三寸二分（四〇・〇センチ）の脇指がある。宗継《むねとき》は、山浦真雄の門弟として松代を拠点に活躍したと伝えられ、刃文は互の目乱の沸出来である。

そして刃長二尺五寸四分（七七・〇センチ）の優美な形姿の太刀がある。やや磨り上げた感もあるが、小板目肌に直刃を基調に反りが高く、鎌倉時代の備前の作刀と考えられる。これには「正恒」の銘がきられているが、今一つ判然とせず、おそらく後銘ではなかろうか。

次に「信州住兼辰」の銘をきる刃長一尺七寸六分（五三・四センチ）の脇指をみることにしたい。鎬造の庵棟で、地肌は板目に木目が交じる。刃文は互の目に尖り刃が交じり、砂流しがみられる。帽子はやや乱れ込んで尖り気味で先はきかける。茎に目釘穴が一つあり、尻は入山形で鑢目は筋違いとする。その形姿から作刀年代は、室町時代末期から桃山時代と推定される。兼辰《かねとき》も美濃伝の刀匠で、「濃州関住兼辰作」の銘が認められる。(4)

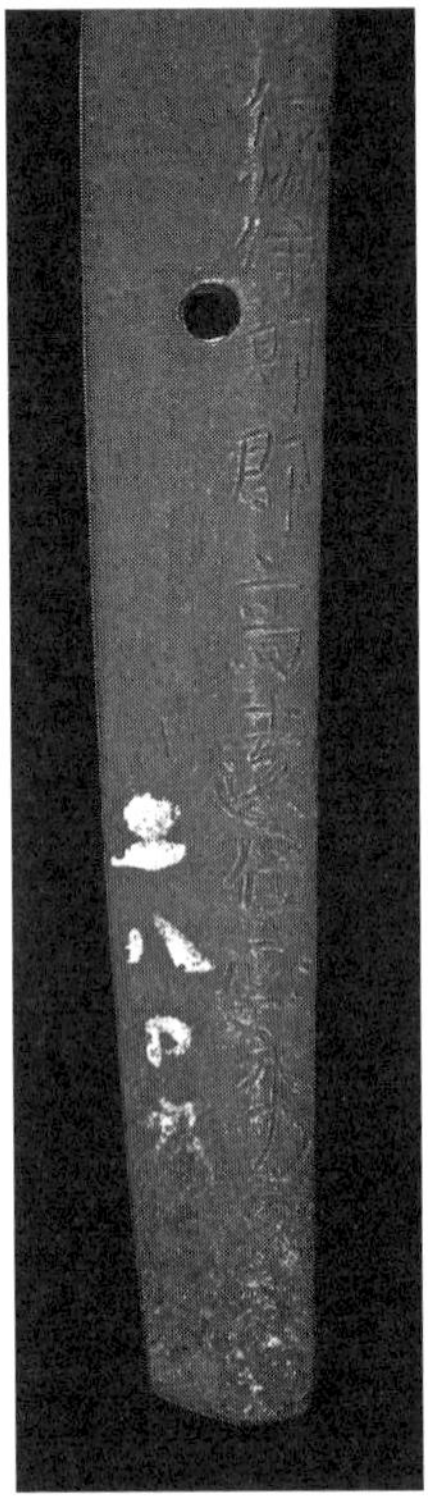

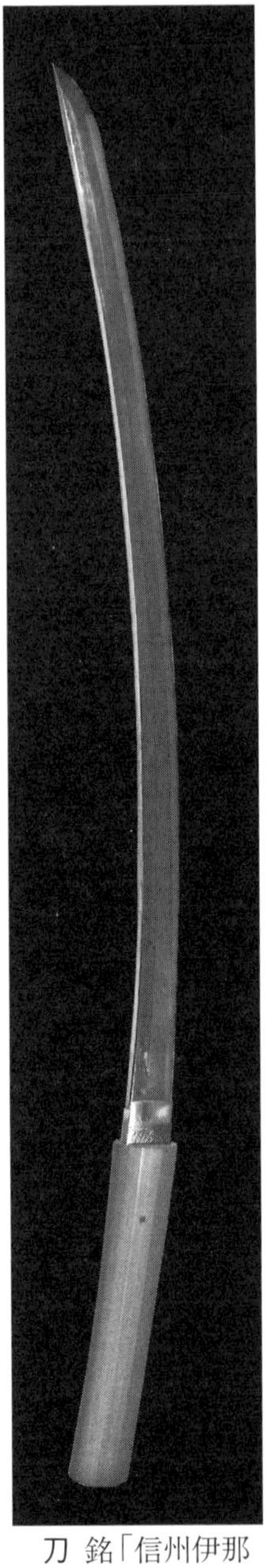

刀 銘「信州伊那郡高遠住正秀」（伊那市立高遠町歴史博物館蔵）

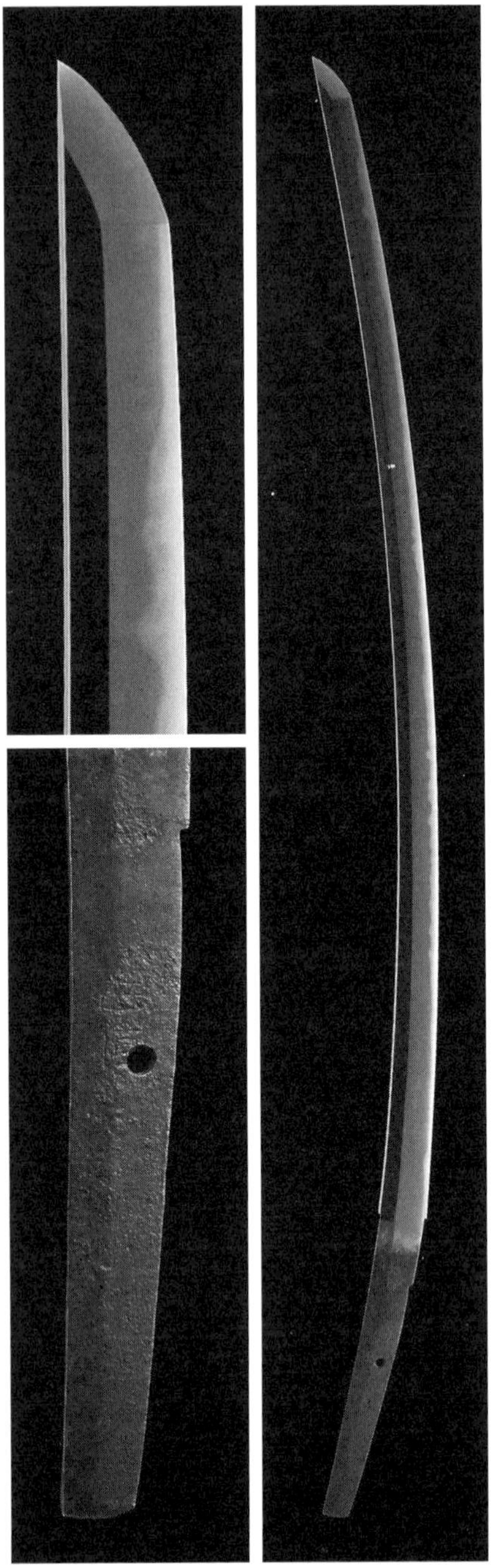

太刀 銘「正恒」（長野県立歴史館蔵）

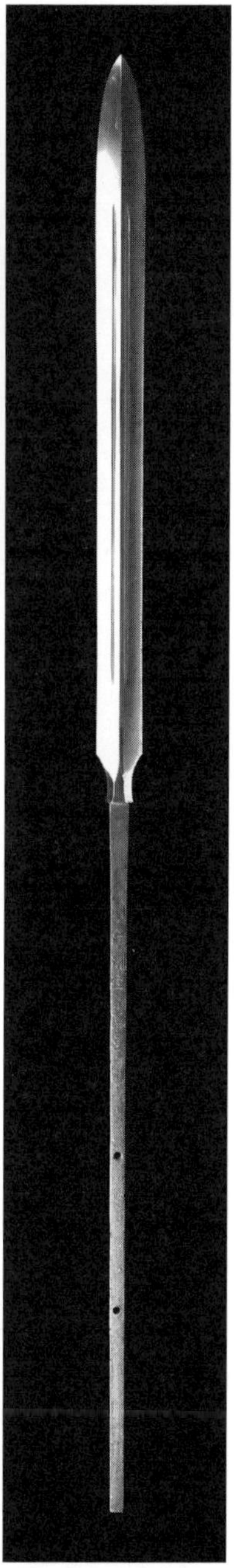

槍　銘「信州住兼重」（個人蔵）

最後に伊那市立高遠町歴史博物館に譲与された「信州伊那郡高遠住正秀」の銘をきる刃長二尺三寸七分（七一・八センチ）、反り一寸六厘（三・二センチ）の刀をみることにしたい。鎬造の庵棟で、地肌は板目、刃文は直刃に湾れがかかり、帽子は小乱が返る。茎に目釘穴が一つあり、栗尻で鑢目は勝手下がりとする。これは、系統不分明であるが、文字どおり高遠の城下で鍛えられたものであり、作刀年代は桃山時代から江戸時代初期と推定される。ゆえに武田氏が統治していた時期と重なる。さらに同館には、同時期と推定される美濃伝の「兼勝」の銘をきる刃長二尺二寸五分（六八・二センチ）の刀と「兼定」の銘をきる刃長一尺三寸二分（四〇・〇センチ）の脇指が譲与された。(5)

そして武田氏が代々崇敬した甲斐国一之宮の浅間神社（山梨県笛吹市）にも、美濃伝の「国次」の銘をきる刃長三尺二寸（九七・〇センチ）の大太刀（県文）がある。これは、室町時代中期の作刀で、信玄が寄進したと伝えられる。(6) ここでも武田氏と美濃伝の刀匠との繋がりが想像される。

さらに「信州之住兼里作」の銘をきる刃長一尺五寸（四五・五センチ）の脇指がある。この兼里《かねさと》も「濃州関住兼里」の銘が認められるので、美濃伝の刀匠と考えられる。室町時代末期から桃山時代に活躍したと伝えられ、一時期は信濃でも作刀していたことが読み取れる。(7)

このように信濃の隣国である美濃の刀匠が頻繁に出入りしていたようであり、ゆえに諏訪大社上社の刀を兼定《かねさだ》が

磨ぎ上げたという伝承も、このあたりから生じたのかもしれない。ちなみに兼定は、美濃伝の最高峰とされる。(8)

なお、そのほかに、安土桃山時代までの信濃で活躍した刀工として、有常・家次・兼重・兼法・重勝・重高・重信・助当・近重が挙げられる。

本文の作成にあたり、長野県立歴史館の林誠氏・真田宝物館の溝辺いずみ氏・伊那市教育委員会の大澤佳寿子氏にご教示いただいた。以上の三氏には、この場にてお礼を申し上げる次第である。

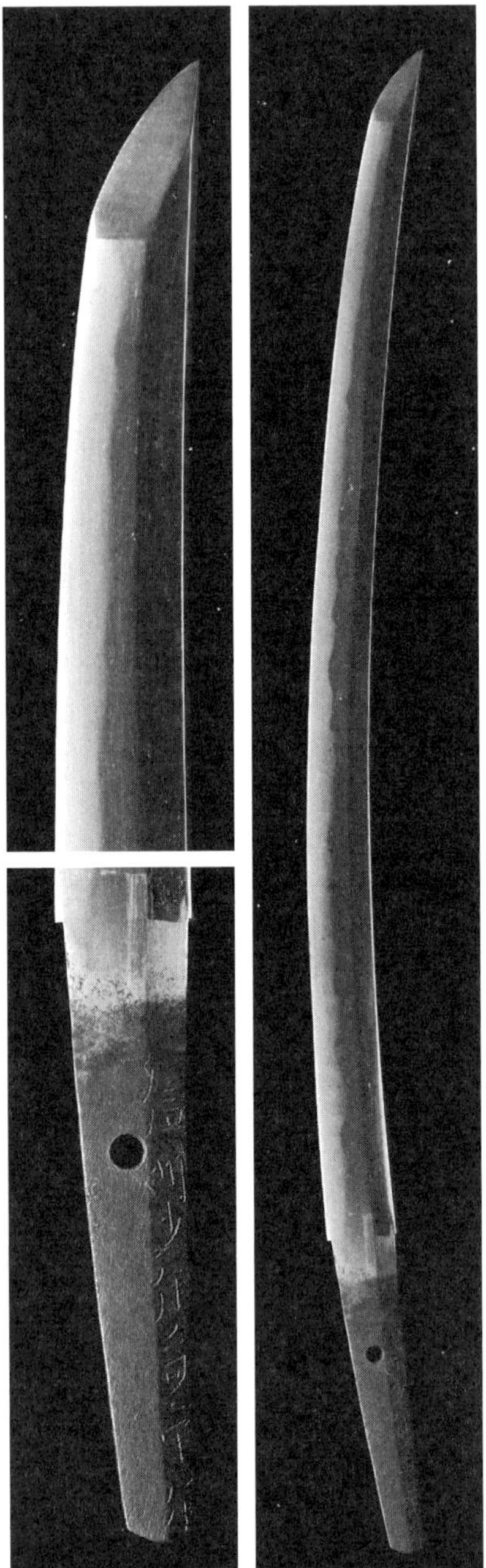

脇指 銘「信州之住兼里作」
(個人蔵)

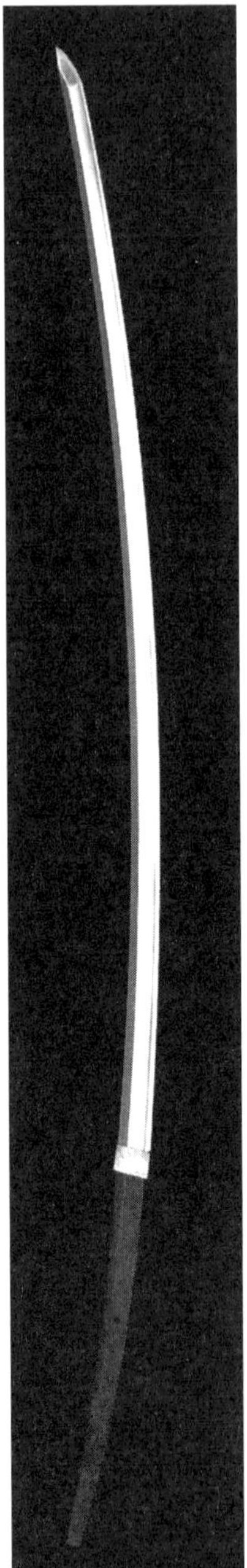

県文 大太刀
(浅間神社蔵)

赤羽刀は、日本の戦後を象徴するものであり、戦争がもたらした悲劇として長く語り継がれることであろう。

信濃に住した刀工とその銘（〜慶長新刀期）

名	読み	時代	作品	銘	寸法	所蔵
信舎	のぶいえ	室町末期〜桃山	脇指	信舎	刃長 三六・九cm 反り 一・四cm	長野県立歴史館（赤羽刀）
（二代目か）信舎	のぶいえ	桃山〜江戸初期	刀	信州諏訪住藤原信舎	刃長 六四・六cm 反り 一・九cm	長野県立歴史館（赤羽刀）
正秀	まさひで	桃山〜江戸初期	刀	信州伊那郡高遠住正秀	刃長 七一・八cm 反り 三・二cm	伊那市立高遠町歴史博物館（赤羽刀）
兼辰	かねとき	室町末期〜桃山	脇指	信州住兼辰	刃長 五三・四cm 反り 一・八cm	不明（赤羽刀）
兼里	かねさと	室町末期〜桃山	脇指	信州之住兼里作	刃長 四五・五cm 反り 一・五cm	個人蔵
兼重	かねしげ	桃山〜江戸初期	螺鈿柄 鉤槍	信州住兼重	刃長 四五・五cm 反り 無し	個人蔵
家次	いえつぐ	桃山〜江戸初期	脇指	信州住家次	刃長 四〇・〇cm 反り 一・〇cm	個人蔵

註

（1）藤代義雄・藤代松雄『日本刀工辞典』（藤代商店　一九八二年）
（2）清水治『刀匠全集』（美術倶楽部　一九八八年）
（3）三浦一郎『武田信玄・勝頼の甲冑と刀剣』（宮帯出版社　二〇一一年）
（4）飯田一雄『図版刀銘総覧』（刀剣春秋　二〇一一年）
（5）「伊那市赤羽刀公開講演会資料」（伊那市教育委員会　二〇〇二年）
（6）『県指定山梨県の文化財』改訂第二集（山梨県教育委員会　一九八一年）
（7）杉浦良幸「珍品診断①」（『刀剣春秋』　二〇一一年）
（8）註（1）と同じ。

あとがき

名古屋から中央道を通って恵那山トンネルを抜けると、そこは信州伊那である。そして左右に連なる山々を見上げながら進む先に諏訪湖がある。さらに長野道を通って塩尻、松本を経て、犀川に沿って安曇野が広がる。また途中の岡谷インターで降りて下諏訪の街中を通り、和田トンネルを抜けると、そこは小県である。そして長久保を右に行けば小諸・佐久、左に行けば上田。その先には善光寺平が広がる。さらに高井・水内を経て越後に至る。この道を何度往復したことだろう。それは、著者が愛してやまない信濃国の風景である。この美しくも雄大な信濃国で繰り広げられた戦いを遺物から語る。これが、本著のコンテンツである。

宮帯出版社社長の宮下玄覇氏から『信濃の甲冑と刀剣』の執筆の依頼があったのは、一昨々年のはじめであり、当初は遺物の紹介程度のガイドブック的なものを想定していた。しかし、調査が進むにつれて、類い稀なる遺物の豊富さに驚かされ、次第に信濃国の通史になると思うようになった。それには、宮下氏はじめ宮帯出版社のスタッフ一同の尽力もあったが、関係各市町村の教育委員会や博物館・資料館の協力が大きかった。

本文で述べたとおり、我が国の戦闘様式は五つの時期に大きく変わった。それは、古墳時代の大陸進出、平安時代の蝦夷征討、鎌倉時代の元寇、室町時代の鉄炮伝来、安土桃山時代の朝鮮出兵の五つである。これらは、閉ざされた島国という立地において、いずれも対外的な原因によるものといえるであろう。この点、蝦夷征討は同じ本州における戦いではあるものの、当時の権力志向あるいは地域性から、これに等しいものであったと思われる。そして最終的には、欧米列強の圧力により開国への道を歩むことになる。

その中で、日本人は一貫して戦いに美を求め続けたのである。すなわち防御兵器の甲冑は、色鮮やかな工芸によって飾られ、また攻撃兵器の刀剣は、地鉄と刃文にひとつの世界を作り上げたのである。この美学は、主君への忠義あるいは誠忠を重んじる武士道にとどまらず、むしろ生きることへの執着を感じさせる。それは、策略と陰謀をめぐらし、権力交代を繰り返しながらも、甲斐甲斐しく生きてきた日本人の高度な精神を象徴している。天文あるいは山岳等の自然信仰に、神仏を習合させることによって、それは支えられていたのであろう。この点、風土とあいまった信濃の甲冑と刀剣は、これを語るに十分である。その残存は偶然というより、いっそ奇跡といえるであろう。そして遺物の研究が、歴史の未解明な部分に光をもたらすものと信じてやまない。

そこには、歴史の教科書にも登場する重大な事件（戦い）にまつわる遺物が山積していた。これをどのように整理するか。問題は鬱積していたが、幸い名城大学非常勤講師の長屋隆幸氏、日本刀研究叢雲会の伊藤忠雄氏、日甲研の竹村雅夫氏・西岡文夫氏、さらに豊田勝彦氏等のご協力もあり、まとめることができた。

その調査にあたって実に多くの遺物を拝見した。中でも真田宝物館（長野市）の真田信綱が長篠・設楽原の戦いで使った大太刀は、目を見張るものであった。甲斐武田氏の甲冑武具を研究する者として、欠かすことのできない名品であることを認識した。また牛伏寺（松本市）の兜は、著者の想像どおりの遺物であり、心にときめくものを感じた。さらに安坂将軍塚（筑北村）から出土した剣・大刀・鉾は、土中品にもかかわらず神々しいまでの輝きを放ち、まさに長野県宝にふさわしい。また畠山家（小海町）に伝わる三寅剣は、稀なる古代の短刀であり、水無神社（木曽町）の太刀、あるいは山ノ内町の大太刀と共に県が誇る名刀である。そして筑摩神社（松本市）の丸胴は、県下で稀なる安土桃山時代の優品であり、その評価をなし得たことは、最も大きな成果といえる。

本著の執筆にあたり多くの方々にお世話になった。中でも柴辻俊六氏には『戦国遺文』武田氏編あるいは『甲陽軍鑑』について多くをご教示いただいた。また長野県下の刀剣を調査された大谷秀志氏には感服し、そのご高著『信濃の名刀探訪』は大いに参考にさせていただいた。さらに武田氏研究会会長の小和田哲男氏には、お会いする度にお声をかけていただき、著者にとって大いなる励みとなった。また関係各教育委員会、並びに博物館・資料館には、資料調査にご協力いただき心より感謝している。

そして、何よりも著者にこのような発表の場を与えてくれた宮帯出版社社長宮下玄覇氏。これら多くの方々に支えられ、本著が刊行できたことに、この上なき喜びを覚えると同時に、歴史あるいは甲冑武具・刀剣に興味をもたれておられる方に一人でも多くご講読いただけることを希うものである。

二〇一六（平成二十八）年二月

三浦一郎

参考文献の主なもの

山上八郎『日本甲冑の新研究』（山上淑子　一九二八年）
佐藤貫一『日本の刀剣』（至文堂　一九七二年）
尾崎元春編『日本の美術―甲冑―』（至文堂　一九六八年）
宮入昭平『刀匠一代』（人物往来社　一九六四年）
一ノ瀬義法『激戦川中島』（信濃教育会出版部　一九六九年）
尾崎元春・佐藤寒山『原色日本の美術　甲冑と刀剣』（小学館　一九七〇年）
佐藤寒山『日本名刀一〇〇選』（秋田書店　一九七一年）
本阿弥光博『日本刀鑑定法』（雄山閣　一九七三年）
得能一男『日本刀辞典』（光芸出版　一九七三年）
中島宇一『清麿大鑑』（刀剣春秋新聞社　一九七四年）
山上八郎『日本甲冑一〇〇選』（秋田書店　一九七四年）
岡崎　譲『日本刀備前伝大観』（福武書店　一九七五年）
浅野誠一『兜のみかた』（雄山閣　一九七六年）
磯貝正義『定本武田信玄』（新人物往来社　一九七七年）
上野晴朗『定本武田勝頼』（新人物往来社　一九七八年）
三輪磐根『諏訪大社』（学生社　一九七八年）
『日本歴史地名大系』20長野県の地名（平凡社　一九七九年）
湯本軍一等編『日本城郭大系』第8巻（新人物往来社　一九八〇年）
米山一政編『真田家文書』（長野市　一九八一年）
大谷秀志『信濃の名刀探訪』（ながの二葉書房　一九八一年）
笹間良彦『図録日本の甲冑武具事典』（柏書房　一九八一年）
藤代義雄・藤代松雄『日本刀工辞典』（藤代商店　一九八二年）
金井典美『諏訪信仰史』（名著出版　一九八二年）
金子常規『兵器と戦術の日本史』（原書房　一九八二年）
小林計一郎『武田・上杉軍記』（新人物往来社　一九八三年）
上野晴朗『武田信玄　城と兵法』（新人物往来社　一九八六年）
一ノ瀬義法『武田信玄終焉地考』（教育書籍　一九八七年）
高柳正治編『武田信玄終焉地説』（秀文社　一九八七年）
三浦一郎『武田信玄―その武具と武装―』（私家本　一九八七年）
清水　治『刀匠全集』（美術倶楽部　一九八八年）
所　荘吉『火縄銃』（雄山閣　一九八九年）
『角川日本地名大辞典』20長野県（角川書店　一九九〇年）
安田元久編『鎌倉・室町人名事典』（新人物往来社　一九九〇年）
山岸素夫・宮崎眞澄『日本甲冑の基礎知識』（雄山閣　一九九〇年）
岡澤由往『むかし戦場になった村』（銀河書房　一九九一年）
『長野県史』美術建築資料編（長野県史刊行会　一九九二年）
横田孝雄『戦国武将と名刀』（体育とスポーツ出版社　一九九四年）
山岸素夫『日本甲冑の実証的研究』（つくばね舎　一九九四年）
上横手雅敬『鎌倉時代―その光と影』（吉川弘文館　一九九四年）
『長野県姓氏歴史人物大辞典』（角川書店　一九九六年）
鈴木敬三編『有識故実大辞典』（吉川弘文館　一九九六年）
近藤好和『弓矢と刀剣―中世合戦の実像―』（吉川弘文館　一九九七年）
古川貞雄等『長野県の歴史』（山川出版社　一九九七年）
宇田川武久『日本の美術―鉄砲と石火矢―』（至文堂　一九九八年）
高橋昌明『武士の成立　武士像の創出』（東京大学出版会　一九九九年）

笹間良彦『新甲冑師銘鑑』（里文出版　二〇〇〇年）
小林計一郎『善光寺史研究』（信濃毎日新聞社　二〇〇〇年）
柴辻俊六編『武田信玄大事典』（新人物往来社　二〇〇〇年）
小和田哲男『三方ヶ原の戦い』（学習研究社　二〇〇〇年）
藤本正行『鎧をまとう人びと』（吉川弘文館　二〇〇〇年）
鈴木眞哉『刀と首取り』（平凡社　二〇〇〇年）
半藤一利『徹底分析川中島合戦』（PHP研究所　二〇〇〇年）
磯貝正義『甲斐源氏と武田信玄』（岩田書院　二〇〇二年）
真田宝物館図録『備え―真田家の甲冑・武具』（真田宝物館　二〇〇二年）
牧　秀彦『名刀伝』（新紀元社　二〇〇二年）
柴辻俊六『武田勝頼』（新人物往来社　二〇〇三年）
三池純正『真説・川中島合戦』（洋泉社　二〇〇三年）
笹間良彦『図説日本合戦武具事典』（柏書房　二〇〇四年）
笹本正治『武田信玄』（ミネルヴァ書房　二〇〇五年）
宇田川武久『真説　鉄砲伝来』（平凡社　二〇〇六年）
柴辻俊六・平山優編『武田勝頼のすべて』（新人物往来社　二〇〇七年）
藤本巌監修『大名家の甲冑』（学習研究社　二〇〇七年）
宇田川武久編『鉄砲伝来の日本史』（吉川弘文館　二〇〇七年）
鴨川達夫『武田信玄と勝頼―文書にみる戦国大名の実像』（岩波新書　二〇〇七年）
三浦一郎『甦る武田軍団―その武具と軍装―』（宮帯出版社　二〇〇七年）
長野市民新聞編『川中島の戦いと北信濃』（信濃毎日新聞社　二〇〇九年）
中田正光『戦国武田の城』（洋泉社　二〇一〇年）
三浦一郎・永都康之『日本甲冑図鑑』（新紀元社　二〇一〇年）
竹村雅夫『上杉謙信・景勝と家中の武装』（宮帯出版社　二〇一〇年）
笹本正治『武田・上杉・真田氏の合戦』（宮帯出版社　二〇一一年）
飯田一雄『図版刀銘総覧』（宮帯出版社　二〇一一年）
柴辻俊六編『戦国大名武田氏の役と家臣』（岩田書院　二〇一一年）
平山　優『天正壬午の乱』（学研パブリッシング　二〇一一年）
三浦一郎『武田信玄・勝頼の甲冑と刀剣』（宮帯出版社　二〇一一年）
佐藤博信編『関東足利氏と東国社会』中世東国論5（岩田書院　二〇一二年）
宮下玄覇『信濃武士～鎌倉幕府を創った人々～』（宮帯出版社　二〇一二年）
刀剣春秋編集部『赤羽刀～戦争で忘れ去られた五千余の刀たち～』（宮帯出版社　二〇一二年）
飯田意天『織田信長・豊臣秀吉の刀剣と甲冑』（宮帯出版社　二〇一三年）
平山　優『長篠合戦と武田勝頼』（吉川弘文館　二〇一四年）
平山　優『検証　長篠合戦』（吉川弘文館　二〇一四年）

〔著者紹介〕

三浦 一郎（みうら いちろう）

1958年 名古屋市に生まれる
1977年 愛知県立名古屋養護学校高等科卒業
1987年『武田信玄―その武具と武装―』(私家版)刊行
1988年 特別展「武田信玄と岩村城」(岐阜県岩村町歴史資料館)監修
1990年 特別展「甲冑展―蟹江城の時代―」
(愛知県蟹江町立歴史民俗資料館)監修
1992年 特別展「中近世の甲冑」(岐阜県県岩村町歴史資料館)監修
1995年「尾州甲友会」設立
1997年 特別展「日本の甲冑―岩崎城の時代―」
『胴丸から当世具足への変遷』(岩崎城歴史記念館)総合解説
2001年「KATCHU.COM」(営利)・「KATCHU.JP」(非営利)公開
2004年(社)日本甲冑武具研究保存会評議員
2011年『武田信玄・勝頼の甲冑と刀剣』(宮帯出版社)刊行

信濃の甲冑と刀剣

2016年4月12日(信玄公命日) 第1刷発行

著　者 三浦 一郎
発行者 宮下 玄覇
発行所 株式会社宮帯出版社
京都本社 〒602-8488
京都市上京区寺之内通下ル真倉町739-1
営業(075)441-7747　編集(075)441-7722
東京支社 〒102-0085
東京都千代田区六番町9-2
電話(03)3265-5999
http://www.miyaobi.com/publishing/
振替口座 00960-7-279886

印刷所 モリモト印刷株式会社

 ISBN978-4-86366-927-7 C3021

学校を取り戻せ！――シカゴ、足立、貧困と教育改革の中の子どもたち◆目次

学校統廃合に対していかに闘うか

Sarah Chambers さんのメッセージ

Unite with parents, teachers, students and community members on a common goal

保護者、教師、生徒、地域住民と、共通の目標を持って団結すること

Make petitions

陳情書を作成すること

Convince local politicians in city council to support your demands

自分たちの要求を支援するよう、市議会議員を説得すること

Create a floor plan, showing how each classroom is used and the number of students in each class

それぞれの教室がどのように使われていて、何人の生徒がいるのかを示す教室配置図を作成すること

Pass out flyers to parents, talking about how to fight against the closure

どのように学校閉鎖に対抗するかを述べたチラシを保護者に配ること

Advertise your fight on social media like Facebook and Twitter

Facebook や Twitter などのソーシャルメディアを使って、自分たちの闘いを広く宣伝すること

Organize big rallies with parents

大きな集会を保護者と一緒に組織すること

Speak at board of education meetings against the closure

教育委員会の会議で学校閉鎖に反対の意見を述べること

March in front of the ministry of education or the politicians like the governor

文科省の前や、知事など政治家の目に止まるところでデモをすること

Occupy the school and refuse to leave

学校を占拠して、撤退を拒否すること

Have a hunger strike and refuse to eat until they give in to your demands

ハンガーストライキをして、要求が受け入れられるまで食事をしないこと

まえがき

山本由美

「誰の学校？」「私たちの学校だ！」——シカゴから来たサラ・チェンバースの力強い呼びかけは、日本の教師、親、市民を励まし感動を与えた。とまらない統廃合、子どもや教師をしめつける学力テスト、そして貧困に苦しむ足立と大阪で、彼女は訴えかけた。

サラさんはシカゴ教員組合の中のグループ、「コア」(Caucus of the Rank-and-File Educators) の若い共同代表の一人、サウシド小学校の特別支援学級の担任だ。

シカゴ市は、オバマ政権の教育庁長官アーン・ダンカンが教育委員会の「ＣＥＯ」を務めた新自由主義教育改革最先端の都市だ。その中から、教師と親、市民の共同という「改革」の対抗軸が生まれた。

なぜ、それが可能だったのか、知りたくて、共有したくて、二〇一五年二月、東京都足立区の教育シンポジウム「止めよう統廃合！　学力テスト！」と大阪の「第六回、学校統廃合と小中一貫を考える全国交流集会」にサラさんを招くことになった。

シカゴ市内で、八〇％の親が学力テストを拒否している学校は二校あるが、サウシド小はそのうちの一校である。今回、彼女に講演をお願いしたのは、教師と親のすばらしい連帯に加え、それが貧困なヒスパニックの地域の学校だったからである。ちなみに、もう一校は、比較的裕福な地域にある、子どもの個性を大切にする特色校だった。シカゴには、他にも招きたくなるような魅力的な若い教師たちが大勢いる。

コアは、二〇一〇年にスタートした新自由主義改革を構造的に批判するグループだ。反統廃合、反チャータースクールを方針に、親や市民と共同して勢力を拡大した。二〇一二年のシカゴ市教育委員会による五〇校統廃合計画への反対運動を、大規模な市民運動にまで発展させ、七日間の全市ぐるみのストライキを実現させた。対象校の多くが貧困な黒人居住区の学校だったので、一九六〇年代の公民権運動以来の伝統を持つ人種差別反対運動の様相も帯びていた。また、共同の中で、保護者らによる一斉学力テスト反対運動との連携を深めていった。

本著は、足立集会でのサラさんの講演に加え、主宰団体である「子どもの権利・再建」(子どもの権利のための国連ＮＧＯ日本支部を再建する委員会)、および東京都教職員組合足立支部のメンバーによって行われた報告内容を、加筆の上掲載したものである。

第Ⅱ部では、足立区の教育改革の実態、足立区の統廃合、学力テストと子どもの権利、そして、足立で起きたいじめ自殺の調査委員会の経験を通して、と、研究者と教師がさまざまな視点から、日本で最先端の「教育改革」を分析している。

さらに第Ⅲ部には、大阪の集会での日本の教師たちとの交流の中で、サラさんが感動した報告である、大阪府池田市の小中一貫校・統廃合を阻止した取り組みなどを掲載した。その若い女性教師の報告に、サラさんは「私たちと同じだ」とつぶやいていた。

アメリカや日本だけでなく世界中で、新自由主義教育改革に反対し、「民営化」を阻止し、子どもたちのために平等な公教育を守ろうとする運動が始まっている。その新しい共同を作り出すために、本書が役立てば幸いである。

I　サラ・チェンバース先生講演

勝利を収めた、シカゴ教職員組合による草の根運動

サラ・チェンバース（シカゴ教員組合）

写真1

●新自由主義教育改革に翻弄される子どもたち

新自由主義教育改革はどのように教育を破壊するのか、そしてそれを草の根の運動によってどうやって阻止するかについて話したいと思います。まず、アメリカの三つの都市の三人の子どもたちの話から始めましょう。アンジェラは、（小学校）二年生、七歳の少女です（写真1）。シカゴの南部に住んでいます。彼女は一年間に一九回の標準テストを受けなければなりません。そして、その標準テストの悪い「結果」が学校を閉鎖する理由に使われました。彼女のコミュニティの公立学校が閉鎖されてしまったので、彼女は五キロメートル歩いて今の学校に通っています。

このように、市長が任命した教育委員会が二〇一三年に五〇校を閉校にしてしまいました。その五〇校の九割は黒人居住区にある学校でした。

ジェロームという少年は、デトロイトに住んでいます。彼のクラスは六〇人で、教室が汚くて、黒カビやキノコが生えていて、鼠の糞も落ちている教室で勉強しています（写真2）。デトロイトは今、教育長はおらず、「危

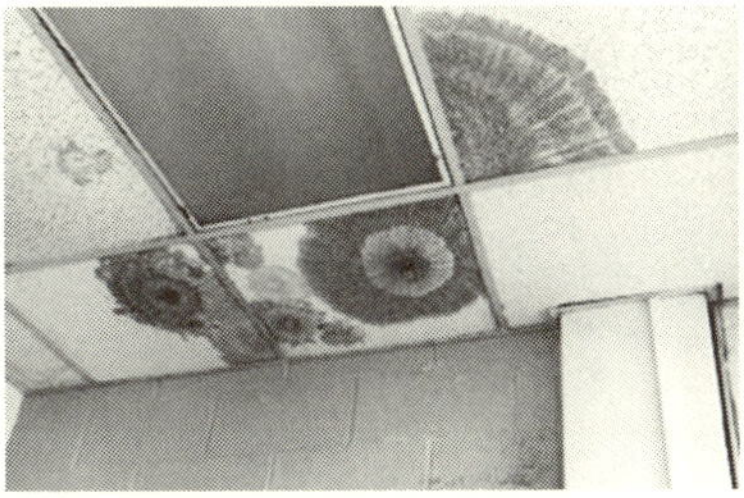

写真２

機管理官」という人が州政府によって任命されています。

彼は、教育行政の経験も教師の経験もないビジネスマンでした。知事に任命され、教育費の削減・カットが任務です。デトロイトではチャータースクールの方が公立学校よりも多くなっています。チャーターというのは税金で運営される、営利企業などがやっている学校です。公設民営学校とも言われます。

エマはニューオーリンズの少女です。彼女はチャータースクールに通っています。抽選で入りました。ニューオーリンズでは今、公立学校が全くありません。全部チャーターになりました。チャータースクールは州の教育法規に厳密に従わなくてもよいことになっています。エマの学校も教会の建物の中にあります。

●チャータースクール（公設民営学校）の増加

この図１は、近年、いかに急速にアメリカでチャータースクールが増加してきたかを示しています。チャータースクールの先生たちは教員組合に入っていないことが多く、教員免許も要求されません。チャータースクール化が進むと、結局ニューオーリンズのように、すべての公立学校がなくなってチャーターになるかもしれない、つまり、「反撃しないとどうなるか」をニューオーリンズの例が示している、ということです。

どうして、こんなに短期間で民営化が進んでしまったのでしょうか。民営化の正当化に学力テストの成績が使われてきたからです。テストの結果、デトロイト

ては教育委員会ではなく「危機管理官」が教育行政を担うようになったのです。シカゴでは、一九九五年にイリノイ州議会で、シカゴの教育行政を中央集権化するという法律を作りました。それまで公選制だった教育委員を任命制にして、教育長はCEOということになり、ビジネスマンがそのポストを担っています。

●運動の主体となったシカゴ教員組合

民営化が進む中、当時のシカゴ教員組合は闘う組合ではありませんでした。上意下達の組織でした。そんな中で、若い教員たちが学習会を始め、「コア」（CORE：The Caucus of Rank-and-File Educators）という一般組合員の集団を八人で始めました（写真3）。そして、「正義のために闘う集団」を組合の中に作りました。少人数で始まった集団でしたが、学習会を重ねてだんだん大きくなってきました。

シカゴのコアの特徴は、教員だけでなく親や地域の住民が準会員として参加していることです。コアは組合の組織なので、親や地域住民には投票権はありませんが、準会員の立場で参加しているのです。

コアがどんどん力をつけていき、親や地域住民と一緒に活動をすることによって、七校の学校閉鎖（学校統廃合）を阻止することができました。二〇〇九年にコアのメンバーはシカゴ教員組合の主導権を取るための組合の選挙に打って出ることにしました。

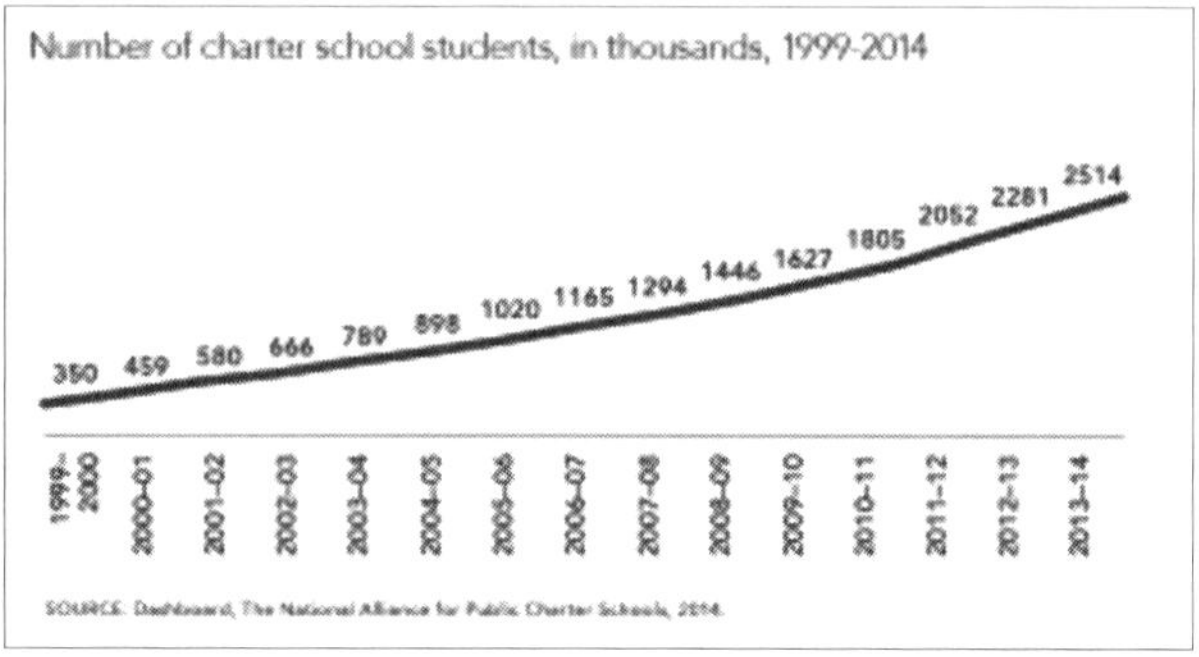

図１

一五〇人のメンバーが各学校に行って、駐車場で［出退勤時の］先生たちに選挙について話しかけるといった運動をしました。いわゆるトップダウンではなくてボトムアップの運動を地道に重ねて、二〇一〇年の六月の組合の選挙で現職の役員に勝って、コアは組合の主導権を握ることができました（写真4）。

写真３

写真４

　組合の主導権を握ってから、まずは多くの報酬を得ていた組合役員の報酬を大幅に削減して、普通の教員と同じレベルの給料だけを得るようにしました。節約したお金で七人の地域組織のチーム（地域オルガナイザー）、つまり、組織拡大を専門に行う人たちを雇うことができました。

　それから、メディア・チーム、広報班も作って、記者会見を開いたりツイッターだとかソーシャルメディアを使って発信したりということを始めました。そして、バーゲニング・チームという団体交渉チームもつくりました。これは四〇人の組合員で作ったもので、各学校に行ってそれぞれの先生の要求を聞き、組合がどういうことをやってきたのか丁寧に話していく、そして、その中で先生たちだけではなく、学校の養護教員や他の職員ともどんどんつながっていく、そういうことを組織的に進めていきました。

写真５

また、コントラクト・アクション・チーム（本書二六ページ資料2参照）というものが活躍しています。コントラクト・アクション・チームは五〜一〇人の教師たちと親たちを含む多様なメンバーで構成されています。ミーティングをやっていろいろな職員とつながり、新自由主義改革についても論文や本を学習して、親や市民が団結できるような運動をどんどんやってきました。

ここで強調したいのは、やはり組合というのは「テイク・リスク」、危険を冒す、賭けに出る、思い切ってリスクを取らないとダメだということです。

それまで、シカゴ教員組合は二五年間ストライキをやったことがなかったのですが、二〇一二年、ストをやり遂げました。これは、「闘わないとどんどんやられるばかりだ」ということと「自分たちの団結を市長はつぶせると思ったけれどもそうはいかなかった」ということを明白にしています。自分たちは団結してやることができた、それも、やはりコントラクト・アクション・チームの地道な活動があったからです。

●二五年ぶりのストライキ

この写真（写真5、6）で見るように、これはストライキの日ですが、みんなが赤い服を着て、教員だけではなくて市民も集まり、約二万五千人がシカゴのダウンタウンの通りを占拠するくらいに埋めました。警官が、「もう動けない」という状況を作り出しました。

シカゴのエマニュエル市長は、オバマ大統領の補佐官からシカゴの市長となった人です。オバマ大統領はシカゴが地元なのです。

この闘いの後も学校閉鎖（学校統廃合）は続いていて、二〇一二年にはこのエマニュエル市長が任命した委員会が一〇〇の学校を廃校にするという計画を出してきました。その学校閉鎖の提案に対して、教育委員会は一校につき三回の公聴会を開かなければならないことになっています。一〇〇校の閉鎖ですから、三〇〇回の公聴会です。そこに教員、保護者と子どもたちで、満員になるくらいに押しかけて行きました。

写真6

例えば、公聴会で生徒は市長の通知表をつくって、いろいろな評価項目で全部「F」、つまり、ダメ、落第、という評価を出したりしました。教育委員会との公聴会に、こうやって教員も生徒も親も参加したのです（写真7～9）。

他にもいろいろな闘いをしています。学校の門のところでチラシを配るとか、公聴会の他に教育委員会の会議にもどんどん詰めかけ、大集会を開きました。そして

写真７

写真８

写真９

一〇〇人という単位で人々が逮捕されたこともありました。教育委員会が閉校について投票をする前には、三日間続く大きなデモ行進もしました。ひとつの家族が学校を占拠して座り込むということも起きました。親や教員で市長室に押しかけたりもして、私も市長室に行って逮捕されました。

●教育委員会や市長より、先生を信頼する

残念なことにこのような反対運動にもかかわらず、教育委員会は五〇校の閉鎖を決めてしまいました。しかし、教育委員会と市長はいわゆる「政治的な代償」を払わなければなりませんでした。次の市長選挙では、新自由主義教育改革に反対する保護者が立候補しました。それに対して、現職のエマニュエルは選挙運動に

三〇億円も使ったのに、一回目の投票で過半数を得ることができず、決選投票でやっと勝ちました。勝ちはしたけれど、オバマが応援している現職市長がそんな闘いをしたというのは非常に恥ずかしいことでした。

この闘いを通して、教育政策については、親たちや地域の人々は教育委員会や市長が言っていることよりも先生たちの言うことを信頼するという関係が確立されました。特に、ヒスパニックや黒人のコミュニティは「構造的人種主義」、つまり、閉校される学校の大部分が有色人種の学校であるという、そういう差別に対して、非常に怒りを持っています。そして、それは全国ニュースで知れ渡っている状況にあります。

このストの後、二〇一五年に、ディエット高校という高校の閉鎖を避けることができました。この高校は黒人居住地区の高校でした。入学者の募集停止をしてだんだんに閉鎖していくという計画が決まっていたのですが、運動によって阻止することができました。

写真10

このディエット高校を守る運動の中で、一二人の親が三一日間のハンガーストライキをしました（写真10）。自分たちの要求が通るまで、高校を閉鎖しないということを市が決定するまで、自分たちは食べないということを貫いて、気を失って病院に運ばれた、ということまで起きました。

その結果、ディエット高校は、親たちの希

望する、グリーンテクノロジー、つまり、再生可能なエネルギーとか再生可能な社会のためのテクノロジーを学ぶ、そして、芸術を学ぶという、そういう新しい高校になって存続することが決まりました。

●学校施設の共有化（統廃合）への反対運動

学校統合の一つの方法に、同じ敷地・施設に複数の学校を入れるというものがあります。私が働いているサウシド小学校は、すでにもう一つの小学校（スペイン語のバイリンガル教育を特色とするテルポッカリ小学校）と校舎を共有しているのですが、そこに、さらに高校を持ってくるという案が最近、教育委員会から出されました。

それに対して、それぞれの学校の教員や親たちが反対をしました。三校の関係者たちは、それぞれの学校が独自の学校として発展する可能性をきちんと作っておくことが重要であると考えました。そこで、学校の教室配置図を作り、今どんな教室があって、それがどんな風に使われていて、そこで何人子どもが勉強しているかをまとめました。そして、高校を持ってくる余裕などは全くないことを明らかにしました。

この学校施設の共有化（統廃合）に対しての公聴会に、親たち、教師たち、生徒たちが出席しました。そこで教員たちはみんな壇上の教育委員会の委員たちに背を向けて座り、委員たちを尊敬していないということを示しました。関係者は共有化へ反対し、コミュニティプランを支持して、自分たちのコミュニティから生まれた学校を支持する、と示しました。

その反対運動をさらに盛り上げようと、公聴会が終わろうとしていた時に、参加者が壇上に駆け上って歌を歌い始め、警備員に「もう帰れ」と言われても帰ることを拒否して居座りました。電気が消されて、結局、警察がやってきて追い出されたのですが、共有化を決めるための投票を実施することを要求しました。

●コミュニティが主体となった学校づくり

学校敷地共有化についての反対運動の一部、共有化について歌った映像を紹介します。集まった人々の怒りの声を聴く校長の姿が映っています。

「（公聴会に）並んでいる教育委員のうちの一人でも首にしたら学校を救える」
「あなたたちは市長の操り人形なんじゃないか」
「市長や教育委員会が私たちの子どもたちや親、そして教師たちをいじめている、攻撃しているから、私たちは反撃している」
「私たちの要求を聞き入れなかったら、もっとこんなことをやるぞ」

結局、コミュニティが自分たちの学校の決定をするプロセスを始めることに、教育委員会は合意しました。この闘いに勝つことができたのは、私たちが親や地域の人たちと団結して闘うことができたからです。教育委員会の公聴会に行って意見を述べても、彼らは実際には聞く耳を持っていません。彼らは、何をしたいのかをもう決めているので、ただおとなしく参加するだけではだめで、圧力をかけなければなりません。私たちはそのための作戦を練り、戦闘的なことをやることによってあちらが耳を傾ける状況を作っています。

●「〝テストデータ怪獣〟に餌をやらない」

もうひとつの長期的な展望としては、「〝テストデータ怪獣〟に餌をやらない」ということがあります。アメリカでは、標準テストをして、そのデータが基準に達していないということが、学校閉鎖（学校統廃合）

の理由に使われています。

実際、シカゴでは、三年生から八年生［日本では中学二年生］が毎年一九種類ものさまざまな標準テストを受けています。それだけテストを受けるということは、それだけ教師が授業をする時間が奪われているということです。そこで、学校閉鎖の言い訳に使われるそもそものテストをやらない、データを提供しない、ということを長期的な展望として掲げました。

今、学力テストに対する抵抗の運動が全米的に広がっています。親たちは子どもたちがこんなにたくさんテストをやらされていることを知り、「うちの子にはテストを受けさせません」という運動を始めています。そして、高校生たちも、自分の判断でテストを受けないということを選択するようになっています。

そこで、コアが「テスト委員会」を設けて、テストのボイコット運動を成功させるために具体的に何をするかということを決めました。テスト当日の六週間前にはこういうことをやる、そして四週間前にはこれをやる、などが全部書いてあります［本書二六ページ資料2参照］。

●テスト拒否の署名回収

教師の勤務時間は九時から一六時で、その勤務時間の間はチラシとかそういうものを配ってはいけないことになっています。アメリカでは安全対策のために、朝登校時に、子どもが教室に一人で行ってはいけないことになっていて、始業前は校庭で待っています。雨の日は一〇〇〇人くらい入る大きなホールに集まっていて、そこに先生が生徒を迎えに行きます。

いつもより少し早い時間に子どもたちを迎えに行って教室に入る、その時に子どもたちにチラシを配ることができます。また、先生が子どもを帰す時間に、少し引き留めると、それも勤務時間外なので子どもたちに配れます。校長が気付く頃にはチラシをあらかた配り終えていて、翌日から次々と、親たちが「うちの子どもはテスト受けさせません」という署名をした申請書が毎日何百通と返ってきました。

親たちにはテストカレンダーを渡します。一年間にどんなテストやっているのかということを示します。それから、テストの点数がいかにいい加減か、いろいろなテストをやってその点数がかなり違うので教員の授業の役に立たない、そういうことも話します。子どもたちがテスト中に泣いてしまったり、ストレスでまつ毛を抜いたりとか、実際にテストを受けている子どもたちがどうなっているのかも、教員が親たちに話します。そういうことをして、親たちに「オプト・アウト（OPT OUT ＝テストを拒否する）」、つまり自分の子には標準テストを受けさせません、という公的な書類にサインして返してもらうのです。

生徒会にも働きかけました。生徒会は三年生から八年生までの代表が各学年一人ずつ集まっていて、いろいろなことを決めます。彼らにこの問題を提起して議論をしてもらい、「どの生徒もこんなテストを受けるべきではない」という決議をこの生徒会が挙げました。

●テスト・ボイコットへの圧力

別の学校では七〇％以上の親が拒否をしましたが、そこの学校にはこのことを知らない親たちもいます。忙しくて保護者向けのミーティングにも来られないような親もいるので、組合を通じて組織的に他の学校の親たちにも関わっていくために、テストのボイコットを組織的に組合で決めるための活動も始めました。組合としてボイコットを実施するには、組合員の投票で賛成がある程度集まらなければならないので、その準備もしました。教員はなぜこのボイコットをやるのか、それで何が起こりうるか、話し合いました。

例えば、市長は「教育委員会を首にするぞ」とか、「そんなことをすると州の補助金がもらえなくなるぞ」

サラ先生

とか、現場の教員へそういう脅しをかけてきましたが、組合ではその対応も相談しました。

そして、反動《バックラッシュ》としては、例えばイリノイ州の知事が、「テストを子どもに受けさせなかったら教員免許を取り上げるぞ」と脅しました。学校によっては、先生たちが活動しているところに、校長が教室を回ってやってきて、「首にするぞ」と、つまり恫喝をするような分断作戦をやってきました。

バックラッシュの中でボイコットを闘い続けるために私たちが行ったのは、テレホンツリー、連絡網による教師たちへの電話連絡です。メールでも連絡はしますが、声を聴く、一対一で話す、そして毎日電話連絡をする、ということをやりました。もう一つは、全国から支援の手紙が届いたことも力になりました。「ありがとう」、「応援している」という手紙が全国から届いて、くじけそうになる教師もそれで頑張れます。結局、何人かの人は脱落してしまいましたが、ほとんどの人はボイコットを継続することができました。

●保護者や生徒に対する嫌がらせ

すると、今度は、教育委員会や校長たちは保護者に直接攻撃をかけてくるようになりました。チラシに「こんなことをしていると州の予算が来なくなる」とか「音楽のプログラムがなくなる」とか、そんなことも書いてきました。そして、保護者を集めて、「とにかくあなたたちの子どもにちゃんとテストを受けさせなさい」と、そういうことを言ってきました。それで、私たちはこれまで以上に、保護者との集会を開くことをしました。

子どもに対する攻撃もしてきました。貧困層の子どもたちには学校で朝食の給食も出すのですがテストを拒否すると言った子どもにはそれを提供しなかったり、あるいは、教室に十分な椅子とか机とかがないようにしたりとか。それから、テストの当日によそから来た試験官が子どもたちに「あなたたちの親がやっぱり受けさせるって言っていたよ」と嘘をついたそうです。けれども、子どもたちにもいろいろと伝えてあり、子どもも親と話し合ったりもしていたので、子どもの一人が「全部嘘だ！　嘘つき！」と言ったそうです。

このテスト拒否運動のことも、全国ニュースになって注目を集めました。そして、テストを拒否する生徒の数もどんどん増えて、初めは少数だったのが、次に数千人、去年は三〇〇〇人の生徒がテストを拒否しました。そして、今、シカゴ教員組合は、教育委員会との間で新しいコントラクト（契約、協約）を結ぼうとしていますが、その中でテストの回数を減らすことを要求しているところです。まだ回答はありません。

●「私たちの学校！」――保護者や地域の支持を得て

かつて新自由主義教育改革の嵐がくる中で、教員組合は十分な闘いをしてこなかった、そんな中でコアのメンバーが中心となって教員組合の主導権を握りました。そして、自分たちがやってきたのは、親や地域の人たちと団結したことと、新自由主義改革ではない教育のあり方、つまり、違うビジョンを示すことでした。それが、考えてみると、それが私たちの勝利の要因ではなかったかと思います。

これは二週間前の大集会の写真（写真11）です。みんなが、ラッシュアワーの時に座り込みをしています。そして、このような運動を経て私たちが立っている地点は、今では親や地域住民からの強い支持を教員組合が得ているところです。

写真 11

市民は市長などより教員組合を信用しています。市は新しくチャータースクールができるスピードを確かに鈍化させてきました。以前は年に一七校というようなペースでどんどんチャータースクールが生まれて、経営合理化を進めていました。それに対して、強いテスト拒否運動が広がっているのが現状です。

今後は、これまでとはまた違う〝怪獣〟に向かって闘いを挑まなければなりません。それは財政問題です。今、緊縮財政で、とにかく校舎とか教育全般にかけるお金がどんどん減ってきています。その一方で企業家が儲けているわけです。金持ちにもっと税金をかけろとか、累進課税を厳しくしろと、この前は銀行のロビーの占拠運動をやりました。そこでまた私も逮捕されました。

この運動の教訓は、草の根の組織化をすすめ、リスクを取ることが大切だということです。一人だけではなく、仲間と一緒にリスクを取るということです。

それまでの二〇年間、教員組合はずっと同じようなことをやってきて、そのミーティングはつまらないものでした。でも、今は、とにかく論争をする、話し合う、できるなら違いもどんどん出し合って露骨に論争をする、それが大事なのです。そして仲間を作っていくことです。そして、学校はどう変わるべきか、学校だけで

会場で「誰の学校（Whose School）？」とコールするサラ先生

はなくて私たちが住んでいるシカゴがどういう町であるべきかについてのビジョンを持って闘っていくということです。

これから皆さんは現場に帰って、共同をつくる仕事をしていくと思います。そのためにも、私たちがいつもやっているチャント、コール、それをやりましょう。

「誰の学校（Whose School）？」と私が言ったら、「私たちの学校（Our School）！」と答えてください。

（会場一同）

〝Whose School？〟〝Our School！〟

〝Whose School？〟〝Our School！〟

〝Whose School？〟〝Our School！〟

——ありがとうございました（拍手）。

学校統廃合反対運動（サウシド小学校）

【用語集】

Accountability　説明責任
CAT：Contract Action Team　（別紙）
CEO　最高経営責任者。学校経営の主席行政長官職。教育長に相当。
Charter School　チャータースクール＝民間企業や非営利団体が税金で運営する学校
Chicago　シカゴ　人口270万人。ニューヨーク、ロサンゼルスに次ぐ全米3位の大都市。
小学校400校、中高など150校を擁する全米代3位の巨大学区、生徒数40万人　白人8.5%、黒人42.9%、ヒスパニック43.7%、アジア系3.2%　先住アメリカ人0.4%　貧困層は全体の85%。教員組合27,000人。
Common Core Standard　全米レベルで導入された統一カリキュラム
CORE：Caucus of the Rank and File Educators
Emergency Manager　危機管理官
LSC：Local School Councils　学校協議会。公選制。
保護者代表6名、地域住民代表2名、教員代表2名、校長代表1名
Magnet school　マグネットスクール　市内どこからでも選択できる特色校
NCLB：No Child Left Behind Act「一人の子どもも落ちこぼさない法」
数学と英語のテストを3年生～8年生までのすべての学年に課す。各学校の95%がテストを受けることを義務付けている。全ての州の4年生と8年生に連邦レベルのテストが課される（抽出）州統一テストの結果が「年度適正進捗率」に達しない学校に対して厳しいペナルティを課す。
2年目：代替的な学力向上サービスの提供、学力の高い他校への転校
4年目：学校教師全体の入れ替え
5年目：公立学校のチャータースクール化、民間企業への経営委託、州による学校運営への移行　→　最終的には公立学校としての閉校
Saucedo Academy　サウシド小学校　PK～8年生（1200人）　シカゴ市南西部のヒスパニックコミュニティに位置。同一敷地内にTelpochcalli Elementary School（テルポッカリ小学校、300人）がある。
School District　学区　あるいは　学校区
Standard Base Movement　教育課程の基準設定運動　「学力」向上のために州レベルで学習内容のスタンダードを設定し、達成度を測定する統一テストを実施する改革。達成結果は自治体ごと、学校ごとに公表。州によっては教員評価に直結。

【参照文献】

山本由美『教育改革はアメリカの失敗を追いかける』花伝社、2015年
第4章「崩壊が進むアメリカ新自由主義教育改革――シカゴ市の学力テスト拒否と学校統廃合反対運動」
鈴木大裕「シカゴ教員組合スト――組合改革から公教育の「公」を取り戻す市民運動へ」民主教育研究所『人間と教育』86号（2015年夏、旬報社）

資料1
シカゴの教育行政の展開と教員組合の運動

1988年　シカゴ学校改革法　学校運営における民主的統制の確立。分権化。
学校協議会（LSC）委員に保護者や地域住民が選出されるようになる一方、市長に暫定教育委員会（Interim School Board）の委員の任命権限を与える
（→7名の企業関係者と市民リーダー）
1990年代前半～　全米で基準設定運動
1995年　シカゴ学校改革修正法（デイリー市長）　mayoral control（市長直轄管理）で中央集権化
市長に5名の教育刷新委員会（Chicago School Reform Board of Trustees）と学校経営のCEOの任命権限。各学校に学力などの「達成」について責任を持たせ、CEOに「是正」
「指導・観察」「抜本的改革」の措置命令権限を与える。CEOは職員解雇、学校協議会の解散、教員組合とのコントラクト（契約書）をキャンセルして学区の業務を民間委託する権限も。教員組合の団体交渉事項を給与その他の待遇に限定（教育や学級規模などははずされる）
学力テストの低かった学校にはペナルティ：夏期休業中の補習授業、高校生の卒業留保
1999年　教育委員会に対する市長の権限強化
2001年　アーン・ダンカンCEO就任（→2009年　オバマ政権下の連邦教育省長官に）
2002年　NCLB法施行（2001年成立）
2004年　「ルネサンス2010」改革計画　において「turnaround　model」
学力テストの低い学校を閉校してチャータースクールにする、教員の総入れ替えなど。
2011年までに100校近く閉校（88％は黒人コミュニティ）、85校のチャータースクール。
2008年　シカゴ教員組合内部に「コア」（Caucus of the Rank-and-File Educators）
2010年　COREがシカゴ教員組合の主導権獲得。
組合役員の特別手当を回収 ⇒ 研究部や組織部（7人のオーガナイザー雇用）
ラーム・エマニュエル市長当選（←オバマ大統領首席補佐官）
2012年　公立学校50校廃校計画／学力テスト反対運動（保護者の学習）
2月　組合「シカゴの生徒たちにふさわしい学校」The Schools Chicago's Students Deserve
⇒　教職員組合を中心に保護者、地域住民、生徒たちをふくむ大規模な反対運動　2万人参加の集会とデモ
9月10日教員組合ストライキ（25年ぶり）土日を挟み9日間（市民55％　親66％が支持）
表向きは賃金値上⇒全生徒分の教科書の保証、merit pay（能力給制度）導入案の完全撤回
テストの点数が教員評価に占める割合を25％に制限、閉校による教員解雇の解消と再雇用、黒人とヒスパニック系教員の雇用拡大、教員が授業計画を自ら立てる権利
2013年9月　47校廃校／学力テスト拒否運動
2015年　エマニュエル市長（民主党）　辛勝で再選（50％を取れず決選投票）。vs. ヘズース・チュイ・ガルシア「新自由主義改革反対」「チャータースクール反対」

資料2　CAT（Contract Action Teams）とは
What are contraction action teams ?

各学校に組織された5～10人の多様なメンバーからなる委員会。教職員が団結し、組織的行動ができるように、そして行動計画を発展させるために会議を開く。
A committee of 5-10 diverse members in a school that meets to help unite their staff, organize their members and plan escalating actions.

CATは何をするのか？ What do they do ?

●2週間か1ヶ月に1回、会議を開く。 They meet every 2 weeks or 1x a month.
●すべての教職員の連絡網とEメールリストを作成する。
Create phone trees and email lists of all staff members.
●新自由主義改革についての論文や本を学習する。（ナオミ・クラインの『ショック・ドクトリン』など）
Study articles and books about neo-liberal reform such as *The Shock Doctrine* by Naomi Klein.
●組合員を団結させエンパワーするような行動を提起する。小さく始めて大きく育てる。
Plan actions to unite and empower union members. They start small and get bigger:

＊みんなで組合バッジをつける。 *Every member wears a union button.
＊金曜日にはみんなで組合の赤いTシャツを着る。*Every member wears union red every Friday.
＊教職員の団結のために交流会（パーティー）を開く。
*Organize staff socials (parties) to unite the staff .
＊生徒たちが当然受けるべき教育を学校で保証されるように、私たちがいかに闘っているのかというチラシを放課後、保護者に配る。*Pass out flyers, after school, to parents about how we are fighting for the schools our students deserve.
＊生徒のためにどのように団結して闘う必要があるかについての保護者や地域住民とのコミュニティフォーラムを立ち上げる。
*Set up community forums with parents and community members about how we need to fight together for the students.
＊始業前と放課後に集会を組織。 *Organized rallies before and after school.
＊組合員が実際のストライキ承認投票でどのように投票するか見るために模擬投票を実施。
*Took fake mock votes to see how the union members would vote in a real strike vote.
＊ストライキ支持100%を獲得するための組織化。
*Organized for 100% for a real strike vote.
＊ストライキ指導部として行動。 *Became the strike captains during the strike.

●カフェテリアのスタッフや補助教員、警備スタッフなど、他の組合のメンバーと共闘
*United with other union members working in the schools, such as the cafeteria staff, teacher assistants, and security.

Ⅱ　足立区では今、子どもたちは

総論　足立の教育改革二〇年　貧困の中の子どもたち

児玉洋介

貧しさを学ぶことのバネにすることができた時代は確実に過去のものとなっている。今、子どもたちが学校で学ぶことは貧しさからの脱却につながっているのか、あるいは学校がそういう役割をはたす場として存在しているといえるのかが、大きく問われているのではないか。

足立区は二〇一五年度を「子どもの貧困対策元年」と位置づけ、子どものライフステージに応じた「貧困対策」を大きく打ち出した。行政が年間予算の策定に当たって、その最大のテーマに「子ども」の課題を据えたこと自体、全国的にも例を見ないことである。足立区の子どもをとりまく貧困の課題の深刻さを示すものであるが、問題はこの新施策のねらいと方向にある。この二〇年来、足立区政が進めてきた子どもと教育にかかわる施策の基本方向はどうであったのか、今回の「貧困対策」はその流れを転換するものとなるのか、子どもたちの未来に新たな困難をつくり出すことにはならないのか、ていねいな検証が求められている。「子どもの貧困と教育」のテーマは足立区にとって、まさに古くて新しいテーマである。

●貧困の街の子どもと教育

東京の東北部に位置する足立区は江戸時代以来、大災害の避難場所として関東大震災、東京大空襲と、多くの生活困窮者が都心から移り住んだ地域であった。戦後の高度成長期には都営住宅、公団住宅、一戸建て、駅前マンションの開発など、農村地帯がベッドタウンに変貌し、とりわけ低家賃の都営住宅や民間アパートが大量に建設され、地方から流入した低賃金労働者の居住地域として人口六〇万人を超える街が形成された。

一九六〇年代以降の足立の学校教育においても、急増のマンモス校とプレハブ校舎に象徴される教育条件の困難さが、子どもたちの家庭の困難さと重なり、非行など、子どもたちの「荒れ」はいつも全国の先駆けとなって出現した。貧しさからの非行、貧困ゆえに将来の展望が開けないことからくる非行、足立の学校教育は常にこの課題と正面から向き合っていた。

一九七〇～八〇年代の非行は、全国的には「高度成長後の豊かさの非行」「遊び型非行」などとも言われたが、進学競争と成績序列の価値が中学校教育を覆う中、足立区においては貧困格差から未来展望が見いだせない子どもたちの葛藤の中で、戦後第三の非行のピークを迎えることになった。七三年には九五％にまで到達していた東京都の全日制高校進学率が毎年後退し、第二次ベビーブームの八〇年代には八九％台にまで押し込められていった。しかも受け入れ枠の半分を私立高校に依存する東京にあって、学費の高い私立進学を選択できない足立の子どもたちの進路選択は困難を極めた。高校進学が「当たりまえ」となった時代に、全日制高校を希望してもかなわない子どもたちが足立区では一五％にものぼった。中卒で自立できる仕事の受け皿もなく、学校で学ぶことが人生を拓くことにつながらない現実が子どもの目にもはっきりと見えてきた。

八〇年代以降、子どもたちの苦悩の訴えは、暴力非行とともに、登校拒否・不登校、いじめ、自殺と多様な形で出現し、足立区でもそれらはいずれも高い比率で、今日までその深刻さを増し続けている。そして子どもたちをとりまく社会の構造もまた、より困難な貧困・格差社会へと突き進んできている。

学校教育の場で子どもたちとともに、この貧困問題とどう向き合うのかは、戦後一貫した足立の教育の大テーマであった。貧困家庭にあることで、教育の機会均等という憲法理念の実現が妨げられ、教育の力で貧困の連鎖から脱却する道も閉ざされている、この現実に足立区の行政はどう向き合わなければならないのか。

●「格差」を選択した足立区

八〇年代にはじまる「行政改革」の流れは足立区では、全国に先駆けての学校給食の民間委託（八六年）と学校統廃合（八八年答申）に代表される教育費の削減攻撃として進められた。当時の公教育費の縮減は皮肉にも公立学校自らの「レベルダウン宣言」となり、バブル景気と相まって、東京では空前の「私学ブーム」を巻き起こしていた。一九八五年から九二年にかけ、公立小学校から私立中学への進学率が、全都平均で毎年一％ずつ上昇し、都心部では半数以上、二三区の平均でも二割以上が、公立中学ではなく私立中学を「選択」する時代になっていた。そして「私学ブーム」とともにそこには、幼稚園の「お受験」から大学受験予備校まで、受験競争の中で急成長した教育市場を支配する巨大な教育産業が出現していた。

市場化が進む前までは、少なくとも公教育を担う学校においては、すべての子どもの発達と諸能力の向上を通じて格差を是正し貧困を克服することを学校教育の大きな使命としてきたはずであった。この学校教育が、「選択」という市場化された価値に支配されることにより、子どもたちの間に既に存在している社会経済的な「格差」は、「選択」に組み込まれた学校教育を通じて逆に増幅されるという形で、貧困の世代間連鎖をすすめるシステムに組み込まれることになっていった。

格差を広げ貧困を再生産するのか、それとも格差の縮小をめざすのか、行政と学校教育への期待とあり方をめぐって、足立の学校教育も大きく揺れ始めることになった。

一九八〇年代後半、バブル期の「私学ブーム」にあっても足立区では、私立中学への進学率は一〇％を超えることはなかった。九割が「学校を選択する」という意識を持たずに、地元学区域の中学に通っていた。私学志向が少なく公立学校に大きく依存するという点で「教育の市場化が大きく立ち遅れた」足立区において、住民の中に「学校選択」という意識転換をどうつくり出すかは、少なくとも教育産業にとっては大きなテーマであったが、そこに向って足立区の行政が積極的に動き始めたのは、一九九五年のことであった。

区教委は「いじめ」などの特別な事情にのみ認めていた指定通学区域の変更（いわゆる〝越境〟）を、「極力弾力的運用を可能」にする新たな「指定校変更の事務処理基準」を作成した。それは、区立小中学校が事実上、自由に「選択」できるようになるという、行政が主導した「学校選択（越境）のすすめ」であった。

さらにこの「学区弾力化」の二か月後、足立区は区立小中学校校舎の長期建替え計画とリンクした学校統廃合計画を発表した。七八小学校のうち一八校、三九中学校のうち一〇校を廃校にするという大規模統廃合計画であった。

結果はただちに現れ、学校統廃合の計画に上ったY小学校では四二名いた入学予定児童が入学式には一〇名に減少していた。K小学校では荒れた学年となった六年生の五四名のうち、荒れの中心と目された児童が進学する学区域のA中学校への入学者はわずか四名、という事態がつくり出された。もはや「学校選択」は一部の限られた層のものではなくなっていた。足立の区立小学校の卒業生が指定された学区域以外の区立中学に「越境」進学する比率は、九三年度の五・五％から九七年度は九・〇％へと急上昇した。

「学校選択」という私的な教育要求（それは当然家庭の経済格差にも基づく）に行政が応える形をとって通学区域を弾力化し、「学校選択」を広げたことは、住民の「選択」行動によって公立学校間に競争と格差を広げ、公立学校に「市場」を形成し、学校統廃合など、公教育費の削減へと政策誘導する結果となっていった。本論が、「足立の教育改革二〇年」と呼ぶのは、この一九九五年の学校選択と学校統廃合という、その後二〇年にわたり今日まで、足立の「教育改革」の方向を決定づけたこれらの施策の始まりを根拠にしている。

足立区が始めたこの通学区域の「弾力化」政策は、Y小、K小のみならず、区内全域でこれまでにない新たな教育混乱を広げた。しかし、この直後の九六年に誕生した吉田革新区政の下で学校統廃合計画が凍結されたこともあり、九八年には教育委員会内部でこの「弾力的運用」の見直しもはかられ、区民の「選択」行動も九六年度をピークに二〇〇一年度までの間、短期間ではあったが一定の落ち着きが取り戻された。

●「義務教育格差」政策の実験場とされた足立区

二〇〇〇年、都区制度改革によりこれまで東京都の内部団体であった二三の特別区は東京都と対等の立場の基礎自治体となった。義務教育に係る事務事業も、それまで都の教育庁によって統括されていたものが、各区の独自事業へと位置づけを変えた。前年の区長選挙で革新区政を退けた新たな保守区政の下で二〇〇〇年の都区制度改革を迎えた足立区は、この年を「教育改革元年」と銘打ち、「開かれた学校づくり」を改革テーマにかかげての新たな「教育改革」に乗り出した。「学校選択」がつくり出す「競争」をテコに行政がトップダウンで進める強引な「教育改革」が始まった。

真っ先に打ち出したのが「小中学校自由選択制」（二〇〇二年完全実施）であり、これ以降再び公立「越境」が飛躍的に拡大していく。〇一年度八・二％であった学区域外の区立中学を選択する子どもの比率は、五年後の〇六年には一九・三％とふたたび急上昇していった。学区外を選択するに限らず、自学区に残ることもまた「選択」行動の結果となり、全ての区民が行政から「学校選択」を強いられることになったのである。

同時に、区民の反対で凍結されていた学校統廃合計画も強引に再開され、二〇〇五年までの間に千住地域では小学校九校が六校に、中学校五校が三校に統廃合されていった足立区が主導した「学校選択」をめぐるこれらの動きは、財界や政府の「教育改革」の動きと一体に、先行して進められてきたことも、見ておく必要がある。一九九五年一月、経済同友会は「学校から〝合校〟へ」の提言で小中学校の学区選択幅の拡大を提唱した。九六年一二月、政府の行政改革委員会規制緩和小委員会は「学校間に多様性が存在することが〝格差〟であるならば、今後はこのような〝格差〟を義務教育のなかでも積極的に肯定していく必要がある」とする「規制緩和の推進に関する意見（第二次）」を提言、橋本内閣は「教育改革プログラム」でこれを取り上げ、文部省は「通学区域制度の弾力的運用について」（九七年一月）と題する通知を発した。足立区の「弾力的運用」はすでにこの一年前に先行実施されており、足立区はこの当時から、国の教育改革の実験場的役割を担わされてきたことが窺える。

文部省はさらに第一六期中教審第二次答申（九七年六月）で、選択の自由と自己責任の原則で「子どもたちや保護者の主体的な選択の範囲を広げていく」ことを打ち出し、義務教育の通学区域制度を理念の根本から突き崩すことに手をつけたが、この全国的先駆けもまた足立区に委ねられたのである（二〇〇二年）。こうして貧困という大きな困難を抱える地域が、行政の施策によって、市場原理の格差競争に投げ出されていくことになった。

●「学力向上」がもたらす教育破壊

二〇〇三年、足立区は「教育改革の第二ステージ」として、「学力向上」を政策課題に掲げた。「二期制」による授業時数確保（〇三年）、教育産業から迎えた民間人校長と小中一貫校教育特区（〇四年）、成果主義による「がんばる学校」予算（〇五年）、学校ごとの学力情報の公開を宣言した「足立区教育基本計画」（〇六年）、学校冷房化とセットの夏休み短縮（〇七年）と、「学力向上」と銘打って打ち出されるトップダウンの施策が次々と足立区の学校教育を変貌させていった。誰も正面から異論を出せない「学力向上」は、行政には最も都合の良い「教育改革」の枕詞であった。そして、これらの「学力向上」施策の要となったのが、二〇〇四年度以降毎年、全児童生徒を対象に行われている「学力テスト（足立区学力向上に関する総合調査）」である。〇三年に始まる東京都の学力調査（小五、中二対象）で二三区最下位に位置した足立区は、他区に先駆けて学校ごとの成績を、順位を付けて区のホームページで公表し、翌〇四年からこの区独自の「学力テスト」体制が足立区の学校を覆うことになる。

「学力テスト」によって学校も子どもも教職員も競わされていった。毎回テストのたびに集積されるのは、父母や生徒の生活や学習への意識状況から、各教科の「学習定着度」を調べるための問題ごとの正答率など、膨大なデータである。本来ならばテストの主催者が最大の責任を負わなければならない、テストそのものの問題の妥当性や分析・活用への視点、さらには根幹にある調査主体の理念や狙いも含めて、内容のすべてがテスト業者（教育産業）への丸投げであることも、このテストが学校現場にとって疎外感の強いものになっている。そしてまた、これらのデータを独占的に手にすることのできる教育産業の利益もまた、計り知れない。

しかし、学校現場にとって何より深刻なのは、学校間、学年間、クラス間、教科間を単純比較できる数値データの独り歩きであった。ホームページで公開された学校順位をはじめとして、これらの数値データは、一人ひとりの子どもが抱える生活の実態や学習のあゆみなど長期間取り組んできた教育活動の蓄積と到達点を飛び越えて、他者との比較のためだけの順位やグラフとなって登場してくる。教員はこの数値データに対する直接責任とその数値上昇をめざした授業改善プランの提出を求められ、それが新たな数値目標となって、一年間の全教育活動がこれにしばられていく。この目標に向かって走らされるのは、子どもたちだ。

足立区は、低学力の原因に「教員の指導力」を上げた。東京都全体で採用される教職員が足立区に赴任すると指導力が低くなるとは到底理解できない論理だが、学力比較の数値は、教員の人事考課の数値目標ともかさなって、教員同士を競わせる最も分かりやすい指標ともなる。「あなたのクラスは……」「あなたの授業は……」という圧力は、子どもたちを教師が集団で見つめ、集団で教え、集団で学び、集団で学校の教育力を向上させてきた、足立の学校教育の宝を崩壊させ、教員の多くが自分一人とだけ向き合うことを余儀なくされていった。子どもにとっての最大の教育条件であるはずの教師たちが、その働き方を傷つけられ、誇りと専門性を奪われる最悪の事態を迎えた。二五〇〇人の足立区の教職員で現職死亡が〇三年から三年間毎年五人を数え、一%を超える二六人が精神疾患での病気休職となるなど、身体も心もむしばまれながら、働き盛りの四〇〜五〇代の教員が毎年定年退職を上まわる数で早期退職していくことになっていった。

●「学力向上」「格差」施策のつまずき

二〇〇六年一一月四日、「学力テストで予算に差」の朝日新聞一面トップの報道で、足立区が進める予算による学校格差づくりの実態が告発され、区民の批判が広がった。学校の規模等に基づいて平等に配当される学校運営予算を大幅に削減して、査定に基づく格差予算を増やすことは、教育の機会均等という憲法原理への重大な侵害を含んでいる。区教委は「学力調査ののび率や校長の熱意、教員の態勢や地域の協力など、様々な点を加点評価」するとし、「がんばる学校を応援するのは当然」などとしたが、ここには学校予算は何よりも子どものための予算であるという視点が完全に欠落している。仮に「子どものがんばり」を査定して子どもの学校予算に格差をつけることなどできないという当然のことが理解できるなら、子ども以外の「がんばり」を査定して、子どもの教育条件に「格差」つけることなどなおさら許されないという論理が理解できないレベルにまで、区の教育行政は判断能力を失ってきたと言える。

朝日新聞（2006年11月4日）

朝日新聞　2006年（平成18年）11月4日　土曜日　433

学力テストで予算に差

足立区教委 上位校手厚く

小中4ランクに

東京都足立区教委は、区立小中学校に配分する07年度予算で、都と区の教委がそれぞれ実施している学力テストの成績に応じて各校の予算枠に差をつける方針を固めた。小学校計72校、中学校計37校をそれぞれ4段階にランク分けし、最上位は約500万（中学）～約400万円（小学）、最下位は約200万円にする予定。都のテストで同区が低迷していることなどから、学校間競争をさらに促す必要があると判断した。（羽根和人）＝26面に関係記事

「特色づくり予算」のランク別予算枠（案）

査定項目（案）
① 都学力テストの学校平均正答率が、都平均以上の科目数
② 都テストの学校平均正答率が、区平均以上の科目数
③ 都テストの正答率が70％以上だった児童生徒の学校全体に占める割合
④ 区学力テストで、学校平均正答率の前年度からの伸び
⑤ 区テストで、区設定の目標値以上に達した児童生徒の割合が小学校で80％超、中学校で70％超を2年連続で保持しているか
⑥ 校長へのヒアリング調査（意欲など）

ランク	小学校（満点165）	中学校（満点170）
A 全体の1割	約400万円	約500万円
B 全体の2割		
C 全体の3割		
D 全体の4割	約200万円	約200万円

区教委によると、差をつけるのは自主的な取り組みを支援する「特色づくり予算」の金額。各校の申請をもとに配分し、外国人講師や補習指導ボランティアの派遣費用などに使われている。07年度は前年度比約1億6千万円増の約4億1千万円を予定している。

ランクづけの大きな根拠は、年1回実施される都の学力テスト（小5と中2の全員が対象）と区のテスト（小2以上の全学年全員が対象）。都テストで、各校の平均正答率が、都平均と区平均以上の科目がそれぞれいくつあるか▽区テストの成績が前年度からどれだけ伸びたか――などの項目を設けて査定する。

これらの成績と校長からのヒアリング結果を8対2の比率で数値化し、各校の「実績」とする。満点は小学校が165点、中学校が170点で、上位から順にA（全体の1割）、B（同2割）、C（同3割）、D（同4割）のランクに区分けする。

予算枠はAランクの中学校で約500万円、小学校で約400万円。B、Cと減らし、Dランクは小中学校ともに約200万円にする。各校が「特色づくり予算」について申請すると、ランクの枠内で認める。

教材費や光熱費など学校運営の必要経費は、従来通り児童・生徒数やクラス数などの「基礎数」に応じて配分する。これまで中学校は1校あたり平均で約1千万円、小学校は約850万円を配分してきた。07年度はこの経費にむだがないかどうかを厳しく精査して圧縮し、「特色づくり予算」の増額分に振り分ける方針だ。

同区は02年度に区全域の小中学校で学校選択制を導入。都と区のテストの結果については、教科別まで各校の平均正答率をホームページなどで公表している。人気中学校の多くが学力テストの平均点が高い傾向がある。今回のランクづけは公表しない。04年2月に初めて実施された都のテストで、同区の成績は23区中23位だった。今年1月の都のテストでは中学校は22位、小学校は21位と順位を上げた。

内藤博道・区教育長は「頑張った学校に報い、校長と教員の意欲を高めることが、区全体の基礎基本の学力向上につながる。これまでも希望に応じて非常勤講師を追加配置するなどの対策をとっており、成績のよい学校ばかり優遇するわけではない」と話している。

文科省の担当者は「学力テストの結果を予算に反映する例は聞いたことがない」と話している。

教育機会均等に懸念

《解説》足立区教委が一部の学校予算を学力テストの結果に応じて配分する方針を固めた背景には、成績を上げた学校にボーナスを与えれば競争が促され、学力が上がるだろうという考え方が透けて見える。

区教委が底上げのための政策と説明しているが、それなら、素直に最下位グループに手厚く配分する方が効果的ではないか。

この仕組みによって、学力の高い子と低い子の格差は一時的に広がるかもしれないが、いずれ下位が上がってくると、区教委はみる。だが、「教育の機会均等」という公教育の大原則との関係で懸念は消えない。

学校には、生徒数などに基づいて各校に配られる予算がある。給料で言えば「基本給」にあたる。今回の方針は、それを削減して、成果主義による新予算にあてることを意味する。

学力によって予算配分に差をつけることは、副教材や備品などで授業や部活動の環境の格差を広げることにつながる恐れがあり、その主導を区が進めるのに等しい。

足立区は行きたい小中学校を自由に選べる学校選択制をとっている。人気が高く生徒数が多い中学校の多くが、学力テストの平均点が高い傾向がある。今回の「成果主義」で、いっそう人気と学力の学校間格差が広がる悪循環に陥る危険性はないのか。

教育改革では、学校や子どもの「競争」をどうとらえるかが大きな論点となりつつある。サッチャー英元首相の改革をお手本に安倍政権が進めようとする教育改革にも影響を与える可能性がある。（増谷文生）

「格差解消こそが役目」「競争でやる気高まる」

足立区改革に賛否

学力テストの成果に応じて学校予算を増やす――。東京都足立区教委が導入しようとしている新しい予算をどうみるか、専門家の意見を聞いた。＝1面参照

「まず成績のよくない学校に予算を手厚くするべきだ。順番が逆だ」と市川昭午・国立教育政策研究所名誉所員（教育政策論）は話す。

親の経済状況や地域性など、成績は子どもの社会状況によって大きく影響される。子どもが抱えている社会的なハンディをなくし、学校間の学力格差を解消することこそ行政の役割だ――。市川名誉所員はそう考える。

「下位にランクづけされて奮起する学校もあるだろうが、ますますやる気をなくす学校も生まれるだろう」と懸念する。

区教委は学校がさらに競い合うことで、全体の基礎学力のアップにつながると期待する。だが、苅谷剛彦・東京大大学院教授（教育社会学）は「人事、予算などの面で学校間の差異を小さくしておくことが、学校ごとの教育格差を縮める働きをしてきた」との見方だ。

学校がどれだけ頑張ったか。家庭的な背景に問題はないか。塾に行っているか。テストの点が低い理由は様々だ。

今回の施策は学校の取り組みだけを問題視しているようにみえ、「実態と合わずにマイナス効果をもたらす可能性もあり、性急だ」と指摘。一方で、「予算の増減は学校規模によって影響が異なり、格差がすぐに拡大するかは分からない」とも言う。

政府の経済財政諮問会議の民間議員を務めている伊藤隆敏・東京大大学院教授（マクロ経済学）は、競争によって努力を引き出すことは基本的に好ましい、との立場だ。

「足立区教委の考え方も理解できる。予算に競争を促す要素が組み込まれていると、学校のやる気も高まるだろう」

伊藤教授は、学校の意欲をもっと高めるため、学校がこの予算をできるだけ自由に使えるようにすることを求める。「長期的に運用できる制度でなければいけない」と話す。

毎日新聞（2007年7月23日）

二〇〇七年七月には、前年度の学力テストにおける校長らによる不正、得点操作が明らかになった。〇五年度七二校中四四位だった小学校が、〇六年度一躍一位に躍り出たとして注目を浴びた中での発覚であり、「テスト中に間違いを指差しして教えた」「一部児童の答案を抜き取る」など、直接子どもに係る不正行為は、子どもたちの心を深く傷つけ、学校教育への信頼も大きく損なわれた。不正行為の当事者たちの責任とともに、このような事態にまで校長、教職員を追い込んでいった「学力テスト」の構造的体制をつくり出した足立の教育行政の責任が一転して問われることになった。

教育活動として行われるテストの目的は本来、授業をつうじた子ども一人ひとりの学力の獲得経過を教師が自己検証することにあり、その結果はテストを受けた子どもの利益のためにのみ活用されなければならない。それ以外の目的に使われた途端、テストは教育活動とは無縁のものとなり、選別や差別、不正行為など、教育の破壊にも転化する危険なものである。

大きくマスコミが取り上げたことで、足立区のすすめる「学力テスト」体制の問題点が浮かび上がり、区民の大きな運動にも発展した。折しも二〇〇七年度から文科省による全国一斉学力調査（小六、中三）がはじまる中、当初危惧されていた各都道府県や市区町村での学校順位の公表問題は、国民世論の前に大きく転換し、全国どこの行政区も、学校順位の公表を主張できなくなったのである。「学力テスト」をテコにすすめる「競争の教育」を先駆けた足立での失敗により、「教育改革」への警鐘が打ち鳴らされたことは、大きな皮肉であった。

社会的批判を受けた足立区は、学力テストの順位の公表や、「がんばる学校予算」など、これまでの施策の修正を余儀なくされていった。格差と競争ではなく、すべての子どもたちの教育条件を少しでもゆきとどいたものに改善すべきという区民の声に押され、足立区は区独自予算での少人数学級実現を政策化し、二〇〇九年度から全小学校の一年生に副担任講師を区独自予算で配置することで、実質三五人学級を先駆けて実施するなど、評価すべき施策も打ち出された。しかし、「学力テスト」をテコに格差と市場化を進める足立区の教育改革の基本方向は、その後も変わることなくすすみ、ついに「学力向上」施策の焦点は、貧困家庭の子どもたちへの直接「支援」策へと移っていく。

●行政が始めた「無料塾」？

二〇一二年、「足立はばたき塾」がはじまった。「成績上位で学習意欲も高いが、経済的理由などで塾などの学習機会が少ない中学三年生」を区内から一〇〇名選抜し、土曜日と夏休み、大手学習塾に三〇〇〇万円の予算で指導を委託した。一三年度は一八四名が応募し、合格したのは六四名。貧困対策の学力保障策にまで、市場化、競争、格差が貫かれている。

二〇一四年度からは小学校三・四年児童を対象に「あだち小学生基礎学習教室」がはじまった。一校最大二〇人「基礎学力の定着に課題のある児童」を選抜して、土曜と水曜放課後、年間三〇回の講座運営を九〇〇万円の予算で大手学習塾に委託した。また、中学二年生、各校五〇名以内を対象に、夏休み七日間、数学と英語の基礎(中一の内容)を補習する「中学生補習講座」も二五〇〇万円で業者委託され、事業が始まった。

塾の授業を受けることが、子どもたちへの学力保障だとして、行政によって新たな塾市場がつくり出されていった。二〇一五年、安倍内閣の「骨太方針」は「公的サービスの産業化」と題して、企業等が地方自治体等と連携しつつ「公的サービスへの参画を飛躍的に進める」と述べたが、足立区はまさに公教育サービスの産業化を実験的に先取りしている。

公費での塾授業と引き換えに、学校の日々の授業の中で分かるまで教えてもらえるという子どもたちの権利が奪われることはないのだろうか。いやむしろ、塾に依存しなくても済む学力保障の態勢を公教育の中に手厚く整備することこそが、教育行政の役割ではないのか。皮肉にも、「あだち小学生基礎学習教室」を受託した塾のアルバイト募集広告には「大学生から主婦・シニアの方まで幅広く活躍できます！　小学生を対象にした放課後の補習講座。教員免許は不要です。週二回平日三〇〇〇円……」とあった。安さが売り物の公的業務の民間委託はいよいよ学校教育の本丸にまで進んできた。

冒頭に述べた、二〇一五年度から始まる足立区の「子どもの貧困対策元年」の教育分野の施策は、これらの延長線上に打ち出されたものである。

●「子どもの貧困」対策と就学援助

長期不況と構造改革の下で足立区では、住民の間に貧困が極限まで拡大してきている。子どもの家庭生活はその直撃を受け、一九九三年度に一五・八％だった就学援助受給率が、二〇〇〇年度には三〇％台に倍増、〇四年度には四二・五％に達した。足立の就学援助認定基準は、生活保護世帯の収入基準の一・一倍であり、子どもたちの半数近くが、生活保護基準に近い収入実態で生活していることを意味している。

二〇〇六年一月三日「朝日新聞」は一面トップで「就学援助四年間で四割増」「東京・大阪四人に一人」と報じ、なかでも四二・五％という足立区の高い受給率に衝撃が走った。しかし、この報道を境に足立区の就学援助受給率は逆に低下することになった。全国的には子どもの貧困指標が悪化の一途とたどり、足立区においても生活保護受給世帯児童（要保護）が増え続けるなど、困窮家庭の増大が指摘されている中で、就学援助受給率だけが低下していったことは、貧困問題に対する足立区の行政の基本的立ち位置を浮き彫りにするものであった。

この報道後の〇六年三月、国が就学援助費を一般財源化したことにより、各地方自治体はそれぞれの裁量で財源の工面を迫られていた。足立区ではそれまで、各学校を通じて就学援助のお知らせを配布し担任が全世帯から回収する形で、受給希望の有無を一〇〇％掌握してきたが、この年から区は、受給を希望する家庭のみが回答を出すように切り換え、さらに翌二〇〇七年には、学校での申し込みから区役所の教育委員会窓口での直接申請に切り替えた。給食費の支払いなど、子どもたちの家庭の窮状を日々直接把握している学校を就学援助の申請から遠ざけたことで、必要な多くの子どもたちが就学援助の受給機会を奪われていった。

二〇一四年八月閣議決定した「子供の貧困対策大綱」は、二五の貧困指標を上げているが、教育分野の「指標」は就学援助制度の入学時・進級時の「周知状況」となっている。実際の受給者数を指標にせず、「周知状況」などでごまかすこと自体、とりくみへの政府の姿勢を疑わせるものであるが、周知の「お知らせ」を一〇〇％配布しても、貧困対策を後退させることが可能であることを足立区の実例は教えている。

それでも足立区の受給率は都内で最も高い。しかし必要な子ども・家庭に届いているのかには大きな疑問

朝日新聞（2006年1月3日）

朝日新聞　2006年(平成18年)1月3日　火曜日　430

就学援助 4年で4割増

東京・大阪 4人に1人

学用品や給食費

公立の小中学校で文房具代や給食費、修学旅行費などの援助を受ける児童・生徒の数が04年度までの4年間に4割近くも増え、受給率が4割を超える自治体もあることが朝日新聞の調べで分かった。東京や大阪では4人に1人、全国平均でも1割強に上る。経済的な理由で子どもの学習環境が整いにくい家庭が増え、地域的な偏りも目立っている。

（池田孝昭、真鍋弘樹）

文部科学省によると、就学援助の受給者は04年度が全国で約133万7千人。00年度より約37%増えた。受給率の全国平均は12・8%。

都道府県で最も高いのは大阪府の27・9%で、東京都の24・8%、山口県の23・2%と続く。市区町村別では東京都足立区が突出しており、93年度は15・8%だったのが、00年度に30%台に上昇、04年度には42・5%に達した。

背景にはリストラや給与水準の低下がある。厚生労働省の調査では、常用雇用者の給与は04年まで4年連続で減り、00年の94%まで落ちた。

給付の基準は自治体によって異なり、足立区の場合、対象となるのは前年の所得が生活保護水準の1・1倍以内の家庭。支給額は年平均で小学生が7万円、中学生が12万円。修学旅行費や給食費は、保護者が目的外に使ってしまうのを防ぐため、校長管理の口座に直接、振り込んでいる。

同区内には受給率が7割に達した小学校もある。この学校で6年生を担任する男性教員は、鉛筆の束と消しゴム、白紙の紙を持参して授業を始める。クラスに数人いるノートや鉛筆を持って来ない児童に渡すためだ。

卒業文集を制作するため、クラスの児童に「将来の夢」を作文させようとしたが、3分の1の子が何も書けなかった。「自分が成長してどんな大人になりたいのか、イメージできない」のだという。

同区の公立中学校の50代男性教員は、進路指導で私立高校を併願する生徒が減ったことを実感している。「3、4時間目にきて給食を食べて、またいなくなる子がいる」とも話した。

就学援助費については、昨年3月の法改正で05年度から、自治体が独自に資格要件を定める「準要保護」への援助に対する国庫補助がなくなった。一部の自治体では06年度予算編成に向け、準要保護の資格要件を厳しくするなど、縮小への動きも始まっている。

04年度の就学援助率（%）

北海道	19.3	滋賀	9.4
青森	12.3	京都	15.7
岩手	6.7	大阪	27.9
宮城	6.9	兵庫	16.2
秋田	7.5	奈良	11.2
山形	4.8	和歌山	11.3
福島	6.8	鳥取	9.9
茨城	5.1	島根	8.5
栃木	4.9	岡山	12.5
群馬	5.5	広島	15.9
埼玉	10.1	山口	23.2
千葉	6.4	徳島	12.6
東京	24.8	香川	8.9
神奈川	11.9	愛媛	7.7
新潟	12.1	高知	17.9
富山	5.6	福岡	16.7
石川	9.1	佐賀	7.0
福井	5.4	長崎	11.7
山梨	6.9	熊本	9.3
長野	7.5	大分	11.0
岐阜	5.4	宮崎	9.4
静岡	4.1	鹿児島	13.8
愛知	9.0	沖縄	13.0
三重	7.5	全国	12.8

二極化に驚き

苅谷剛彦・東大教授（教育社会学）の話　塾に1カ月に何万円もかける家庭がある一方、学用品や給食費の補助を受ける子どもがこれだけ増えているのは驚きだ。教育環境が、義務教育段階でこんなに差があって、次世代の社会は、どうなってしまうのか。今後、自治体が財政難を理由に切り捨てを進めるおそれもある。機会の均等もなし崩しになっては、公正な競争社会とは呼べない。

就学援助率の推移

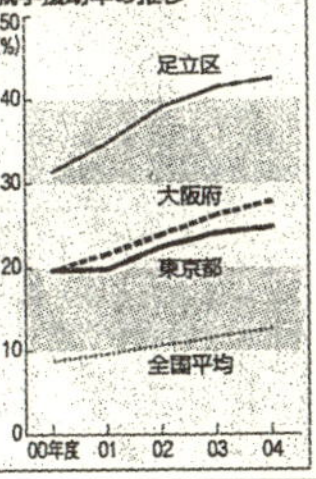

キーワード　就学援助　学校教育法は、経済的な理由で就学に支障がある子どもの保護者を対象に「市町村は必要な援助を与えなければならない」と定めている。保護者が生活保護を受けている子ども（要保護）に加え、市町村が独自の基準で「要保護に準ずる程度に困窮している」と認定した子ども（準要保護）が対象。

就学援助受給率の推移

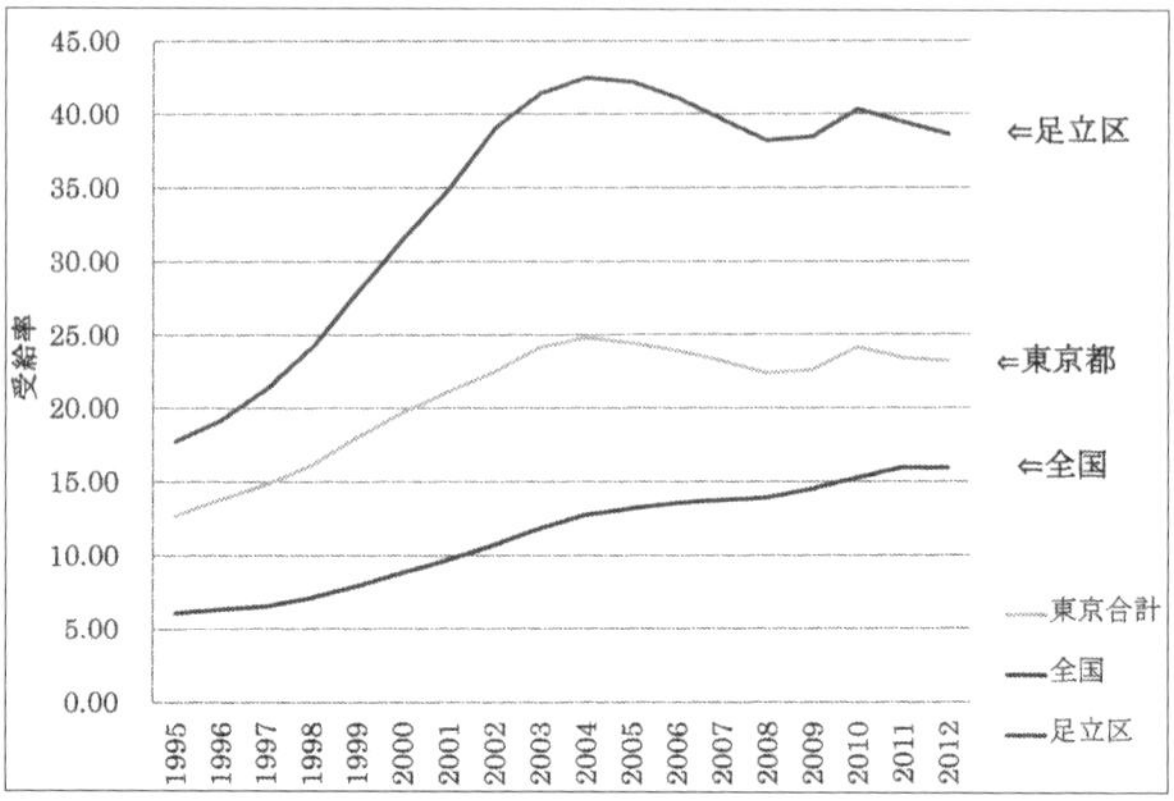

がある。かつて生活保護基準の一・三九倍であった足立区の就学援助認定基準は、八〇年代の行革以来切り下げられ、現在は一・一倍となり、全都で最も厳しい基準となった。例えば同じ東部地域の江戸川区では生保基準の一・五倍であり目安所得五四〇万円以下で就学援助が受給できるのに対して、足立区では三九〇万円以下でないと受給できないという、行政区間の格差も大きい。

「子どもの貧困対策元年」を掲げた足立区は早速、「未来へつなぐあだちプロジェクト」と題する二〇一五年度から二〇一九年度にかけての「足立区子どもの貧困対策実施計画」を策定し、区独自の子どもの貧困「指標」として二四番目に「就学援助比率」を掲げた。現状（二〇一四年度）の受給比率を、小学校三二・七％、中学校四二・六％、区全体で三五・八％としているが、問題は、この比率を「下げる」ことを政策目標に据えていることにある。

子どもの貧困を含め、貧困対策の有効な施策は、過去最悪の一六・三％にまで拡大した相対的貧困率をどう縮小するかに収斂される。国民の所得の中央値の半分（貧困ライン）に届かない世帯（貧困世帯）の試算所得（税引き後の所得＋社会保障の現金給付 − 社会保険料）を向上させなければ貧困率は低下しない。具体的には、貧困家庭に対して、「給与を上げる」、「特別減税する」、「社会保障の現金給付を増やす」、「社会保険料を減額する」の施策を、それぞれの自治体の子どもの貧困の実情に応じて、最も効果的に進めることに尽きる。就学援助費は、貧困家庭の子どもにとっては最も効果的な現金給付であり、この増額と受給者の拡大こそが、真に求められる有効な貧困対策の施策であることは、自明の理である。ここに正面から向き合わないところに、行政のすすめる貧困対策の欺瞞がある。子どもの貧困対策を掲げる全国の都道府県、市区町村が、唯一沖縄県を除いてどこも、自行政区の子どもの貧困率を貧困指標として算出することもなく、貧困率の縮減計画を定めようとしないところに、今日の自治体がすすめる貧困「対策」の最大の怪しさがある。

二〇一五年度から「子どもの貧困対策」予算として、学校教育分野に位置づけられたのは、学習の遅れた生徒を授業中に別教室で個別指導する「そだち指導員」の全小学校配置や中学校の生活指導員の全校配置等であった。これらに四億九千万円の区独自予算を配当して子どもの貧困対策に力を入れたとの大宣伝が行われたが、実態は前年度まで区独自の少人数学級を視野に全小中学校に独自配置していた副担任講師の予算四億八千万円を全廃して振り替えたに過ぎない。副担任講師という、学校現場から支持されていた教員の配置は、区のご都合主義で一方的に廃止された。

●どの子も大切にする教育と教育行政をふたたび

改めて足立の「教育改革」の二〇年を、学校で学ぶ子どもの側から見るならば、校舎や教室はボロボロ、学校の予算は大幅に減らされ、学校に働く区の正規職員もすべていなくなった。民間への委託とパート化が進行し、子どもを守り育む専門職員はいなくなり、教員もまた、子どもの現実の課題とむきあいながら、一人ひとりの子どもに最もふさわしい適切な指導援助をするという教職の専門性を取り上げられ、学力の形成という学校が担う最大の専門的価値までもが、行政によって市場に投げ出されている。学校選択と学力テストが、子どもの生育に最も大切な安心できる居場所を奪い、すべての学校がこの二〇年、行政の掲げた「学力向上」に向かってやみくもに走らされてきたが、肝心の「学力向上」施策の具体的な成果は何一つ確認されていない。

足立の「教育改革二〇年」を突き動かしてきた「学校選択」という制度改革は、行政が区民に対して「選択」という意識改革を主導することで、区民のあいだに「選択の成否が将来の貧富や成功を分ける」という危機感をあおり、現実の学校に存在する「つくられた教育条件の格差」や「困難な学校」、「子どもを切り捨てる行政施策」によって、多くの父母と子どもたちが「選択」行動へと駆り立てられていった。しかし、この「選択」行動の結果は、困難な現実を何一つ解決しないばかりか、むしろ困難は拡大してきている。「選択」の結果として期待された「学力」も、選択の結果責任（＝自己責任）として扱われ、その保障はどこにもない。父母も子どもたちも、「選択」で解決しない現実の困難に直面して、教師不信、学校不信、行政不信を増幅させている。父母が学校を「選択」するという行為は、教育における「公」と「私」の問題を考えるときに、教育制度の根幹にかかわるテーマである。どの子にもゆきとどいた教育を「公」の責任で達成することがめざされ、そのために十分な教育予算と条件整備が確保されるならば、父母の「選択」行動は少なくとも義務教育の段階には不要に近いものになる。

足立の「教育改革二〇年」で失われたものは限りなく大きい。しかし今、足立の「子どもの貧困」の現実は、その失われた「公」教育の回復を強く求めている。

足立区の教育の今

河端徳昌

はじめに

教職（中学校）に就いて三一年目を迎えています。初任の足立七中では「どの子にも出番を」のかけ声とともに、「文化」での教育実践、非行克服に取り組んできました。一六年前、足立に戻ってきた時にも、校長は「本校は学習よりも生徒の活動を重視しています」と言っていました。

ところが、二〇〇〇年から始まった「教育改革」の嵐により、足立区は教育改革の実験場として、二〇〇一年に学校選択制がスタートし（二〇〇二年度入学の小・中学校新一年生から）、二〇〇三年には二期制が全校で実施され、二〇〇六年には夏休みが五日間縮減、二〇一〇年には土曜授業が開始されました。大きく変わったのは、教育次長・学力向上推進課が設置された二〇一三年でした。

●教育次長・学力向上推進課設置

二〇一三年二月五日付東京新聞夕刊一面で、「足立区教委小中の学力底上げ　校長を教育ＯＢらが特別部隊――現場から反発も」と報道されました。

二月二六日、足教組（東京都教職員組合足立支部）は以下の内容で、区教委（区教育委員会）に要望書を提出しました。

「問題は『二三区でも下位とされる足立区の学力の底上げをめざす』ことにあります。かつて、足立区は、学力テスト不正問題を起こし、全国に向けて、反省の姿勢を示したはずです。私たち教職員は児童生徒の学力向上、健全育成に全力を挙げて取り組んでいます。真の学力向上のために、私たちは少人数学級の実現、教職員定数増の施策、雑務の解消、提出書類の簡略化、子どもたちと向かい合える時間の拡大など、教育条件の整備を求めます。豊かな教育条件、その中での教育実践でこそ、結果として学力は向上するものであると考えるからです。」

●中学一年生夏季勉強合宿

その夏、区教育委員会が実施したのは「中学一年生夏季勉強合宿」です。

『週刊金曜日』（二〇一五年一一月六日号）によると、この合宿は「数学（算数）のつまずきを早期に解消するのを目的に、千葉県内の施設で四泊五日にわたり、一班八〇人（計二班）の生徒が参加する大規模なものだ。授業と個別学習は生徒と教員のマンツーマンで、一〇〇ページに及ぶテキストをこなす。期間中は教員を含めて外出が一切禁止され、まさに『缶詰めにして基礎学力を積む』（区教委）合宿だ。ところが、合宿に参加できるのは学習意欲があり、成績が伸びる見込みのある生徒に限られている。各校では、あらかじめ対象になる生徒を一〇人程度選び、事前テストなどを経て五人に絞り込む。この選別にも明確な基準はなく、『保護者に断りの連絡を入れるのがつらい』と話す教員もいる」とまとめられていました。

二〇一三年五月一七日付、学校長宛、学力定着推進課長名の生徒派遣依頼の文書には「後期授業からやる気を持って授業に臨む生徒の育成を視野に入れていますので、参加者は学習障害や学習意欲のない生徒ではありません。つまずきが原因で伸び悩んでいる生徒でやる気を持った生徒を推薦していただきたいのです」とありました。これを私たちは、子どもの人権を無視した区教委の姿勢を示した言葉と読み取りました。この年、私の勤務校にはこの文書は届いていませんでした。

●「学力」向上へ　教師の「授業力不足」対策

二年目にあたる二〇一四年には、教師の「授業力不足」をやり玉にあげ、教育への異常な介入が進められてきました。二〇一四年度の目玉「商品」は、三つ挙げられます。

一つ目は、「教員養成講座（eラーニング）」。民間の塾（早稲田アカデミー）が塾講師養成のために開発した講座を、区立小中学校に勤務する新採～勤続三年目までの約六〇〇名を対象として、インターネットで受講させるというものです。

二つ目は、「教科指導専門員制度（中学校）」です。元校長ら一五人を「教科指導員専門委員」としてすべての中学校に派遣し、国語・数学・英語の授業に立ち会わせて、教員に対して「指導助言」を行っています。

三つ目は「そだち指導員」を区内の小学校へ配置したことです（七人）。担任が学力の中位程度の児童を抽出し、「そだち指導員」がその児童を別教室で個別指導する。教科は国語と算数で、期間は三ヶ月。授業を抜けて指導するので、取り出した授業内容は放課後や休み時間に埋め合わせするとされています。

●はばたき塾の開設

二〇一二年度から、「できる子」に向けた「はばたき塾」が開設され、足立区学力向上事業の一つとして実施されています。

先の『週刊金曜日』（二〇一五年一一月六日号）には、「成績が上位にもかかわらず、経済的理由から塾に通えない中学三年生を選抜して、学習の機会を与えるのが目的だ。学力別に四つのクラスに分けられ、成績次第で上のクラスに編入できる。生徒は互いにライバルであり、都立の進学指導重点校などの難関校合格を目指す。足立区から『足立はばたき塾』の運営を委託されているのは、学習塾などを経営する『栄光ゼミナール』だ。年間の契約料は約二八〇〇万円」とまとめられていました。

足教組が毎年行っている【職場からの声】アンケートには、「公教育でありながら、公平な機会が与えられていない。予算の使途がおかしい」との回答がありました。

●今年度の足立区の教育施策は？

二〇一五年度、足立区は「子どもの貧困対策」として、学びの支援を行うとし、「学力向上講師制度の再構築～より具体的な課題の解決に向け特化～」として上記の表のような教育施策を打ち出しました。

足立区の教育施策

予算 12,023 千円増 人員 19 名増	2014 年度 479,736 千円（137 名）	2015 年度 491,759 千円（156 名）
副担任講師	小・中 115 名　→	【終了】
そだち指導員	小 7 名　→	【拡充】小 69 名
教科指導専門員	中 15 名　→ 小学校未実施	【拡充】中 30 名 【拡充】小 20 名
生活指導員		【新規】中 37 名

●学びの支援につながる教育施策、予算でしょうか？

二〇一四年五月三一日、東京都弁護士会館で行われた「どこに向かう？　教育の未来」では、以下の報告を行いました（河端）。

「足立区の『学力』対策。その課題への区独自の取り組みとして、子どもの個別のニーズに応じた取り組みではなく、形式的に学力テストの点数を引き上げることを目指す取り組みが中心とされ、教員も振り回されている状況があります。具体的には、授業の中で、学力テストの過去問対策を強いられ、しかも、繰り返し実施するように求められる。しかし、子どもは、行政が子どもたちの能力を測るために行う学力テストの点数を上げることには関心がなく、成績に結び付く定期考査にこそ関心があります。学力テストへは拒否反応があると言ってもよいと思います。ある小学校ではテスト用紙を破る児童もいるとの報告を受けています。

学力テスト対策が、子どもたちを主体とした学習機会を奪う結果となっている。学外の学習機会を充実させることにお金を使うのではなく、学校内で統一的に保障される制度を設けるべきです。予算配分についても、こうした「学力」向上には予算が充てられるが、本当に子どもたちに平等に必要となる学校内の備品などが、後回しになっている状況があります。度重なる学力テストの実施に伴う教職員の業務負担も過大。しかも、こうした取り組みの成果は出ていない。全体として、平均点は上がっていません。」

●平均点を上げるそのために

「実施マニュアル」（足立区教育委員会「足立区基礎学力定着に関する総合調査」）にはこんな「姑息な手段」の説明があります。

「Ⅰ　特別な配慮を必要とする場合

下記のような特別な配慮を必要とする児童・生徒のうち、事前に保護者の了解が得られれば、調査対象に含めない（【ＰＤ〔注：パーソナルデータ〕】扱いとする）ことが可能です。

【調査対象に含めないことが可能な児童・生徒】

(1)　知的障がい特別支援学級に在籍しており、下学年の内容、もしくは特別支援学校の教科内容の指導を受けている児童・生徒。

(2)　通常学級に在籍し、障がいにより他の児童・生徒と同一の条件で受検が困難な児童・生徒。

(3)　適応指導教室（チャレンジ学級）に通級している児童・生徒。

(4)　日本語指導が必要な児童・生徒。または、日本語が十分に理解できない児童・生徒。

(5)　体調不良や心身の状況等（ケガや病気等）により受検が困難な児童・生徒。

（当日の欠席・遅刻・早退のあった児童・生徒を含む。）」

これらの施策に対して、私たち足教組が調査した【職場からの声】の中に、足立区の教職員の良心を感じさせるものがあります。例えば、左記のようなものです。

①　学力調査の結果を上げるためのテスト、分析、補習等に忙しく、真の学力向上になっていないと思われる。

②　学力向上ではなく、塾化、受験勉強強化ですかね。学力とは何かを取り違えてる。豊かな学びとほど遠い世界だと思います。

③　学力向上のために、ある学年だけ七時間目を一週間も行っている。六時間目まで空きもなく、クタクタな上、七時間目、会議、実習生の世話、残務整理……と仕事は果てしなく続く。体も心も疲れ切ってしまう。テストの結果も、いちいちポートフォリオに入力〔注：一問ごとの正誤を確認するため〕する必

要性を感じない。児童や職場の仲間と向き合う時間より、パソコンと向き合う時間の方がずっと長くなっている。

④　四月の区調査まで授業はいいから区調査の過去問をと言われました。週案に何て書くんですか。指導要領的には？　どんどん年間指導計画から離れていき不安です。本校では、補習の対象児を「下位層」「中間層」とよんでいます。人権問題！　学校の評価のための補習なんかいらない。今年度異動してきたばかりですが、正直一刻も早くこの区を出たい。同じ都内でこんなに違うなんて。

⑤　他区から異動してきました。足立区は何を「怖れ」ているのかが見えません。「区調査」で「Gランク」という明らかに人権的にアウトな表現を公の場で使用している職場に違和感を覚えます。

●長時間過密労働　何を改善すれば？

【職場からの声】には、長時間過密労働を改善させるために「自分の授業スキル」を高めたり、「自分の仕事効率を上げる」との言葉もありました。

しかし、個人の努力には限界があります。「管理職を中心とした休暇をとりやすい雰囲気」も今の職場では望むべくもなし――。としたら、「補充学習は、教員がやるのは無理がある。体が一つなのに、部活と補充、授業の準備他、正直自分自身いつ体をこわしてもおかしくないし、補充があるために、他の生徒への指導もできない」という声も無視できません。

超多忙化を生み出しているものに中学校三〇分補習（放課後学習）があります。放課後の補習教室の時間確保のため、始業を早めたり休み時間を削ったりして放課後に三〇分を捻出しています。勉強時間を増やせば学力は上がるのでしょうか？

「この補習が始まってから、仕事量がグッと増え、帰宅時間も遅くなった。空き時間も、もともと少ないので、仕事が終わらない。補習自体に反対なのではないが、今までと同じ仕事をして、さらに〝補習〟をやることには無理を感じる。休憩もとれず、いつまで体がもつか不安でたまらない。」（【職場からの声】）

他にも、小中連携のために、年一〇回もの会合がありました。

「年二回程度でよいと思う。小中それぞれ課題があり、独自の研修も必要だと思う。小中それぞれの発達段階に応じた指導をしているのであり、それぞれ尊重すべきである。今のやり方だと、区教委が小中学校を統率しようとし、言うことをきかせやすくするためにやっているように思える。」（【職場からの声】）

●足立区いじめに関する調査委員会の「提言」

二〇一三年一一月二一日、二〇一〇年の自殺問題に関して、調査を行っていた第三者委員会が調査報告書をまとめ、足立区に答申しました。報告書では、いじめと自殺の因果関係はあったと断定し、「教師の時間確保のため、教育委員会は、二つのことに取り組む。一つは、事務作業の削減、もう一つは教師数の増員」とする、いじめ防止への提言も出されました。

二〇一四年一月八日（水）、足教組は支部委員会決議をあげ、教育委員会はこの提案を受け入れ、直ちに実行することを要望しました。しかし、未だに「シカト」状態が続いています。

「〔生徒に対する〕いじめアンケート、年三回、同じ項目でのアンケートは意味がない。アンケートをするからには、区教委も、それなりの分析、アドバイス等、専門的に何か情報などを発信していただきたい。」（【職場からの声】）

●職場環境は？　施設改善、クーラー、パソコン

他にも、【職場からの声】には、職場環境＝教育環境における不備が見受けられます。

①　学校により差のありすぎる施設設備。暑い中エアコンなしの調理実習、製作活動は、生徒にとっても教える側にとっても辛いです。

②　そだち〔指導員〕の部屋にはすぐクーラーが設置されるのに、図工室や家庭科室にないのはおかしい。また、休憩室が全くなく、どこにも休める所がない。区からは、あれもこれもとたくさんのことが押し付けられる、特に成績面で。学校とは何なのか、本当に人間としての価値が点数だけにあるように感じられ、このまま働き続けられるかとても不安。

③　パソコンがフリーズすることが多く、職務遂行の妨げとなっている。

●教師の多忙化はジャグリング状態

学習院大学の佐藤学氏のこんな文章に目が止まりました。

「教師の多忙化について、教師の仕事は大道芸のジャグリングに例えることができる。教室で教師は、

こちらの生徒に対応しながらあちらの生徒の質問に対応し、授業の進度を気にしながら、教材の扱いを工夫し、次の学びの活動を準備し、部活動の遠征の届け出や校務分掌の会議に出席して書類づくりの計画を立て、仕事が終わるのは夜も暮れています。

現在の学校は、教室も職員室もジャグリング状態で数え切れない玉が飛び交っているのに『これもやれ』『あれもやれ』と新しい玉が矢継ぎ早に投げ込まれている。

教師たちの最大の不満は、『あまりに多くの課題が学校の外から押し付けられている』ことにある。過剰なまでの教育改革が、教室と職員室のジャグリング状態をいっそう過激にしているのである」

●体調を崩された方は？

このような教師の多忙化の中で、体調を崩し、休職をしている教師も多く存在します。平成二六年四月一日～平成二七年三月三一日の期間、足立区には、病気休職者が三〇名、病気休暇（三〇日以上）者数が一九名います（病気休暇は九〇日が上限。同疾患で引き続き休業をする場合、病気休職となる）。長期病休者（ここでは病気休暇者及び休職者を指す）で最も多いのは「精神及び行動の障害」三一件、次いで「新生物」（ガンなどの疾患）六件となっています（いずれの数字も、「平成二七年度第一回足立区学校総括安全衛生委員会」平成二七年七月一日より）。

●足立区としての過重労働対策は？

毎年一回目の足立区学校総括安全衛生委員会では、「あなたの声を区教委へ」職場の声アンケートの中間集計結果の報告を行っています。

二〇一四年度第一回足立区学校総括安全委員会では、委員長を務める学校教育部長が、「『教職員が多忙である』というのは、まぎれもない事実であるということは認識しています。……配布された資料からも、教職員の忙しさは手に取るようにわかります」と答弁。第三回には左記のようなまとめをしていますが、足立区としての過重労働対策は、何もとられていないというのが現状です。

「労働安全衛生法の改正により、過重労働による健康障害防止のための医師による面接指導の実施が義務づけられた。足立区立学校では、面接実施体制を整えパイロット的に実施している。しかし、教職員の場合、時間外労働を客観的に正確な時間まで把握することは困難でもあり、過重労働の判断が非常に難しい現状もあるが、過重労働が健康を害することは事実であり、今後も引き続き過重労働による健康障害防止に取り組んでいく。」（「平成二六年度第三回足立区学校総括安全衛生委員会」平成二七年三月四日より）

●まとめとして

今、職場には教育行政に対する不満が渦巻いています。それは、「子どもたちのためにいい授業をしたい」という思いにあふれているからです。二〇一五年、安保法制の反対運動を繰り広げたSEALDsは、「空気は読むものでなく変えるものだ」と言っています。職場の空気を変えていくには「おかしいものはおかしい」と言い続けることが大切です。

課題は山積していますが、その解決のためにも組合員を増やし、執行部の仲間と知恵を出し合い、教職員OB・地域の方々からの力をお借りしながら、教育環境の改善に向けての運動を築いていきたいと思います。

足立区の学校統廃合

山本由美

●地域の共同を壊すために

東京都足立区は、日本の新自由主義教育改革における突破口、一つの先行モデルとされてきたと思われる。全国初の実質的な学校選択制、学力テスト重視、そしてどんなに反対運動が盛り上がっても裁判を起こしても止められない学校統廃合、国政レベルで「教育改革」を率先して進める中教審委員らが区の教育委員に就任し続ける異例さ、それらはすべて、足立区が全国的にも改革の先行モデルであるがゆえに行われたことであろう。

また新自由主義教育改革に対する強力な対抗勢力、教職員組合の教師たちと保護者、地域の共同が存在したために、それを懐柔して改革の突破口をつくる、そういった意味があったと思われる。

足立区の学校統廃合に関わる改革は、二つの段階を経て進められてきた。

第一の段階は一九九五年以降、第二の段階は二〇〇九年以降である。

第一の段階では、新自由主義教育改革の導入期であり、選択行動を利用しての公教育の序列的再編がめざされた時期でもある。かつて、一九七〇～八〇年代、中学校を中心とした校内暴力、「荒れ」の時代に、それを克服するために教職員組合の教師たちが地域に出て保護者、住民と共同して乗り越えてきた歴史がある。

中学校ごとに特色のある「自治と文化」の活動が展開され、教師たちは生徒たちとともに「つま先は前に」

を合言葉に、困難な状況に共同で立ち向かっていく姿があった。校区では、学校、教師たちを支える「おやじの会」など保護者のネットワークが結成された。

他方、戦後人口急増期に対応して増加した小中学校（一九八七年段階で小学校八〇校、中学校三九校）が、八〇年代以降の人口減の時期に、一部で小規模化する状況が見られた。そんな中で、九〇年代前半に行われた統廃合では、保護者、住民とともに教職員が反対し強い抵抗運動が起きていた。

そんな中で一九九五年、再開発地域の北千住地域を主たるターゲットにした統廃合計画である「足立区内の適正規模並びに改築計画について」を区教委が公表し、さらに同年、全国で最も早く実質的な学校選択制である「通学区域の弾力化」が導入された。これは、教委が提示する広範な「承認基準」に合致すれば、自由に学区以外の小中学校を選択できる制度であった。国政レベルでもようやく財界や政府から学校選択制が提唱され始める時期であり、事情があれば学区以外の学校が選べる文科省の「通学区域の弾力化」通知（一九九七年）が出される一年前でもあった。

山本由美

選択制で小規模校が一層小規模化し、学校を中心とした共同も弱体化するため統廃合しやすくなる。足立区の選択制の導入は、当初から入学希望者が集中する過密校と、選択行動から外れる学校および小規模化する小規模校の二極化を招いた。

二〇〇〇年、特に再開発地域である千住地域の学校をターゲットに、区教委は「千住地域の小・中学校の適正配置全体計画」を公表する。千住地域のY小学校は、選択制導入後すぐに新入生が一桁になるなど極端に小規模化していた。さらに選択制は学校と地域コミュニティの関係を弱体化させ、学校単位で保護者や住民と共同していた教職員組合の教師

表１　足立区の廃校経緯

1975 年	関原小学校分校	
1991 年	千寿第 1 小・千寿旭小 →	千寿本町小
1992 年	千寿第 7 小・千寿第 6 小 →	千寿桜小
1997 年	花畑東小・桑袋小 →	桜花小
1997 年	淵江第 2 小・竹ノ塚北小 →	西保木間小
2001 年	入谷小・入谷南小 →	足立入谷小
2002 年	千寿小・千寿第 2 小 →	千寿小（新）
2002 年	千寿第 4 小・柳原小 →	千寿城東小
2003 年	第 15 中・第 3 中 →	千寿青葉中
2005 年	千寿第 3 小・元宿小→	千寿双葉小
2005 年	第 2 中・第 16 中 →	千寿桜堤中
2012 年	本木小・本木東小 →	本木小へ吸収合併
2013 年	千寿第 5 小・五反野小 →	足立小
2015 年	上沼田小・鹿浜小 →	鹿浜五色桜小
2016 年	鹿浜中・第 8 中 →	鹿浜菜の花中

2016 年山本が作成

たちの分断をも図るものであった。

結果的に、表1に見るように千住地区を中心に、二〇〇五年までに一六校の小中学校が廃校になった。選択制とリンクした統廃合は、足立区からスタートして他に拡大し、都内の二三区中一九区、二六市中九市が選択制と同時期に統廃合基準ともなる「最低基準」「適正規模」を導入して、機械的な統廃合を促進させた。その結果、二〇〇〇～〇八年に、東京都では一五〇校以上の学校が廃校になった。足立区の小中学校の廃校数は、豊島区（二〇校）、北区（一九校）、江東区（一四校）に続いて第四位（一二校）であった。

●学校選択制と学力テストとのリンク。その失敗へ

さらに足立区は、日本が後追いする英米の新自由主義教育改革をモデルにした改革を、全国に先駆けて導入しようとした自治体であったと思われる。これは、一斉学力テストを導入し、「結果」を公表することによって自治体や学校を競わせ、さらに「結果」に基づいた選択行動の導入によって小規模校を淘汰し、結果的に公教育を序列的に再編しようとするものである。その目的は、経済界の要請する産業構造の転換に応じた「人材」養成制度、「エリート養成」に重点的に資源配分し、「非エリート」には安上がりな教育を提供しようとするものだった。英米では、学力テスト「結果」は学校評価のみならず、教員評価にも利用される。

足立区は二〇〇三年、東京で二番目に早く、区独自の学力テストをベネッセに委託して導入した。また学力テストの学校ごとの「結果」が公表された。さらに、二〇〇四年から実施された東京都学力テストで自治

体ごとの順位が公表されると、順位が区部で最下位だったことを「口実」に、区教委が「学力テスト対策」を口実として夏休み補習や二学期制などの改革を次々と過度に進めるようになっていった。

二〇〇五年には、「特色ある学校づくり」の一環として学校に予算見積書を提出させ「がんばり度」を判断して差別的に予算を配分する方式を導入し、さらにそこに区学力テスト「結果」によってランク付けする方針を導入しようとしたが、区民の批判が多く撤回された。しかしそこには学力テスト「結果」に対する学校へのペナルティを導入する、といった英米流の改革スタイルが見て取れる。

表2は、二〇〇六年段階における足立区立中学校の学力テスト結果と各校の就学援助率を比較したものである。横軸が各校の平均就学援助率、縦軸が区学力テストの各教科平均到達度合計を示す。またひし形（◆）は、学校選択制で希望者が多く抽選のあった学校である。同年の平均就学援助率は二三区内最高の四三％であったが、表で見るように七〇％を超える学校もあった。足立区の場合、それらは鉄道沿線から遠く比較的入居しやすい公共住宅があり、そこではひとり親家庭が六～七割を占めるような、生活困難層の多い学校であった。就学援助率に代表される家庭の階層とテスト達成度は強い負の相関を示していた。保護者の階層が高い学校はテスト成績が高く、選択人気校も存在する。階層が低い学校はテスト成績が低く選択されない学校となり、やがて統廃合の対象とされていく。このような英米流の新自由主義教育改革の典型的な図式が足立区では出現しようとしていた。

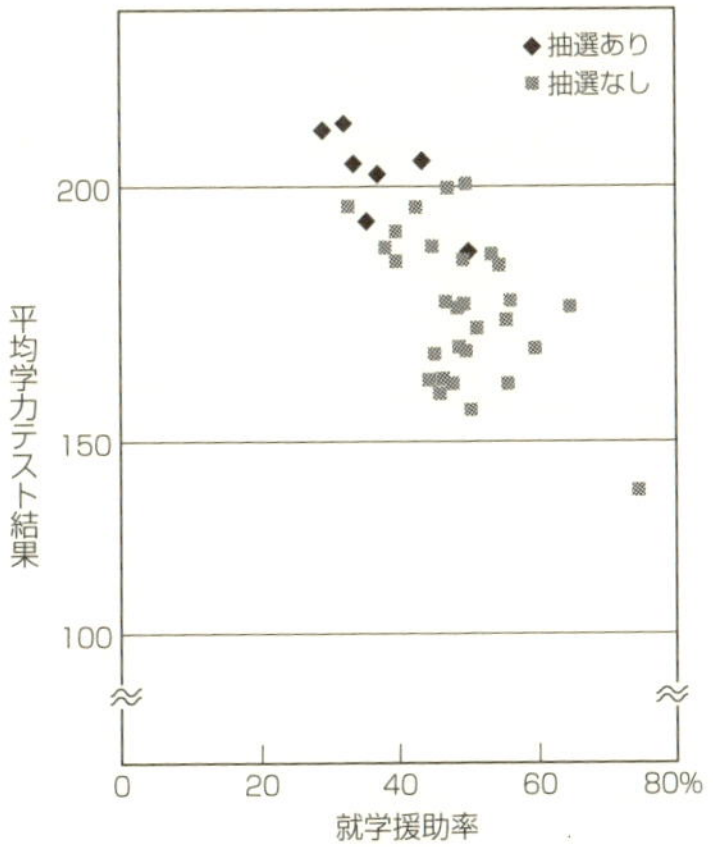

表2　二〇〇六年段階における足立区立中学校の学力テスト結果と各校の就学援助率

しかし、二〇〇七年の全国学力テスト開始直後、足立区では、障害を持った子どもをテストに欠席させる、あらかじめ前年の問題を解かせる、テスト中教師が正解を誘導する、といった不正行為を、まず地域の保護者たちが、次に教職員組合の教師たちが告発し、マスコミに取り上げられて全国的な問題になった。それは、学テに対抗する運動として大きな反響を呼んだ。

一九六〇年代の全国学テに対する全国的な教師、保護者、地域住民の反対運動や各地での多くの学テ裁判闘争と学テ違憲判決（本書九八ページ表参照）などのトラウマがあり、文科省は学力テストの扱いに対して慎重になる傾向があったと思われる。例えば、二〇〇七年度以降の全国学力テストの学校ごとの「結果」公表について文科省は慎重な姿勢を示し、二〇一五年度、大阪府が高校入試内申点に全国学テ結果を反映させたことに対しては批判的対応をとった。そのような傾向を反映して、再び学テ反対運動が起きた足立区で、当面は学テ「結果」と統廃合をダイレクトに結びつける英米流の改革が当面は断念されたのではないか。

さらに、この時期から江東区などで、地域の教育力を低下させ、伝統校を簡単に廃校に追い込む学校選択制に対する批判が、町会長など地域保守層からも噴出するようになった。それはその後の複数自治体による選択制の廃止、見直しにつながっていく。

二〇〇七年、東教組足立支部が都内東部の町会長、ＰＴＡ会長らを対象としたアンケート調査でも、学校選択制による学校と地域の関係の希薄化が指摘されている。二〇〇八年、江東区は小学校の選択制の見直しを決定、その後杉並区の廃止などが続き、都内で新たに選択制を導入する自治体はなくなった。二〇〇九年、中教審は「全国一律に学校選択制を導入すべきではない」と方針転換を示し、その理由として「学校と地域の関係の希薄化」を挙げた。他方、この時期、全国的な選択制トーンダウンの中、新たに小中一貫校制度を利用した統廃合が急増していくようになる。しかし、他での見直し、廃止が行われる中でも、足立区は今日まで一貫して選択制に固執している。

●二〇〇九年、次の段階へ

二〇〇八年、「足立区公共施設再配置審議会」が区長へ答申して、翌年「公共施設再配置のための指針」が公表された。これは、少子高齢による人口減少、築三〇年以上を経た施設の老朽化などに対応して公共施設の再配置を見直そうとするものだった。さらに、公共施設を「地縁的で身近な日常生活の中で利用」する「生活圏施設」と、広域的で目的を中心に集まる「駅勢圏施設」に分け、そのモデル配置を提言し、民間活用をも提起したものだった。北千住駅周辺、つくばエクスプレスや日暮里・舎人ライナーなど新しい鉄道の開業に伴う「駅勢圏」の再開発、学校の段階的な統廃合や、跡地への大学の誘致なども盛り込まれた。

その後、二〇一四年に総務省が「公共施設総合管理計画」によって全国の自治体に公共施設の適正配置計画を策定させ、結果的に公共施設の統廃合を促進させていくことの先取りのような施策であった。

表1（五八ページ）に見るように、二〇〇五年を最後に一旦ストップしていた統廃合は、二〇〇九年に新たな方針「足立区立小・中学校の適正規模・適正配置の実現に向けて——これからの二五年を考える適正規模・適正配置のガイドライン」によって、千住地域以外でもバージョンアップして再開することになった。

答申の内容は、第一に、区独自の適正規模を「一二〜二四学級」と一般の自治体より大きめに設定し、それ以下の学校、特に六学級以下の「過小規模校」は早急に統合対象としていくことを定めた。第二に、区内の学校が築五〇年などの改修工事の時期を迎え財政的負担が大きいため、「校舎の古さ」を統合の指標として「改築を行いながら統合を進めていく」方向性が示された。さらに、この時期以降、二校の統合が決定された場合、校舎改修期間（二年間など）の両校の児童・生徒を一時的に片方に「収容」し、校舎完成後に新設校に移転させるという手法が用いられるようになる。短期間に「収容」場所を変えられる子どもへの負担より、統廃合の効率性が優先されるようになる。ガイドラインには「当面の取り組み」として三小学校、一中学校の名前が挙げられた。保護者・住民の大反対運動を押し切って強行された本木小・本木東小、五反野小・千寿第五小などの統廃合のケースはこの建設方式が用いられた。

また、地域の再開発と統廃合が一体化される傾向は顕著になった。舎人ライナー周辺の江北地区の統廃合は「一定のエリアを設定し地域計画を一体的に考えていく」といった再開発優先のものであった。このように足立区では子どもたちの十全な成長・発達の保障とは異なった論理による学校と地域コミュニティの再編が進められている。

二〇一二年、足立区教育委員に放送大学教授・中教審副会長の小川正人氏が就任する。小川氏は中教審の学校連携（小中一貫）など学制改革に関わる分科会の主査を務めていた。また二〇一六年度から、小川氏の後任を、文部省の統廃合「手引き」作成協力者を務めた国立教育政策研究所名誉所員・文教大教授の葉養正明氏が引き継いだ。国政レベルの教育改革を中心的に担う研究者が、区の教育委員に就任するという異例の事態が続いている。どんなに区民の反対運動があっても止まらない統廃合と相まって、足立区の教育改革が国政レベルで重点的に位置づけられてきたことを端的に示している。

●「開かれた学校づくり協議会」と紛争化――「学校参加」制度が統廃合に利用された

二〇〇五年、足立区は地域住民、元ＰＴＡ関係者などから構成される「学校参加」制度、「開かれた学校づくり協議会」をすべての学校に設置した。当初、「地域性を生かした特色づくり」を掲げ、学校運営への「参画」と称する「助言」、「地域人材の活用」、「学校評価（本格実施は二〇〇九年度から）」などを行う制度とされた。その後二〇〇九年の「ガイドライン」では、統合対象校の「開かれた学校づくり協議会」同士が「統合地域協議会」を結成して、統合計画を進めていくように定められた。

「ガイドライン」では、統廃合計画の筆頭に単学級校である本木東小と本木小の統合計画があげられた。しかし本木東小は、きめ細かな指導が行われ、地域と結びつきが強い学校だった。ＰＴＡ役員、保護者、地域住民、一部の町会長が統合に反対し、ＰＴＡが中心になって一三〇〇筆の署名活動と議会への請願、反対運動のための学習会などを行った。しかし協議会では、委員である統合賛成派の保守党系区議の発言力が強かったという。また、協議会や保護者説明会でどんなに反対意見が多く出されても、区教委は「会で説明がされた」という事実のみをカウントして区議会の文教委員会に上げるために、統合への準備が着々と進められることになった。

そんな中、両校の委員が集まった二〇一〇年七月の「統合準備協議会」において、本木東小ＰＴＡ役員には事前に知らされず、人数がそろっていない状態で突然の統合の採決が行われ、相手方の本木小側の意向を全面的に受け入れた統合が決定されてしまった。さらに足立区の統廃合は両校を廃校にして一から新たな学校をつくる「対等・平等」方式で行うのが慣習とされていたのに、本木小委員の「歴史と校名を譲ってほしい」という一方的な意向を受け、教委は「吸収・合併」される方式を本木東小側に飲ませることになった。

次の統廃合ターゲットにされた千寿第五小は、一一学級（三二七名）の規模があり、学校選択制で児童数が増加している人気校で、校舎の老朽化と一学年のみが単学級であることが統合の理由とされた。それは、保護者、地域住民にとって必然性が感じられない理由だった。

さらに統合対象となった五反野小（四二七名）は、二〇〇五年に全国初の文科省の「コミュニティスクール」制度に認定されたものの、後に制度を返上した学校であった。

「コミュニティスクール」制度とは、地域住民などが委員に任命され学校運営にかかわる制度である。二〇〇〇年、教育改革国民会議の提案を受け、二〇〇二年度に文科省の「新しいタイプの学校運営のあり方」

に関する研究指定校として、全国で九校の実践研究が始められた。その一校であった五反野小は委員による「学校理事会」がベネッセ・コーポレーションから民間校長を招へいすることを決定し、ＩＴ環境が整った学校づくりなどを行っていた。「学校理事会」はイギリスの制度をモデルにしたものとされ、校長人事権など強い権限を有していた。その後二〇〇四年に地方教育行政の組織及び運営に関する法律の改正により、教育委員会が決定すれば全国どこでも「学校運営協議会」を設置する「コミュニティスクール」を開設できるようになった。「学校運営協議会」は、学校運営の基本方針を承認し教員人事に意見できる制度とされた。

しかし二〇一一年、五反野小は「学校運営協議会」制度の先がけともいえる「学校理事会」を廃止し、区内の他校と同じ「開かれた学校づくり協議会」制度を置くことになった。「学校理事会」が実質運営する学校は、区教委との対立が多いといったような問題もあったようだ。他方、隣接する千住第五小は、「地域の普通の小学校」として、選択制で人気校になっていった。

そのような中での突然の千寿第五小統合計画の公表は、多くの保護者にとってその必要性が感じられないばかりか、相手校の施策の総括もない状況で出てきた納得のいかないものだった。保護者、住民らは集会や学習会を開催し、一万一千筆以上に及ぶ大量の署名を集めるなどして反対運動を開始した。

また、自校で「開かれた学校づくり協議会」を開催すると、たとえ反対意見を出しても統合計画が進められてしまうため、ＰＴＡは、協議会を一切開催させず行政に手続きを踏ませない戦略を取った。当時、同校のアンケートでは九〇％以上の保護者が統廃合に反対だった。それに対して、区教委は自ら立てたルールを無視して、協議会が開催されていない状態であるにもかかわらず、統廃合を強行させてしまった。また、区議会で廃校条例が可決されていない状況であるにもかかわらず、校庭の木を伐採しプールを取り壊すなど威嚇的な行動を示した。

結局二〇一二年、二五名の保護者と地域住民が足立区を相手取って、同校の統廃合計画の無効と損害賠償を求めて、東京地方裁判所に行政訴訟を提訴した。主要な論点は、手続きの無効性、子どもたちの安全を脅かす統廃合の違法性であった。また、学校は地域の避難拠点であり、災害時などの子どものみならず地域住民の安全が保障されなくなる、といった論点も提出された。しかし、係争中の中で、二〇一二年両校は統合され足立小が開設された。両校の子どもたちは二年間、千寿第五小の敷地にプレハブ教室を追加した校舎で過ごし、二年後に旧五反野小に新築される校舎に移ることになった。二〇一五年、裁判は保護者側の敗訴に終わった。この間、原告のうちの一名が、区の「放課後見守りスタッフ」の継続拒否を受け係争化する事件（二〇一四年に和解）も起き、区教委に対する保護者、地域住民の不信感が高まった。

次のターゲットは、舎人ライナー沿線の再開発に伴う江北エリアの江北中と上沼田中の統合であったが、ここも統合に緊急を要するような規模の学校ではなく、やはり江北中の校舎改修時期が「理由」とされた。駅前にある交通の便がよい場所の学校が廃校対象という、経済的な目的である跡地の再開発が明確な計画であった。しかしコミュニティが比較的新しく、反対運動を押し切り二〇一六年に統合された。

このように、足立区では、次々と実施される統合計画に対して、大規模な反対運動が起きても見直しや延期などが行われることなく、当初の計画通りに粛々と統廃合が進められる点が他の地域とは異なっている。反対運動にかかわった保護者や住民が成果を得られないために、挫折感や無力感に傷つき、また厳しい裁判闘争の中、さらにダメージを負うこともあった。

この時期、統廃合と並行して、二校の小中一貫校が開設されたが、事態は混乱を招いている。二〇一〇年に開校された新田学園は、区教委が地域の児童・生徒数増加予測を誤ったため、統合校舎に児童生徒を収容しきれなくなり、離れた場所に第二校舎を開設せざるを得なくなった。その第二校舎は、校庭部分が十分に確保できないなど子どもたちにとって学習条件が悪いものになっている。区教委の小中一貫校に対する評価は低く、二〇一五年に今後の拡大を見合わせる見解を出している。

●シカゴ、グローバル都市の教育改革のアジェンダ、そして対抗軸——統廃合と学力テストの「教育改革」に、どのように対抗していくのか

サラ先生のシカゴ市に目を転じてみよう。一九七〇・八〇年代に、それまでの製造業、食品加工業などを中心とした市の産業は、多国籍企業の本社、金融、情報、不動産、サービス業、旅行業などへと産業構造の大きな転換を見て、アメリカ国内では経済的に「成功」していると評価される。それらの企業で働く「グローバル・エリート」を養成するために、一九九五年学校改革法によって、公立学校の多様化が一気に進められた。エリート向けの高度な内容を持つ選抜学校が次々と新設されていった。二〇〇一年、後にオバマ政権の教育省長官になるアーン・ダンカンが教育員会のＣＥＯとなった。翌年のブッシュ政権のＮＣＬＢ法（一人の子どもも落ちこぼさない法律）のもと、学力テストの低い結果の学校にペナルティを課し、チャータースクールに置き換えていく彼の政策は、後に全米のモデルとなっていく。

他方、産業界は、「グローバル・エリート」のみならず、それに伴い一定数の「グローバル・非エリート」人材を求めるようになった。エリートの仕事や生活を支えるために、都市では低所得のサービス業、運送業、清掃業、食品提供などの人材が必要になる。そこにはかつて製造業で勤務していた大量のブルーカラーに求められた一定の学力や技能はもう必要とされなくなり、「八学年（中二）程度の学力と従順な態度」で十分とされた。また、量的にも以前の人数は必要とされなくなり、職を得られない「余剰人材」が生まれてくる。

一九九〇年代後半に導入されたゼロ・トレランス政策は、公立学校の規律の厳格化のみならず、問題行動

を起こした生徒の排除、施設への「収監」なども含むものであった。底辺の生徒たちは、非ェリート人材にふさわしい「従順な態度」を叩き込まれるとともに、そこに見合わないものは排除の対象となっていった。

また、一九九七年にシカゴ市で最初の一校が開設された公立ミリタリーアカデミー（軍隊式学校）は、市長によって「未来への波」と称され、最貧困の生徒たちを対象に一定の人気を集め、六校にまで拡大した。これには、中高一貫校と高校のみのタイプがある。貧困であっても、カレッジへの進学が可能になる学校として宣伝され、二〇％程度が直接軍に就職していく状況が生みだされた。また、単に「余剰人材」を受け入れて軍にリクルートするだけでなく、生徒へのゼロ・トレランスの徹底、態度の育成という点でも、軍隊式の教育は有効なものであると考えられた。

このようなエリート校の創設とともに、貧困な地域の近隣学校（Neighborhood school）に対しては、次々と統廃合、公設民営学校（チャータースクール）への移行が行われた。特に困難な地域の学校では、学校のカリキュラムの科目数自体が減らされ、校舎の改修も行われないなど経費削減のターゲットとなっていった。そして、貧困地域の学校の学力テストの低成績が統廃合の「理由」として最大限に利用された。シカゴでは、人口の八割以上を占める黒人（四〇％）とヒスパニック（四三％）のコミュニティがターゲットになった。特に市南部の黒人居住地域が狙われ、二〇一二年の廃校計画対象五〇校の九〇％がその地域の学校だった。

公立学校の統廃合は、公設民営学校の経営企業にも跡地再開発にかかわる銀行や不動産業にも莫大な利益をもたらす、「新しい市場を拡大する」ものであった。特に、学校跡地の売買・貸与は不動産業にとって大きな利益を生み出した。多くの私立大学が不動産業を介して公立小中学校廃校跡地に進出した。市の大企業関係者が教育行政に直接要求を反映できるように、教育委員会の「市長統制」と称される改革も行われた。

このように見てくると、足立区で行われている教育改革はまさに、グローバル都市の「非エリート人材」

養成のための地域モデルをめざした改革といえるのではないだろうか。

機械的な学力テスト対策、それを口実にした民間教育企業の導入、豊かな教育内容を保障せずに貧困層向けの安上がりな教育内容であるスタンダード化、ゼロ・トレランスによる厳罰化、そして統廃合と跡地の再開発、ただ異なる点としては、シカゴ市で公立学校をつぶして開設されるチャータースクール（公設民営学校）が、日本では現時点で大阪市以外では準備されていない点である。ただし、個別の公設民営学校の導入は難しくても、公立学校の教材など、中身自体を民営化してしまえばよいと考えられているのかもしれない。

シカゴ市では、サラ先生の報告にあるように、二〇一二年の五〇校を対象とした大規模統廃合計画に対してシカゴ教職員組合と保護者、市民が共同して立ち上がり、七日間におよぶストライキに結集した。それは六〇年代の公民権運動以来の歴史を持つ人種差別反対運動とも連動するものであった。

また、統廃合反対運動の中で、教師と保護者が進めてきていた学力テスト反対運動との連携も進められていった。そこで、新自由主義教育改革に対する全市レベルの対抗軸が結成された。

足立に目を転じてみると、かつて一九八〇年代に見られた学校を中心とした教師と保護者と地域住民の共同が少しずつ掘り崩されている。それは、小中学校の共同だけでなく、近年では保育園の民営化や「正常化」と称した管理統制の強化によって、保育園保護者たちの共同が形成されにくい状況が出現している。

しかし、コミュニティの分断と多くの「改革」によって、もっとも影響を受けているのは子どもたちではないだろうか。足立区は、高一の中退者数が二三区で最も高く（二〇一五年度）、中学生の不登校上昇率（一九九四～二〇〇九年度）は二三区で第四位となっている。教育改革が子どもたちや地域コミュニティにもたらすデメリットについて検証し、新たな共同を形成していくことが求められる。

子ども・生徒と教師が願っていること

――「足立区いじめに関する調査委員会」の経験を通して

横湯園子

●はじめに――子ども・生徒が願っているように

子どもと教師が心から願っていることは何か。本稿では「足立区いじめに関する調査委員会」の「報告書」から、その切ない思いを述べようと思います。

いじめ暴力の犠牲者は毎日、恐怖にさらされ、「自分である」という感情をこなごなにされ、生きようとする意思さえも失わされて、死の崖っぷちに立っています。生と死の境界域にいて、「明日はわからないが今日は生きていよう」と思ってその日、その日を生きています。何かが加わることによって生から死への境を越してしまいます。本人が「いじめられている」と感じ、苦しんでいれば、それはいじめです。いじめ被害者は黙して語らないことはあっても、決して嘘は言いません。ところが「その程度で」と取り合わず、あるいは加害者に事実確認する教師の何と多いことか。加害者から「お前がチクった」と責められ、それを機にいじめ暴力はエスカレートしていきます。

いじめ被害者の訴えをていねいに聴くためには、いじめ加害者たちの目につかない場所を選ぶ必要もあります。場所を移しても即、話し出さないかもしれません。そのような時は急かさないで、待つことが大事です。例えば、窓の外の空、流れる雲を見ながら深呼吸を。「先生は待っていてくれる」「話しても大丈夫」と思ってくれればそのうち話しはじめるはずです。心と命の安全を願って、「先生はどうしたらいい？」「お家の人にどのように話したらいい？」とたずね、本人が願っているようにすることです。これがいじめを発見する教師のセンスの大前提になります。そのためには時間的にも精神的にも余裕・ゆとりがなければなりません。教師の多忙化こそが問われるべきだと思うのです。

私は心理臨床家でもあります。ノートびっしりの「help me」を残して自殺していった少年、親から「私の代わりに香水を」と託されて入った遺体安置室での少女との対面を忘れることができません。遺書を手にして訪ねてこられる初対面のご両親を前にして、自殺していった子どもの最後の「声」である遺書を読む時に感じる彼岸からの眼差しを、どう伝えたらよいでしょうか。

ところで、「報告書」は膨大な分量です。全てを語るのは不可能であり、区長からの「諮問」と調査員会の「答申」を資料1、資料2として全文を載せました。教師の多忙化、多忙感解消のために「提言」や、委員の補足意見も転記しました。なお、子ども・生徒と教師が何を願っているかについて、報告書内容については「だ・である」調になりつつも、私自身の感想や意見を含めて、なるべく「です・ます」調で書くつもりです。

Ⅰ　足立区いじめに関する調査委員会設置の経緯

二〇一〇年一〇月二五日に足立区内中学校に在籍する男子が自宅において自殺しました。教育委員会は、原因究明のために教員・生徒からの聞き取りを行うように学校に指示。その結果、当該生徒に対して複数の生徒が言葉によるいじめを行っていた事実が判明しましたが、いじめと自殺との因果関係は不明と報告します。学校の報告を受けた教育委員会は、調査は十分と判断しました。

二〇一二年七月、両親から調査は不十分であるとして「第三者による調査をお願いする」という声が寄せられ、区はいじめに関する調査委員会を設置します。区長の諮問は「いじめの事実、自殺との関係、区が執るべき措置その他の事項について」でした。私は調査委員会の委員を引き受け調査委員長の任に着いた時、「事実は真実である。事実を明らかにすることである」と、改めて姿勢を正したのでした。

(1) どのような自殺であったのか

遺族に当てた「ポケットの中の遺書」と「捨てられていた遺書」の二つがありました。

遺書は最後の「声」です。なぜ自殺しなければならなかったのかを、その人の思考の過程や人間関係の持ち方が反映しています。当該生徒の場合、最後の「声」として二つあわせて読むことが大事となります。「最大の親不孝お許しください」ではじまるポケットの中の遺書は、親や弟たちを気づかいながら親宛に書かれたものでした。捨てられていた遺書は当日ゴミ箱に丸めて捨てたもので、本音の遺書であると言えます。

ア、ポケットの中の遺書

親にあてたポケットの中の遺書でわかったことは、①生きるのが面倒になったこと。②耐えられない程辛い目を見なくていいように耐えられる今のうちに終わらせることにしたこと。③「死こそ最大の保身」と考えるまでに至ったこと。④自死は一年生の頃から計画していたことである、と書かれていました。

イ、捨てられていた遺書で明らかになったこと

自死を決定的にした一〇月二二日のいじめを「嵐」と表現していました。「捨てられた遺書で」でわかっ

たことは、①はじめて死にたいと思った時に「この中学校生活三年間で七回死にたいと思ったら迷わず死のうと決心」していたこと、②一〇月二一日に七回目の数に達してしまったこと、③一番辛いと思ったのは「嘲りと同情」であり、「それも多人数のなかのそれだった」こと、④七回目の意味についてであった。

「捨てられていた遺書」は自身の内面を表にださなかった当該生徒が自死を前にして、自身の胸中、本音を吐露したものと考えられる。クシャクシャにしてゴミ箱に捨てていたことからの躊躇の跡がうかがえる。発見される可能性の高いゴミ箱に捨てているところから考えると、やはり自分の本音を知ってほしいとの気持ちがあったのではないか。

「特に仲のいい友人、好意を抱いている女子の目の前の愚弄はこれ以上ないほど自分の心を傷つけた」との本音が垣間見られる。また、いじめを受けた彼に同情の言葉をかける生徒がいたが、彼は「クラスの同情は耐えがたかった。そんな目で見るな。そんな目で見るなら自分をたすけろ。それができないんだったら俺にかまうな」と訴えているように、このような状況下にあっては友人の声かけも機能しなかったようです。

(2)　いじめと認定した行為について

ア、教育委員会のヒヤリング・カウンセリングからわかったこと

「小学五～六年の時、いじめられていていてその時は助けてあげていた」「中学校一年生の五月頃から部活内で回数は覚えていないが言われていた」「泣いてしまったのを見た」「二年生も一年生と同様の行為が繰り返されて、本人はやめてと言っていた」などの証言や、三年生になって酷くなっていったという証言も多く、加害生徒からも「会うと二〇回ぐらい言った」などの証言があった。

時間帯は昼休みや休み時間が多く、場所としては当該生徒の教室だけでなく、廊下や昇降口などもあった

という他のクラスの証言、運動会後に「『韓国グループ』（当時、流行っていた歌）の歌にあわせてからかった」こと。本人も抗議したり怒りをあらわにしていた一方で、「めんどくさい」「死にたい」など諦めや失意を感じさせる発言もあったなどの証言がありました。

イ、調査員会の調査でわかったこと

いじめの実際については教育委員会のヒヤリングやカウンセリングからわかったことと同様の証言であった。しかし、両親、仲の良かった友人のヒヤリングによって、いつ頃から自死の危険がはじまっていたのか、侮辱的な呼び名で呼ばれる行為がいつ頃から深刻になっていたのか。親しい友人の関わりでは自死を防ぐことができない程に深刻になっていった頃の様子がより明らかになりました。

三年生になると侮辱的な呼び名で呼ぶ行為が深刻なものとなり、本人もやめてと言っていたこと。自分たち（仲の良い友人）も「やめろ」と言うこともあったとのことです。仲の良かった女子生徒たちも呼び名の文字を消したり、貼られた物を取りはずすなど必死だったようです。

遺族から提出された中学一年生のときのものと判断される携帯メールには、金銭に絡むことや罵詈雑言、自殺の文字その他のやり取りがありました。その後、その生徒はいじめグループからは距離をおいており、一年生の時のメールは相手生徒が傷つくということで調査されなかったとのことでした。

「侮辱的呼び名で呼ぶ行為」は三年の二学期以降、激しさを増していきます。「授業中に先生が当該生徒を指名した時、生徒Bがからかった（中略）……先生はたぶん聞こえていたと思う」という証言に対して、「彼自身が教師を信用していないため、本人もまわりも相談しなかったのではないか」という意見もありました。

養護教諭や両親へのヒヤリングでわかったことは、一年生の頃より片頭痛が酷く、医師から「片頭痛、起立性調整障害」と診断されていたこと。その症状がいじめに悩んでの心因性のものだったのか断定はできないが、片頭痛だけでなく、めまい、腹痛もあったこと。自死の前日にも酷い下痢があったことから考えると、これらの身体状態は彼の苦しみを物語っていたと推察されます。

身体症状だけでなく、「運動会前から夜中にうなされ、壁を小刻みに叩く行動があった」（遺族）ことや、「他の人が自分のことを言っている気がする」「皆が自分のことをヘンな風に思っていそう」（教育委員会・聞き取り記録）、「近所での外食を嫌がったり、フードをかぶって外出していた。夏休み以降は人目に触れるのを頑に嫌がった」（遺族）など、対人恐怖的、視線恐怖的傾向にあり、焦躁感も含めて精神的に追い詰められていたことが推察されます。

友人との関係では、当該生徒の自宅一階が部員（所属）などの「たまり場」になっていて、家族は楽しく過ごしていると思い安心していた。部員以外にも趣味の演奏仲間、音楽好き、ゲーム好きなど色々な友だちが集まっていた。さらに、生徒Aや生徒Sなど侮辱的な呼び名で呼ぶ生徒も自宅に来ていたが途中で断わっている。結果、立ち寄る生徒の中には、学校で彼がいじめを受け、嫌がっている場面を見ていた者や相談にのっていた者もいたが、いじめをやめさせ終わりにする動きにはなりませんでした。

彼は「たまり場」でも本心を打ち明けることはなく、一定の距離をおいてつき合っていたと考えられ、彼にとってそこは心安らげる場所とはなっていなかったようです。

遺族によると、夏休み前後から自室の片づけをし、自死の道具となった古いベルトを準備するなどから考え合わせると、「死にたい」と思った五回目なのか六回目に当たるのかわからないが、自死へのカウントダウンがはじまったのは夏休み前後であることは確かです。自殺の危険度がいつ頃から強まっていったのか、自死への道ゆきがわかるようにしたのが、図の「いじめと自死の関係図――自死への道ゆき」（報告書では〈図

いじめと自死の関係図——自死への道ゆき

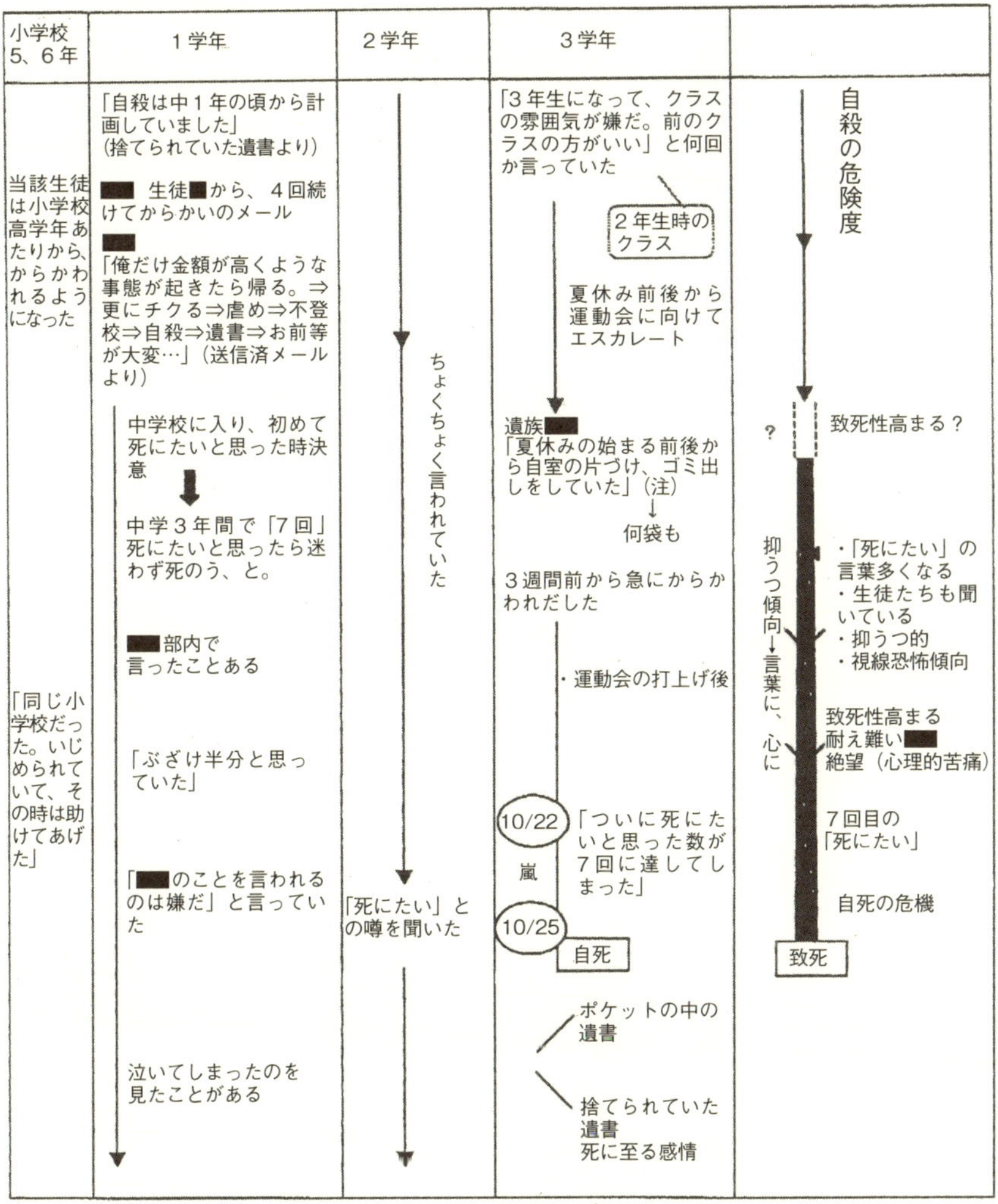

（注）自室の片付け、ゴミ出しは「死の準備」だったのではないだろうか

2〉）です。なお、当該生徒の人間関係も図示（報告書では〈図1〉）しましたが、ここでは略します。

「自死への道ゆき」にあるように「死にたい」と思った一回目が中学一年生であり、七回目の「死にたい」が中学三年の一〇月二二日であり、いつ頃から自死の危険度がたかまり死に至ったのかがわかるはずです。「死にたい」と本人から直かに聞いたという生徒の多くがその時期を「中三になって」「夏休み前後から運動会前後」と証言していました。五回目の「死にたい」がいつであったのか。六回目の「死にたい」がいつであったのかはわからないが夏休み前後であったことは確かです。

母親の聞き取りによると「紙くずで足の踏み場もなかった自室を夏休みにすべてかたづけ母親に自慢していた」「その時期に、過去に使っていた古いベルトがほしいといわれ渡したが、それが自死に使われたものである」と自死の方法までもが具体的になっています。

その頃から自死へのカウントダウンがはじまったと思われます。なお、警察からの聞き取りでは、「押し倒されたり、殴られた場面を見た生徒がいたり、机の上で両手・両足を抑えられ云々の証言があったが、その当時、日常茶飯事にじゃれ合う男子生徒がおり、当該生徒が被害にあっていたかは、証言が少なく特定できなかった」ということでした。しかし、好きな女生徒の目の前での愚弄の一つをとっても、深く傷つき、屈辱感、恥辱感は耐えがたく、焦躁感、絶望感、無力感が頂点に達し、自死にいたってしまったと言えます。言葉による心理的いじめが、物理的いじめに匹敵する場合もあるのです。

II　生徒と教師が願っていること

(1)「先生はボクらのところに」、「生徒と一緒に」

なぜ、教師にはいじめが見えなかったのかについて、生徒の多くが「休み時間、大声で侮辱的な呼び名で呼んでいた。多分その声は聞こえていたはず」と答えており、ヒヤリングでは「彼自身が教師を信頼していないため、本人もまわりも相談しなかったではないか」と教師不信について話していました。

その反面、「先生たちはボクらのところに降りてきてほしい」と言い、教師は教師で「生徒たちと一緒にいたい」とアンケートで書いていました。生徒も教師も一緒に過ごしたいと願いながら、それができない現実をどうしたらよいのでしょうか。アンケートもヒヤリングもそれ以上のことには言及していないが、原因の一つに教師の多忙化があることは否めません。

(2) 教師の多忙感の減少のために――提言のひとつから

「報告書」の提言は、学校への提言、教育委員会への提言から成っています。教育委員会員への提言の一つに、学校の指導体制を強化することがあります。いかに教師の多忙感を減少させるかの具体的提案です。そのままの文章をここに記します。

教師の時間の確保のために、教育委員会は二つのことに取り組む。ひとつは、事務仕事の削減である。教師の多忙感は、事務作業の増大が要因のひとつである。調査統計や会議開催など、学校には様々な事務作業が求められている。そうした事務作業は教育委員会からの依頼に基づくものも多く、学校だけの判断では削減できない。さらに教育委員会においても、担当者レベルでは事務作業を削減できないケースもある。このため、教育委員会のトップの判断により担当の事務作業を削減するための取り組みを実施する。

このような具体的な提言ができてよかったと思います。英断をもってやればできることなのですから。もちろんやれるかどうか、です。だから英断なのです。

そして、さらにもう一歩進めた提言をしました。

学校における教師の事務作業等を削減するだけで教師の時間を確保するのは困難であろう。したがって、もうひとつの取り組みとして、教師数の増員が不可欠であるとして（中略）、子どもたちの安心・安全を護るために予算は、区全体において重点的に配分することが望まれる。指導体制の強化、子どもたちの安心・安全の確保のためには欠かせない施策である。具体的には、現在の事業をさらに発展させ、正規教員を区独自で配置する。相応の財政負担が必要となるが、子どもたちの安心・安全を確保する為に必要な措置であることを踏まえ、区全体でコストをまかなう必要がある。新たに配置する教師については、できるだけ授業の持ち時間を削減し、子どもへの個別指導や家庭訪問などを行うことを重視する。子どもの状況をきめ細かく把握し、適切な指導を行える体制を整えることを期待したい……と。

以上、これだけでも実現できたら、教師の多忙感はぐっと減り、教師の醸し出す雰囲気に子どもたちは安心と親しみを感じて、近づいてくるのではないでしょうか。

(3)　インスピレーションのような感性を——委員の補足意見のひとつから

「報告書」の提言の後に、調査委員の補足意見が載っています。

多くの教師が授業時数の多さ、事務作業の多さだけでなく、暴力行為その他の諸問題を抱えている生徒たちへの対応などに追われ疲労困憊しています。燃えつき直前状態にあるのではないでしょうか。そのような状態にあって、いじめの早期発見やていねいな関わりができるはずがありません。いじめを発見するインスピレーションのような感性も枯渇し、また培うゆとりがあるはずがありません。

教師に求められるインスピレーションに近い感性について、ある治療者は治療者の能力として「子どもの危機や深刻度、それを乗り切っていく力の有無といったようなものを直感的にその場で即座に判断して、それにあった対応を自然に行い得るセンス」と表現しています。

いじめ自殺が後を絶たない教育の現場にあって、教師はそのような感性、能力があってこそ、子どもの命を護ることができると言えます。養護教諭、スクールカウンセラーも然りです。学校という組織と個人、共通理解と咄嗟の判断と対応という、相反することをなし得る能力が機能してこそ、子どもの心の安心、命の安全が護られるのではないでしょうか。

インスピレーションのような感性がなぜ必要かについてその部分だけを転記しておきます。

……教師に物理的精神的な余裕があれば、いじめの早期発見や救出に必要な感性、つまり、生徒の危機やその場の雰囲気を直感的に即座に判断して、それに合った対応を行い得るというインスピレーションに近い「感じる」力も培われる可能性が高くなる。

「感じる」力は、本件のように侮辱的な呼び名によるいじめや日常の教室風景のひとつになってしまったいじめ暴力の発見には有用かつ不可欠な能力である……と。

教師の創造性の基盤となる能力一つであるインスピレーションに近い感性は、いじめ暴力が蔓延し、いじめ被害者の自殺が後を絶たない状況にあって、今や治療者に求められる能力が教師にも求められるようになってしまいました。

(4) 加害生徒への対応――委員の補足意見のひとつから

まず、はじめに問題行動を繰り返す子どもの指導の在り方について述べているがここでは略し、部活動指導の在り方について転記しておきます。

中学、高校生になると部活動内でのいじめが多くなる。勝利至上主義やレギュラーになれなかったものの妬みやストレス発散などが原因となる場合が多い。一方で、部活動内でのいじめは外部からは非常に見えにくい。しかも、発覚したあとでも部活動の停止や廃部などの処分を恐れて、関係者が口にしにくい雰囲気が生まれる。部活動に熱心なことは結構なことだが、顧問等はこうした感情が生まれやすいことを自覚し、いじめ防止に努めていただきたい。

以上、多々ありますがここで終わりとさせていただきます。

〈資料1〉諮問文（全文　写し）

諮　問

平成二二年一〇月二五日区内集学校における中学三年生が自宅において自殺するという事案が派生しました。教育委員会は、両親の要望を受け外聞ながら、原因究明のために教員・生徒から聞き取りを行うように指示しました。その結果、当該生徒に対して複数の生徒が言葉によるいじめを行った事実が判明し、学校から教育委員会に書面で報告しました。報告を受けて、教育委員会は、自殺といじめの因果関係は不明と判断しました。

教育委員会は調査は十分と判断していましたが、平成二四年七月に両親から、調査は不十分であるとして、「第三者機関による再調査をお願いする」との声が区に寄せられ、両者の意見が異なるため、区は、いじめに関する調査委員会を設置することといたしました。
つきましては、下記の事項について諮問します。

記

一　いじめの事実、自殺といじめとの因果関係、区が執るべき措置その他の事項について

平成二五年三月二八日

足立区いじめに関する調査員会委員長様

足立区長　近藤やよい

〈資料2〉答申文（全文　写し）

答　申

平成二二年一〇月二五日区内集学校における中学三年生が自宅において自死した事案に関して諮問のあった事項につきまして、調査報告書とともに、下記のとおり、答申いたします。

一　いじめの事実の関すること

学校内で、他の生徒たちが多くいる前で、当該生徒を「侮辱的な呼び名で呼ぶ行為」が、少なくとも一年生の頃から繰り返され、当該生徒はその行為に相当の嫌悪感を抱いていた。自室に捨てられていた遺書の中には、一〇月二二日の事件を、自死を決意した「七回目」の「死にたいと思った」ことと記している。

こうした当該生徒への具体的攻撃は長期にわたり行われ、本人が精神的苦痛を受けていたことは、多くの生徒の

証言からも明らかである。仲の良い女子生徒などの面前でも侮辱的呼び名で呼ばれていた。当該生徒は強い屈辱を感じており、また、拒否の態度を繰り返し示しても一向にやまない状況に、次第に苛立ちや閉塞感を募らせていった。

これらのことから、本件における「侮辱的な呼び名で呼ぶ行為」は、当該生徒にとって、心理的攻撃による深刻ないじめだったということができる。

なお、本委員会の調査では、この「侮辱的な呼び名で呼ぶ行為」以外のいじめは確認できなかった。

二　自死といじめとの関係に関すること

この「侮辱的な呼び名で呼ぶ行為」は深刻ないじめであったものの、当該生徒の繊細で内向的な性格傾向に加え、当該生徒が仲間集団への適応を意識していたために、いじめの深刻さに周囲の家族、教師及び生徒が気づかず、いじめは長期にわたって継続された。この長期にわたる「侮辱的呼び名で呼ぶ行為」が自死の意思形成に大きく関与し、自死要因のひとつとなったことは当該生徒の残した自室に捨てられていた遺書の内容からも明白である。

自室に捨てられていた遺書には「自分が一番辛いと思ったのは嘲りと同情。それも大人数の中でのそれだった。なぜ集団で取り囲み自分を嘲笑するのか。自分が何をしたというのか」「他にも自分の作品や何かが廊下に掲示されたり、どこかに名前が載ったり、自分の名前を書いたりするのが鬱で仕方なかった。名前を見られるたびに嘲笑われ、貶められる」「もはや名前を呼ばれることすら嫌悪を覚え、たかが名前で何故ここまで苦しまなければならないのか不思議でならない」「こう述べて見たが、死にたいと思う原因はこれくらいのものであり、他のものに関しては充実している」とかかれており、当該生徒のこの記述を覆す事実は見当たらない。したがって、いじめが自死の要因の少なくともひとつであると判断する。

本委員会では、「侮辱的呼び名で呼ぶ行為」が自死の要因の全てであったかどうかは確認できなかった。しかし、この「侮辱的呼び名で呼ぶ行為」が少なくとも自死の要因である以上、自死との因果関係は「あった」と言わざるを得ない。

にもかかわらず、当該生徒の自死後、教育委員会が「侮辱的呼び名で呼ぶ行為」の事実を確認しながら、自死との因果関係を「不明」としたのは「可能性のあることは全部きちんと調査した上で、総合的に判断すべき」との理由であった。

しかしながら、自死の要因として「可能性のあること」を網羅的に明らかにするのは事実上困難であり、かつ、「可能性のあること」を網羅的に明らかにしなくても、いじめが自死の要因の少なくともひとつであることを自室に捨てられていた遺書の内容から判断することは可能である。

三　区が執るべき措置に関すること

教師は、今回のようなみえにくいいじめを早期に発見するためにも、もっと子どもに寄り添い、子どもや保護者との信頼関係を築くよう努力する。

学校は、こどもにとって安全な場所でなくてはならない。常日頃から子どもたちの態度や言葉の変化に気づくことができるよう、常日頃から子どもの様子をよく掌握しておく。子どもどうしの呼び名にも教師は十分注意し、トラブルの徴候が見られた場合はいじめかどうかが判断できない事案も含め、きめ細かく迅速に情報を共有できる校内体制を築く。そのためには、なによりも校長のリーダーシップが重要であり、教護教諭やスクールカウンセラーをはじめ校内の職員や外部の専門家の知見を活かす工夫も必要である。いじめから子どもを護ると同時に、いじめる子どもにたいする丁寧で継続的な指導・支援をおこなう。

教育委員会は、子どもの安心・安全の確保を政策の最優先項目に位置づけ、各学校に徹底する。これまで以上に学校の実態を丁寧に把握し、教師が子どもに関わることの大切さを指導するとともに、学校の指導体制を充実強化する。教育相談体制に関しては、保護者や子どもがもっと気軽に相談できる体制づくりに努める。また、いじめと自死の因果関係の検討プロセスも含めて当時の対応を本答申に沿って改めふりかえった上で、対策を公示、それらの結果を区長及び各学校に説明する。

区長は、学校の指導体制の充実強化のために特段の配慮をするとともに、事件事故の際には教育委員会と連携して対応するシステムを構築する。さらに、本答申に沿って学校や教育委員会がどのような対策を講じたのかの報告を教育委員会に求め、これを当該生徒の遺族や区民に公開することを区長に要望する。

最後に、当該生徒のご冥福を心よりお祈りいたします。

平成二五年一月二一日

足立区長　近藤やよい様

足立区いじめに関する調査委員会

委員長　横湯　園子

〈資料3〉〈横湯委員長の補足意見〉

わずかであるが当該生徒が侮辱的な呼び名でよばれている場に居合わせた教師、自死後にそれを思い出した教師もいたが、残念ながらいじめであるという認識に至らなかった。いじめの早期発見ができるためにはいじめの知識だけでなく、いじめを発見できる感性が必要である。そのためには、教師が子どもに接する時間の確保が必要である。授業時間数の多さ、事務仕事の多さ、暴力行為その他の諸問題を抱えている生徒たちのへの対応など、教師の多忙さは深刻であり、いじめの早期発見と対応は至難である。

調査委員会は教育委員会に事務仕事の軽減と教師数の増員が不可欠であると提言した。同時に、区独自のいっそうの努力を求めたが、それらは生徒との信頼関係の構築に必要であるだけでなく、教師の徒労感を減少させ燃え尽き状態を防ぐことにもなる。

教師の物理的精神的な余裕があれば、いじめの早期発見や救出に必要な感性、つまり生徒の聞き取りやその場の雰囲気を直感的に即座に判断して、それに合った対応を行い得るというインスピレーションに近い「感じる」力も培われる可能性が高くなる。

「感じる」力は、本件のような侮辱的な呼び名によるいじめや日常の教室風景のひとつになってしまったいじめ暴力の発見には有用かつ不可欠な能力である。

〈資料４〉〈武田委員の補足意見〉

問題行動を繰り返す子どもへの指導のあり方

今回、当該生徒への直接は関係がないものの、子どもたちに聞き取りをした資料から、当該生徒のクラスだけでなく、他クラスにもそれぞれ深刻ないじめがあることが判明した。しかも、同じクラスの生徒だけでなく、他クラスから休み時間やって来た生徒が加わっていじめをするというパターンは当該生徒に対するいじめと共通していた。なかでも、当該生徒に対して積極的にいじめていたわけではないが、いじめていた生徒たちとともに行動していた生徒が中心になっているものが目立った。

いじめ問題は加害者問題である。家庭とも連携し、問題行動を一度起こした生徒たちにおなじことを繰り返させない指導こそが肝要である。他の生徒へのいじめや問題行動がきちんと指導されていたら、当該生徒へのいじめが三年生になってエスカレートすることはなかったのではないかと思われる。

本年九月二八日いじめ防止対策推進法が施行され、これからはいじめ問題にチームで対応することになる。問題行動を繰り返す生徒にどのような指導やサポートをすべきか。学校内での情報共有と連携した対応はもちろんのこと、外部の意見を積極的に取入れ、チームが形骸化しないよう取り組んでいただきたい。

部活動指導の在り方

中学、高校生になると部活動内でのいじめが多くなる。勝利至上主義やレギュラーになれなかったものの妬みやストレス発散などが原因となる場合が多い。一方で、部活動の停止や廃部などの処分を恐れ、関係者が口にしにくい雰囲気が生まれる。

部活動に熱心なことは結構なことだが、顧問等はこうした負の感情が生まれやすいことを自覚し、いじめ防止に努めていただきたい。

学力テスト体制とはなにか

堀尾輝久

サラ・チェンバースさんからシカゴの先生たちの学力テスト反対の素晴らしい取り組みをお聴きして感動しました。私たちの学力テスト問題への取り組みに参考になることが沢山あると思いました。同時に私たちは、学力テストに関しては先生も父母とともにときには生徒も参加して反対し、裁判でもたたかい、廃止に追い込んだ経験もあるのです。

いままた生徒たちは学校でも塾でも、テストに追い立てられ、ゆとりを失い、学びの喜びなど感じられない生活を強いられています。教育危機は深まるばかりです。不登校、いじめ、暴力、おちこぼれ、などなど。その原因の一つに学校と地域を巻き込んでの学力テスト競争があげられます。

一旦廃止されたものがなぜ再開したのか。その共通点と違いはどこにあるのかを考えたいと思います。

Ⅰ　一九六〇年代の学力テストとその批判

(1)　まず六〇年代学テストについて見ておきましょう。

六〇年代（六一―六四年）文部省・教育委員会のルートで中学の全二年生を対象に全国一斉学力テストが

実施されました。その理由の一つは国の教育内容統制です。文部省はその前年に学習指導要領を改訂（五八年）し、法的拘束力を与え、「道徳」を特設し愛国心教育を求め、教科書検定を強化しました。

学力テストは上記一連の教育内容統制強化の結果を調査するものであり、かつその調査をおこなうことを通してその政策の浸透を図るものでした。

二つめの理由は経済的な人的能力の開発政策からの要請です。

六〇年代の高度成長政策は地方への産業誘致によって全国的に進められました。経済成長を支える若年労働者の存在分布をテストで確認する。それが地域への産業誘致のインセンティブとして、誘致に有利な指標にも成りうるとして地域挙げての学力テスト対策への取り組みを促し、地域間の競争を促しもしたのです。

国の政策レベルでは経済審議会と中央教育審議会が一体となって政策が進められていき、競争・能力主義で社会と教育を改革再編しようとするものでした。「競争は人間の原理だ」そして三・五％のエリート、ハイ・タレントの確保が重要だとされ、アメリカのジェンセン理論などが紹介され、遺伝決定論や優生学的未来学が唱えられました。学力テストは能力の早期発見の必要論とも結びついていたのです。

(2)　学テスト批判

一九六一年に始まった全国一斉学力テストに対しては教師、生徒、父母から批判の声があがり、日本教育学会からも懸念が示され、国民教育研究所は全国一・二位であった香川・愛媛の調査（宗像・梅根調査）を行い、不正をともなって施行されたテストの実態や、準備指導のあり方を調査報告し、テスト準備が教育実践を歪めることへの危惧を訴えました。日本教職員組合も学テ反対を教師と父母に全国的に呼びかけ各地域で反対がひろがり、学校でのテストの実施を阻止しようとした事件も全国各地で多発し、公務執行妨害で逮捕され、それを不当とする裁判も各地で続発しました。

(3) 学力テスト裁判と最高裁判決

学力テスト裁判の結果はまず福岡地裁で学力テストを違法とする判決（勝訴）がだされ、その後の判例は地裁では違法とするもの合法とするもの半々の状況で、高裁では札幌高裁と仙台高裁で違憲の判決が下されます（本書九八ページ参照）。

このような状況のなかで文部省は一九六五年度は学テを行わず以後は政策を変更し、悉皆調査ではなくサンプリング調査に切り替えていきます。さらに裁判は最高裁で争われることになります。

旭川学テ事件と岩手学テ事件の二つを大法廷で合同審議した最高裁の判決が七六年に出されます。学力テストは合法だとするものでしたが、そこで展開された教育論は重要なものでした。そこには全国一斉学力テストを行う権限は文部省にはないこと、実施は地方教育委員会の責任で行われたものだという判断がしめされたのです。

堀尾輝久

更に判決では「子どもの教育は、教育を施す者の支配的権能ではなく、何よりもまず、子どもの学習をする権利に対応し、その充足をはかりうる立場にある者の責務に属する」とのべ、子どもの学習権を軸とし、親・学校・教育委員会・国のそれぞれの責務をのべたうえで、また「子どもが自由かつ独立の人格として成長することを妨げるような国家的介入、例えば、誤った知識や一方的な観念を子どもに植え付けるような内容の教育を施すことを強制するようなことは、憲法二六条、一三条の規定上からも許されない」とのべて国の責務である教育内容行政は不当な支配にならぬよう「できるだけ抑制的」であらねばならぬ、と述べられていました。また合法性と正当性は違うと述べ、教育政策上適性かどうかを判断する教育論の重要性を示唆したことは重要でした。

(4) 学習権を軸とする国民の教育権論の展開

子どもの学習権は教科書裁判東京地裁判決(杉本判決、一九七〇年)での判決文ではじめて法的に認められ、教育とは何かを問い直す重要な視点となり、子どもの権利を中核とする国民の教育権論として教育法学的にも深められていきましたが、学力テスト最高裁判決での判決文で重要な権利概念と認められることによって、子どもを中心にした参加と協同の学校づくりの運動を励まし、それまでは学習権など法律のどこにも書いてないと言っていた文部省も否定はできないものとなりました。七〇年代は教育制度検討委員会(梅根悟委員長)による『日本の教育改革を求めて』(勁草書房、一九七四年)が出され、それを引き継ぐ教育課程検討委員会は教育課程の改革案をだし、教育課程の自習編成運動も活発でした。

Ⅱ　学校制度の多様化と業者テスト

しかし文部省は中教審答申(四六答申)に基づいて特に高校の多様化政策をすすめ、七〇年代、八〇年代は高校入試競争が激しくなり、民間業者の進学テストと偏差値と内申書が入試で重視され、「一五の春を泣かせるな」という状態になりました。さらに中曽根内閣の臨時教育審議会(八四―八七年)による「教育の自由化」は規制緩和による教育産業の公教育への参入を容認し、変質させる圧力となっていきました。

この傾向は九〇年代に入っていわゆる構造改革、社会全体の行財政改革による規制緩和と民営化（橋本行革、小泉民営化）のなかでいっそう強まり、教育のあり方考え方も大きく変えられていきます。教育基本法改正を求める政財界からの圧力も強まってきます。二〇〇〇年には国民教育会議の報告を受けて、中教審も教育基本法改正の方針を打ち出します。二一世紀の日本の教育はこのような方向づけの中で動いていくのです。

自由化の名による規制緩和は学校選択制の導入と統廃合を進め、さらに中高一貫校から小中一貫校の勧めにまでなってきています。学校教育制度全体の選別的多様化のすすめといってよいでしょう。学校五日は塾通いに拍車をかけ、乱塾時代とも言われる状況となり、教育産業の教材開発と業者テストは学校教育のありかたを大きく規定するまでになっているのです。

しかし塾や教育産業が学校教育を補うものである限りそこでの内容は学習指導要領と教科書検定によって縛られ、そこからの逸脱は許されず、少なくとも自主規制を余儀なくされています。

私たちはこのような今日の教育の根本を特徴づけるものとして、国の内容統制と新自由主義的競争の教育＝新国家主義・新自由主義にもとづくものと言ってよいと思います。

Ⅲ　新自由主義と学力テストの復活

(1)　四〇年ぶりの学力テストとその新しい性格

六〇年代の学力テストは教育現場からの批判の前に文部省は廃止を余儀なくされ、さらに最高裁判決もあって、文部省主導の全国一斉の学力テストは長らく断念してきました。この間地域格差是正のための抽出調査は継続してきました。しかし国による教育内容統制の手段として、かつまた競争の手段として学力テストの復活への要求には粘り強いものがありました。文部省に代わって大手教育産業や進学塾の業者テストが生徒たちの進路選択におおきな影響を及ぼし、教師の進路指導や内申書にも影響をあたえることになります。

このようなテストづけの状況のなかで、テストは民間だけに任せるわけにはいかない。公《おおやけ》の責任でやるべきだ。文部省が出来ないならば東京から、東京から日本を変えるとして石原慎太郎知事のもと、東京の教育委員会は二〇〇三年に10・23通達を出して日の丸・君が代の強制をはかり、その翌年から学力テストの実施に踏み切り、全区・市の順位が新聞報道され論議を呼びました。このような流れは全国的にも広がっていきます。文部省・中教審も「ゆとり教育」から「確かな学力」へと方向転換し学力テストも教育基本法改正の翌年（二〇〇七年）から積極的に乗り出します。文部科学省主導（主催ではなく）の全国一斉学力テストが実施されるようになったのです。しかし最高裁判決にもしばられて、実施は教育委員会の自主的判断によるものという建前上、教育委員会には参加しない選択もありえたのですが、愛知県の犬山市が唯一参加しませんでした。しかしその犬山も次年度から参加するようになりました。

しかし、問題づくりや採点も国立教育政策研究所がＩＢＭやベネッセなどと協力するとされており、いわば業者委託の学力テストは文部省主催の六〇年代のものとは異なり、新自由主義的民営化路線のもとで、施行の責任は地方教育委員会で、成績は公表はせず、序列化してはならないというのが文部省の指導方針ですが、例えば広島や大阪など地域によっては、序列化して公表し、競争を煽っているところもでてきています。公表を求める父母の動きもあり、文科省も現在は公表を容認する方向へ動いているようです。競争と評価の管理システムのもと、学校評価、自己点検、外部（第三者）評価、そしてＰＤＣＡサイクル（計画・実施・評価・改善）という経営用語が学校経営でも多用されるようになり、地域での教育重視の政策が学力テストの点数を上げる事にすり替わり、学校への予算配分の指標にもなってきているのです。

新教育基本法の成立（二〇〇六年）は国の教育内容への発言力を強化するものであり、新学力テストへ向けての水路を開くものでした。教育委員会法の改正（二〇一四年）は地方当局の教育への権限を強化するものですが同時に教育内容に関しては政府文部省の統制ルートを確保するものでした。地方化、民営化とはいえ、学力テストもその内容統制の枠内のものであり、毎年の施行は内容の基準化・画一化をさらに促すことになっていくのです。学校のテストづけもすすみます。

学力テスト志向を強めたもう一つの要因にＯＥＣＤ調査（ＰＩＳＡ）ショックが挙げられます。ＯＥＣＤは二〇〇〇年より三年毎一五歳（中三）のテストを行っていますが、その結果が日本は低順位で、特に読解力、応用力に問題があることが明らかになりました。国をあげての学力向上の取り組みの必要がいわれ、知識の量や記憶力だけではなく、読解力や応用力の向上を目指す対策に比重をかけた対応が強調されてきます。テストの内容としては知識の詰め込み型よりは改善されてきたとはいえますが、あくまでそれも競争と点数序列を意識してのテスト対策である限り本来の学びにはならず、競争と点数化になじまない理解力や創造力は視野から外されていきます。そのための模擬テストづけはさらに問題です。しかも国際競争という目的によって国内での競争主義、序列主義が激化してくることにもなります。ＰＩＳＡショックは欧米にも広がりました。東アジアに共通して見られたテスト主義的傾向が欧米にも広がって来つつあることも問題なのです。ＯＥＣＤの学力国際比較調査そのものが世界の新自由主義的競争と無縁ではないからです。

⑵　新自由主義と教育サービスの商品化

現在の学力テストの問題も全体の教育政策そして学校での教育実践と子どもたちの学校内外の生活の視点から、つまりは教育の危機と子どもの危機全体のなかで考える事が必要です。

新自由主義的発想のもとでは教育はサービスであり、サービス商品であり、企業が市場原理にもとづいて教育産業の分野に参入するのは当然だということになります。子育て、保育分野での民営化、企業営利化の現実をみれば、容易に想像できることです。学校は私学も含んで公教育なのですが、民営化の波は公教育解体の方向で動いているのです。その点でもアメリカは「先進国」なのです。サラさんも指摘していたように、たとえばシカゴでは学力テストの点数によって多くの公立学校は潰され、民営化のチャータースクールになっているのです。日本でも、子どもと親にとって教育はサービスの質と値段で選ばざるをえない事態になり、そこで選択の自由と自己責任が強調されてくるのです。

国も地方も教育予算は成績主義にもとづく傾斜配分が当然のこととされ、学校選択制の導入に加えてバウチャー制度が導入されれば私学選択が増え公立学校学の校統廃合は進みます。それは財政改革（公費削減）の望むところなのです。学校選択制の導入や高校の学区制拡大・廃止の動きは、行政当局の財政改革の視点から見れば、学校統廃合による予算の縮小（公費削減）の根拠づくりにもなっているのです。

(3)　教育の商品化の二重の意味

さてこのような新自由主義的民営化、市場の原理の導入と教育の商品化の中で、商品を提供する側も買う立場になった側も、双方が競争原理を意識せざるを得なくなります。テストの点数は売り手の商品の品質証明ともなり買い手の力量の指標でもあるからです。教育の商品化的はそこに止まりません。子どもたちは学校で付加価値を付けて労働力商品として買い手の待つ市場に送り出されるのです。

こうして子どもたちは保護者の援助で教育サービスという商品を買う立場であると同時に、子ども自身教育サービスを通して身に付けた付加価値をもつ労働力商品として、労働市場に送り出されるのです。学力テストと点数序列はいわば付加価値を証明するものであり、したがってまた学力テストが個人間はもとより学校間競争からさらに地域間競争を生み、さらにグローバル時代の国際競争を生み出すことになっているのです。

学校が労働力再生産の場であることは、資本主義の発展と学校制度の発展の相互関係を解析する労働経済学的視点からみれば当然のことだといえますが、学校はそれでよいのか、人間形成こそが教育ではないのかという問題がつねに突きつけられてきたのも学校教育の歴史なのです。

(4) 多様化という名の価値観の一元化

競争的社会は多様化にはなじみません。それはいわゆるグローバル人材をも含んで全体として一元的能力主義（uni-dimensional meritocracy）の社会となっていきます。多様化は見せかけであり、多様化とは価値の一元化のもとで、目盛りは細かく刻み、一見多様に見えているだけで、その実、人間についての価値観は経済成長に役立つか否かの尺度によって一元化されてくるのです。学校制度の多様化と偏差値信仰との関係も同様です。このような一元的能力主義的競争システムに巻き込まれている生徒も学生も、その生活は多様に見えて、そこでは自主性の弱さ、考える力の貧しさが目立ちます。逸脱の自由はあり、それはマスメディアの好む被写体ではあっても、大多数の青年は白けており、社会の流れに順応し、結果として大競争社会《メガ・コンペチション》のなかで飼い馴らされ、馴化（家畜化）がすすんでいるのです。

そのこと自体は、グローバル人材にとって望ましいことではないことも確かです。グローバル人材のためのアクティブ・ラーニングの必要が叫ばれるのもそこから来る要請だともいえましょう。しかし活動を通しての活きて働く力となる学びはそのような競争に枠づけられていたのでは不可能なのです。

(5) 競争と評価・序列化のなかで変質する学校

学校内部ではどのような変化が起こっているのでしょうか。

学校は社会の競争システムを担い、競争社会にふさわしい人材を養成する場となっており、そのために学校システムが競争システムとして格づけられ序列化されていきます。さらに各学校に企業マネージメントをモデルにした、競争、評価、自己責任の制度が導入され、新しい職階制にもとづく管理体制が敷かれていきます。研修と評価と昇進、一般教諭の間にも、評価による給与格差がつくられ、競争のインセンティブとなっています。教師は上司の評価の目を気にしての書類書きに追われ、子どもと向き合う時間もとれず、教材研究もままならず、教科書とマニュアルに頼っての、ティーチングマシーンとなり、それをよしとする教師観も広がっています。つまりは授業の画一化。テストの準備としての授業はそれでよし、ということになっていくのです。こうして授業はテスト（過去問）の繰り返し、生徒も教師も点数序列への関心が学習の動機付けとなっていきます。しかもそれが、教師の評価さらに学校間の競争と評価につながっているのです。

このような教室では学習意欲を失い、ついていけない生徒がでてきます。いたずらが増え、いじめも増えてきます。まじめな生徒も過度の繰り返し学習はかえって生徒の精神活動全体に異常をきたすことは精神医学者も指摘しているところです。生徒には規律ある学習と、さらにゼロ・トレランスが待っています。

スクールサポーターという名の警察官が待機するところもでてきています（広島）。学習の意欲も態度も評価され進学のための内申書に反映します。教師には評価と不適格教師の心理的脅迫がまっています。教師の自由が奪われ、子どもの「アクティブ・ラーニング」は名ばかり。闊達に意見を述べあい学びあう中での学ぶ喜びが奪われ、自由な遊びも失われていきます。生徒と教師の関係も貧しく、先生はテストの点数序列という色眼鏡で生徒を見るようになるのです。

Ⅳ　子どもから学びを教師から誇りを奪う学力テスト体制

以上のような、社会全体のあり方と結びつき、過度の競争システム（国連子どもの権利委員会の日本政府への勧告）となっている教育制度において「学力テストづけ」ともいわれる状況を「学力テスト体制」として捉えることは誤りではなく、むしろ教育の現状を照射する有効な視点だといえましょう。それがメガコンペチション時代ともいわれる現代社会全体をも照射する視点となりうるからであり、「学力テスト体制」という表現は競争的教育システム全体の病理を指し、教師と生徒の、そして教師間と生徒間のそれぞれの人間関係の貧しさをイメージさせてくれます。その現代社会は「過度な学校化社会」ともいわれますが、それは逆に企業が学校をも飲み込んでいく「過度な企業化社会」と裏腹の関係にあるのだといえましょう。

こうして新自由主義的競争社会のもとに従属した学校社会では、教師は教育実践の自由（カリキュラム編成、教材選択の自由）は侵害され、教師としての喜びと誇りは奪われていきます。テストと評価は本来、子どもたちを励まし、教師の実践を見直すためのものです。生徒がどこまで理解しどこでつまずいているのかを知り、教材や教え方を工夫するために大事なことです。しかしテストが競争と選別のための手段となれば、生徒は敏感に反応し、反発します。やがてはそれに馴らされて、学ぶ喜びと意欲を失っていきます。子どもの成長発達の権利、学習権・教育への権利は侵害されていくのです。テストに従属した教師の実践を「疎外された労働」と呼べるとすれば、そのような生徒の学習は「疎外された学習」と言えるのではないでしょうか。

子どもたちは生活と学びを通して自主性・主体性、豊かな感性と思考力、想像力と創造力が育つものです。学力テスト体制はその障害であり、豊かな人格形成を阻害するものです。

私たちは学力テスト体制の分析を切り口にして、社会の中での教育の位置づけと学校における教師生徒の関係、友人関係と子どもたちの遊びを含む生活全体に注目し、人権、平和、共生そして子どもの権利、その発達と学びの権利の視点から子どもたちを見守り、教師と父母・地域が協同して学校を支えていくことが求められているのです。

参考　堀尾輝久『日本の教育』東京大学出版会、一九九四年
堀尾輝久『教育を拓く』青木書店、二〇〇五年
山本由美『学力テスト体制とは何か』花伝社、二〇〇九年
教育科学研究会編「学力テスト体制黒書」『教育』二〇一四年一〇月号

1960年代全国学力テスト裁判の各地方審判例の一覧

裁判所	実施日	学テの違法性
高知地裁	1962・4・24	合法
熊本地裁	1962・9・14	合法
福岡地裁	1964・3・16	違法
山形地裁	1964・4・17	合法
福岡高裁	1964・5・13	違法
高松高裁	1964・6・3	合法
大阪地裁	1966・4・13	違法
旭川地裁	1966・5・25	違法
盛岡地裁	1966・7・22	合法
仙台高裁	1966・9・1	合法
福岡高裁	1967・4・28	違法
札幌高裁	1968・6・26	違法
仙台高裁	1969・2・19	合法
大阪地裁	1972・5・22	違法
高知地裁	1970・10・23	合法
高知高裁	1970・12・9	合法

老潔彗「学テ訴訟と教育基本法10条論」『東京大学教育学部紀要第31巻』1991年より山本由美が作成

Ⅲ　サラさんの講演を受けて教師、市民は

サラ先生が感動した大阪池田市の反対運動の実践

――大阪・池田市、三年半の運動とその教訓

美濃辺あけみ

●地域の声から出発した反対運動

二〇一一年六月、小学校一一校のうち、七校を統廃合し、三つの小中一貫校に押し込む計画が議会に出されました。しかし池田では全教は少数組合です。連合組合員が大半を占め、全教は半分が空白分会でした。でもこの問題は、黙ってはいられません。そこでまず、池田労連（教組・府高教・私学・年金者組合・府職）に相談しました。そしてさらに、池田子どもと教育を守る会（新婦人・民商・個人）が集合しました。この「守る会」は、数年前、幼稚園の統廃合および民営化反対運動の母体になったものです。

市の発表した計画では、名前だけは残る学校、廃校になり跡地も売却される学校、今回の統廃合には全く関係のない学校と様々で、いきなりオール池田で運動を始めるには、校区ごとの温度差が大きすぎました。そこで、各小学校区で教育懇談会を開いていきました。というより、地域で開かれる懇談会に教組が参加したという方が正確です。教組は、計画の内容を知らせ、「小中一貫校建設は、小学校を統廃合するための新しい看板だ」と訴えました。ただ、小中一貫教育や、小中連携はよいのでは、という声もあったので、私たちは、反対を押し付けるのではなく、まず学校統廃合反対で共同を広げることにしました。

参加者はどの校区でも二〇名程度でしたが、疑問や不安を出し合うことを重視しました。一人のお母さん

の、ほんの小さな疑問がネックとなって、計画全体がストップすることもありうるからです。その後、各校区で「～小学校を守る会」や、「存続させる会」が立ち上がり、メール会員を増やしていきました。このメールはどんどん拡散され、「守る会」事務局も総数を把握できないほどになりました。

教育懇談会で出された声をもとに、イラストビラを作りました。市民の不安イメージをイラストにして訴えたものです。全戸配布とともに駅頭配布もしましたが、非常に受け取りもよく、よく読まれました。各校区の運動が始まり、「南小守る会」はいち早く市議会に請願を出しました。「緑小守る会」は、運動会のときに独自署名を集めました。その他の校区でも、ビラを配ったり、二回目の教育懇談会を開いたりしました。その運動の中から、統一署名をやろうという声が高まり、オール池田で取り組むことになったのです。

九月議会では、五本の「計画の白紙撤回を求める」請願が、異例の継続審議になりました。市内のあちこちから立ち上がった反対運動を無視することはできなかったのです。その後、倉田市長が、再選半年で知事選にくら替え立候補しました。これも地元伏尾台小学校と細河小学校の統廃合をめぐって、地域の後援会との関係が悪くなったという話をききました。そして一二月、市長選が始まりました。選挙中も「守る会」は、署名を広げました。街中に「小学校をなくさないで」ポスターがはられ、だんだん小中一貫校建設が争点となりました。新市長は、あちこちで「跡地は売らない」「市民の声を聞く」と明言せざるをえなくなったのです。小中一貫校の建設計画は、廃校にした学校跡地の売却益を見込んでの計画だっただけに、この公約は、後の計画変更につながっていきました。

倉田市政の継承を訴えた新市長は大きく得票を減らし、一万六〇〇〇票で当選しました。しかし私たちは選挙後の三月議会に市長の得票にせまる一万五四三四筆の反対署名を提出しました。反対請願も増え、一二本になっていました。請願はすべて否決されるものの、市長は「計画の見直し」に言及し、一貫校計画は、一年延期になったのです。

●二回目の署名は全戸訪問で

二〇一二年六月議会で、小南市長は、小学校四校の順次耐震化を約束しました。統廃合すると言われていた小学校の耐震工事が始まったのです。各校区の「守る会」は、大喜びでお礼のビラを配布しました。しかし、細河小・伏尾台小の二つの小規模校については、統廃合し、小中一貫校の開校をめざすと市教委は言います。池田子どもと教育を守る会は、運動を細河・伏尾台地域に集中し、住民過半数を目指した署名を始めました。

ところが、この地域は、里山と田畑が広がる広大な校区です。人々が集まるような、ショッピングセンターもありません。宣伝カーを走らせても人が通りません。署名板を持って立っていても署名は集まりません。そこで守る会は、自治会役員訪問と、署名ローラー作戦をすることにしました。一軒一軒、署名をもって訪問し、対話しました。門前払いはほとんどなく、お礼を言われることも多く、またたくさんの方の思いを聞くことができました。そして「細河小を守る会」が結成され、「伏尾台小を守る会」とともに住民説明会を要求し、要望書を提出することになりました。住民説明会では、細河地区自治会連合会長が、絶対反対との発言をし、会場は拍手が広がりました。伏尾台小の説明会では、予定を二時間オーバーして白熱し、教育長や関係部局と議論しました。その後、伏尾台の各自治会は役員会や班長会を開いたり、住民アンケートを取ったりして住民は反対多数と確認し、連合自治会として、市長に申し入れを行いました。

ここまで市長・教委を追い詰めてきたのですが、二〇一三年六月、安倍政権になったことで、予算のめどがたち、あっという間に細河一貫校の建設予算が可決されてしまいました。その後、組合は条件闘争へ入り、連合教組の各分会を巻き込みながら、要望書をつくり、申し入れや交渉を行いました。地域は、最後まで粘り強く、保護者説明会・住民説明会・工事説明会で要求運動をしました。その中で、学校施設に変更を加えさせたり、通学バスのルートを再考させたり、学校跡地は「子どもと教育のために使う」という約束をとりつけるなどの成果を勝ち取っています。

さて、翌二〇一四年一月、統廃合計画七校のうち、最後まで動きのなかった石橋小学校について、小南市長が突如、石橋中学校と一体化すると発言しました。しかし直後に行われた教組と市教委の交渉の中で、「市長の勇み足」と判明、その後市教委は、石橋小学校については、単独で耐震化するよう市長に進言しました。細河一貫校開校に至るまで、市内各地で行われた数十回におよぶ説明会、度重なる計画変更に教育委員会自身が、かなり疲弊した様子でした。こうして、石橋小中一貫校建設予算化は見送られ、耐震化予算がつくことになり、私たちは胸をなで下ろしたのです。

●運動の教訓

以上が池田の運動の流れですが、そこからくみ取られる教訓をいくつか挙げます。一つは、建前論の市教委に対し、具体的な教育条件でたたかったということです。市教委の考え方は、施設設備・教員配置・通学保障といった、具体の問題に反映されます。また、問題が具体的になった方が、市民にも訴えやすく、理解もされやすかったと思います。とくに、小中一貫教育の是非について議論すると、観念的な空中戦になってしまい。市民が運動に参加しにくくなると思いました。それでも学習会（山口隆氏・山本由美氏・細田敏史氏など）は思い切ってやりました。『これでいいのか小中一貫校』（山本由美・藤本文朗・佐貫浩編、新日本出版社、二〇一一年）も集会のたびに普及しました。（しかし、今回、シカゴ教員組合の話を聞いて、新自由主義教育の全体をとらえて運動することによる強さと広がりに感動しました。）

また、それぞれの小学校区で、学校に対する愛着を語り合ったことが、最後まで力になりました。教員・保護者・ＯＢ・地域の人など、時代は違っても、同じ学校に関わった者同士の連帯感は、運動の基礎単位として機能しました。私たち教員も非常に励まされ、元気をもらいました。

時間を稼ぐことも大事だと思いました。白紙撤回とまでいかなくても、じりじりと計画の延期を迫るのです。その間に必ず新しい展開があり、情勢が変わります。

ビラにオリジナルのイラストを使い、イメージで伝える努力をしました。市教委がバラ色のイメージを広げてからでは遅いからです。署名用紙の裏にもイラストを全面に展開し、視覚に訴えました。イラストを使えば、少ない情報でも共感を巻き起こすビラを作ることができます。

民主主義の問題として、情報公開や説明会を要求し、説明会の参加を呼びかけました。その中で「小学校は売りません」「安く上げようという計画ではありません」「何度でも説明します」「小中一貫校のデメリットは安全面です」などの言質を取りました。そしてそれをメールやビラで共有して使うことで撤回できなくするのです。

しかし、マスコミ対策・議会対策は、別途作戦が必要だったと思います。記者会見を開く、取材を要請するなどすれば、さらに大きな影響力をもって、違う展開を見たかもしれません。また、最終的には議会ですべてが決められるわけで、会派を問わず、地元議員への要請行動なども必要でした。

●学校現場への反映

かくして二〇一五年四月、小中一貫校「ほそごう学園」が開校しました。日々いろいろありますが、落ち着いたスタートをきることができました。各地からの視察や取材の申し入れも断らずに済んでいます。これも三年半の運動の成果の一つだと感じています。

まず、子どもたちにとって、地域の大人が無関心ではいなかったことは、幸いでした。子どもの大人不信をふせぎ、不安や寂しさに共感できました。学校現場でも「細河カルタ」づくりや、劇「伏尾台に陽はもえて」など意味深い実践が取り組まれました。大人たちが無関心、あるいは、子どもの不安に寄り添わず「校舎がきれいになる」「友だちが増える」などよいことばかり語っていては、学校の統廃合で揺れる子どもの心は救われなかったでしょう。

保護者・地域の大人たちにとっても、説明会を繰り返したことで、不満不安を共有し、要望を直接市教委にぶつけることができました。その結果、当初あった幻想や過度な期待がなくなりました。市がろくに説明もせず、強引に建設を進めた結果、開校してから、「こんなはずではなかった」という苦情が殺到するという事態は避けられました。

開校が延期され、教員にとっては準備・議論の時間が増え、開校初年度の混乱を避けることができました。人事についても二つの組合が共同して要望をあげ、子どもたちが困らないよう配慮することができました。

これだけの運動と準備を経て開校した一貫校は、他に例を見ないのではないかと思っています。

●小中一貫校がしんどくなるわけ

しかしながら、小中一貫校のもつ矛盾は解決されるわけではありません。教員にとっては、交換授業などで使いまわしされる、会議が増えることによる多忙感だけではないようです。とにかく小中で揃えようという議論をすると、これまで大事にしてきたものが否定され、専門性や誇りが傷つけられます。価値観がゆらぎ、自分の指導に自信を持てなくなってきます。また、何か取り組もうとするときに制約が多く（九学年分の動きが掌握できない）、やりたいことができないという実態があります。とくに中学生に対し、小学生に配慮するよう説得するのは非常に労力がいるようです。小中を合わせるために自分たちの実践が小さくなるとしたらそれは教育の自殺行為です。教師自身がしんどくなってしまいます。

中学生はどうでしょう。小学校が六時間授業するので、テスト最終日や個人懇談中も、クラブ活動を思いっきりできません。他校では、昼からたっぷり練習しているのに、一貫校では、小学校が授業終了するまで待機です。この練習時間の差が、運動部や吹奏楽部の成績不振につながるのではとの焦りも生まれるでしょう。また、テスト中の小学生の喧騒、学校行事の日程を小学校に合わせることで、受験上の不利が生まれてくる可能性もあります。さらに、思春期真っ只中の中学生にとって、小学生はデリカシーがなさすぎ、かなりイライラするようです。「小学生うるさすぎ」「いたるところに入り込んで遊んでいてうざい」「中学生だけのスペースがほしい」といった悲鳴に近い声が生徒会に寄せられています。つねに年少の子どもがいることで、がまんをすることも多いようで、小学生がいない日は、先生に甘えたり、思い切り遊んだりする姿が見られます。

小学生も大変です。年に一〇回以上の中学校のテスト期間中、外遊びが制限されたり、時程がしょっちゅう変わったり、チャイムが鳴らなかったりと、安定した学校生活が送れません。中学校のテストも五教科のとき、九教科のとき、実力テストの日など、いろいろあります。とくに大阪では、中一のテスト結果から内申書に反映されるとあって、テストの日は中学生もピリピリしています。また、中学生が常にいるため、高学年が萎縮して、行事に取り組んでもあまり達成感が得られない姿があります。

私たちはこれまで、六年生に対して、「最高学年として」「学校の代表として」の誇りと自信を持たせて中学校に送り出してきました。中学校は「今日から中学生」「中学生としての自覚を」と語って子どもたちを受け止めてきました。それらの言葉が虚しく響く、こんな非教育的なことはやはり、間違っていると私は思います。そして早晩、学校が荒れてくるのではないかと、大阪府の小中一貫校を見て心配しているところです。

討議の中で、サラさんから、「ＰＴＡに対する働きかけはしなかったのか」という質問がありました。残念ながら、ＰＴＡは早い段階で推進側にからめとられました。（「切磋琢磨論」「地域の起爆剤に」「このままでは中学校がなくなる」「先生が増える」「今ならいろいろ要求できる」等。）そして京都の一貫校に見学ツアーに行き、豪華校舎に憧れて帰ってきました。毎年役員の改選はありましたが、小中一貫校に反対している人は役員推薦名簿から外されました。そして「開設準備会」を立ち上げ、制服や通学バス、学校施設、跡地などについて、教員と一緒に話し合いに参加したり要望をまとめたりしました。しかし地域世論との矛盾は大きく、工事の中で、地域寄贈の桜が伐採されたときは、「桜がすべてを象徴している」と中学校のＰＴＡが、市教委と管理職を前に、怒りをあらわにする一幕もありました。細河地域は、日本有数の植木の産地です。それだけに、地域が寄贈し、世話をしてきた桜を断りもなく切る事態に、地域の思いをなぎ倒してきた経過が重なったのでしょう。

サラ先生が紹介した「Whose school ?」「Our school !」のコールがこの運動の本質を突いていると今、改めて感じています。

誰のための学校か？　子どものための学校だ！（Whose school ? Our school !）

――サラさんの講演を受けて私たちは

橋本敏明

1　参加者に感動と勇気を与えたサラさんの講演

二月一九日の教育シンポに於けるシカゴのサラ・チェンバースさんの報告は、参加者に

「サラさんの話はとても良かった。すばらしい取り組み」

「こうして地域の人たちや保護者とつながっていくことが大切なんだなと思いました。また教え子を戦場に送らないということは、世界中の教師に共通の問題だと思う。地域と結びつきつつ世界の先生たちが手を結べば世界が変わっていくんじゃないだろうか？」

「学力テストボイコット・保護者の立ち上がり・組合のまとまり等、子ども・地域・街づくりまで運動を広げることは、国が違っても同じであることに励まされました」

「合衆国でさえ、社会運動がここまで活発に行われている事実を知り、改めて資本主義の限界を感じた。貧困が低学力を生み、さらにそれが貧困を生み出すという最悪のスパイラルを断つためには公立学校における健全な学校運営を早急に実現する必要があると実感した」等

と多くの感動と勇気を与えました。

と同時に過酷な足立の教育現場の実態、その中で起きたいじめ自殺事件との関連性や学力テスト体制の歴史を学ぶ中で現在の学力テスト体制が、子どもや教職員・保護者にどういう影響をもたらしているかを明らかにした集会になり、「シカゴの運動を足立でもできないだろうか」という共通の想いが生まれました。

2　サラ・チェンバースさんと山本由美さんの報告から

足立でもシカゴでもイギリスでも新自由主義教育改革の嵐が吹き荒れ、行政は、「学力テスト」をテコに競争と管理を強め、「規制緩和・民営化路線、教育の市場化、学校統廃合」を推し進めています。

足立とシカゴは、統廃合した土地を民間活力の導入に使い、大学を誘致している点、また格差社会が進行する中でも低所得層の多い貧困の問題を抱えていることも共通しています。

学校統廃合の問題では、シガゴでは学力テストの成績が低い学校は、学校を潰してチャータースクールにしていますが、足立の小中学校では、まだ公設民営化の学校にはなっておらず、学力テストの結果を利用して競争させ、学校選択制で人数を減らすとともに、区独自の「適正規模・適正配置」の基準や統廃合計画の発表、古くなった学校も理由にして統廃合していく方法を取っています。

足立の学校統廃合問題について和光大学の山本由美教授は、「足立区は一九九六年から実質選択制を導入。当初から統廃合がねらい。教職員組合が地域と結びついていた運動を分断し、統廃合を推し進め、どんなに反対しても運動しても止められてない現状。保護者も闘い運動したが、学校の枠の中でとどまり、裁判闘争になっても勝てていない。再開発も絡んで統廃合した後に大学誘致。対抗軸は、教職員・保護者との共同」

と報告しました。

サラ・チェンバースさんのシカゴでの運動の報告は、

①「新自由主義教育改革は、何なのか」の学習会、地域住民を準会員として組織した闘う集団「コア」を核に。
②組合の主導権を握り、専従を雇い、組織改革。
③多少のリスクを冒しても保護者や地域の人と共同してストライキや抗議行動、自分たちの主張を掲げる候補を立て市長選を闘い、選挙を通して市民の支持を得た。
④「テスト拒否（親が反対サインすると拒否できる）」抵抗運動、全国にも広げていること。
⑤勝利できた要因は、「親や地域の人と共同したこと。新自由主義教育改革でない教育の理論を示したこと」

と報告され、私たちも学ぶべき点が多い報告でした。

3　足立の教育現場の異常さ・超多忙化がもたらす問題を明らかにした

●河端・横湯・堀尾報告

(1)　ねらいは、憲法と一九四七教育基本法体制を破壊、戦争する国・格差社会を教育面から支える上意下達の体制づくりと学校の「民営化」

一九八〇年代までの足立の学校は、ゆとりがありました。小学校では、午後四時過ぎには静かになっていて、それぞれの教員が、授業の事後処理や準備に時間を使っていました。中学校でも部活や生活指導があってもそれほど外からの仕事に振り回されたりすることは、ありませんでした。「見える学力・見えない学力」と言われたように教育の目的の「人格の完成」を目指す実践が行われていました。しかも高校進学率は九八％前後でした。それは、憲法と教育基本法によって学校の自主性や教育課程の編成権が守られ、職場でもみんなの話し合いと合意、組合との交渉で勤務時間もしっかりと守られていたからです。教員は、各自の担当する児童・生徒のために直接責任を持って創造的な教育活動を授業だけでなく、学級活動や行事、友達づくりを保護者と協力して作り上げてきました。

今は、どうなっているでしょう。

「朝、七時過ぎ学校近くのコンビニに入り、朝食を購入し、学校の門をくぐる。そこから、トイレにもいくことが厳しい一日が始まり、『先生、あのね。ちょっと！』の声にも『あとでね！』と応えて、次から次へと仕事をこなす。夕方に生徒を下校させてからまたコンビニに夕食を買いに行く。教育委員会と上司から出された『平均点競争』の課題が山のようにあり、毎日の実践の課題も含め、パソコンに向かって黙々と仕事をこなす。そして学校の門から出るのは、午後九時前後。拘束時間は、一三時間。一日の超勤五時間、一か月一〇〇時間は、超えていく」

これが、足立区の教育現場の実態であり、ブラックの状態です。

なぜそうなったのでしょうか？　それは、新自由主義教育改革の流れが日本にも押し寄せ、グローバルな企業が世界中で儲かるような仕組み（労働者の大半を低賃金・無権利状態に置いて働かせる格差社会）を確立し、そのための教育体制（競争による勝ち組・負け組。数パーセントのエリートと大多数の非エリートづくり）を確立するために足立がその「実験場」となったからです。

(2)「平均点向上」工場化する足立の教育現場——教員は、「足立スタンダード」のティーチングマシンに

足立の学校現場の状況は、このまま行政に押されていくとシカゴの学校のように「民営化」されてしまう危険があります。

二〇〇〇年に教育改革元年を打ち出した当時の内藤教育長は「学校は民営化する」と語りました。二〇〇四年に現場で九割以上反対の二期制が導入されると学校の自主性や教育課程の編成権が奪われるきっかけとなりました。学校の年間行事や授業時数、夏休み期間の考え方など全てやり直しになり、授業時数の確保と週案提出の強制が強まりました。区教委のチェックが入るようになったからです。

橋本敏明

そして教育基本法が改悪され、国の教育振興計画を足立区が先取りして行うようになると、指導室中心だった教育委員会が学力向上推進課を開設し、指導室に代わって強力に現場を指導・コントロールするようになりました。

学校の運営を民間型経営手法にするために足立区は「人間力の向上→それに必要な「学力」の向上→その手段としての学力調査の実施」という論立てをし、「学力」を限定的な能力でしかない「テストの点」に特化しました。それを目標管理と評価しやすいＰＤＣＡサイクル（計画・実行・評価・改善）型民間経営手法の評価の根幹として位置付け、学校経営方針・自己申告書の中で数値化するように押し付けました。

さらに学校選択の自由化、足立区教育委員会の評価、開かれた学校づくり運営協議会の評価によって外から強制的に「学力テストの平均点アップ」競争に追い立てる構造をつくり、一層学校の自主性や教育課程の編成権を奪い、上意下達の体制をつくりました（「学力テスト体制」）。

結果、子どもの様々な能力の発達の可能性が「テストの点数」のみに矮小化されました。「足立スタンダード」という教育内容や指導方法まで画一化したものを教員研修等を通して指導・強制しています。このため、足立の小中学校の学校運営は、「平均点争い工場」と化し、主幹・主任制の導入や成績主義賃金の導入もあり、民間企業経営の手法が強化されています。また、学校に教育産業や塾が参入し、教育の市場化の面で拡大を図っています。

義務教育でない足立区の幼稚園や保育園では、もっと民営化が進み、公立の保育園がかなり減らされ、公設民営の認可保育園、認証保育園や「保育ママ」などが増え、格差が広がり、待機児童の問題、保育の質や保育士の労働条件が大きな問題になっています。

(3) 教育の市場化は、どうやって拡大してきたのか

足立区は、学力テスト体制と上意下達の体制づくりの中で塾などの民間教育産業に仕事を拡大してきました（教育の市場化）。その理由としたのが、「学力テストの平均点の低さ」「学校長の指導力のなさ」「教員の授業力のなさ」等を始めとして足立の子どもと教職員の心を傷つける「内容」でした。また、区教育委員会自らが現場に強いた「多忙化」も理由にしました。

二〇〇四年の「都の学テ最下位→結果の公表」は「うちの学校最下位なんでしょ！　足立の高校に行きたくない」と子どもたちの心を傷つけ、下位の学校の子は、選択制によって肩身の狭い思いをさせられました。

区は、下位四校に夏休みに民間教育企業による補習と教員研修という形で市場化の突破口を開きました。さらに「学力テストの平均点が低い」という理由で小一を除く全学年で競争を強いるために区の学力テストを導入し、テスト業者に依頼。これによって現場は、競争の渦と化しました。

二〇〇六年、中学校補習講座が「現場の先生たちに迷惑はかけないように」との理由で塾の講師による補習。二〇〇八年、「学テの平均点をアップさせる」ために塾の講師によるあだち小学生基礎計算補習教室・あだちサマースクール。二〇一二年、「経済的に困っている家庭で勉強できる生徒を都の進学重点校に」という名目で「はばたき塾」を開設し、民間業者に依頼しました。

「先生たちの授業力がない」という理由で塾の講師を招いて教員研修会をし、「多忙化で先輩教師が若手に教える時間がない」という理由で塾の講師が指導者になり、「多忙化の中でどこでもできる研修」という理由で「eラーニング」（教員養成講座）を塾に依頼しました。

今年度（二〇一六年度）は、「eラーニング」に六〇〇〇万円、足立はばたき塾&土曜塾に三三一二万円、中学校補習講座に二五五三万円、学力テストに三八二八万円、英語教材作成支援ツールに一〇四万円、英語チャレンジ講座九二五万円です。このほかに給食業務調理委託に二二億七八〇〇万円、学校統廃合に一億八五三七万円の予算が組まれています。

これらの税金の使途と「学力向上施策」によって教師と児童生徒の間を引き裂いていると言っても過言ではありません。また、各学校の予算が少なくなっています。

(4)　人格破壊の教育現場

足立区の学力テスト体制は、校長を含めた教職員だけでなく、子どもたちを「学力テストの平均点アップ」

競争に追い込み、成長発達を歪め、人格を破壊する体制です。

その第一は、子どもたちの学校生活を点数アップのための学習（作業）中心の生活に変え、遊びや部活などの時間を奪い、「できない子」は、バカにされ、大きなストレスを抱えています。

第二に、上意下達の体制が、教職員から良心・人間性を奪い、人権無視な行為が行われていてもなかなか歯止めがかからないことです（河端報告参照）。出来ないで対象から外された児童・生徒と対象になった児童生徒の心を傷つけています。そのことを指導する教師も悩み苦しんでいます。逆にそれに流されている職場では、人権無視の言動もあります。

それぞれの施策で児童生徒の心を傷つけ、「心のダメージ」があることの自覚が区にあるのでしょうか。ましてやできる子だけを集めての「はばたき塾」は、「公教育でありながら、予算の使途がおかしい」という「現場からの声」の言う通りです。おかしいと思いながら「やらされる」教師としての苦しみ、やりたくないのにやらされ、やる気を失っている児童・生徒、どう考えても正常な状態ではありません。

(5)　子どもたちと向き合えない超長時間労働と健康破壊

「いじめ自殺事件をなぜふせげなかったか?」――現場で何が起きてもおかしくないことの典型として起きた「いじめ問題」を深く解明した横湯氏の報告に
「生徒たちは『先生たちは生徒のところに降りてきて欲しい』教師たちは『生徒と一緒に過ごしたい』と思っていること。それを遠ざけているのが教職員の多忙化であり、調査委員会が教育委員会に対し『子どもに接する』ことを重視し、『教育長の英断を持って事務作業を削減する。区独自の教師数の増員が必要』と提言した」

とあります。このことを区がしっかり受け止め、実施していれば、少し余裕が生まれたかも知れません。しかし現在、河端報告が

「児童や職場の仲間と向き合う時間より、パソコンと向き合う時間のほうがずっと長くなっている」、「教師たちの最大の不満は、あまりに多くの課題が学校の外から押し付けられていることにある」

と指摘しているように、朝の学習、放課後の補習（七時間目）、学力テストの自校採点、分析、授業改善策、過去問の準備・実施・採点・事後指導、小中連携、○○年研修の準備・結果の報告、報告書類の作成等一連の教育改革の施策の中で押し付けられた課題で超多忙化のままです。

この結果、多くの病気休職者、病気休暇者（最も多いのは「精神及び行動の障害」）が出ています。一日一三時間前後も学校にいながら子どもとしっかり話す時間もないということが日常化し、教職員と子どもの中で何が起きてもおかしくない状況であり、一刻も早く改善が求められています。

4　足立の子どもたちが安心して学校生活ができ、豊かな学びと健やかな成長のできる学校をめざして

「保育園落ちたのは私だ！」の叫びは、多くの待機児童の保護者の声であり、この要求の根底には

①　環境が整っている保育園に入れる。
②　安心して預けることができる。
③　しっかり関わって育ててくれる保育士さんがいる。
④　保育士さんの労働条件が整備されている（長期間面倒をみてくれる）・給料がきちんとしていてずっと面倒をみてくれる

という願い（保育士も含め）があります。これは、小中学校でも同じです。

しかし、足立区の学校は今、行政が「学力テストの平均点ばかり上げる」ことを第一優先にしながら、保育園と同じように「民営化」しようとしています。

その手法は、「民営化すると豊かな教育ができますよ！」「テストの点が低い学校は、嫌われて人数が少なくなって潰されますよ！」という飴とムチのやり方です。

これまでの教育施策もそうでした。保護者の立場で考えると「自分の子がより良く育つ」と思って選んだことが、結果的に「子どものためになっていない」ということがわかってきても、選んだ保護者の「自己責任」であり、保護者は孤立させられています。そして行政側からすると「民営化と民間的経営手法と塾の参入」が進み、子どもと教職員・地域に多大な犠牲を払いながら、ねらいを貫徹しているのです。

私たちは、「学校選択」とか「学力向上」という言葉に騙されていたのです。

騙されないようにするためには、第一に個人の尊厳、子どもの権利を最優先にして「自分の子どもは大切。どの子も大切。しっかり育ってほしい」という願いを全保護者で共有し、「未来をつくる大切な子どもたち」

を教職員と保護者・地域の人たちが協力して育てていく必要があります。そのために「今の学校がどうなっているのか」という声をみんなで共有できるように拡散していくことです。

第二に学校現場からも、足立区がこれだけやっている「学力向上＝学力テスト平均点アップ」について「実際、平均点はあがっていない」「真の学力向上になっていない」「豊かな学びと程遠い」「度重なる学力テストの実施に伴う教職員の業務負担も過大である。しかも、こうした取り組みの成果は出ていない。」「学校は人格の形成の場であって点数を上げることのみに特化すべきではない。直ちに塾はやめる」など真の学力・学校とは何かを問う声が上がっており、この声としっかり向き合うことです。

教員にも保護者にも学力テスト賛成の方も反対の方もそれぞれたくさんいます。それぞれの意見の違いがあっても「すべての子どもたちが豊かに成長してほしい」という気持ちは同じであり、今、教職員が毎日夜遅くまで仕事をしている現実の中で子どもとしっかり関われず、いじめや事故が起きて「どうしたらいいか。子どもたちには学校で何を身につけ、どういう小中学生になってほしいか、子どもに安全で丁寧な指導ができる学校の教育条件は？」等の想いは同じです。それぞれの抱えている問題を共有していくことが大切です。

第三に足立区の教育行政は、教職員組合に対して交渉の内容を賃金と勤務条件に限定し、様々な制限を設けていて、教育条件や教育行政の問題について交渉が難しい状況にあります。現場は、長時間労働でブラックの状況です。この疲れ切った状況を改善しないかぎり子どもたちに良い教育はできません。全教職員だけでなく、保護者の協力も得て無駄な会議や報告書をなくし、改善していくことです。

第四に世論をバックに区民が立ち上がれば（＊学力テスト不正事件告発時……①徹底した調査、②マスコミの独自調査と報道、③区民の抗議、④区教委の謝罪とその後の区独自の講師増）状況を一変させることもできます。

そのために行政と対等に交渉できる区民の組織（全区的な組織とその地域の方が参加する組織）を立ち上げることが重要です。特に現役の保護者がそこに参加することもが大切です。また、町会や関係団体、区議会議員などへの申し入れで理解を得ること、区議会や区長選挙で私たちの要求を掲げる候補者を応援し、要求の実現を図ることです（前回の区長選挙では、現区長が「人口推計の見誤り」を認めた）。

そして情報を広めていく効果的な方法を確立していくことが大切です。

今、幼保一元化の中での保育園や幼稚園、小中一貫校、学校選択制、二期制、学校統廃合の問題等、行政のやっていることの矛盾が吹き出ています。子ども達が犠牲にならないように、子どもの権利を中心にした区民の教育要求を反映できる区政の実現という大きな運動にしていく必要があります。それは民主主義の確立の運動です。

堀尾輝久（東京大学名誉教授）
横湯園子（元中央大学・北海道大学教授）
山本由美（和光大学教授）

児玉洋介（東京総合教育センター）
河端徳昌（東京都教職員組合足立支部執行委員長）
美濃辺あけみ（池田教職員組合）
橋本敏明（元東京都教職員組合足立支部執行委員長）

サラ・チェンバース：シカゴ教員組合、小学校教師、CORE（Caucus of the Rank-and-File Educators）共同代表
講演翻訳・資料作成：中村雅子（桜美林大学教授）

学校を取り戻せ！――シカゴ、足立、貧困と教育改革の中の子どもたち

2016年8月15日　初版第1刷発行

編者 ――堀尾輝久・横湯園子・山本由美
発行者 ――平田　勝
発行 ――花伝社
発売 ――共栄書房
〒101-0065　東京都千代田区西神田2-5-11 出版輸送ビル
電話　03-3263-3813
FAX　03-3239-8272
E-mail　kadensha@muf.biglobe.ne.jp
URL　http://kadensha.net
振替　00140-6-59661
装幀 ――佐々木正見
印刷・製本 ―中央精版印刷株式会社

ISBN978-4-7634-0787-0　C0037